U0438096

国家治理与地方社会研究丛书
丛书主编　张剑光

※　※　※　※　※

藩镇时代的
政治与社会

秦中亮　◎　主编

上海古籍出版社

图书在版编目(CIP)数据

藩镇时代的政治与社会／秦中亮主编．－－上海：上海古籍出版社，2024.7（2025.7重印）．－－（国家治理与地方社会研究丛书）．－－ISBN 978－7－5732－1252－8

Ⅰ．K242.08

中国国家版本馆 CIP 数据核字第 2024PH7545 号

国家治理与地方社会研究丛书

藩镇时代的政治与社会

秦中亮　主编

上海古籍出版社出版发行

（上海市闵行区号景路 159 弄 1－5 号 A 座 5F　邮政编码 201101）

（1）网址：www.guji.com.cn
（2）E-mail：guji1@guji.com.cn
（3）易文网网址：www.ewen.co

启东市人民印刷有限公司印刷

开本 890×1240　1/32　印张 16.375　插页 4　字数 382,000
2024 年 7 月第 1 版　2025 年 7 月第 2 次印刷
ISBN 978－7－5732－1252－8
K·3654　定价：98.00 元

如有质量问题，请与承印公司联系

上海师范大学青年跨学科团队项目

"新出中古墓志文献研究与数据库建设"

国家治理与地方社会研究丛书编委会

主编：张剑光

编委：秦中亮　杨永生　许超雄　张春江
　　　李忠民　张艺凡　张慧洁　张行洋
　　　孙　洁　王　雨　张润秋　朱慧宇

本册执行编辑：许超雄　李忠民

序

新世纪以来,社会变化加快,需要学术研究适应社会发展,在理论上有所创新。历史学虽然是门古老的学科,但随着学者知识结构创新和视野的开阔,研究的兴趣也在发生变化。是坐在密封的书斋里坚守原有的论题不放,还是适应时代的变化站在一些新问题的前沿参加讨论,这当然是见仁见智,各人有各人的兴趣。但我更主张历史学者要回应新问题、拓展新课题、创建新理论,只有这样,历史学科才会有生命力,能不断为社会提供知识和智慧,才能促进历史学科的持续繁荣。

近年来,国家治理成为现实社会生活中的一个热点议题,如何推进国家治理体系和治理能力,构建社会的和谐状态,促进社会的可持续发展,是学术界亟需思考和回答的。回归到历史学科,学者们也同步开始思考中国古代国家治理和地方社会变化上的理论问题,使得古代国家治理研究成为新兴的热门课题。

虽然"国家治理"是一个现代政治词汇,但并不表示古代中国没有国家治理。实际上,至迟到秦汉时期,"治理"词汇与含义上的整合就已完成。"治理"一词分开来表述,"治"即主要指管理行为,

"理"谓治政的道理、方法;合而言之,指管理和建设国家而要达成的理想目标。

在传统中国政治思想中,"国家治理"实际指统治者遵循政事的规律和制度,并且作一些灵活的变通。我们通常指称的治国理政,就是想实现一个理想的政治目标,从而建立理想中的社会模式。因此,不能将"国家治理"简单理解为国家对一切事务的统治管理,只有顺应时代需要,使国家井然有序的政治才是国家治理。世界四大文明,大都经历了数千年的政权兴亡流转,文明中断式微,只有中华文明始终屹立不倒。中华文明先后走过了多种形式的社会模式,在治国理政方面积累了丰富的经验。这些治理经验,不但对各个王朝政治有直接的意义,而且在今天对现实国家治理仍具有直接启发和一定的借鉴意义。

2021年10月至今,上海师范大学人文学院的中国史学科,先后分别以国家治理与地方社会、藩镇时代的政治与社会、中国古代权力与秩序、出土文献与数字史学、中国古代北方的区域治理与社会文化、中国古代南方的区域治理与社会文化为主题,举办了六场学术工作坊,围绕"国家治理与地方社会"这一核心议题,来自各高校及科研机构的一百五十余位专家学者共同进行讨论,探讨古代国家治理的经验和对策。工作坊期间,共收到学术论文46篇。学者们从宏观的国家管理到地方基层治理再到微观的家庭生活、从央地关系到民族融合,将出土文献与传世文献结合,聚焦政治制度、社会秩序、历史书写、交通经济等诸多领域,进行了广泛深入的探讨。在一定程度上说,这些论文反映了当前历史学科研究的热点与趋势,对国家治理这一议题的各个侧面作了积极而有成效的研讨。

工作坊上大家比较认可的一点是,中国古代国家治理体现在思想理念和行为实践两方面,涵盖中央与地方、组织与个人、政治与文化等领域,因而这是一个范围相当广泛的课题,要有一定的具体案例和理论知识的结合。大家认为,古代中国治国理政的主体在于官员,其人事安排、组织结构和整体素养影响着国家治理的整体能力,关系王朝治乱兴衰。换一句话说,国家治理的关键在官员怎样去治理,需要官员具有较高的政治素养和道德情怀。因此,以政治史为基石,着眼经济史、人口史、民族史、区域文化史、家庭史、妇女史、医疗史、宗教史、城市史、思想史等领域的结合和抽象,对古代国家治理的思想理念和实践经验进行考察,将国家治理研究推向深入,为完善国家治理体系、提高国家治理能力提供历史价值和现代启示。我们的工作坊是十分有意义的学术活动。

工作坊为对古代国家治理有兴趣深入探讨的年轻学者搭建了学术平台,可以助力年轻学者在共同的话题上广泛交流,同时也推动了相关学术研究的开展与进步,为当下国家治理体系与治理能力现代化提供有益借鉴。几期工作坊后,我们感到将这些优秀的研究成果刊布成册,应该更能推进学术的进步。取名为"国家治理与地方社会研究丛书",就是希望这些年轻学者在探索中国古代国家治理经验的学术之路上留下印迹。

工作坊和丛书的出版,得到上海师范大学人文学院高水平学科建设经费的大力支持。上海师范大学是一所以文科见长并具教师教育特色的文、理、工、艺等学科协调发展的综合性大学,创建于1954年的历史学科是上海师范大学历史最悠久、基础最雄厚的传统优势学科之一,由程应镠、魏建猷、张家驹等学术名家奠定基础。1985年,古籍整理研究成为上海首批教委重点学科。2000年,建立第一个二级学科博士点——中国近现代史;2003年,建立历史学博士后流动站;2006年,获得历史学一级学科博士点授予权。2015年,中国史学科成为上海市高原学科。发展至今,上海师范大学人文学院中国史学科已成为国内史学研究的重要力量。在学术研究上，中国史学科在历史文献、中国近现代史、中国古代史、历史地理等学科上非常有特色，在国内学界奠定了较高的学术地位。近年来，中国史学科在坚持唐宋文献整理、敦煌学、江南文化、红色文化、海派文化、历史地理等传统特色研究的同时，顺应学科发展潮流，积极拓展新的研究领域。"国家治理与地方社会"系列工作坊正是在这一环境下围绕中国史学科研究的热点与趋势而召开的，在国内学术界产生了一定的影响，《中国史研究动态》等学术刊物曾有专门的介绍。

人文学院中国史学科的秦中亮、许超雄、杨永生、董大学、李殷、陈思言、郑宁等青年教师在会议筹办、论文收集整理方面付出了辛勤劳动，参与系列工作坊的校内外评议专家花费大量心血，为论文提出了中肯意见。在此，对他们表示最诚恳的谢意。

相信随着"国家治理与地方社会研究丛书"的出版，必将推动我校年青学人的研究，在国内学术界创出一番天地。

张剑光

2024 年 3 月 28 日于上海师范大学文苑楼 908 室

目 录

序/张剑光 *1*

中央与地方关系

控制、法定与自称：唐宋之际归义军辖区变迁的多维度考察/
　李　军 *3*

唐代剑南羌蛮子弟与西南边疆经略——兼论羌蛮子弟与城傍子
　弟之异同/陈乐保 *32*

盗杀武元衡——元和政局与牛李两党的分化形成/王炳文 *58*

唐安史乱后河陇陷蕃问题再探/郑红翔 *88*

马燧征讨李怀光之叛探赜/刘永强 *104*

权力结构与藩镇性格

李锜叛乱的军团构成——唐代藩镇军事构造的个案研究/
　李碧妍 *127*

续论藩镇分类的学术史梳理——以近三十年中国大陆学者为范围/胡耀飞　159

晚唐五代的商人、军将与藩镇回图务/周　鼎　181

京藩之间：张全义的洛阳经营与社会关系网络的展开/闫建飞　209

观望与赴难："奉天之难"中的京西北诸镇/许超雄　242

河朔割据与举族归附

论中晚唐河朔藩镇割据与联姻的关系——以义武军节度使陈君赏墓志铭为中心/金滢坤　275

也释唐幽州卢龙节度使刘济的"最务恭顺"/张天虹　300

议兵之争所见唐宪宗朝藩镇政策的形成/李　殷　320

权力交接与政治逻辑：重论长庆元年唐廷处置幽州归附事件/黄图川　341

"再失河朔"发微/秦中亮　358

文本书写与地方社会

唐后期五代孔庙与河北藩镇社会变迁/冯金忠　383

剥落华饰——从新出王宰墓志看墓志书写的虚美与隐恶/唐　雯　411

战争、死亡与信仰：唐末五代的泽潞地方社会/仇鹿鸣　431

唐代后期江南户数新探/刘　丽　张剑光　478

唐后期江淮土豪与地方社会秩序关系探微——以宣歙康全泰之乱为考察中心/蔡　帆　501

中央与地方关系

控制、法定与自称：唐宋之际归义军辖区变迁的多维度考察

李 军

摘 要：传世史书中张议潮于大中五年两次派遣使团献地的范围以及唐政府据图授地的记述，均是史臣根据张议潮所获法定辖区反推其入献区域的结果。以河陇政局的演变为考量，懿宗通过在河陇增置藩镇的方式，完成了对归义军辖区的调整。随着唐政府对归义军的态度由支持转为限制以及甘州回鹘等势力的崛起，归义军的实际控制区和法定辖区呈现出逐渐萎缩的趋势，自称辖区则时有变动。以曹议金击败甘州回鹘为契机，归义军宣称的辖区出现了大幅度的膨胀。在曹议金之后，由于归义军无力对外拓展、中央政府亦无意经略河西西部地区，归义军的实际控制区、中央授予及自称辖区最终趋于一致。

关键词：唐宋之际 归义军 辖区变迁 政治互动

归义军系晚唐五代宋初活跃在中国西北地区的重要政治势力。自大中五年（851）唐政府以沙州为中心创设归义军节度使，至1036

年沙州被党项所占据,这个先后以藩镇及外藩的形象见载于史籍的政权,在很大程度上影响了唐宋之际西北地区的政治走向。在归义军史的研究范畴中,其辖区范围无疑是核心问题之一。以往学术界已经从辖区变化及行政区划的角度,勾画出了归义军在唐宋之际所实际控制的地域。① 但在实际控制层面之外,归义军的辖区还存在着中央法定和境内自称等多重形态。在归义军与中央政府的互动过程中,双方对于归义军的辖区往往存在着夸大和贬低、限制与反限制等各种复杂的关系,其中尤以张氏归义军时期为甚。基于以上考虑,笔者希望在借助学者研究的基础上,通过多重维度观察唐宋之际归义军的辖区变迁,以期展现辖区盈缩与归义军政局变动之间的内在联系。

一、从沙州起事到张议潮归阙: 归义军初创期的辖区

会昌二年(842),吐蕃赞普朗达玛被刺身亡,吐蕃王朝分裂为分别以乞离胡和微松为首的两大政治势力。② 与此同时,吐蕃驻守在

---

① 郑炳林:《晚唐五代归义军疆域演变研究》,《历史地理》第15辑,上海:上海人民出版社,1999年,第56—73页;郑炳林:《晚唐五代敦煌归义军行政区划制度研究(之一)》,《敦煌研究》2002年第2期;郑炳林:《晚唐五代敦煌归义军行政区划制度研究(之二)》,《敦煌研究》2002年第3期。此外,学者在讨论归义军所统领军镇的范围时,也涉及了归义军的疆域演变问题,相关主要研究有:黄盛璋:《沙州曹氏二州六镇与八镇考》,《1983年全国敦煌学术讨论会文集·文史遗书编》上册,兰州:甘肃人民出版社,1987年,第269—281页;陈国灿:《唐五代瓜沙归义军军镇的演变》,唐长孺主编:《敦煌吐鲁番文书初探二编》,武汉:武汉大学出版社,1990年,第555—580页;冯培红:《归义军镇制考》,《敦煌吐鲁番研究》第9卷,北京:中华书局,2005年,第245—294页。
② 陆离、陆庆夫:《张议潮史迹新探》,《中国边疆史地研究》2011年第1期。

河陇地区的军事将领尚婢婢、论恐热等人,由于分别拥立不同的赞普,从而陷入激烈的军事对抗。在此形势下,张议潮于大中二年(848)在沙州起事,并于当年收复了邻近的瓜州。为了获得唐政府的支持,张议潮在收复沙、瓜二州后,派遣以僧人悟真为首的使团前往长安。① 在天德军防御使李丕的协助下,沙州使者在大中五年年初顺利抵达长安,张议潮因此获得了沙州防御使的任命。②

对于张议潮附唐之初的情况,《(宣宗)实录》载:

> (大中)五年,二月,壬戌,天德军奏沙州刺史张义潮、安景旻及部落使阎英达等差使上表,请以沙州降。③

在唐代前期的河西政治格局中,沙州并未占据显著的位置。在凉州和甘州先后被吐蕃占领后,永泰二年(766)五月,河西节度使被迫西迁沙州。与此相配合,沙州的行政级别由刺史州升格为中都督府,从而成为河西的政治中心。④ 贞元二年(786)沙州城陷之时,⑤ 守将

---

① 敦煌写本《敕河西节度兵部尚书张公德政之碑》(以下简称《张淮深碑》)的注文载:"沙州既破吐蕃,大中二年,遂差押衙高进达等,驰表函入长安城,已(以)献天子。"杨宝玉、吴丽娱认为高进达为张议潮所派遣的沙州首班使团的首领,李军则认为高进达只是沙州使团的成员,悟真才是使团的首领。杨宝玉:《大中二年张议潮首次遣使入奏活动再议》,《兰州学刊》2010年第6期;杨宝玉、吴丽娱:《归义军政权与中央关系研究——以入奏活动为中心》,北京:中国社会科学出版社,2015年,第3—12页;李军:《再论张议潮时期归义军与唐中央政府之关系》,《中国边疆史地研究》2017年第1期。
② 《资治通鉴》卷249,唐宣宗大中五年正月壬戌条,北京:中华书局,1956年,第8044—8045页;《新唐书》卷216下《吐蕃传下》,北京:中华书局,1975年,第6108页。
③ 《通鉴考异》引宋敏求《实录》,《资治通鉴》卷249,唐宣宗大中五年十一月条下注,第8049页。
④ 刘安志:《关于唐代沙州升为都督府的时间问题》,《敦煌学辑刊》2004年第2期。
⑤ 对于沙州陷蕃时间,本文采用了陈国灿的研究成果。陈国灿:《唐朝吐蕃陷落沙州城的时间问题》,《敦煌学辑刊》1985年第1期。

阎朝与吐蕃达成了"毋徙它境"的协议,使得随河西节度使西迁至沙州的军民不至于离散。沙州陷蕃后,虽然"州人皆胡服臣虏",但仍得以"每岁时祀父祖,衣中国之服"。① 对于沙州军民而言,自认为最有资格代表河西的唐朝遗黎。据 P.3451《张淮深变文》所载,乾符年间僖宗派遣敕使前往沙州册封张淮深之际,"甘凉瓜肃,雉堞彫残,居人与蕃丑齐肩","独有沙州一郡,人物风华,一同内地"。② 虽然变文对沙州颇有溢美之辞,但沙州作为唐朝河西军民最后的集结地及最后陷蕃之所,到了大中初年又成为河西反蕃起义的策源地,这一尾一首显然并非巧合。不过即使沙州曾长期作为河西的军政中心,但张议潮在控制沙、瓜二州的情况下,仅以沙州降附唐朝的可能性并不大。

作为沙州首个入朝使团的首领,悟真在长安与京城诸大德酬答之际,往往被称为"瓜沙之俊""瓜沙僧"或"瓜沙州僧",③可见唐政府在擢任张议潮为沙州防御使之前,已经掌握了张议潮实际控制沙、瓜二州的真实情况。P.2748v 系天德军防御使李丕上给宣宗的谢表,其中提及张议潮归附之事,即"六人奉河西地图☐上"。④ 从李丕与沙州首度成功遣使之间的关系,以及 P.2748 正反面文献均为与悟真相关的内容看,"奉河西地图"进献的应正是悟真使团。⑤ 由此可见,张议潮遣使降附的区域并非沙州,而是整个河西地区。《(宣宗)实录》中张议潮"请以沙州降"的记载,很可能是宋敏求根据唐朝任命张议潮为沙州防御使的结果,反推其所进献区域的结果。

---

① 《新唐书》卷 216 下《吐蕃传下》,第 6101 页。
② 图版见《法藏敦煌西域文献》第 24 册,上海:上海古籍出版社,2002 年,第 253 页。
③ 徐俊纂辑:《敦煌诗集残卷辑考》,北京:中华书局,2000 年,第 329—340 页。
④ 《法藏敦煌西域文献》第 18 册,上海:上海古籍出版社,2001 年,第 66—67 页。
⑤ 李军:《唐大中二年沙州遣使中原路线献疑》,《中国边疆史地研究》2010 年第 1 期。

张议潮在控制沙、瓜二州的情况下以"河西地图"进献,希望继承之前驻节于沙州的河西节度使之政治遗产,力图把自己打造成"河西遗黎"的代表。但总体来看,唐政府对陷蕃地区的态度是非常谨慎的。在沙州陷蕃六十余年且与唐中央长期音信不通的情况下,张议潮在大中五年突然以使团携河西地图归附,唐朝君臣对此心存疑虑也是应有之义。此外,自悟真等人离开沙州至抵达长安,共耗时三年。其间沙州反蕃势力的存亡情况,唐中央并不知晓。所以,在张议潮实际控制沙、瓜二州,并以河西地图进献之际,唐政府并未给予其太多的支持,而只是授其沙州防御使,仅辖沙州一州之境。

张议潮在收复沙、瓜二州之后,"次屠张掖、酒泉,攻城野战,不逾星岁,克获两州"。① 大中四年(850),张议潮又率兵收复伊州。在完成河西五州的收复后,张议潮派遣以兄长张议潭为首,由押衙吴安正、僧人慧菀等人组成的使团入朝。大中五年十月,张议潭使团到达长安。对于张议潭使团所献之内容,两《唐书·宣宗纪》《新唐书·吐蕃传》《(宣宗)实录》《资治通鉴》等皆载为十一州图籍。其中,《新唐书》卷八《宣宗纪》、卷四〇《地理志四》更是将张议潮所献十一州的范围明确为瓜、沙、伊、肃、鄯、甘、河、西、兰、岷、廓等州,② 也就是之后唐政府所设定的归义军节度使辖区。从地域区划看,上述十一州涵盖了河西的大部及陇右一部,无论是对于旧陇右道,还是分道之后的河西、陇右两道,都并非整体,且非归义军所实际控制的区域,故张议潭以十一州图籍入献于理不合。③ 参照之前张议潮

---

① 荣新江:《归义军史研究——唐宋时代敦煌历史考索》,上海:上海古籍出版社,2015年,第400页。
② 《新唐书》卷8《宣宗纪》、卷40《地理志四》,第249、1040页。
③ 李军:《晚唐政府对河陇地区的收复与经营——以宣、懿二朝为中心》,《中国史研究》2012年第3期。

遣使进献河西地图的举动看，张议潭使团之所献当为《唐会要》卷七一《州县改置下》"陇右道沙州"条所载的"天宝陇西道图经、户籍"。① 陇右道远非张议潮所能实际控制，其进献陇右道图籍的行为，显然是对实际控制区的进一步自夸。两《唐书》所载张议潮以十一州图籍进献的记载，应系史臣根据唐政府赋予归义军十一州辖区之既定事实倒推其进献范围的结果。

根据《新唐书》卷六七《方镇表四》的记载，归义军节度使辖沙、甘、瓜、肃、鄯、伊、西、河、兰、岷、廓等十一州，治沙州。② 在法定的十一州范围中，由归义军所实际控制的仅有沙、甘、瓜、肃、伊等河西五州之地。此外，占据西州的回鹘势力曾与张议潭使团联袂入京，此即杜牧《樊川文集》卷二〇《西州回鹘授骁卫大将军制》中所载的"交臂来朝"。③ 河西五州及西州均由降附于唐王朝者所实际控制，鄯、河、兰、岷、廓等陇右五州则仍为吐蕃部族所占领，所以张议潮对陇右地区只能是虚衔遥领。可能正是出于这样的现实考虑，唐政府在授予张议潮"归义军节度使印"的同时，只是授其"河西道观察使"印，④ 而并未颁赐予归义军辖区相配的十一州观察使印。

咸通二年（861），张议潮率军收复凉州，归义军所实际控制的区

---

① 藤枝晃：《沙州歸義軍節使始末》（一），《東方學報》第 12 本第 3 分，1942 年，第 88 页。对于张议潭入朝的时间，《唐会要》载为大中五年七月。《唐会要》，北京：中华书局，1955 年，第 1269 页。而在日本杏雨书屋藏敦煌文献羽 32 号《驿程记》中，有某年八月二十四日，"天德打毬设沙州专使"的记载。据笔者考察，《驿程记》所载的"沙州专使"应为张议潭。李军：《晚唐五代归义军与凉州节度关系考论》，《陕西师范大学学报》2011 年第 6 期。既然张议潭到达天德军的时间在八月下旬，则其入朝的时间应为《（宣宗）实录》等所载的大中五年十月。《唐会要》所载之"七"或为"十"之讹，因字形相近而致误。
② 《新唐书》卷 67《方镇表四》"陇右"栏，第 1884 页。
③ 杜牧：《樊川文集》，上海：上海古籍出版社，1978 年，第 304—305 页。
④ 森安孝夫：《河西歸義軍節度使の朱印とその編年》，《内陸アジア言語の研究》XV，2000 年，第 16 页。

域变为沙、瓜、甘、肃、伊、凉六州之地,基本上等同于唐前期的河西节度使。在张议潮收复凉州的同时,唐政府则利用秦州防御使高骈收复了河州和渭州。相对于宣宗大中朝,懿宗君臣对待归义军的态度发生了重大转变。唐政府不仅未将凉州纳入归义军的法定辖区,也未承认归义军所自称的河西节度使,更是通过新设凉州节度使和秦州节度使的方式,完成了对河陇地区的析置。①

《旧唐书·地理志一》略云:

> 上元年后,河西、陇右州郡,悉陷吐蕃。大中、咸通之间,陇右遗黎,始以地图归国,又析置节度。
>
> 秦州节度使。治秦州,管秦、成、阶等州。
>
> 凉州节度使。治凉州,管西、洮、鄯、临、河等州。
>
> 瓜沙节度使。治沙州,管沙、瓜、甘、肃、兰、伊、岷、廓等州。②

《新唐书·方镇表四》"河西"栏咸通四年(863)载:"置凉州节度,领凉、洮、西、鄯、河、临六州,治凉州。"③同卷"陇右"栏咸通四年又载:"河、鄯、西三州隶凉州节度。"④按照《旧唐书·地理志一》的记载,归义军一度被改称为瓜沙节度使,辖沙、瓜等八州之地。该处的八州之数,显然是在归义军节度使原辖沙、甘、瓜、肃、鄯、伊、西、河、兰、岷、廓等十一州的基础上,减去调整至凉州节度使的鄯、西、河

---

① 对于唐政府在河陇析置三节度与懿宗朝藩镇政策的关系,李军在《再论张议潮时期归义军与唐中央政府之关系》(《中国边疆史地研究》2017 年第 1 期)一文中有所论述。杨宝玉、吴丽娱则认为唐政府在河陇新置凉州节度及秦州节度,并非是为了限制和削弱归义军,而凉州节度使很可能由归义军节度使张议潮兼领(杨宝玉、吴丽娱:《唐懿宗析置三节度问题考辨》,《中国史研究》2017 年第 4 期)。
② 《旧唐书》卷 38《地理志一》,第 1392—1393 页。
③ 《新唐书》卷 67《方镇表四》,第 1886 页。
④ 《新唐书》卷 67《方镇表四》,第 1886 页。

三州后所得出的结论。十一州本为彼此连接的整体,但在凉州节度设置之后,由于凉、鄯、临、河、洮五州的阻隔,不仅地处陇右的兰、廓、岷等州与河西之间的地理联系被切断,甚至三州之地也被彼此分割开来。所以,在凉州节度设置后,归义军仍领兰、廓、岷三州的可能性并不大。随着唐政府以三节度分治河陇策略的实施,归义军的辖区当被限制在张议潮所实际控制的沙、瓜、甘、肃、伊五州之地。① 虽然归义军的法定辖区在咸通四年至八年之间被控制在五州的范围之内,但张议潮作为归义军节度使领十一州的观念却长久地被沙州军民所继承,②成为表现其权力和辖区源自中央授予的重要体现。

要而言之,大中二年起事之后,张议潮在占领沙、瓜二州的情况下,派出使团以河西地图归附唐朝。而宣宗最初只是授张议潮以沙州防御使,控沙州一州之地。在张议潭奉陇右道图籍入唐后,唐政府为归义军设置了地跨河陇的十一州辖区,远超其所实际控制的沙、瓜、甘、肃、伊五州之地。随着凉州及河、渭等州的陆续收复,唐政府通过新置藩镇的方式,完成了对原河陇陷蕃失地的重新分配。在归义军的法定辖区由十一州缩减为五州之地的背景下,出于现实的政治考量,张议潮仍试图将自己打造成为河陇十一州的合法控制者。

---

① 李军:《晚唐政府对河陇地区的收复与经营——以宣、懿二朝为中心》,《中国史研究》2012年第3期。
② 莫高窟第94窟张议潮供养人题记载其职衔为"前河西一十一州节度管内观察处置等使金紫光禄大夫检校吏部尚书兼御史大夫河西万户侯赐紫金鱼袋右神武将军南阳郡开国公食邑二千户实封二百户司徒"。莫高窟第148窟《唐宗子陇西李氏再修功德记》碑所载张议潮的使职为"河西陇右一十一州节度管内观察处置押蕃落营田支度等使"。P.3556《张法律尼清净戒邈真赞并序》则记载沙门清净戒为"前河西一十一州节度使张太保之贵孙"。

二、丢失与收复：张淮深统治期的归义军辖区

在咸通初年唐政府分割归义军辖区以限制其势力发展的背景下，归义军的法定辖区与实际控制区基本吻合。作为归义军节度使的张议潮，虽无法改变辖区缩减的结果，但也并未彻底就范。咸通七年（866）二月，其先后向唐中央汇报已不属于归义军所管的西州及鄯州等地的政情，希望借此展现归义军对河陇地区的控制力。但张议潮的做法显然不符合唐政府以归义军、凉州及天雄军节度分治河陇的初衷。咸通八年二月，受唐政府的征召，张议潮归阙长安，其侄张淮深以留后的身份代掌归义。① 在了解到唐中央将张议潮长期留置于京师的意图之后，张淮深开始频繁遣使求节，以期获得归义军节度使册封。

值得注意的是，根据张球所撰的 P.3425《金光明变相一铺铭并序》，张淮深并未沿用张议潮之前自称河西节度使的做法，而是以归义军节度使继任者的身份自居。② 张淮深此举应是为了通过承认中央的权威而获得唐政府的信任，以便于节度使旌节的求取。P.3451《张淮深变文》有载："□从司徒归阙后，有我尚书独进奏。持□河西理五州，德化恩沾及飞走。"③ 其中的"五州"，正可与归义军的法定辖区相对应。由此可见，张淮深所希望继承的正是归义军实际控制且被中央所承认的五州辖区。

---

① 《资治通鉴》卷 250，唐懿宗咸通八年二月条，8117 页。
② 荣新江：《沙州归义军历任节度使称号研究》（修订稿），《敦煌学》第 19 辑，1992 年，第 27 页。
③ 图版见《法藏敦煌西域文献》第 24 册，第 254 页。

虽然张淮深放弃了张议潮之前自称的河西节度使,但并未获得懿宗政府的认可。据S.10602《张议潮奏蕃情表》的记载,在张议潮于长安向懿宗汇报河西的少数民族情况时,仅称张淮深为沙州刺史。① 张淮深在咸通十年(869)为悟真求授河西都僧统时,也并未使用其在境内自称的"归义军兵马留后",而是自称"河西道沙州诸军事兼沙州刺史、御史中丞"。② 很显然,沙州刺史才是张淮深被唐政府所认可的官方身份。张淮深既没有归义军节度使的法定身份,又缺乏其叔张议潮的声望,仅依靠沙州刺史的朝命显然无法真正控制河西五州。所以,随着河西回鹘的兴起以及河西都防御使的设置,归义军的辖区发生了剧烈的变动。

咸通末年至乾符初年,河西回鹘在甘、凉交界地带兴起,并先后从张淮深手中夺得甘、肃、瓜、伊等州。自乾符元年(874)至五年,张淮深先后利用吐蕃、嗢末、吐谷浑等势力,击溃与归义军为敌之回鹘,陆续收复肃州和瓜州,并在名义上收复甘州。乾符三年,与归义军建立联盟关系的西州回鹘则从河西回鹘手中夺得伊州。③ 但在张淮深收复河西诸州之后,唐政府却并没有将甘州和肃州重新划归给归义军,而通过将凉州节度使改置为河西都防御使的方式,将两州之地划入了河西都防御使辖区。中和元年(881)至四年之间,唐政府曾以翁郜出任甘州刺史,显示了中央政府对甘州所具有的控制力。④ 而河西回鹘经过一段时间的恢复,在中和四年之际再度在甘

---

① 文书录文参荣新江《归义军史研究》,第163页。
② 见P.3720《沙州刺史张淮深奏白当道请立悟真为都僧统牒并敕文》,《法藏敦煌西域文献》第27册,上海:上海古籍出版社,2002年,第113页。
③ 对于张淮深时期河西地区丢失及收复的具体情况,可参李军《敦煌本〈唐佚名诗集〉与晚唐河西历史》,《魏晋南北朝隋唐史资料》第37辑,上海:上海古籍出版社,2018年,第150—165页。
④ 李军:《清抄本〈京兆翁氏族谱〉与晚唐河西历史》,《历史研究》2014年第3期。

州一带兴起。S.2589《中和四年十一月一日肃州防戍都营田康汉君等状》所载的中和四年十月左右于"甘州左右提道劫掠"的回鹘,以及在S.389《肃州防戍都状》中与龙家等族谈判的回鹘,应均属于此前与归义军长期为敌的回鹘系统。在中和四年回鹘围攻甘州之际,肃州防戍都只是向归义军实际统治者张淮深汇报相关情况,归义军方面并没有给甘州提供任何实质性的帮助。吐蕃、吐谷浑、龙家等族撤离甘州后,其地遂为回鹘所实际控制。虽然根据P.2741所载的于阗使臣发往于阗王庭的奏稿,可知迟至光启年间,张淮深曾联合仲云和另一支回鹘,再度攻陷甘州,但很快就由此撤离。[①] 由此可见,在唐政府强制分割的背景下,再加上受到自身实力的限制,归义军已经放弃了对甘州的控制意图。与此同时,归义军对肃州的态度却与甘州存在明显的差异。

在归义军设置之初,肃州属于其十一州辖区之一。乾符初年,随着河西都防御使府的设置,肃州和甘州脱离了与归义军的隶属关系。对于更为接近归义军实际控制区的肃州,归义军的态度与对待甘州有明显的不同。P.T.1190v《乾符年间(874—879)肃州牒》为肃州防戍都上给张淮深的牒文,文书钤有"肃州之印"。牒文中提及肃州因守城士兵不足,故肃州防戍都请求归义军派兵二百人予以援助。[②] 通过文书的内容,明确可知肃州在被划归河西都防御使府的情况下,仍附属于归义军。此外,根据S.389《肃州防戍都状》的记载,虽然肃州防戍都的军将接受了崔大夫所任命的肃州防御使,但在崔大夫执意要求肃州军将将"本州印"交付凉州防御使之际,肃州

[①] 黄盛璋:《敦煌于阗文P.2741、ch00296、P.2790文书疏证》,《西北民族研究》1989年第2期。
[②] 白玉冬:《P.T.1189〈肃州领主司徒上河西节度天大王书状〉考述》,刘进宝主编:《丝路文明》第1辑,上海:上海古籍出版社,2016年,第109页。

军将索仁安却私底下将"本州印"交给了氾建立。肃州防戍都不仅将崔大夫在肃州的活动情况向张淮深做了详细的汇报,而且据P.2937P1《光启三年酒司判凭四件》所载,氾建立到了光启三年仍然以肃州使的身份前往沙州。① 所以,肃州虽然在名义上隶属于河西都防御使及之后的河西节度使,但其在很大程度上仍听命于归义军,属于归义军的势力范围。其后,在甘州龙家撤至肃州,形成所谓的"肃州家"势力后,肃州仍与归义军保持着依附关系。

昭宗即位之后,张淮深终于获得了唐中央所授予的节度使旌节。据日本京都有邻馆所藏敦煌文献的记载,文德元年(888)十月十五日,以押节大夫宋光庭、副使朔方押衙康元诚为首的二十人使团抵达沙州,对张淮深进行节度使册封。② 不过,唐政府授予张淮深的并非归义军节度使,而是沙州节度使。与"沙州节度使"所配套使用的乃"沙州观察使印",③可知沙州节度使的法定辖区已并非之前的十一州或五州辖区,而仅为沙州一州之地。由于伊州此时为西州回鹘所占据,甘、肃二州也已经被划归河西都防御使,故上述三州被排除在沙州节度使辖区之外尚可以得到合理的解释。但瓜州被排除在沙州节度使辖区之外的做法,却显得颇不寻常。

由于地域上的密切关系,瓜州长期以来都是归义军最核心的州级政区之一。河西回鹘在乾符三年之际从归义军手中夺得瓜州,但在次年十月,张淮深就亲率大军东征,从而顺利收复瓜州。在再收瓜州之后,张淮深派遣了以阴信均为首的贺正使前往长安,展开了新一轮的求节活动。虽然此次请节活动并未成功,但唐政府不仅颁发敕牒并为张淮深赏赐"寄信匹段",还将其检校官由散骑常侍晋

---

① 《法藏敦煌西域文献》第20册,上海:上海古籍出版社,2002年,第166页。
② 荣新江:《归义军史研究》,第191页。
③ 森安孝夫:《河西帰義軍節度使の朱印とその編年》,第59页。

升为检校户部尚书。① 由于瓜州原属归义军的势力范围,而且是张淮深率军从回鹘手中收复,所以瓜州刺史索勋的任命是由张淮深向中央政府求授的。② 在张淮深牢固控制沙、瓜二州的情况下,唐政府不仅未授予其归义军节度使,更是将沙州节度使的辖区限制在沙州一地。唐政府对张淮深的压制,影响到了沙州政权的稳定。大顺元年(890)二月,归义军内部爆发动乱,张淮深举家被杀。

简而言之,在张议潮入朝之初,归义军的辖区被限定在了河西五州。虽然代张议潮掌管归义军的张淮深只具有沙州刺史的法定身份,但其在归义军内部往往坚持宣称具有对河西五州的控制权。在咸通末、乾符初河西回鹘兴起后,河西诸州先后被回鹘所占领,随后又被张淮深率军次第收复。在此背景下,唐政府通过将凉州节度使改置为河西都防御使的方式,将甘、肃二州划入了河西都防御使的辖区。由此,也就形成了张淮深实际控制沙、瓜二州,间接控制肃州的政治格局。昭宗即位之后,派遣使者前往沙州,册封张淮深为沙州节度使,但其所实际控制的瓜州却被排除在法定辖区之外。唐政府的举措恶化了沙州的政局,从而引发了归义军内部的政治动荡。

三、从西北边镇到独立王国:唐末及金山国时期的沙州政权疆域

以张淮深被杀为发端,归义军变乱迭起,张淮鼎、索勋、张承奉

---

① 李军:《晚唐归义军节度使张淮深再收瓜州史事钩沉》,《陕西师范大学学报》2015年第2期。
② 详细内容见 P.4638《瓜州牒状》,《法藏敦煌西域文献》第32册,上海:上海古籍出版社,2005年,第232页。

在唐末相继掌管归义军。后梁篡唐之后,张承奉依托归义军辖区建立起了西汉金山国,并以金山天子自称,归义军也由地方藩镇演变成为独立的地方政权。虽然归义军政权在唐末的实际控制区变化不大,但唐政府所授予的法定辖区却发生了较大的变动,并对金山国时期的对外政策产生了直接的影响。

乾宁元年(894),李氏家族在诛杀节度使索勋、扶立张承奉之后,为了歌颂自身的功绩,以李明振的口吻在莫高窟第148窟树立了《唐宗子陇西李氏再修功德记》碑。该碑碑末有三人的题名:

　　□□□□□□□□敕封宋国……□伊西等州节度使兼司徒张淮深

　　妻弟前沙瓜伊西□河节度使检校□部尚书兼御史大夫张淮□

　　……沙州□□刺史兼□……西等州节度使兼御史大夫□□□①

其中,被记作"妻弟"的"张淮□"为张淮鼎,第三人则为李氏政变成功之后所拥立的张承奉。② 根据三者的题名,可知其所自称的辖区中应均包括沙、瓜、伊、西四州。《旧唐书》卷二○上《昭宗纪》载,光化三年(900)八月己巳,"制前归义军节度副使、权知兵马留后、银青光禄大夫、检校国子祭酒、监察御史、上柱国张承奉为检校左散骑常侍,兼沙州刺史、御史大夫,充归义节度、瓜沙伊西等州观察处置押蕃落等使"。③ 张承奉在光化三年得到归义军节度使及瓜、沙、伊、

---

① 李永宁:《敦煌莫高窟碑文录及有关问题(一)》,《敦煌研究》试刊第1期,1981年,第68页。
② 荣新江:《归义军史研究》,第199页。
③ 《旧唐书》卷20上《昭宗纪》,第768页。

西四州观察使的册封,而在此前六年所立的《唐宗子陇西李氏再修功德记》中就已经记载到归义军节度使具有上述四州的管辖区,这显然并非巧合。由此可见,《唐宗子陇西李氏再修功德记》中所记载的归义军辖区,应源自唐中央对张承奉之前某任节度使的册封。

张淮深在获得节度使册封时仅得一州之地,故归义军四州辖区的获得与其并无关联。大顺元年,张淮深被杀,张议潮之子张淮鼎获得了归义军的实际控制权。S.329v《儿郎伟》有载:"大夫家门鼎族,阀阅历代称贤。今旦万人极美,请下龙节威权……但愿表章平善,早到天子案前。开封读之一遍,便赐龙节旌旄。若到秋初夏末,天使便到西边。"①这位向唐王朝遣使求节的大夫,应就是在张淮深被杀后,以"节度兵马留后使"的身份掌管归义军的张淮鼎。为了获得唐政府的承认,张淮鼎一方面自称"敕归义军节度兵马留后使",另一方面派遣使者前往长安求节。在自称留后期间,张淮鼎沿用了唐政府此前赐予张淮深的"沙州观察处置使之印"。虽然在《唐宗子陇西李氏再修功德记》中,张淮鼎被记作"沙瓜伊西□河节度使检校□部尚书兼御史大夫",但张淮鼎只是在卒后才被追赠为检校户部尚书,其生前并未获得唐政府的授节。② 所以,《唐宗子陇西李氏再修功德记》中对于张淮深和张淮鼎曾统领沙、瓜、伊、西等州的记载,显然属于李氏家族在事后的追记。

据《河西道归义军节度索公纪德之碑》所载,景福元年(892)九月底,瓜州刺史索勋"特奉丝纶",被唐政府任命为归义军节度使。③

---

① 郝春文:《英藏敦煌社会历史文献释录》第2卷,北京:社会科学文献出版社,2003年,第109—110页。
② 李军:《晚唐归义军节度使张淮鼎事迹考》,《敦煌学辑刊》2009年第2期。
③ 郑炳林:《〈索勋纪德碑〉研究》,《敦煌学辑刊》1994年第2期。

对于索勋被授予的官衔,莫高窟第9窟、第98窟、第196窟的供养人题记中均有记载。其中,莫高窟第196窟甬道北壁第一身索勋供养人题记在述及索勋官衔的同时,保留了归义军的法定辖区:

> 敕归义军节度沙瓜伊西等州管内观察处置押蕃落营田等使守定远将军检校吏部尚书兼御史大夫巨鹿郡开国公食邑贰千户实封二百户赐紫金鱼袋上柱国索勋一心供养。①

第196窟的窟主为何法师,该窟建成的时间应在景福二年(893)至乾宁元年之间。② 归义军节度使索勋所统领的沙、瓜、伊、西四州,应该就是唐政府授予归义军的法定辖区。唐政府很可能是看到了长期不为张淮深授节及对其极度压制所带来的严重后果,所以在册封索勋为归义军节度使的同时,将归义军的辖区由之前的沙州一州之地扩充为沙、瓜、伊、西四州。

乾宁元年,在李氏家族诛杀索勋后,张承奉被拥立为归义军节度使。根据《唐宗子陇西李氏再修功德记》的记载,李氏家族发动政变后,随即派出了以曹光为首的使团前往长安,以汇报诛杀索勋的具体情况。在P.3552《儿郎伟》中,沙州军民祝愿使团"人马保之平善,月初已到殿前。圣人非常欢喜,不及降节西边";与此同时,据《唐宗子陇西李氏再修功德记》的记载,唐政府确实也曾为此派遣由内常侍康克珣、副使师齐琪、判官陈思回等人组成的使团前往沙州。虽然唐政府此次遣使并未给予张承奉节度使册封,但还是授予其"归义军节度副使、权知兵马留后"的任命,其被授予

---

① 敦煌研究院编:《敦煌莫高窟供养人题记》,北京:文物出版社,1986年,第87页。
② 贺世哲:《从供养人题记看莫高窟部分洞窟的营建年代》,敦煌研究院编:《敦煌莫高窟供养人题记》,第214—215页。

的法定辖区仍然是唐政府授予索勋的沙、瓜、伊、西四州。此外,碑文中记载唐政府在册封张承奉之余,李弘愿出任了沙州刺史兼节度副使,李弘定出任瓜州刺史、墨离军押蕃落等使,李弘谏出任甘州刺史。对于李弘谏在甘州之政绩,碑文明确记载为"洎分符于张掖,政恤惸孤;布皇华于专城,悬鱼发咏"。上述记载似并非虚指。唐政府在凉州等地政局动荡之际,曾调派王景翼、康通信等多位出身于归义军的人员前往凉州任职。在甘州被回鹘所实际控制的情况下,唐政府以掌控归义军实权的李氏家族一员出任甘州刺史,以对甘州回鹘进行约束,或不失为一种合理的推测。① 不过,虽然李弘谏得以出刺甘州,但甘州和肃州一样,均属于河西都防御使的法定辖区。所以李氏家族在乾宁元年立碑之际,并未将甘州和肃州纳入归义军节度使自称控制的范围。光化元年之前,李弘谏已由甘州离任并返回沙州。在乾宁四年(897)二月至光化元年(898)之间建成的莫高窟第9窟中,②李弘谏供养人题记的职衔已变为"朝散大夫、沙州军使、银青光禄大夫、检校左散骑常侍兼御史大夫、上柱国"。③ 此外,据S.1177《金光明最胜王经》题记,光化三年(900)六月九日李明振妻张氏曾为"亡男使君、端公、衙推"等"三郎君"写经荐福,可见此前包括李弘谏在内的三位李氏成员已经被张承奉清除。④

---

① 对于《唐宗子陇西李氏再修功德记》记载李弘谏出任甘州刺史的问题,唐长孺认为系归义军此时又夺回了甘州的控制权;荣新江则认为李弘谏的头衔并非实任,而是遥领。唐长孺:《关于归义军节度的几种资料跋》,《中华文史论丛》第1辑,上海:中华书局上海编辑所,1962年,第292页;荣新江《归义军史研究》,第308页。
② 李军:《从供养人题记看敦煌莫高窟第9窟的建成时间》,《西部考古》第5辑,西安:三秦出版社,2011年,第349—357页。
③ 敦煌研究院编:《敦煌莫高窟供养人题记》,第6页。
④ 荣新江:《归义军史研究》,第209—210页。

乾宁元年曾有唐中央的使臣来到沙州,且P.3101《书仪·贺天使平善过路》有"天使进发,已达五凉,道路无危,关河晏静"的记载,可知李氏执政时期归义军与甘州回鹘保持着良好的关系。[1]到了张承奉真正掌权之后,归义军与甘州回鹘的关系却急剧恶化。据P.4044《归义军节度使帖》,为了与甘州回鹘"结耗(好)和同",张承奉派遣甘州使头及兵马使曹某等人前往甘州出使。对于此次出使,张承奉极为重视且谨慎,要求使团成员"但取使头言教,不得乱话是非。沿路比此回还,仍须守自本分"。[2]S.3905《唐天复元年(901)十二月十八日金光明寺造窟上梁文》则载:"猃狁狼心犯塞,焚烧香阁摧残。合寺同心再造,来生共结良缘。"[3]对于文中的"猃狁",学界多认为即甘州回鹘,[4]也就是说在天复元年之前不久,甘州回鹘曾派兵侵犯沙州。由此可证,随着张承奉对李氏家族势力的清除,归义军与甘州回鹘的关系由之前的正常交往演变为彼此敌对。

此外,虽然西州名义上隶属于归义军,但实际上西州回鹘为独立的政权,并不在归义军的控制之下。自乾符三年开始,伊州也脱离了归义军的实际控制。在张淮深及之后的张淮鼎、索勋等人统治时期,归义军与西州回鹘保持了较为密切的关系,故并未对伊州采取收复的举措。到了张承奉统治时期,很可能是受到了唐中央授予伊、西二州观察权的鼓励,归义军开始实施向西拓展领土的军

---

[1] 荣新江:《归义军史研究》,第308页。
[2] 《法藏敦煌西域文献》第31册,上海:上海古籍出版社,2005年,第30页。
[3] 《英藏敦煌文献(汉文佛经以外部分)》第5卷,成都:四川人民出版社,1992年,第198页。
[4] 荣新江:《金山国史辨正》,《中华文史论丛》第50辑,上海:上海古籍出版社,1992年,第80页;朱悦梅、杨富学:《甘州回鹘史》,北京:中国社会科学出版社,2013年,第160页。

事经略。① 天祐二年(905),张承奉派遣罗通达等人率军讨伐楼兰地区,收复了屯城、石城以及新城、萨毗、蒲桃等城,并在石城设置石城镇。S.4654《罗通达邈真赞并序》记载罗通达在楼兰"地收两城"之后,又"回剑征西,伊吾弥扫";②P.3718《张良真邈真赞并序》则记载赞主在"权机决胜,获收楼兰三城"之后,曾"敌氅幕于雪岭之南,牵星旗于伊吾之北"。③ P.3718《阎子悦写真赞并序》亦载:"决胜伊吾之前,凶徒胆裂。"④但正如学者所说,归义军虽然在楼兰有所斩获,但并未能收复伊州,该地仍属于西州回鹘的势力范围。⑤

总的看来,索勋继任后,在实际控制沙、瓜二州的情况下,其被授予观察沙、瓜、伊、西四州的权力。索勋被杀后,李氏家族在对自家功绩进行歌颂时,将因索勋获得的瓜、伊、西三州辖区追加给了张淮深及张淮鼎。与此同时,李弘定出任瓜州刺史、李弘谏出任甘州刺史,从而形成了归义军实际控制沙、瓜二州,间接控制肃州和甘州的局面。在张承奉清除李氏家族的过程中,归义军与甘州回鹘的关系破裂,其对甘州的控制也就无从谈起。张承奉获得节度使册封后,归义军的法定辖区仍然保持在沙、瓜、伊、西四州之地。可能是受到唐政府将伊、西二州划入归义军辖区政策的鼓励,张承奉意图

---

① 荣新江据莫高窟第148窟《唐宗子陇西李氏再修功德记》碑末张淮深、张淮鼎、张承奉三人结衔中均有"瓜沙伊西等州节度"的表述,认为似乎反映了张承奉企图得到伊、西二州的愿望。荣新江:《归义军史研究》,第361页。
② 姜伯勤、项楚、荣新江合著:《敦煌邈真赞校录并研究》,台北:新文丰出版公司,1994年,第230页。
③ 郑炳林:《敦煌碑铭赞辑释》,兰州:甘肃教育出版社,1992年,第421页。
④ 郑炳林:《敦煌碑铭赞辑释》,第424页。
⑤ 荣新江:《归义军史研究》,第363页;郑炳林:《晚唐五代归义军疆域演变研究》,第56—73页。

向西开拓疆土。虽然归义军通过战争控制了楼兰诸城,不过随着征讨伊州战役的最终失利,归义军的辖区重新回归到实际控制沙、瓜二州,间接控制肃州的格局。

四、走进外藩时代：五代宋初的归义军辖区

后梁乾化四年(914),曹议金取代张承奉,成为归义军的实际统治者。由于与中原政权的交往受到了甘州、凉州等地少数民族势力的阻隔,归义军实际上已经演变为所谓的外藩。根据学者研究,归义军自曹议金之后,历曹元德、曹元深、曹元忠、曹延恭、曹延禄等,基本保持了二州六镇的辖区。其中,归义军东部辖区维持在新城、新乡、雍归、会稽及玉门军一带;西部则失去了金山国所恢复的石城镇,控制的疆域不越玉门、阳关两关。[1] 如果深入到历史的细部,可知在曹议金击败甘州回鹘后,不仅彼此之间的地位发生升降,归义军所自称的控制区也发生了重大的变化。

根据 P.3633v《龙泉神剑歌》的记载,金山国曾与甘州回鹘在肃州的金河东岸展开激战。[2] 对于这场战斗,冯培红、白玉冬推测系金山国进攻甘州回鹘。[3] 但正如荣新江所言,据诗文中"金风初动虏兵来"之"来"字,可知是甘州回鹘西侵,金山国列阵迎战。[4] 此外,细读诗文的内容,可知所谓的"祁连山下留名迹,破却甘州必□迟",其

---

[1] 郑炳林:《晚唐五代归义军疆域演变研究》,第56—73页。
[2] 《法藏敦煌西域文献》第24册,第158—159页。
[3] 冯培红:《敦煌的归义军时代》,兰州:甘肃教育出版社,2013年,第221页;白玉冬:《P.T.1189〈肃州领主司徒上河西节度天大王书状〉考述》,第113页。
[4] 荣新江:《归义军史研究》,第225页。

实与"东取河兰广武城,西取天山瀚海军"相类似,均属于鼓舞人心的口号,并非张承奉真正采取了针对甘州等地的军事经略。金河之战失利的直接后果,就是甘州回鹘得以兵临沙州城下。既然金山国将抵御甘州回鹘的战线设置于金河东岸,也就证明此时金河之西的肃州地区仍在金山国的势力范围之内。① 此外,P.3556《府君庆德邈真赞并序》记载赞主曾"运张良之计,东静金河;立韩信之谋,北清玉塞"。② 该件文献没有确切的纪年,但有赞主在此后参与曹议金征伐甘州回鹘之役的记载。虽然我们尚不能确定庆德"东静金河"是否就是指金山国在金河东岸抵御甘州回鹘的战斗,但作者把金河视为金山国或归义军的重要防线,这也就证明金河之西的肃州归属于沙州所管。

为了打通归义军与中原政权之间的道路交通,曹议金于后唐同光二年(924)秋冬至同光三年初发动了针对甘州回鹘的战争。③ 但就在归义军于甘州击败回鹘的次年,甘州回鹘发动了针对肃州的侵扰,即 P.4011《儿郎伟》所载的"不经一岁未尽,他急逆乱无边。准拟再觅寸境,便共龙家相煎"。④ 在曹议金派遣大军先后在玉门和肃州击溃侵扰的甘州回鹘后,⑤作者祝愿"善神"能护佑归义军的疆域。P.3718《薛善通邈真赞》则将曹议金在肃州击败回鹘,视为再次收复肃州。综合种种迹象,可见在同光之际的归义军军民心目中,肃州

---

① 对于金山国及曹氏归义军时期肃州的归属,另可参杨宝玉《金山国时期肃州地区的归属——以法藏敦煌文书 P.3633 为中心的考察》,《丝绸之路研究集刊》第 1 辑,北京:商务印书馆,2017 年,第 156—163 页;白玉冬:《P.T.1189〈肃州领主司徒上河西节度天大王书状〉考述》。
② 姜伯勤、项楚、荣新江合著:《敦煌邈真赞校录并研究》,第 282 页。
③ 荣新江《归义军史研究》,第 325 页。
④ 图版见《法藏敦煌西域文献》第 30 册,上海:上海古籍出版社,2003 年,第 342 页;录文参荣新江《归义军史研究》,第 321 页。
⑤ 冯培红:《敦煌的归义军时代》,第 329—331 页。

显然仍属于归义军的辖区范围。

《浙藏敦煌文献》第114号藏文文书(浙江省博物馆编号089)提及肃州领主及其属民曾背叛归义军令公曹议金,尔后被镇压,故再度向曹议金宣誓效忠。[①] 根据荣新江对归义军节度使称号的考订,该件文书应作于曹议金称令公的928—931年之间。也就是说,在曹议金击败甘州回鹘,重新获得对肃州的控制权之后不久,肃州曾短暂脱离归义军的控制。P.T.1189《肃州领主司徒上河西节度天大王书状》作于曹议金称大王(931—935)的早期,为肃州当地部落首领写给曹议金的书状文书。文书记载右翼部落首领与达怛、仲云、甘州回鹘在肃州大云寺盟誓,约定:"今后不可在西面的(上方的?)沙州方面出马扬鸣。若有密行暗渡或急备鞍马在沙州方面掠夺者,子为诛父,弟行戮兄。"[②]此外,该件书状还记载肃州领主司徒自称"卑职",并明确指出"已遭破损的这个边境(即肃州)"为"主人大王之城"。如此,可证曹议金统治时期,肃州曾遭受甘州回鹘的侵扰,也曾有主动背离归义军的举动。但经过归义军数次出兵讨伐,肃州又重新成为归义军的属地。

随着甘州回鹘和归义军势力的升降,肃州最终由归义军倒向甘州回鹘一方。由此,归义军的东部防线也逐渐内缩,雍归、悬泉、会稽等军镇成为归义军抵御来自甘州及肃州方向侵扰的重镇。作于962年的P.2155v《弟归义军节度使曹元忠致甘州回鹘可汗状》提及甘州回鹘的部众曾前往雍归镇及悬泉镇劫掠,而肃州的部落肃州

---

① 白玉冬:《P.T.1189〈肃州领主司徒上河西节度天大王书状〉考述》,第111页。另可参见武内绍人:《歸義軍期から西夏時代のチベット語文書とチベット語使用》,《東方学》第104辑,2002年,第106—124页。
② 对于文书的创作时代及内容,参白玉冬《P.T.1189〈肃州领主司徒上河西节度天大王书状〉考述》,第103—123页。

家也曾经作为向导,引领达怛侵扰瓜州和会稽镇。① 对此,曹元忠只能请求甘州回鹘可汗"细与寻问,勾当发遣",这也证明归义军对于瓜州之东的地区失去了控制能力。P.3272v《丁卯年(967)正月廿四日甘州使头阎物成去时书本》则记载甘州回鹘"令宰相密六往肃州再设咒誓,自今已后,若有贼行,当部落内随处除剪"。② 甘州回鹘的宰相到肃州主持盟誓仪式,并为当地的部落设立行事规范,可证此时肃州已经成为甘州回鹘的势力范围。

总的看来,曹氏归义军在西部疆域方面并没有什么作为。在东部地区,曹议金则先后发动过针对甘州回鹘和肃州的战争。曹议金首度出兵目标为甘州回鹘的牙帐所在,成功迫使其降附于归义军;次度出兵,则在肃州城下再败回鹘,从而维持了归义军在肃州的统治权。曹议金卒后,归义军的势力有所衰减。与此相适应,肃州最终脱离归义军的控制,从而形成了曹氏归义军实际控制沙、瓜二州的局面。

以往学者多认为曹议金在贞明四年(918)获得了后梁的节度使册封,③但据杨宝玉和吴丽娱新近的研究,曹议金虽然在后梁时期多次派出朝贡使团,但均未能成功朝梁。直到同光二年五月,在朔方节度使韩洙的协助下,曹议金才获得后唐庄宗的正式承认。④《册府元龟》卷一七〇《帝王部》"来远门"记载了曹议金于同光二年所获职衔的全称,即"简较(检校)司空、守沙州刺史,充归义军节度、瓜沙

---

① 唐耕耦、陆宏基:《敦煌社会经济文献真迹释录》第4辑,北京:全国图书馆文献缩微复制中心,1990年,第401—402页。
② 《法藏敦煌西域文献》第22册,上海:上海古籍出版社,2002年,第336页。
③ 李正宇:《曹仁贵归奉后梁的一组新资料》,《魏晋南北朝隋唐史资料》第11辑,武汉:武汉大学出版社,1991年,第274—281页。
④ 杨宝玉、吴丽娱:《P.2945书状与曹氏归义军政权首次成功的朝贡活动》,《敦煌吐鲁番研究》第11卷,上海:上海古籍出版社,2009年,第269—296页。

等〔州〕观察处置管内营田押蕃落等使"。① 根据后唐授予曹议金的使职,可知庄宗为归义军设定的辖区正是沙、瓜二州。后周显德二年(955)五月,曹议金之子元忠被册封为归义军节度使。在曹元忠被册封为节度使并赐印的同时,掌管瓜州的曹延恭则任命为瓜州团练使,同时也得到了赐印。对于此时瓜州与归义军的关系,《太平寰宇记》卷一五三《陇右道四》"沙州"条载为:"瓜州团练使仍旧隶沙州,以归义军节度观察留后曹元忠为节度使,以知瓜州军事曹元恭为瓜州团练使,仍各铸印以赐之,皆旌其来王之意也。"②虽然后周政府册封曹元(延)恭为瓜州团练使,但仍然承认瓜州为归义军节度使所管的既成事实。对于后周赐予曹元忠的节度使新铸印,学者指出即"归义军节度使新铸印";而与该节度使印相配套的观察使印,则为"瓜沙等州观察使新印"。③ 由此可证,后周政权所承认的归义军辖区仍为沙、瓜二州之地。

　　北宋建立后,控制沙州和瓜州的曹元忠、曹延敬父子积极遣使中原。建隆二年(961)十一月,归义军使团抵达东京。④ 建隆三年正月,宋太祖命曹元忠"依前检校太傅、兼中书令、使持节沙州诸军事、行沙州刺史,充归义军节度使、瓜沙等州观察处置管勾(内)营田押藩(蕃)落等使"。⑤ 太平兴国五年(980)闰三月辛未,曹元忠去世的消息传到开封;四月丁丑,曹延禄得到了节度使册封。⑥ 由此可见,

---

① 王钦若:《册府元龟》卷170《帝王部》,北京:中华书局,1960年,第2057页。
② 乐史:《太平寰宇记》卷153《陇右道四》,北京:中华书局,2007年,第2955页。
③ 森安孝夫:《河西归义军節度使の朱印とその編年》,第1—122页;冯培红《归义军节度观察使官印问题申论》,刘进宝、高田時雄主编:《转型期的敦煌学》,上海:上海古籍出版社,2007年,第297—329页。
④ 李焘:《续资治通鉴长编》卷2,北京:中华书局,1992年,第55页。
⑤ 徐松:《宋会要辑稿·蕃夷五》,北京:中华书局,1957年,第7767页。
⑥ 李焘:《续资治通鉴长编》卷21,第474页。

虽然出现了周、宋的朝代替嬗以及北宋政治格局自身的演变,但归义军节度使的法定辖区却并未发生变化。

相对于曹氏归义军时期较为稳定的实际控制区和法定辖区,其所宣称的辖区却有较大的变化。在曹议金控制归义军政权之后,其最开始自称的称号为河西节度使,并未提及归义军所控制的疆域范围。但在莫高窟第98窟供养人题记中,曹议金的称号突变为"河西陇右伊西庭楼兰金满等州□□□观察□(处)……"。① 从该称号来看,归义军所自称控制的疆域有了巨大的变化。② 莫高窟第98窟最后绘成的供养人像完工于同光三年六月前后,也就是曹议金征讨甘州回鹘之役后不久。虽然曹议金宣称统领河西、陇右以及伊、西、庭、楼兰、金满等州,成为名义上统领河陇及西域各地的统治者,但实际上在其当政期间,归义军并未有任何针对西州回鹘或出击西域的军事举措,其注意力集中在东部的肃州及甘州地区。曹议金之所以宣称控制伊、西、庭、楼兰、金满等州,或许与其此前击败甘州回鹘有关。因为据笔者的研究,甘州回鹘应源自安西回鹘。安西回鹘发生动乱之后,庞特勤的后裔流散到河西东部的甘、凉一带,最终建立了甘州回鹘政权。虽然已经有了新的栖息地,但其一直在使用表示掌管西域伊、西等州的原安西回鹘可汗印章。③ 所以,曹议金所自称辖区中的河西、陇右,应源自于张议潮时期归义军所获得的河西、陇右辖区;伊、西、庭、楼兰、金满等州,则因为甘州回鹘仍然自称享有对西域地区的管辖权。在归义军击败甘州回鹘后,归义军也就在名

---

① 敦煌研究院编:《敦煌莫高窟供养人题记》,第32页。
② 对于曹议金称号的变化,冯培红认为表明了曹氏有拓展疆域、控有河陇及西域的愿望。冯培红:《关于归义军节度使官制的几个问题》,郑炳林、花平宁主编:《麦积山石窟艺术文化论文集》,兰州:兰州大学出版社,2004年,第203—236页。
③ 李军:《甘州回鹘建国前史钩沉——以甘州回鹘的渊源为中心》,《中国中古史集刊》第3辑,北京:商务印书馆,2017年,第211—229页。

义上获得了对西域诸州的控制权。

　　与此同时，敦煌邈真赞中有多篇将曹议金记为河西一十一州节度使的记载。P.4638《曹良才邈真赞并序》载："公讳厶乙，字良才，即今河西一十一州节度使曹大王之长兄矣。"①曹良才，即曹仁裕，卒于后唐清泰二年（935）正月。② P.4638《曹夫人宋氏邈真赞并序》载："夫人者，即前河西陇右一十一州节度使曹大王之夫人也。"宋氏卒于曹元德称司空的935—936年间。③ P.3882《□元清邈真赞》则载："府君讳元清，字大静，即前河西一十一州节度使、承天托西大王曹公之亲外甥也。"④在曹议金之前，虽然张淮深、张淮鼎、索勋、张承奉等人曾有河西节度使或归义军节度使的自称，但在职衔中明确记载统领十一州的唯有张议潮。⑤ 曹议金掌握归义军以后，有意凸显其与张议潮的联系。在其所开凿的莫高窟第98窟中，即有"故外王父前河西一十一州节度管内观察处置押蕃落支度营田等使"张议潮的题记。⑥ 值得注意的是，记载曹议金为河西一十一州节度使的几篇邈真赞，其赞主均为曹议金的亲属。通过"河西一十一州节度使"这

---

① 姜伯勤、项楚、荣新江合著：《敦煌邈真赞校录并研究》，第288页。
② 荣新江：《归义军史研究》，第20页。
③ 郑炳林：《敦煌碑铭赞辑释》，第227页。
④ 姜伯勤、项楚、荣新江合著：《敦煌邈真赞校录并研究》，第304页。
⑤ P.3556《周故南阳郡娘子张氏墓志铭并序》所载张议潮的职衔为"河西一十一州……伊西庭楼兰金满等州节度观察处置支度营田押蕃落等使、特进、检校太保"；张淮深的职衔则为"前河西一十一州节度使、特进、检校司徒、南阳郡〔开〕国公、食邑二千户、实封五百户"（郑炳林《敦煌碑铭赞辑释》，第400页）。但正如学者所指出的那样，该墓志撰写的时间较晚，张议潮官衔中所领的"庭、楼兰、金满等州"系墓志撰者将曹议金之自称赋予了张议潮，并非张议潮在世时之自称。冯培红：《关于归义军节度使官制的几个问题》，郑炳林、花平宁主编：《麦积山石窟艺术文化论文集》，第203—236页。在敦煌文献及供养人题记中，我们也没有看到张淮深在生前曾自称统领河西陇右十一州的记载。
⑥ 敦煌研究院编：《敦煌莫高窟供养人题记》，第32页。

——此前特指张议潮的称号,不仅可以建立起曹议金与归义军创建者张议潮的联系,死者更是通过曹议金这一中介,取得与张议潮的间接联系。此外,通过利用唐王朝所授予的十一州辖区,归义军与册封曹议金为节度使的后唐政权之联系也得以建立。

随着归义军势力的衰弱,曹议金卒后继任的归义军节度使,所自称控制的区域均为沙、瓜二州。在莫高窟第55窟中,对曹议金仍然保留了"敕河西陇右伊西庭楼兰金满等州节度使检校太尉兼中书令托西大王"的称号,但继曹议金出任节度使的曹元德被记做"敕归义□节度瓜沙等州观察处置押蕃落等□检校太□(尉)□□御史大夫";曹元深为"敕受忠顺安远功臣归义军节度瓜沙等州……";曹元忠为"窟主敕推诚奉国保塞功臣归义军……"。① 莫高窟第454窟窟主为曹延恭,甬道南壁共有四身归义军节度使的画像,分别为曹议金、曹元忠、曹延恭、曹延禄。其中,曹议金的供养人题记为"皇祖敕河西陇右伊西庭楼兰金满等州节度使检校侍中兼中书令□□□(托)西□(大)□(王)讳议金";曹延恭的供养人题记则为"窟主敕归义军节度瓜沙等州观察处置□(管)□(内)营□(田)□(押)□(蕃)□(落)等□□□中书令谯郡开国公食邑□(一)□(千)□(五)□(百)□(户)□(食)□(实)□(封)□(五)□(百)□(户)□(延)□(恭)□(一)□(心)□(供)□(养)"。② 与第55窟的情况相似,第454窟中曹议金题记中的所谓"河西陇右伊西庭楼兰金满等州"显然属于一种沿用,曹元德和曹延恭供养人题记中的瓜、沙二州,才是曹议金之后归义军一以贯之所宣称控制的辖区。

---

① 敦煌研究院编:《敦煌莫高窟供养人题记》,第17—18页。
② 敦煌研究院编:《敦煌莫高窟供养人题记》,第171页。

简而言之，曹议金统治时期，一方面通过遣使后唐，获得了节度使册封；另一方面，通过征伐甘州回鹘，重新获得肃州的控制权并迫使甘州回鹘屈服。因为取得了甘州之役的胜利，曹议金所宣称的疆域远远大于归义军实际控制区。在曹议金之后，肃州最终倒向了甘州回鹘一方，归义军实际控制区和自称辖区最终定型为沙、瓜二州。受到凉州六部蕃部及甘州回鹘的阻隔，对于五代及北宋政权而言，归义军的内附只能起到显示政治繁荣局面的作用。正是因为夸耀或者限制归义军已经没有实际意义，所以自后唐开始，中央政权均是以归义军的实际控制区作为其辖区设定的依据。

结　　论

大中五年张议潮先后以河西道及陇右道图籍入献，唐政府则先后授其沙州防御使及归义军节度使之职。随着宣、懿的替代以及河陇政局的演变，懿宗君臣通过在河陇增置藩镇的方式，完成了对归义军辖区的调整。受到回鹘崛起于河西的影响，归义军的控制区在僖宗乾符年间发生了剧烈的变化。虽然张淮深最终获得了节度使册封，但归义军的辖区却被限制在沙州一州之地。在索勋当政期间，归义军的法定辖区由沙州扩充为沙、瓜、伊、西四州之境，并为张承奉所继承。张承奉有意恢复归义军的疆域，不过在东、西两方回鹘势力的限制下，归义军辖区重新回归到实际控制沙、瓜二州，间接控制肃州的格局。五代时期，归义军辖区中最大的变数是摇摆于归义军与甘州回鹘之间的肃州。与较为稳定的实际控制区相比，归义军自称的辖区在曹议金时期发生了显著的变化。曹议金所自称的河陇及西域辖区，一部分源自张议潮，另一部分源自曹氏针对甘州回鹘的征伐。由于五代及北宋无意对河西西部地区进行经略,所以自后唐开始,归义军的实际控制区成为法定辖区的现实依据,其自称的辖区也终于与两者趋于一致。总的看来,相对于归义军节度使的姓氏以及其官称变化等标准,辖区变迁为归义军史的时代划分提供了一种新的可能。

作者单位:西北大学历史学院

(原刊于《中国史研究》2021年第4期)

唐代剑南羌蛮子弟与西南边疆经略
——兼论羌蛮子弟与城傍子弟之异同

陈乐保

摘 要：唐代剑南西、南两侧分布着大量的羌蛮子弟，比较著名的有弱水八国子弟、岷江西山子弟、邛雅黎子弟、东蛮子弟、云南子弟等。羌蛮子弟受剑南节度，但其组织、征集、训练、出征等仍以部落为单位，是典型的少数民族部落兵。与北方的城傍子弟相比，羌蛮子弟内附时没有经历内徙——安置于缘边军城傍侧这一过程，故安史之乱后内徙的城傍子弟逐渐转化为额内兵，而羌蛮子弟依旧保持了原有的部落兵性质，并一直维持到唐末。羌蛮子弟的总数维持在三到六万之间，他们的存在弥补了剑南道汉兵不足的问题，极大增强了本道的军事实力。复因羌蛮子弟处于唐、吐蕃、南诏的"过渡地带"，且熟悉西南边陲的地理环境，他们的向背往往能左右唐代西南边疆经略的进程。

关键词：唐代　剑南　羌蛮子弟　部落兵　城傍子弟　西南边疆经略

在唐代军事史上，蕃兵占据着非常重要的地位，陈寅恪《论唐代之蕃将与府兵》一文指出"其关系至深且巨,与李唐一代三百年相始终者"是为蕃将、蕃兵。① 目前,学界在唐代蕃兵的组织、性质以及作用等方面已取得丰硕成果。② 不过,由于唐代南方蕃兵的文献记载较为分散,且南方较少有知名蕃将见诸史册,因此长期以来唐代南方蕃兵并未引起学者的足够重视。③ 事实上,唐代南方地区也有大

---

① 陈寅恪:《论唐代之蕃将与府兵》,氏著:《金明馆丛稿初编》,北京:生活·读书·新知三联书店,2001年,第309页。
② 章群、马驰对唐代蕃将有着综合研究,杨志玖、张国刚分析了唐代蕃兵的组织与性质,日野开三郎、方积六、李锦绣、王义康论述了"城傍"的性质、作用及其相关制度,程喜霖研究了唐前期西域城傍及城傍子弟。以上研究都从不同方面对唐代蕃兵问题做出了极为有益的探讨。参见[日] 日野开三郎:《唐代藩镇的统治体制》,氏著:《东洋史学论集》第1卷,东京:三一书房,1980年,第201—254页。方积六:《关于唐代团结兵的探讨》,《文史》第25辑,北京:中华书局,1985年,第100页;章群:《唐代蕃将研究》,台北:联经出版事业公司,1986年;杨志玖、张国刚:《试论唐代蕃兵的组织和作用》,纪念陈寅恪教授国际学术讨论会秘书组编:《纪念陈寅恪教授国际学术讨论会文集》,广州:中山大学出版社,1989年,第405—413页;马驰:《唐代蕃将》,西安:三秦出版社,1990年。李锦绣:《"城傍"与大唐帝国》,氏著:《唐代制度史略论稿》,北京:中国政法大学出版社,1998年,第256—294页;王义康:《唐代城傍辨析》,《中国边疆史地研究》2002年第1期。程喜霖:《论唐代前期西州与西域城傍及城傍子弟》,程喜霖、陈习刚主编:《吐鲁番唐代军事文书研究(研究篇)》,乌鲁木齐:新疆人民出版社,2013年,第153—215页。
③ 樊文礼指出唐代蕃将出自北方的多达数十人,而来自南方的不过冯盎家族数人而已。就本文探讨的剑南羌蛮子弟而言,李绍明论述了唐代剑南西山诸羌的历史与地望。张泽咸较早留意到剑南有"南蛮"与"东蛮子弟"等蕃兵,但没有展开论述。王永兴、贾志刚分析了唐代剑南军队的数量与分布,但忽略了本道的蕃兵。佐竹靖彦讨论了剑南军事力量构造问题,不过其对本道蕃兵的论述仍十分有限。参见:李绍明:《唐代西山诸羌考略》,《四川大学学报》1980年第1期;张泽咸:《唐五代赋役史草》第五章《兵役》,北京:中华书局,1986年,第455—456页;[日] 佐竹靖彦:《唐宋变革の地域的研究》,东京:同朋舍出版,1990年,第407—439页;贾志刚:《唐代剑南道军费刍议——以剑南西川为中心》,《魏晋南北朝隋唐史资料》第19辑,2002年,第177—187页;王永兴:《唐代前期军事史略论稿》,北京:昆仑出版社,2003年,第133页;樊文礼:《唐代羁縻府州的南北差异》,《唐史论丛》第12辑,西安:陕西师范大学出版社,2010年,第58页。

量蕃兵,本文所探讨的剑南①就存在着被称为"子弟"的蕃兵,依族属可分为羌子弟与蛮子弟两种,本文统称为"羌蛮子弟"。羌蛮子弟分布广泛,人数众多,全盛时有五、六万之众,是剑南重要的军事力量。对这一问题进行专题研究,有助于明晰唐代剑南的军事实力、蕃汉结构及其部署情形,对全面认识唐代蕃兵制度也有较大裨益。本文在前人研究的基础上,详细论述唐代剑南羌蛮子弟的分布状况、性质,分析其与北方城傍子弟的异同,并揭示羌蛮子弟在唐代西南边疆经略中的作用,敬请方家指教。

一、羌蛮子弟的分布状况

《通典》卷一七五《州郡五》载:

> 梁州当夏殷之间为蛮夷之国,所谓巴賨彭濮之人也……秦平天下,置郡为汉中、巴、蜀,陇西郡之南境,内史之南境。其余土境,自汉以后,历代开拓氐羌戎夷之地。②

唐代剑南即秦汉巴蜀之地,这里自先秦时期就是巴賨彭濮的活动区域,秦汉以后又逐渐与周边的氐羌戎夷等相融合。唐代,巴、賨、彭、濮、氐、戎等基本不再见诸史册,取而代之是数以百计的羌、蛮部落。这些羌、蛮部落分布于剑南西、南两侧,唐朝在这里设置了大量的羁縻府州,将其部落组织为兵,以子弟称之,比较著名的有弱水八国子弟、岷江西山子弟、邛雅黎子弟、东蛮子弟、云南子弟等。

---

① 至德二年(757)剑南道被分为东、西两川,羌蛮子弟隶属于剑南西川。为行文方便,本文在论述中统一采取"剑南"这一地理称谓,特此说明。
② 《通典》卷175《州郡五·序目下》,北京:中华书局,1988年,第4574—4575页。

下面将按照自北而南的顺序,对剑南羌蛮子弟的分布状况逐一说明。

弱水八国子弟　剑南之弱水即今四川大渡河支流大金川,周围群山环抱,因在成都以西,时人称为"弱水西山"。唐代,弱水西山分布着东女国、哥邻国、白苟(一作"狗")国、逋租国、南水国、悉董国、清远国、咄霸国等八个较大的部落,并为西羌之属,史称"弱水八国"或"西山八国"。八国之中东女国最大,其余小国只有三两千户,八国总计"户四万余众,胜兵万余人"。①

唐朝对弱水八国的经营可上溯至贞观十九年(645),但直到天宝八载(749)才在这里设置保宁都护府,建立稳定的统治。天宝十一载(752),杨国忠向唐玄宗奏言:"西山诸郡及八国子弟……破吐蕃云南救兵六十余万,屠拔隰州等三所大城,擒俘虏六千三百。"②排除表文中的溢美成分,文中明确提到了"八国子弟"的称谓。杨谭《剑南节度破西山贼露布》(以下简称"《露布》")对"八国子弟"有更为详细的记载:

> (吐蕃)以正月五日,率故洪、腊城、襄囊功三节度兵马八万余人,分为六道,攻围万安、柔远、明威、平戎及保宁都护府等五城……八国招讨副使左羽林军大将军董当、左羽林军将军董旁郎、董毕郎,右羽林董利、董哥弄,左骁卫将军董利峰(一作蓬),左武卫将军董奉仇,左威卫翊府中郎将先锋党利才,统八国子弟八千余众,并都护武士府健儿一千余众……昼夜苦战。③

---

① 《旧唐书》卷197《东女国传》,北京:中华书局,1975年,第5277页。
② 《册府元龟》卷434《将帅部·献捷》,南京:凤凰出版社,2006年,第4908页。
③ 杨谭:《剑南节度破西山贼露布》,李昉等编:《文苑英华》卷648《露布二》,北京:中华书局,1966年,第3335页。

据学者考证,此篇《露布》所载的是天宝十二载(753)正月战事。①《露布》言"八国子弟八千余众",此为出战部队,应当还有部分军队留守,故保宁都护下的八国子弟总数应有万人之数,这恰与《旧唐书·东女国传》"胜兵万余人"的记载相吻合。

安史之乱爆发后不久,保宁都护府为吐蕃攻取,八国子弟相继为吐蕃役使。然而,弱水八国不满吐蕃长期压迫,在贞元九年(793)"各率其种落诣剑南西川内附……西川节度使韦皋处其众于维、霸、保等州"。②此后,有关弱水八国子弟的记载不再见诸史籍,一方面是因为安史之乱以后唐朝势力再也没有进入过弱水西山,另一方面,内迁的八国子弟融入到岷江西山的羌族子弟之中了。

岷江西山子弟　岷江在弱水之东,历史上这里也是羌族聚居的重要区域。③唐朝时期这一带分布着白苟、大小左封、临涂、敛才、千碉、向人、春桑等众多羌落,唐置松、茂、当、悉、柘、静、维、翼、真等州予以管辖。

早在贞观年间,松州就有羌兵的记载。《旧唐书·地理志四》云"贞观二十年,松州首领董和那蓬固守松府,特敕于通轨县置当州,以蓬为刺史"。④至开元时期,唐朝已普遍在岷江西山诸州征发羌族子弟从征。《焦淑平吐番贼纪功摩崖刻石》载:

> 朝散大夫、检校维州刺史、上柱国焦淑,为吐番贼侵(境)并董敦义投番,聚结逆徒数千骑。淑领羌、汉兵及健儿等三千余人讨

---

① 郭声波:《唐弱水西山羁縻州及保宁都护府考》,《中国史研究》1999年第4期。
② 《旧唐书》卷197《东女国传》,第5278—5279页。
③ 参见王明珂:《羌在汉藏之间——川西羌族的历史人类学研究》,北京:中华书局,2008年,第143—175页。
④ 《旧唐书》卷41《地理志四》,第1702—1703页。

除,其贼应时败散。开元十五年九月十九日记,典施恩书。①

《旧唐书·地理志四》载,维州"武德元年,白苟羌降附,乃于姜维故城置维州……(贞观)二年,生羌首领董屈占者,请吏复立维州"。② 是役,维州刺史焦淑麾下有羌兵、汉兵、健儿三种兵员,其中羌兵应为白苟羌子弟。

维州以外,其余岷江诸州也有数量可观的羌族子弟。杜甫《东西两川说》(以下简称"杜文")言"闻西山汉兵,食粮者四千人,皆关辅山东劲卒,多经河陇幽朔教习,惯于战守,人人可用。兼羌堪战子弟向二万人,实足以备边守险"。③ 以两万人而论,岷江西山羌子弟为当地汉兵的五倍,且平均下来每州有近两千羌兵,数量可谓不少。又,此文为杜甫在西川节度使严武幕府时所作,此时弱水八国尚未内迁,故文中的西山实指岷江西山。及至贞元九年弱水八国内附,西川节度使韦皋将之处于维、霸、保等州,这意味着岷江西山的羌族子弟力量得到进一步加强。

贞元以后吐蕃势力衰微,对剑南的威胁大不如前,但岷江西山仍保留着大量羌兵。唐文宗大和三年(829),南诏大举进攻西川,茂州刺史窦季余招募当地生羌,"得众一旅,鸣鼓东下,为之救援"。④

---

① 见高文等编:《四川历代碑刻》,成都:四川大学出版社,1990年,第104页。
② 《旧唐书》卷41《地理四》,第1690页。
③ "兼羌堪战子弟"一句,原文"羌"字一作"差",清人仇兆鳌认为"羌"字误。但杜文后有"窃恐备吐蕃在羌","宜先自羌子弟始"等语,足证此处当为"羌"字。王学泰点校《杜工部集》取"羌"字,《全唐文》亦作"羌"。杜甫著,仇兆鳌注:《杜诗详注》卷25《东西两川说》,北京:中华书局,1979年,第2210页。杜甫著,王学泰校点:《杜工部集》,沈阳:辽宁教育出版社,1997年,第422页。杜甫:《东西两川说》,董诰等编:《全唐文》卷360,北京:中华书局,1983年,第3655页。
④ 高证:《唐故茂州刺史扶风窦君(季余)墓志铭并序》,吴钢主编:《全唐文补遗》第1辑,西安:三秦出版社,1994年,第306页。

大和四年(830)李德裕出镇西川,曾有意"以生羌三千"直捣吐蕃腹地。① 直到唐昭宗时期,东川节度使高仁厚与西川节度使陈敬瑄交恶,陈敬瑄发"维、茂羌军击仁厚,杀之",②可见晚唐时期岷江西山的羌兵子弟仍有一定规模。

邛雅黎子弟 邛、雅、黎三州地位于大渡河一线,这里是羌、蛮两大族群的交界处,境内族类众多。唐前期剑南南部防御前哨远在千里之外的姚、巂二州,邛雅黎三州的军事压力不大,故天宝以前三州蕃族子弟不多见。天宝末年南诏与唐朝反目,攻陷姚、巂二州,邛雅黎遂为唐、吐蕃、南诏之交界地带,唐朝始大量征调当地蕃族子弟。杜文言"脱南蛮侵掠,邛雅子弟不能独制,但分汉劲卒助之",③此处"邛雅子弟"与"汉劲卒"相对,显然指二州蕃兵。杜文未提及黎州,但黎州与邛、雅二州地界相接,风俗相同,且邛、黎二州本由雅州析出,是以黎州应也有蕃落子弟。武元衡坐镇西川时,有"生蛮东凌六部落大鬼主苴春等,以所管子弟、百姓等二千余户请内属黎州",④亦能说明黎州境内有蕃兵子弟。

关于邛雅黎子弟的数量,史书并无明确记载。前引杜文言邛雅子弟曾一度"独制"南诏,承担着川南防御重任,应具备较强实力。贞元十七年(801),韦皋出师攻打吐蕃,"雅州经略使路惟明等兵三千趋吐蕃租、松等城,黎州经略使王有道兵二千人过大渡河,深入蕃界"。⑤ 此次黎、雅出师五千,而二州汉军本不足两千,⑥则二州蕃兵

---

① 《旧唐书》卷172《牛僧孺传》,第4471页。
② 《资治通鉴》卷256,唐昭宗光启二年二月条,第8333页。
③ 《杜诗详注》卷25《东西两川说》,第2210页。
④ 白居易著,顾学颉校点:《白居易集》卷57《与元衡诏》,北京:中华书局,1979年,第1214页。
⑤ 《旧唐书》卷140《韦皋传》,第3824页。
⑥ 《通典》卷172《州郡二·序目下》,第4482—4483页。

子弟的出师人数约为三千,平均每州一千五百左右。邛州子弟的数量没有明确记载,但杜文明确提到邛、雅二州,则邛州子弟应与雅州子弟数量相当,约在一千五百左右。《太平广记》卷一九〇载"邛、黎之间有浅蛮焉……岁支西川衣赐三千分,俾其侦云南动静……王建始镇蜀,绝其旧赐",①也可佐证邛、黎蛮落子弟数量在三千左右。总之,邛雅黎子弟总人数大约在四千五百左右。又,大顺二年(891)王建始节度剑南西川,②说明邛雅黎子弟一直存在到唐末时期。

东蛮子弟 《唐会要》卷九七《吐蕃传》"(贞元十二年)吐蕃于剑山、马岭三路分军下营,仅住一月,进军逼台登城。巂州刺史曹高任率诸军将士并东蛮子弟合势接战"。③"东蛮"是指巂州境内的勿邓、两林、丰琶为首的少数民族部落,其中两林部被"推为长,号'都大鬼主'"。④ 东蛮据"地二千里,胜兵常数万",⑤数量极其可观。不仅如此,东蛮还拥有一定规模的骑兵,⑥战斗力比较强劲,因此成为唐、吐蕃与南诏极力控制的对象。

天宝十二载(753)以前,唐朝牢牢控制着巂州,东蛮子弟受剑南节度。天宝十二载后,吐蕃与南诏联合占领巂州,东蛮诸部始为吐蕃役属。贞元初年,东蛮因不满吐蕃"侵猎",转而向西川节度使韦皋求援,"乞兵攻吐蕃"。韦皋遣大将刘朝彩等进攻巂州北部的台登县,东蛮子弟等"战甚力,分兵大破吐蕃青海、腊城二节度于北谷",

---

① 李昉等编:《太平广记》卷190《王建》,北京:中华书局,1961年,第1424—1425页。
② 《资治通鉴》卷258,大顺二年十月条,第8420页。
③ 《唐会要》卷97《吐蕃传》,上海:上海古籍出版社,2006年,第2057页。
④ 《新唐书》卷222下《南蛮下》,第6317页。
⑤ 《新唐书》卷158《韦皋传》,第4934页。
⑥ 直至宋代,东蛮还时常驱数百匹战马至黎州互市。参见《宋史》卷496《蛮夷四·黎州诸蛮》,北京:中华书局,1977年,第14233页。

临阵斩杀吐蕃青海大兵马使乞藏遮遮等。① 是役之后，韦皋在东蛮子弟的协助下收复了嶲州。贞元十二年（796），吐蕃"进军逼台登城。嶲州刺史曹高任率诸军将士并东蛮子弟合势接战，自朝及午，大破之，生擒大笼官七人，阵上杀获甚众"。② 贞元十七（801）年，韦皋命嶲州经略使陈孝阳等进攻吐蕃昆明、诺济等城，东蛮三部落主苴那时率部落子弟从征。③

唐文宗大和（827—835）年间，西川节度使杜元颖"以旧相，文雅自高。不晓军事，专务蓄积，减削士卒衣粮。西南戍边之卒，衣食不足，皆入蛮境钞盗以自给"，④由此导致东蛮子弟与唐朝离心离德。不过仍有东蛮部落听命于西川，如咸通五年（864）七月"西川奏两林鬼主邀南诏蛮，败之，杀获甚众"，⑤两林即东蛮三部落之一。唐末，南诏占领嶲州全境，东蛮子弟悉为南诏控制，南诏四次进攻剑南，东蛮屡为之向导，成为晚唐西南边境的肘腋之患。

云南子弟 《唐大诏令集》卷一二三《收复京师诏》："左仆射子仪决胜无前，克成大业。复有回纥叶护及云南子弟并诸蕃兵马等，皆竭诚向化，助战贾勇。"⑥至德二年（757）九月唐军收复长安，是役回纥叶护所率四千骑兵发挥了非常重要的作用，诏文中特意将"云南子弟"与"回纥叶护"并称，足以说明这些"云南子弟"在"诸蕃"中的地位较高。《册府元龟》卷九三七载："（至德二年九月）元帅广平王整军容入长安，中军兵马使仆固怀恩领回纥及南蛮、大食等军从

---

① 《新唐书》卷222下《南蛮下》，第6317页。
② 《唐会要》卷97《吐蕃传》，第2057页。
③ 《旧唐书》卷140《韦皋传》，第3824页。
④ 《资治通鉴》卷244，唐文宗大和三年十一月条，第7867页。
⑤ 《资治通鉴》卷250，唐懿宗咸通五年七月条，第8109页。
⑥ 宋敏求编：《唐大诏令集》卷123《收复京师诏》，北京：商务印书馆，1959年，第657页。

城南过泸水东下营。"①这支南蛮兵与《收复京师诏》的"云南子弟"当为同一支部队。《资治通鉴》卷二二三载广德二年(764)"二月,(郭)子仪至河中。云南子弟万人戍河中,将贪卒暴,为一府患。子仪斩十四人,杖三十人,府中遂安"。②见这些"云南子弟"至少在一万人以上,而且出征时间长达八年之久,在平定安史之乱、仆固怀恩之乱中立下了较大功劳。

云南乃唐代南诏之雅称,唐人又往往称其"南蛮"。③ 在姚州事件④以前,南诏屡屡协助唐朝打击吐蕃,故唐前期或许曾称南诏兵为云南子弟。问题在于天宝九载后南诏与吐蕃结盟,攻占了剑南大渡河以南的大片地区,与唐朝已成敌对状态,显然在安史之乱中不可能遣兵助战。因此,史书所言"云南子弟"的真面目就让人难以捉摸。可以初步断定的是,在姚州事件以前唐朝很有可能称呼南诏军队为"云南子弟",但安史之乱中勤王的"云南子弟"绝不是南诏军队。笔者推测,诏文中的"云南子弟"应是剑南道勤王师中蛮兵的统称,很有可能来自川南蛮落,但具体来自哪些羁縻州,因史料所限,有待进一步考证。⑤

综上,唐代剑南羌蛮子弟的发展大致经历了四个阶段:盛唐以

---

① 《册府元龟》卷973《外臣部·助国讨伐》,第11266页。
② 《资治通鉴》卷223,唐代宗广德二年二月条,第7161页。
③ 《旧唐书》卷197《南诏蛮》,第5280页。
④ 姚州事件指天宝九载南诏袭杀唐朝姚州都督张虔陀一事。见《资治通鉴》卷216,唐玄宗天宝九载十二月条,第6901—6902页。
⑤ 晚唐时期也有"云南子弟"的记载,如《唐故成都府助教鲜府君墓志铭并序》言:"相国邹平公又改受府助教,兼授云南子弟。"贞元年间,唐朝复与南诏修好,此后南诏陆续派遣子弟前往成都学习唐朝的先进文化,所以墓志中的"云南子弟"其实是南诏留学生,而非指南诏军队。杨鄂:《唐故成都府助教鲜府君墓志铭并序》,成都文物考古研究所:《成都考古发现(2004)》,北京:科学出版社,2006年,第316页。

前为第一阶段,这一时期羌蛮子弟大规模出现,有弱水西山八国子弟万余人,岷江西山子弟两万余人,东蛮子弟数万人,总人数接近五、六万;天宝末年至贞元初年为第二阶段,这一时期弱水西山八国子弟与东蛮子弟相继为吐蕃控制,唐朝所能利用者仅岷江西山子弟与邛雅黎子弟,人数在两万五到三万左右;韦皋镇蜀的二十余年为第三阶段,在这段时间里西川节度使韦皋先后成功招抚了东蛮子弟以及部分弱水西山八国子弟,因此这一时期剑南羌蛮子弟的人数大为增加,至少在五万人以上。从大和三年到唐朝灭亡为第四阶段,这段时间剑南羌蛮子弟锐减,尤其是东蛮子弟相继为南诏控制,但岷江西山诸州与邛雅黎等州仍存在一定规模的蕃兵子弟。

二、羌蛮子弟与城傍子弟之比较

唐前期北方边镇存在着大量的蕃兵,多称呼为"城傍子弟"。由于南北地理环境、民族历史的不同,羌蛮子弟与城傍子弟虽有较多共同之处,但也存在着显著差异。

城傍子弟作为唐代蕃兵的一种已无疑问,但中外学者对其性质之认识却有很大差异。日野开三郎认为城傍即州县城傍侧土军的简称,方积六、李锦绣先后提出异议,认为城傍子弟为散布于唐北方沿边军城傍侧的蕃族部落兵,王义康则认为由军镇押领的蕃落不一定都是城傍。[①]《旧唐书·李宝臣传》言"李宝臣,范阳城旁奚族

---

① [日]日野开三郎:《唐代藩镇的统治体制》,氏著:《东洋史学论集》第1卷,第201—254页;方积六:《关于唐代团结兵的探讨》,《文史》第25辑,第100页;李锦绣:《"城傍"与大唐帝国》,氏著:《唐代制度史略论稿》,第256—294页;王义康:《唐代城傍辨析》,《中国边疆史地研究》2002年第1期。

也"。① 又如王昌龄《城傍曲》略云:"降奚能骑射……城傍粗少年"。② 以此观之,唐代城傍并非一种严格的军事制度,军城傍侧的蕃落似均可呼为"城傍"。因此,笔者更加倾向于方积六、李锦绣的观点。

与城傍子弟相比,剑南羌蛮子弟并未有专题探讨,因此有必要对其性质作一细致分析。具体来说,剑南辖下的保宁都护府与邛、雅、黎、巂等州羌蛮子弟的性质较为一致。保宁都护府下有羁縻弱水八国,邛、雅、黎、巂等州则有数量众多的羁縻州,均属"本土羁縻州",③其首领担任唐朝任命的刺史、兵马使等官职,遇战事则率部落从征。杨谭《露布》中提到保宁都护府的将军、郎将多为弱水八国羌落首领,而《旧唐书·东女传》也说弱水八国"旧皆分隶边郡,祖、父例授将军、中郎、果毅等官",④恰说明保宁都护府下的八国均保持了部落原貌。⑤ 巂州东蛮三部落也是以部落兵的形式从征,《新唐书·南蛮下》言勿邓首领苴梦冲"内附吐蕃,断南诏使路。(韦)皋……声其罪斩之,披其族为六部",⑥虽然勿邓被分为六部,但仍保持了原有部落组织。邛、雅、黎三州境内的蛮子弟源自羁縻州,因此也保持着

---

① 《旧唐书》卷142《李宝臣传》,第3865页。
② 王昌龄:《城傍曲》,张锡厚主编:《全敦煌诗(第1编)》卷35,北京:作家出版社,2006年,第1765页。
③ 樊文礼提出"本土羁縻州"与"侨置羁縻州"的观点,"并指出南方羁縻州基本上均为本土羁縻州"。"本土羁縻州"就地置,部落首领出任本州府长官,保持了部落独立性。樊文礼:《唐代羁縻府州的南北差异》,杜文玉主编:《唐史论丛》第12辑,第51页。
④ 《旧唐书》卷197《东女国传》,第5279页。
⑤ 郭声波认为保宁都护府的"'五城八国(连弱水实为9国)',就是史书失载的保宁都护府的基本行政单位,就如西域'四镇十六国'之于安西都护府一样"。郭声波:《唐弱水西山羁縻州及保宁都护府考》,《中国史研究》1999年第4期。
⑥ 《新唐书》卷222下《南蛮下》,第6318页。

部落特性,如黎州境内的东凌六部落中就有子弟、百姓,①这些东凌子弟就是部落兵。所以,弱水八国子弟、巂州东蛮子弟与邛雅黎三州蛮子弟均为部落兵。

与上述地区相比,岷江西山诸州的情况比较独特。岷江诸州虽多为羁州,但却相继升为正州,这种行政设置是否打破了羌族部落的原有组织呢?先来看两组史料。

《元和郡县图志·剑南道中》:

(维州)武德七年,白狗羌首领内附,于姜维城置维州以统之。

(当州)贞观二十一年割松州通轨县置当州,仍以羌首领为刺史。

(恭州)开元二十四年,析静州部落于柘州西置。②

《旧唐书·地理志四》:

(悉州)显庆元年,生羌首领董系比射内附,乃于地置悉州……以董系比射为刺史。

(霸州)天宝元年,因招附生羌置静戎郡。乾元元年,改为霸州也。③

可以清楚地看到,唐前期岷江诸州(松、茂二州除外)皆由当地某一或若干羌族部落所置,本州刺史率由部落首领袭任。关于这点,还可从杨谭《露布》中得到进一步证实:

(天宝十二载正月)十八日,都知西山子弟兵马副使左金吾

---

① 《白居易集》卷57《与元衡诏》,第1214页。
② 《元和郡县图志》卷32《剑南道中》,第815—820页。
③ 《旧唐书》卷41《地理志四》,第1703—1706页。

卫大将军摄临翼郡（翼州）太守董却曲、左羽林军大将军兼静□（缺"川"字）郡（静州）太守董元智、右羽林大将军兼蓬山郡（柘州）太守董怀恩、右骁卫将军兼归诚郡（悉州）太守董思贤、江源郡（当州）太守董懿、右骁卫大将军董仁罴、折冲董弄封等，领八郡骁勇，并蕃汉武士等七千人，自蓬娑路取牙山，出其不意，衔枚夜袭。①

董氏为剑南西山羌落的望姓，故引文中董却曲等七位武将显系岷江诸州羌落首领，可知引文中的八郡蕃兵就是岷江西山羌族部落兵。现存文献记载也可证实这一问题，张九龄《敕当息（悉之讹）羌首领书》言"当、悉、柘、静、维、翼等诸州首领、百姓等……必须严勒蕃部，豫（一作"预"）备恶人"。张九龄《敕当州别驾董懿运书》云"今故令内使往问部落及百姓等，此事虚实，还日具名状闻"。② 两份敕书中"蕃部""部落"与"百姓"并称，显然"蕃部""部落"为蕃落子弟、部落子弟之简称。

然而，岷江诸州羌子弟的部落兵组织在安史之乱后发生了一些变化。杜文言：

> 今此辈见阙兵马使，八州素归心于其世袭刺史，独汉卒自属裨将主之。窃恐备吐蕃在羌，汉兵小昵，而衅隙随之矣……愚以为宜速择偏裨主之……仍使兵羌各系其部落，刺史得自教阅……或在一羌王，或都关一世袭刺史。③

由此观之，安史之乱爆发后岷江西山羌子弟很有可能改由唐朝

---

① 杨谭：《剑南节度破西山贼露布》，《文苑英华》卷648，第3335页。
② 张九龄撰，熊飞校注：《张九龄集校注》卷10，北京：中华书局，2008年，第591—593页。
③ 《杜诗详注》卷25《东西两川说》，第2210页。

将官统领,这或许是因为安史之乱后吐蕃攻陷重镇松州,对岷江西山羌落形成极大震慑,唐朝为预防叛乱而改变了管理方式。这一骤变引起了西山诸羌的骚动,因此杜甫向西川节度使严武建议"仍使兵羌各系其部落,刺史得自教阅",即重新恢复岷江诸州的部落兵制度。杜甫的建议有没有为严武采纳,史书无明确记载,但韦皋镇蜀时岷江羌兵仍多由唐军汉将统领。《旧唐书·韦皋传》言贞元十九年韦皋分师攻打吐蕃,"维保二州兵马使仇冕、保霸二州刺史董振等兵二千趋吐蕃维州城,中北路兵马使邢玼等四千趋吐蕃栖鸡、老翁城,都将高倜、王英俊兵二千趋故松州",[1]这几路军队虽是羌汉相杂,但除董振一部外,其余三路羌兵显然要受汉将节制,这与杨谭《露布》所记天宝十二载岷江羌落首领率兵出战的情景形成了鲜明对比。

不过,中晚唐时期岷江西山羌族部落兵仍然存在,如保州自乾元元年(758)董嘉俊归附后一直由董氏世袭刺史,[2]《旧唐书·韦皋传》中提到的保、霸二州刺史董振当为董嘉俊之后裔,其所部二千人也应为本部落子弟。[3] 大和年间,西川节度使李德裕还试图以"生羌三千"直捣吐蕃腹心,"生羌"的汉化程度较低,其性质也应是部落兵。

总之,羌蛮子弟受剑南节度,但其组织、征集、训练、出征等事宜仍以部落为单位,绝大多数属于蕃族部落兵。岷江西山子弟虽然在安史之乱以后一度改为汉军将官直接统辖,但仍有部落兵性质的羌

---

[1] 《旧唐书》卷140《韦皋传》,第3824页。
[2] 《旧唐书》卷41《地理志四》,第1705页。
[3] 学者考证,宋徽宗政和年间招抚川西北诸羌,将董舜咨所在的保州改为祺州,董彦博所在的霸州改为亨州,此二人均为唐朝董嘉俊之后裔。参见何耀华:《康巴、"东蛮"与宋朝的历史关系》,《云南社会科学》2000年第6期。

子弟存在。所以,唐代南北两种蕃兵子弟的性质是相同的,都是由内附蕃族组成,较好地保持了原有部落组织,受所隶军城管辖。

明白了两种蕃兵子弟的相同之处,再来分析两者的差异。两者虽然都名为"子弟",但前面的称谓截然不同。在北方,"城傍"一词成为各族蕃兵通称,凡是内附蕃落如突厥、契丹、奚、高丽等均可以城傍子弟称之。剑南羌蛮子弟则或以部落名之,如八国子弟、东蛮子弟、东凌子弟;或地名称之,如西山子弟、邛雅子弟。① 这种不同称谓的背后实则隐含着唐代南、北蕃兵制度内在的重大差异。

一般来说,唐朝北方城傍子弟大都经历了一个内附—内徙—安置于缘边军城傍侧的过程,故称之为"城傍"。与北方城傍不同,剑南羌蛮子弟在内附时大多没有经历内徙—安置军城傍侧这一过程,仍在原来的地区生活。② 如巂州境内的东蛮部落、邛雅子弟等均未有内徙记载;岷江诸州的情况就更明显,多数正州都是由本地羌族部落而置,部落首领世袭刺史,就更不需要再多此一举了。弱水八国内附情况前后不同,天宝年间置保宁都护府,八国并未内迁。贞元年间弱水八国因不堪吐蕃重役陆续内附,从大金川向东迁徙到岷江河谷的保、霸等州。不过,总体来看唐代剑南边区蕃落内迁的现象并不普遍,大多属于原地安置。

同为内附,为什么唐朝在南、北两地的处置方式差别如此悬殊呢?笔者认为这与南、北蕃族的生活方式与地理环境有关。生活方

---

① 剑南虽未能形成北方的城傍制度,但仍有"城傍"的记载。《新唐书·南蛮下》言巂州"新安城傍有六姓蛮:一曰蒙蛮,二曰夷蛮,三曰讹蛮,四曰狼蛮,余勿邓及白蛮也。……贞元中,狼蛮亦请内附……然卒不出"。这里"新安城傍"实质是地理方位名词,当理解为新安城周围分布着"六姓蛮",而不是作为蕃兵制度的特殊称谓,这点从狼蛮内附而"卒不出"中就可看出。《新唐书》卷222下《南蛮下》,第6324页。

② 樊文礼指出南方羁縻州很少有大规模、大范围迁徙的情况。参见樊文礼:《唐代羁縻府州的南北差异》,《唐史论丛》第12辑,第55页。

式方面,北方的游牧部落以游猎为生,逐水草、居无定所。与北方不同,自秦汉以来西南的羌、蛮两种族群就已是定居或半定居的生活方式,已经进入半农半牧的社会。隋唐时期,剑南西山的羌族"皆务于农事,工习猎射",①东女国下有"大小八十余城",②岷江地区有千碉羌,皆依碉舍而居。川南蛮落在秦汉时期就有"耕田,有邑聚",③至隋唐时期"其土有稻、麦、粟、豆,种获亦与中夏同",④"凡人家所居,皆依傍四山,上栋下宇,悉与汉同",⑤生产、生活方面都与汉地非常接近。对于已经处于定居生活的羌蛮部落来说,让他们离开世代生活的地方转徙他处,显然不切实际。

地理环境方面,北方地势相对平缓,土壤也比较肥沃,有较充足的空间容纳内附的少数民族,如契丹王据埒、可突干内附时,唐朝便敕令节度使为其寻找"沃饶之所"。即便环境恶劣的西北地区也有富饶的绿洲,像北庭都护府治所庭州原为"王庭"所在,是一处重要的绿洲中心,故可以容纳"夷落万帐"。⑥ 与之相比,剑南西部位于横断山脉东缘,地形支离破碎,剑南缘边的许多军城直接建筑在高山之上,如安戎城"正当冲要,凭险自固",⑦维州城"在岷山之孤峰,三面临江",柘州"其城四面险阻,易于固守",静州"其城据山,甚险固"等等。⑧ 这种险恶的环境很难有合适的"沃饶之所"来集中安置众多羌落。缘此之故,剑南边州军城一般建于较靠近蕃落的地方,

---

① 《隋书》卷29《地理志上》,北京:中华书局,1973年,第830页。
② 《旧唐书》卷197《东女国传》,第5277页。
③ 《史记》卷116《西南夷列传》,北京:中华书局,1963年,第2991页。
④ 《通典》卷187《边防三·松外诸蛮》,第5067页。
⑤ 《蛮书校注》卷8《蛮夷风俗》,北京:中华书局,2018年,第215页。
⑥ 《太平广记》卷147《定数二·裴伷先》,第1059页。
⑦ 《旧唐书》卷196上《吐蕃上》,第5235页。
⑧ 维州见《旧唐书》卷147《杜佑附杜悰传》,第3985页。柘州见《元和郡县图志》卷32《剑南道中》,第818页。静州见《元和郡县图志》卷32《剑南道中》,第817页。

但不会强行将蕃落安置于军城周围。

内附形式的差异对两种蕃兵子弟的发展产生了重大影响。学者指出,北方城傍子弟在内附后日益汉化,逐渐转化为额内兵,城傍制度荡然无存。虽然中晚唐时期北方仍不断有少数民族内附,但他们的规模已完全不能与唐前期相提并论,而且这些内附的部族也不再被安置于军城傍侧,而是分隶诸道,成为正式兵员。[1] 与北方城傍子弟相比,剑南羌蛮子弟的发展情形就大相迥异。由于羌蛮子弟在内附时没有脱离原来的居住地,这样他们就继续保持了部族特性,没有像北方城傍子弟那样逐渐汉化。安史之乱以后,北方城傍子弟大量消失,基本不复存在,而剑南仍有岷江西山子弟、邛雅黎子弟数万余众。贞元年间随着西山八国与东蛮子弟的再次内附,剑南羌蛮子弟迎来第二个全盛时期。贞元以后,剑南羌蛮子弟虽盛况不复,但仍可时常见到东蛮子弟与西山子弟的身影,而西山维、茂等州羌子弟,邛、雅、黎的蛮子弟,直至唐末还见诸记载。

三、羌蛮子弟与西南边疆经略

如上文所述,剑南羌蛮子弟多为部落兵,唐朝对其控制时强时弱,因此某些羌蛮子弟叛服无常,如弱水八国时而附唐,时而附蕃,被唐朝呼为"两面羌",南诏也因其反复无常而被吐蕃视为"两头蛮"。[2] 虽然如此,羌蛮子弟仍然是剑南军事力量的重要组成部分,在唐代西南边疆经略中有着不可或缺的作用。下文将从三个方面加以论述。

---

[1] 参见李锦绣:《"城傍"与大唐帝国》,氏著:《唐代制度史略论稿》,第284—285页。
[2] 《旧唐书》卷197《东女国传》,第5279页。《新唐书》卷222上《南蛮上》,第6277页。

首先，羌蛮子弟极大增强了剑南的军事实力。《旧唐书·地理一》言剑南"西抗吐蕃，南抚蛮獠"，①其责任不可谓不重。然而，史书所载剑南的军队数量却极为寡弱。《通典》卷一七二《州郡二》载"剑南节度使：……管兵三万九百人，马二千匹"，同一时期幽州节度兵九万一千四百，河西节度兵七万三千，陇右节度兵七万五千，剑南与之相差悬殊。不过，《通典》的记载有一较大疑团未为学者注意，盛唐剑南的三万九百人官兵分为成都团结营与边兵两部分，其中成都团结营"管兵万四千人，马千八百匹"，占去近半数人马；除去此数，剑南的边兵只有一万六千九百人。剑南沿边府州不下十余处，各类军、镇、城、守捉更是数以百计，平均下来每个府州只有千余人，甚或数百人，如茂州管兵五百人，维州管兵三百人，柘州管兵五百人，雅州管兵四百，黎州管兵千人。② 仅凭如此寡弱的兵力，剑南非但难以完成"西抗吐蕃，南抚蛮獠"的重任，单就自保来说难度也非常大。

对于这一疑惑，有学者认为天宝十载前唐诏战争尚未爆发，唐朝不需要在剑南部署大量军队。③ 这种解释有一定道理，但未能触及问题实质。实际上，史书所载剑南兵马只统计了本道汉兵，并未将羌蛮子弟包括在内。王永兴就指出史书中有关盛唐河西、陇右、幽州等北方诸道兵马的记载均包括汉兵与蕃兵，而剑南的三万九百人却仅指汉兵而言。④ 结合本文第一部分的分析，盛唐时期剑南羌

---

① 《旧唐书》卷38《地理志一》，第1388页。
② 关于天宝元年剑南的兵力部署，《通典》与《旧唐书》所载略有差异。《通典》卷172《州郡二·序目下》，第4482—4483页；《旧唐书》卷38《地理志一》，第1388页。
③ 胡宝华：《唐代天宝年间军费开支蠡测》，《文史》第33辑，北京：中华书局，1990年，第163—170页；黄永年：《〈通典〉论安史之乱的"二统"说证释》，氏著：《文史探微》，北京：中华书局，2000年，第294页。
④ 王永兴认为盛唐剑南的三万九百人中"似无蕃兵"，但对于剑南的汉兵以外是否存在蕃兵则未做说明。详见王永兴：《唐代前期军事史略论稿》，第133页。

蛮子弟约五、六万,将其与本道汉兵相加,则盛唐剑南蕃汉官兵总数就达到了八、九万,已与当时的第一强镇幽州节度不相上下。只不过剑南羌蛮子弟为部落兵性质,他们虽在军事上听命于剑南节度,却依旧维持了自身的部落组织,甚至有一些子弟还叛服不常,唐朝自然难以将其编入额内兵体制之内,从而给后人留下了剑南军事力量寡弱的假象。

《通典》虽然没有留下羌蛮子弟的相关记载,但还是从侧面证实了他们的存在。《通典·州郡二》载剑南节度"衣赐八十万匹段,军粮七十万石",其军衣、军粮开支远超其他诸道。对于这一问题,胡宝华认为"仅有幽州兵力三分之一的剑南节镇,却享受到与幽州数量完全相等的供给,其人均供衣、供粮水平均处于诸镇之冠……或者与天宝政局有一定的关系"。① 诚然,天宝政局深深打上了剑南印记,但天宝政局如何影响剑南军费开支,文章并未论证。李锦绣从另一角度做出解释,认为"馈军食剑南70万,实际是岭南、剑南两道数字,其别支计之匹段也是如此"。② 盛唐时期剑南军队三万九百人,岭南一万五千四百人,两地合计四万五千余人,仍然只有幽州镇的一半,因此这一解释仍未能解开真相。以上两种推断的症结在于学者的解释范畴始终囿于剑南汉兵,而未能注意本道蕃兵。陈子昂《上蜀川安危事》云"松、茂等州诸羌首领,二十年来利得此军财帛粮饷,以富己润屋",③明确言及剑南松茂诸羌的军财、帛、粮饷等由唐朝提供。《新唐书·南蛮下》言邛、黎之西有"三王"部落,"岁禀节度府帛三千匹,以诇南诏",也提到西川节度每年按例向邛、黎三王

---

① 胡宝华:《唐代天宝年间军费开支蠡测》,《文史》第33辑,第163—170页。
② 李锦绣:《唐代财政史稿》(上卷),北京:北京大学出版社,1995年,第1234页;
③ 陈子昂撰,徐鹏校点:《陈子昂集》卷8《上蜀川安危事》,上海:上海古籍出版社,2013年,第197页。

部落提供衣赐。① 可见,羌蛮子弟虽不在剑南节度的额内兵之内,但其隶属于边区羁縻府州,且在拱卫唐朝西南疆域安全中发挥着重要作用,唐朝向其提供衣赐与军费也在情理之中。如是,盛唐剑南蕃汉官兵总数有八、九万之多,其能获得与幽州镇相同的衣赐与军费也就不足为怪了。

安史之乱以后的较长一段时间里,剑南汉兵总数并未显著增长,详情见下表:

表1 唐代剑南道(西川)额内兵数简表(单位:万)

时间	咸亨	天宝	永泰	贞元	元和	大和	大中	咸通	乾符
兵数	3	3.09	3.5	3.73	3	3	5	10	6

永泰至贞元年间,剑南西川汉兵总数一直维持在三到四万之间,较盛唐时期略有增长,但增幅不大。所以,在这段时间里羌蛮子弟仍发挥着重要作用,如严武镇蜀期间岷江西山诸州汉兵仅有四千人,而羌子弟的人数却多达两万,俨然是岷江西山的核心军事力量;邛、雅、黎等州子弟也在五千以上,是抵御南诏的中坚。及至韦皋节度西川,招抚东蛮子弟与西山八国子弟成功,本道蕃兵子弟迎来第二个全盛时期。正是在这种形势下,韦皋在西南地区连续发起反击,"凡破吐蕃四十八万……其功烈为西南剧"。② 韦皋镇蜀期间,西川汉兵总数不过三万七千余人,若无羌蛮子弟之巨大帮助,恐难以取得如此功业。

---

① 《新唐书》卷222下《南蛮下》,第6323页。前引《太平广记》卷190载"邛、黎之间有浅蛮焉……岁支西川衣赐三千分",则黎雅浅蛮即三王部落。《太平广记》卷190《王建》,第1424—1425页。
② 《新唐书》卷158《韦皋传》,第4936页。

唐代剑南羌蛮子弟与西南边疆经略

羌蛮子弟的重要性还可从晚唐历史中寻得答案。唐文宗时期，南诏与唐朝关系交恶，四次进攻剑南，并最终控制了大渡河以南的地区。在此形势下，剑南南部的蛮落子弟大量脱离唐朝控制，最为重要的莫过于巂州东蛮子弟。这样一来，先前由蛮落子弟承担的军事任务转需由唐军负责，但剑南西川军队数量素来不多，根本无力抵御南诏进攻。于是晚唐时期朝廷不得不调集神策、东川、兴元、荆南、鄂岳、襄邓、陈许、太原、凤翔、河中、郑滑等处兵马入援西川，却依旧未能彻底遏制南诏的攻势。咸通末年，西川军队已增加到惊人的十万之众，其中西川土军三万，客军则多达七万。[1] 从三、四万之众到十万之众，剑南西川汉军总数增加了近两倍，由此也可反衬出羌蛮子弟作用之大。

其次，羌蛮子弟处于唐、吐蕃、南诏三者的"过渡地带"，[2]他们的向背足以影响西南战局。在安史之乱以前，剑南的战场主要在弱水西山，羌子弟常常起到关键作用。如弱水西山重镇安戎城原为唐朝所建，后为吐蕃占领，唐军屡攻不克，直至开元二十八年（740），剑南节度使章仇兼琼密说当地羌落首领翟都局，"使局开门引内唐兵，尽杀吐蕃将卒"。西山另一重镇维州原为白苟羌内附而置，后为吐蕃夺取，开元二十八年章仇兼琼同样密说"维州别驾董承宴等"，董承宴等遂率部落子弟以城归附。[3] 随着安戎城、维州等要塞的收复，唐朝以其为跳板进入弱水上游，建立保宁都护府，从而在西南地区对

---

[1] 《新唐书·南蛮中》言牛丛节度剑南西川时"有十万众"，同卷又载卢携言"朝廷府库匮，甲兵少，牛丛有北兵七万，首尾奔冲不能救"。按西川军额常保持在三万左右，加上北兵（客兵）恰合十万之数。《新唐书》卷222中《南蛮中》，第6289—6292页。

[2] 参见[美]拉铁摩尔：《中国的亚洲内陆边疆》第8章《过渡地带》，南京：江苏人民出版社，2008年，第163—172页。

[3] 《资治通鉴》卷214，唐玄宗开元二十八年三月条，第6840页。

吐蕃形成压制态势。安史之乱以后，吐蕃趁机控制西山八国，迫使唐朝在岷江西山地区长期采取守势。与此同时，吐蕃又与南诏联合攻陷川南重镇巂州，屡以当地的东蛮子弟为向导进攻剑南，使得唐军两线作战，疲于应付。

西南的军事困局在韦皋出任西川节度使后逐渐改观，这其中一个重要因素就是韦皋将招抚西山八国子弟与东蛮子弟作为头等大事。《资治通鉴》卷二三二云：

> 及西川节度使韦皋至镇，招抚境上群蛮，异牟寻潜遣人因群蛮求内附。皋奏：今吐蕃弃好，暴乱盐、夏，宜因云南及八国生羌有归化之心招纳之，以离吐蕃之党，分其势。①

韦皋战略意图非常明确，就是要招抚东蛮以通南诏，招抚西山八国以分吐蕃之势。《资治通鉴》卷二三三载：

> （贞元五年）十月，韦皋遣其将曹有道将兵与东蛮、两林蛮及吐蕃青海、腊城二节度战于巂州台登谷，大破之……数年，尽复巂州之境。②

巂州（今四川西昌）为吐蕃、南诏交通之要地，史称韦皋招抚东蛮子弟，收复巂州，由是"云南之路始通"。③ 可以说东蛮子弟的内附为韦皋打通"云南之路"，为促使南诏归唐奠定了基础。自贞元三年（787）李泌与唐德宗共议"北和回纥，南通云南，西结大食、天竺"之环攻吐蕃战略，至此在西南终获成功，实现了"断吐蕃之右臂"的战略设想。④ 这一过程中，东蛮子弟功不可没。

---

① 《资治通鉴》卷232，唐德宗贞元三年条，第7480页。
② 《资治通鉴》卷233，唐德宗贞元五年十月条，第7519条。
③ 《资治通鉴》卷234，唐德宗贞元八年二月条，第7526页。
④ 《资治通鉴》卷233，唐德宗贞元三年条，第7502页。

东蛮子弟的内附在西南地区引起了一连串的蝴蝶效应,弱水八国、南诏以及边界的众多羌蛮部落相继归附唐朝。羌蛮子弟的大规模内附,彻底扭转了唐朝在西南地区的被动局面,韦皋指挥西川蕃汉兵对吐蕃发起了多次大规模的军事进攻,尤以贞元十七年(801)的维州之役为代表。是役,吐蕃十万大军进攻盐、夏,危及关中。韦皋指挥西川兵合围西山重镇维州,迫使吐蕃大军南下救援,临阵生擒吐蕃大相论莽热。此役,剑南西川九路出兵,总数近四万,其中保霸两州刺史董振等部、诸州刺史董怀愕等部为西山诸羌子弟,三部落主赵日进等部、三部落郝金信等部、磨些蛮三部落主苴那时部皆为巂州境内的东蛮子弟,羌蛮子弟合计出兵五路,人数为一万五千人,占总人数五分之二,是一支不可忽视的力量。[1]

最后,与剑南汉兵相比,羌蛮子弟熟悉本地自然环境,能充分发挥地利优势。唐朝与吐蕃、南诏的争夺主要围绕川西与川南展开,川西的弱水西山位于中国地势第一、第二阶梯的交界处,这一带气候寒冷,兼有冷瘴(高原反应)的威胁,非常不利于唐军活动。[2] 如天宝八载(749)剑南节度使郭虚己"深涉贼庭,蒙犯冷瘴。夏六月,舆归蜀郡,旬有五日而薨"。[3] 剑南节度使郭英乂出兵岷江,"会大雪,山谷深数尺,士马冻死者甚众"。[4] 鉴于这种情况,唐朝不得不大量依靠当地的羌落子弟,如保宁都护府羌兵子弟有一万余人,而汉兵仅千余人。岷江河谷一带环境稍好,但羌子弟有两万余人,汉兵也只有四千。与川西相比,川南地区大都在第二阶梯,气候湿热,兼有

---

[1]《旧唐书》卷 196 下《吐蕃下》,第 5260—5261 页。
[2] 冷瘴对唐军的影响参见于赓哲:《疾病与唐蕃战争》,《历史研究》2004 年第 5 期。
[3] 颜真卿:《唐故工部尚书赠太子太师郭公(虚己)墓志铭》,吴钢主编:《全唐文补遗》第 8 辑,西安:三秦出版社,2005 年,第 56—57 页。
[4]《资治通鉴》卷 224,唐德宗永泰元年十月,第 7187 页。

烟瘴威胁,唐人多视此为畏途。天宝末年唐朝与南诏交恶,连续发起了两次大规模的远征,"其征发皆中国利兵,然于土风不便,沮洳之所陷,瘴疫之所伤,馈饷之所乏,物故者十八九",①气候因素成为唐军失利的重要原因。正因如此,天宝以前唐朝经略云南的策略是通过扶植南诏来阻止吐蕃,故而部署在云南的兵力不多,如姚州号为"泸南之巨屏",但戍兵仅有五百人。②

除气候限制外,剑南西、南两侧山谷相间,地形复杂,其间"小径"众多,若不得当地蕃落子弟之协助,则其军事活动较难展开。如贞元十七年(801)的悉摄之役,"(吐蕃)复城悉摄……蛮酋潜导南诏与(韦)皋部将杜毗罗狙击。十七年春,夜绝泸破峨屯……峨大奔。于时,康、黑衣大食等兵及吐蕃大酋皆降,获甲二万首"。③是役,因悉摄为吐蕃新筑之要塞,南诏与唐朝皆不清楚虚实,故需当地蛮落"潜导"方能获得成功。反之,吐蕃与南诏如得羌蛮子弟之支持,亦往往能充分利用地利之优势。如仪凤年间唐朝于剑南西山筑安戎城,此城建于高山之上,极为险要,结果"俄有生羌为吐蕃乡导,攻陷其城,遂引兵守之"。④ 又如大和年间南诏进攻西川,当时有人建议阻塞清溪关以断南诏北上之道,西川节度使李德裕上言"清溪之旁,大路有三,自余小径无数,皆东蛮临时为之(南诏)开通",所谓阻塞之议纯属纸上谈兵。⑤ 晚唐时期南诏四次进攻剑南西川,屡屡得手,其中一个重要的原因就是东蛮子弟为其充当向导,故能多次避开唐军的重兵防御地带,避实击虚,达到出其不意的效果。

---

① 《旧唐书》卷106《杨国忠传》,第3243页。
② 《旧唐书》卷91《张柬之传》,第2939页。
③ 《新唐书》卷222上《南蛮上》,第6277页。
④ 《旧唐书》卷196上《吐蕃传上》,第5224页。
⑤ 《资治通鉴》卷244,唐文宗大和四年十月条,第7873页。

结　　语

　　唐代剑南羌蛮子弟是以部落为单位从征的部落兵,是唐代剑南乃至西南地区非常重要的军事力量。羌蛮子弟在唐初就已出现,盛唐时期达到第一个高峰,安史之乱后剑南羌蛮子弟数量骤降,但贞元年间随着东蛮与弱水八国的重新归附,羌蛮子弟又迎来第二个高峰。总之,有唐一朝剑南羌蛮子弟数量最多时有五、六万之众,数量低时也不下两、三万。可以说,羌蛮子弟的存在弥补了剑南额内兵不足的问题,极大增强了本道的军事实力,在唐代经营西南边疆活动中发挥了极为重要的作用。也正是因为羌蛮子弟的存在,剑南拥有了与幽州、陇右、河西等分庭抗礼的实力,成为唐代军事强镇之一。

　　与唐代北方的城傍子弟相比,剑南的羌蛮部落已处于定居生活状态,复因剑南缘边军城多建于险要之处,缺乏将内附羌蛮部落安置于军城傍侧的客观条件,故羌蛮子弟未经历内徙—安置于缘边军城傍侧的过程,因此剑南羌蛮子弟没有出现类似"城傍"的称谓。同时,由于上述环节的缺失,安史之乱以后剑南羌蛮子弟没有像北方城傍子弟那样转化为额内兵,而是继续维持了原有的部落兵性质,内附方式的差异最终造就了南北两种相同性质蕃兵子弟的不同命运。

作者单位:江苏师范大学历史文化学院

(原刊于《中国史研究》2023 年第 2 期)

盗杀武元衡
——元和政局与牛李两党的分化形成

王炳文

摘　要：元和政局蕴育着牛李两党的分化演变。元和十年盗杀武元衡案缺乏可靠证据，反映出唐廷内部在处理河北及淮西藩镇问题上的政治分歧。元和政局可分为贞元旧僚与文学新进两种力量，前者包括李吉甫、权德舆、武元衡等人，后者则有裴垍、李绛、裴度等。元和削藩思想根源于德宗朝初年陆贽的"河朔—淮西"战略，元和诸相在削藩战略上并无根本性分歧。宪宗统治的总体思路是在确保贞元旧僚与元和新进两派力量制衡的基础上，逐步提升元和朝文学新进派的地位与影响。元和政局的分化与两党的初现端倪，使得远自陆贽以来的削藩战略呈现出主战与主和的假象，河北内部的变动以及"归朝"之风的盛行，进一步推动了主战思想的高涨。盗杀武元衡案后，作为李党前身的贞元旧僚暂时失势，元和新进派则全面崛起并演变为牛党。

关键词：武元衡　元和政局　削藩　文学派

唐宪宗元和一朝上承永贞内禅，下启牛李党争，在唐后期政治变迁中具有关键作用,其中尤以大规模的削藩而引人瞩目。上世纪四十年代初,陈寅恪最早提出"牛李党派之争起于宪宗之世"的观点,宪宗"为政宗旨在矫正大历、贞元姑息苟安之积习,即用武力削平藩镇,重振中央政府之威望",其中力主用兵者多为后来之李党,反对用兵者则为牛党渊源。① 同一时期,日野开三郎将元和削藩置于整个藩镇发展历程中予以考察,详细探讨了宪宗对藩镇军事财政权力的削弱限制、对监军角色的重新定位,指出经元和一朝藩镇人事得到普遍调整,诸道力量趋于均衡。② 及至七十年代,彼得森(Charles A. Peterson)对元和朝中央政治与地方藩镇的关系进行了系统而深入的研究,从中央削藩的政治动因、唐廷对地方制度的内在调整、财政体系的保障以及宪宗个人作用等方面综合探讨了元和削藩,并对唐平淮西之役进行了制度和军事层面的个案研究。③ 1986年,蔡涵墨(Charles Hartman)在对韩愈及其时代的研究中,将元和朝的政治视为对统一的高度追求,从中央斗争、藩镇变动、政治思想等方面对这种统一趋势予以探讨。④ 2002年,陆扬通过对元和初年西川、浙西事件的分析,剖析出了基于中央和地方政治博弈而形成的元和政治规则,即强调节帅易代之际中央在新任节帅

---

① 陈寅恪:《唐代政治史述论稿》,北京:生活·读书·新知三联书店,2001年,第288页。
② [日]日野開三郎:《支那中世の軍閥》,《日野開三郎東洋史學論集》第1卷《唐代藩鎮の支配體制》,東京:三一書房,1980年,第98—104、135—146页。
③ Charles A. Peterson, "The Restoration Completed: Emperor Hsien-tsung and the Provinces", in Arthur F. Wright and Denis Twitchett (eds.), *Perspectives on the T'ang*, New Haven and London: Yale University Press, 1973, pp. 151 – 191; Charles A. Peterson, "Regional Defense Against the Central Power: The Huai-his Campaign, 815 – 817", in Frank A. Kierman, Jr. and John K. Fairbank (eds.), *Chinese Ways in Warfare*, Cambridge: Harvard University Press, 1974, pp. 123 – 150.
④ Charles Hartman, *Han Yü and the T'ang Search for Unity*, Princeton: Princeton University Press, 1986.

人选上的绝对权威。① 近年来,李碧妍、山下将司、秦中亮等学者也从不同角度深入探讨了元和政治及其与地方之间的关系。②

审视过往近一个世纪的研究,我们发现学界对于元和政治的探讨始终强调中央与地方之间的互动,以及这种博弈对于宪宗朝政治发展变化所产生的潜在影响。正如陆扬认为探讨元和政治应将视野向前推至贞元朝局那样,宪宗朝中央斗争的演变同样应与穆宗以降的政治变迁结合来观察。问题在于,这种为众多学者所明显感受到的关联,又很难在学术论证中予以坐实。长期以来,学界习惯于将元和三年制举案视为牛李党争的最初渊源,但这种观点其实仅沿袭了唐人成说,③具有鲜明的人事印记,而后来公认的两党核心人物在宪宗朝尚处仕宦早期,并未真正登上历史舞台。事实上,细审陈寅恪当初的说法,我们会发现陈氏所强调的在于政治主张而非人事因缘,遗憾的是限于论述主旨,陈氏在《唐代政治史述论稿》中仅就旧族与新晋两大阶层间的文化冲突予以阐述,未能详及政治主张的差异。观乎岑仲勉后来对陈氏两党说的激烈批判,④恐怕一定程度

---

① 陆扬:《从西川和浙西事件论元和政治格局的形成》,荣新江主编:《唐研究》第8卷,北京:北京大学出版社,2002年,第225—256页。

② 李碧妍:《李锜叛乱的军团构成——唐代藩镇军事构造的个案研究》,载荣新江主编:《唐研究》第16卷,北京:北京大学出版社,2010年,第483—506页;[日]山下將司:《唐の"元和中興"におけるテユルク軍團》,《東洋史研究》第72卷第4号,2014年,第1—35页;秦中亮、陈勇:《从两次兴兵成德看元和政治规范的形成》,《厦门大学学报(哲学社会科学版)》2016年第4期;许超雄:《元和削藩与唐宪宗时期的财政"二元"格局》,《中国社会经济史研究》2019年第4期。

③ 这种观点在宪宗朝之后便已出现,反映出时人对于日渐炽烈的党争的迫切关注。如长庆四年(824)韦处厚即对甫登大宝的敬宗指出:"建中之初,山东向化,只缘宰相朋党,上负朝廷。杨炎为元载复仇,卢杞为刘晏报怨,兵连祸结,天下不平。"虽在论古,实为喻今。刘昫:《旧唐书》卷159《韦处厚传》,北京:中华书局,1975年,第4184页。

④ 岑仲勉:《隋唐史》,石家庄:河北教育出版社,2000年,第410—412页。

上与对其主张中政治因素的忽略有关。为了填补这种空缺,王炎平主张将元和十年李逢吉勾结宦官反对用兵作为党争之始,①黄楼则提出了"元和党争"的概念,试图以此作为牛李党争产生的铺垫。②这种尝试使我们看到了将元和政治与牛李党争联系起来的可能,不过对于牛李两党如何在宪宗朝政治斗争中逐步分化形成,则尚缺少系统的探讨。

有鉴于此,我们希望在前贤研究的基础之上,对元和政局做进一步梳理,进而剖析牛李两党最初分化形成的历史过程,切入点则为元和刺相案。元和十年(815)六月三日凌晨,门下侍郎同平章事武元衡自其所居靖安里(今陕西历史博物馆北)出发上朝,行出里东门时遇刺身亡,尸横路隅,同时御史中丞裴度也于其所居通化坊外遇袭受伤,成为震惊朝野的大案。③盗杀武元衡案改变了唐廷既有的削藩思路,促成了河北藩镇的重新洗牌。在对该案的历史定位和规训塑造中,李逢吉、萧俛等牛党人物逐步建立起独特的政治话语,牛李两党开始分化成型,深刻改变了此后的唐朝历史走向。

一、无据之案与政治口实

长期以来,武元衡案的凶手及幕后主使被认为是时任成德军

---

① 王炎平:《牛李党争》,西安:西北大学出版社,1996年,第14—16页。
② 黄楼:《神策军与中晚唐宦官政治》,北京:中华书局,2019年,第243—259页。
③ 相关研究参见俞钢:《唐朝元和刺相案的始末》,《上海师范大学学报(哲学社会科学版)》1992年第2期;彭池:《〈旧唐书〉所载武元衡被刺时间正误》,《史学月刊》1982年第6期;王秦:《〈旧唐书〉武元衡遇刺时间之勘误》,《承德民族师专学报》2010年第4期;陈烨轩:《裴度的毡帽——武元衡、裴度遇刺案中所见的商业与政治》,叶炜主编:《唐研究》第24卷,北京:北京大学出版社,2019年,第499—520页。

节度使王承宗和淄青节度使李师道,并由此发展出恒(镇)州策划说、郓州策划说以及恒郓同谋说。不过若能搁置固有印象来重新考察,会发现该案其实从发生之初,便没有保留下任何可靠的证据。

一方面,刺杀发生在夜间,天色全黑而灯烛被灭,幸存当事人并未看到刺客体貌。刘禹锡《代靖安佳人怨二首》谓"公将朝,夜漏未尽三刻,骑出里门,遇盗,薨于墙下",①当日5时2分夜漏尽,②上推三刻为4时20分,长安城尚处在一片漆黑的夜色中(初三凌晨无月亮),等到"众呼偕至"时仍需"持火照之"。③ 案发后唐廷做出"寅后二刻传点"④的紧急调整,将上朝时间推后半小时,适足为证。另一方面,凶手在案发后便已逃逸,并未留下可靠线索。同路上朝的太子左赞善大夫白居易目睹了遇害现场,⑤在次年给杨虞卿的信中,他以"迸血髓,磔发肉,所不忍道"⑥的文字真实描述了武元衡被削去顶盖骨及肤发的惨状。数月后远在柳州的柳宗元在《古东门行》中同样以"绝臏断骨"⑦写出武相遇害情形。这些都与《旧唐书·武元衡传》"批其颅骨怀去"之说相符而更为详实,说明武元衡被发现时凶

---

① 刘禹锡撰,陶敏、陶红雨校注:《刘禹锡全集编年校注》卷4《代靖安佳人怨二首并引》,北京:中华书局,2019年,第379页。
② 元和十年六月三日为夏至后25天,夏至夜漏40刻,其后9日加1刻,案发时夜漏共42刻。参《旧唐书》卷43《职官志二》,第1856页;[日] 平冈武夫:《唐代的历》,上海:上海古籍出版社,1990年,第245页。
③ 《旧唐书》卷158《武元衡传》,第4161页。
④ 王溥:《唐会要》卷24《朔望朝参》,北京:中华书局,1960年,第468页。
⑤ 白居易时居昭国里,西出坊门后北行,与武元衡路线相同。参见朱金城:《白居易年谱》,上海:上海古籍出版社,1982年,第63页。
⑥ 白居易撰,朱金城笺校:《白居易集笺校》卷44《与杨虞卿书》,上海:上海古籍出版社,2020年,第2707页。
⑦ 柳宗元:《柳宗元集》卷42《古东门行》,北京:中华书局,1979年,第1139—1140页。

手早已逃逸。而由于凶手"遗纸于金吾及府、县",留下"毋急捕我,我先杀汝"的威胁文字,使得"捕贼者不敢甚急",案发五天方"诏中外所在搜捕",①进一步错失了案件侦破的黄金时间。所以说,武元衡案的真凶在一开始就无从查找。

本案五年间共三次审理,均是先假定凶手再予以坐实,缺乏事实依据。第一次所定主使为王承宗。六月十日,"神策将士王士则、王士平以盗名上言,且言王承宗所使",②凶手为成德军进奏院将士张晏等人,"初付仗内狱,鞫不得情,诏送京兆府,命监察御史陈中师与尹裴武同鞫之,狱成,皆处斩"。③诏称其"自相证明,遂得情实",证据是"藏蓄兵器"等"不轨之物"。④对于这种"附致其罪"的做法,宰相张弘靖"疑其不直,骤于上前言之",然而"宪宗不听,竟杀张晏辈"。⑤第二次审理则将矛头指向李师道。当年八月,李师道在东都"伏甲百余于邸院,将焚宫室,而肆杀掠",事情败漏,留守吕元膺在追剿时收捕了寄宿伊阙山寺的訾嘉珍和门察,"及穷按之"而"皆称害武元衡者"。⑥二人随后被羁押长安,吕元膺获一时之誉。第三次则同时指向恒、郓双方。元和十四年(819)二月,田弘正攻陷郓州后"阅李师道簿书",发现"有赏杀武元衡人王士元等及赏潼关、蒲津吏卒案",及送京师"诏使内京兆府、御史台遍鞫之,皆款服",但当"京兆尹崔元略以元衡物色询之"时,其描述却"多异同",并辩称"恒、郓

---

① 司马光:《资治通鉴》卷239,元和十年六月条,北京:中华书局,1956年,第7713—7714页。
② 《旧唐书》卷15《宪宗纪下》,第453页。
③ 王钦若编:《册府元龟》卷153《帝王部·明罚二》,北京:中华书局,1960年,第1855页。
④ 董诰编:《全唐文》卷61《诛杀武元衡贼张晏等敕》,北京:中华书局,1983年,第656—657页。
⑤ 《旧唐书》卷129《张弘靖传》,第3610—3611页。
⑥ 《旧唐书》卷154《吕元膺传》,第4105页。

同谋遣客刺元衡,而士元等后期,闻恒人事已成,遂窃以为己功,还报受赏耳"。这种自相矛盾的解释无法使人信服,史称宪宗"亦不欲复辨正,悉杀之",①为此案匆匆划上句点。

综观三次审理,都有鲜明的政治意图。第一次时值案发数日,群情激愤,宪宗决意拜裴度为相,对镇强硬,而成德军进奏院诸人卒膺其罪;第二次适逢李师道谋乱东都,以期对淮西前线施加压力,吕元膺清剿之余牵出刺相案,更显淄青之恶;第三次发生在田弘正攻取郓州后,涉及对李师道的定性问题。每一拨嫌犯都"出现"得恰逢其时,与朝中对河北强硬的主张相呼应,反映出武元衡案强烈的现实针对性。事实上,由王承宗或李师道直接指派刺客刺杀武元衡的可能性很小。早在元和四年唐廷欲变成德旧制之初,新帅王承宗便深以"天子不察,宰臣不言,诸将偷安,土地割裂"的现状为忧,而内院兵马使张遵的判断是"今范阳无事,青郓无事,泽潞无事,沧景无事,天将以镇冀观主上政令,试我公制作"。② 王承宗值朝廷变更镇事,意在保有家业,恭顺惟恐不及,何由遣盗远行京师,刺杀宰相以自速其祸?至于李师道,其纵火河阴仓以扰乱东都、施压淮西前线的企图固彰彰可见,然而吕元膺在平定东都动乱后又再次审出刺客,则实有其政治考虑,因为吕氏之任东都留守未能依旧例获赐旗甲,此时擒得刺相凶渠无异于对朝廷这一决定的无声抗议,而凶手送至京师后,吕元膺如愿得到了宪宗对其"募山河子弟以卫(东都)宫城"③请求的首肯。如果说前两次审理的凶手尚有线索依稀可循,

---

① 《资治通鉴》卷241,元和十四年二月、七月条,第7767、7769页。
② 《唐故张府君墓志故夫人豆卢氏墓志铭》,拓片收入《隋唐五代墓志汇编·洛阳卷》第13册,天津:天津古籍出版社,1991年;录文参见周绍良、赵超主编:《唐代墓志汇编续集》大和032《唐故张府君墓志》,上海:上海古籍出版社,2001年,第905页。
③ 《旧唐书》卷154《吕元膺传》,第4104—4105页。

那么元和十四年田弘正所提供的来路不明的"赏功簿"则已形同编排嫁祸。当时崔群便认为田弘正是"乘破东平,因以师道杀元衡踪迹置于郓州之文簿,以实其事",①凭空捏造出这份赏功簿。长庆初年,穆宗在一封制书中提及"元和中盗杀丞相,疾伤议臣,齐、冀之间,交以祸端相嫁"②之事,隐晦地指出了盗杀武元衡被作为一种政治口实而加于政敌的事实。

　　武元衡案发后,凶手甚嚣尘上的态度与唐廷迟缓犹疑的反应形成鲜明对比,暗示该案牵涉到远较成德或淄青复杂的政治关系。以寄居进奏院的十数河朔散客而欲恐吓摄伏京兆尹乃至禁军,殊无可能。唐廷捕盗之耽延,在其自身原因。白居易谓"武相之气平明绝,仆之书奏日午入",案发当天便已上书宪宗,此举"两日之内,满城知之",③引发执政严重不满,以东宫官不当言事予以贬黜,④个中因由恐非逾制上书般简单,而实因白居易在唐廷尚未对此事定调之时力主捕盗,使宪宗及宰相陷入被动。此后吏部侍郎许孟容"诣中书雪涕而言",明确提出"起裴中丞为相,令主兵柄"⑤的请求。作为贞元老臣,年逾七旬的许孟容其影响显然远过白居易,而请裴度为相主兵的建议实则代表了其背后势力的要求。因此,当六月八日唐廷下诏捕盗之初,并未提及凶手的幕后主使,仅称"凶狡窃发,奸我股肱","令京城及诸道所在同捕逐"。⑥ 而随着起用裴度和对河北强硬呼声的高涨,案件的指向变得清晰起来,唐廷所要声讨的"凶手"

---

① 《册府元龟》卷153《帝王部·明罚二》,第1855页。
② 元稹撰,周相录校注:《元稹集校注》卷46《柏耆授尚书兵部员外郎制》,上海:上海古籍出版社,2011年,第1144页。
③ 《白居易集笺校》卷44《与杨虞卿书》,第2708页。
④ 《旧唐书》卷166《白居易传》,第4344页。
⑤ 《旧唐书》卷154《许孟容传》,第4102—4103页。
⑥ 《全唐文》卷60《捕杀武元衡盗诏》,第647页。

也逐渐浮出水面。京师大索二日后,已束身归朝的王承宗叔父"王士则、王士平以盗名上言,且言王承宗所使",①于是张晏诸人伏诛。种种迹象显示,武元衡案发生后,唐廷内部各方力量进行了激烈的角逐,盗杀武元衡一案其实更多指向唐廷自身。

  至于凶手的具体情况,我们已很难详知,但有一点可以明确,即凶手更可能来自京师内部而非河北、淄青诸镇。其一,作为清除政治异己的极端手段,盗杀在唐代京师盛行已久。早在高宗朝术士明崇俨就因干预太子废立而神秘遇刺,②肃宗末年"京师多盗贼,有通衢杀人置沟中者",③即如权宦李辅国也未能幸免。④ 元和初年承动荡之余,再次出现了"京师多盗"⑤的局面,武元衡遇刺后更是"盗贼窃发,人情甚惑"。⑥ 其二,凶手潜在的逃逸方向暗示出其与京城内部力量的复杂瓜葛。武元衡所居靖安里在朱雀街东第二街北起第五坊,是唐后期新兴起的显贵居住区,汇集了韩愈、李宗闵、元稹等一众高官,⑦位置或嫌略远,但却是"喧静不由居远近,大都车马就权门"。⑧ 武元衡出坊东门后需北转行于街中专供朝参的沙堤,刺客挟其马自沙堤下至街西坊墙害之,《旧唐书》"东南行十余步"之"东南"实为"西南"之误。靖安坊往南居人渐少,紧邻的安善坊"尽一坊之地为教弩场",⑨是南衙禁军主力威远军的私产,更南三坊"俗称围

---

① 《旧唐书》卷15《宪宗纪下》,第453页。
② 《旧唐书》卷5《高宗纪下》,第104页。
③ 《旧唐书》卷126《李揆传》,第3560页。
④ 《资治通鉴》卷222,宝应元年十月条,第7132页。
⑤ 《旧唐书》卷157《李鄘传》,第4148页。
⑥ 《旧唐书》卷154《许孟容传》,第4102页。
⑦ 徐松撰,张穆校补,方严点校:《唐两京城坊考》卷2,北京:中华书局,1985年,第46页。
⑧ 《元稹集校注》卷17《靖安穷居》,第527页。
⑨ 《唐两京城坊考》卷2,第47页。

外地","至甚闲僻,人鲜经过"。① 史载"德宗置左右神策、威远等禁兵,命中官掌之",②宪宗朝初年,威远军将英武军并入旗下,势力煊赫一时,营中影庇有大量京城富户,挂虚名"身不宿卫,以钱代行",所谓"禁军拴籍,十五六焉",③人员构成鱼龙混杂。由于史料的缺乏,我们未便武断地认为刺客一定是向南逃逸,但与集中于崇仁平康诸坊、密迩皇城的成德诸镇进奏院相比,安善等城南四坊更可能成为凶手的藏匿之所,而案发后京师对于"伟状异制、燕赵之音者,多执讯之"④的举措,就难免有刻意诱导的嫌疑了。

二、元和朝的政治分野与削藩思想渊源

就元和年间的中央政治而言,牛李两党尚未成型,人物关系混杂,加上对永贞内禅旧怨的修治,使得外朝政局扑朔迷离,不易把握。在陈寅恪提出牛李两党与战和主张因缘之后,彼得森进而剖析出宪宗力图在主战与主和的朝臣中寻求平衡的事实,认为元和天子在宰相人选上重视"立场坚定、直抒己见"以及"个性鲜明者",并使自己成为最终决定者。⑤ 陆扬则通过个案分析,突出了元和削藩中

---

① 《全唐文》卷643《请禁皇城南六坊内朱雀门至明德门夹街两面坊及曲江侧近不得置私庙奏》,第6504页。
② 《旧唐书》卷44《职官志三·内侍省》,第1870页。
③ 《唐会要》卷72《京城诸军》,1294页。
④ 《旧唐书》卷158《武元衡传》,第4162页。
⑤ Charles A. Peterson, "The Restoration Completed: Emperor Hsien-tsung and the Provinces", in Authur F. Wright and Denis Twitchett (eds.), *Perspectives on the T'ang*, pp.187-188.

两大关键人物李吉甫与武元衡的历史作用。① 那么这种主战与主和的势力是如何在现实政治中分化形成的？而其中一些关键人物在战和主张上表现出的游移转换又该如何解释？这正是本部分拟解决的问题。事实上，元和政治本是永贞内禅的直接产物，而贞元、永贞之际的政局不得仅限于从王叔文集团的人事纠葛视之。宪宗朝政治的内在理路，需要回溯至德宗朝后期予以审视。笔者认为，抛开战和之争而就更为普遍的层面来看，元和一朝在用人方面大致可以分为对贞元旧僚的因袭和对文学新进的拔擢。这一矛盾贯穿了元和之世，并在实际演化中逐渐形成后来的牛李两党。

所谓德宗朝旧僚，大致包括李吉甫、权德舆、武元衡等人，他们在贞元年间便已进入中层文官之列。与久居储位的前代君主不同，作为"第三天子"的宪宗李纯是在其父登基仅半年、且自己立为太子仅百日的情形下即位的，因此缺乏可供倚赖的龙潜旧臣。永贞内禅所以成功，关键仍在高郢、郑珣瑜等朝中高官以及韦皋、裴均、严绶等地方实权派的联合，史称"裴均、严绶表笺继至，悉与（韦）皋同词，忠正之徒皆倚赖以为援，而邪党震惧"，②所谓王叔文集团"犯众怒"③正是指此。这种背景决定了宪宗朝初年在用人方面与贞元旧政必然存在千丝万缕的联系。具体来说，一方面，即位之初的宪宗起用了贞元末受到排挤的一批中高层官员，其中的代表人物，如"十年不迁"④的太常卿杜黄裳、"六年不徙官"⑤流落远地的饶州刺史李

---

① 陆扬：《从西川和浙西事件论元和政治格局的形成》，荣新江主编：《唐研究》第8卷，第248页。
② 《册府元龟》卷407《将帅部·谏诤》，第4849页。
③ 《旧唐书》卷160《刘禹锡传》，第4210页。
④ 《旧唐书》卷147《杜黄裳传》，第3973页。
⑤ 《旧唐书》卷148《李吉甫传》，第3993页。

吉甫、受王叔文集团排挤的太子右庶子武元衡,以及贞元后期曾数载独掌西掖的户部侍郎权德舆。旧史多称杜黄裳首建"稍以法度裁制藩镇"之策,认为"用兵讨蜀,以至威行两河,皆黄裳启之",①陆扬则倾向于裁定西川多有李吉甫密谋主张,②实际上无论是烈士暮年的杜邠公,还是被宪宗倚为干城的李吉甫,其施政主张都应放在这一群体中看。另一方面,杜佑、贾耽、严绶、王锷等贞元后期的实权派人物对元和初年政局的持续影响同样不容忽视。如杜佑通过对王叔文、李巽、程异诸人的擢用,在元和朝前期及中期始终保持着对江淮盐铁转运的实际控制,而岐公与王叔文集团之间也存在着行政及思想上的复杂关系。③再如元和初唐廷平定夏州杨惠琳及西川刘辟,时任河东节度使严绶"表请出师讨伐",并"悉选精甲,付牙将李光颜兄弟"④以致讨,在舆论与实战上均给予唐廷很大支持。要之,元和朝前期及中期的中央政治中,贞元旧僚扮演了举足轻重的角色。

至于文学新进者,则包括裴垍、李绛、裴度等人,他们大多在贞元年间科举入仕,而在宪宗即位后得到重用。贞元一朝科举大盛,本已蓄积了丰厚的政治资源;加之德宗在位后期"选人停拥,其数猥多",以至"有十年不得调者",⑤两种因素相叠加,为元和初年新进政治力量的崛起提供了客观条件。当然,宪宗与裴垍等人对这个群体的刻意擢升更为关键。尽管裴垍贞元末已为考功员外郎,不得谓

---

① 《资治通鉴》卷237,元和元年正月条,第7627页。
② 陆扬:《从西川和浙西事件论元和政治格局的形成》,荣新江主编:《唐研究》第8卷,第248页。
③ Edwin G. Pulleyblank, "Neo-Confucianism and Neo-Legalism in T'ang Intellectual Life, 755–805", in Arthur F. Wright (ed.), *The Confucian Persuasion*, Stanford: Stanford University Press, 1960, pp.109–111.
④ 《旧唐书》卷146《严绶传》,第3960页。
⑤ 《旧唐书》卷139《陆贽传》,第3804页。

之新进,但裴垍"在翰林,举李绛、崔群同掌密命,及在相位,用韦贯之、裴度知制诰,擢李夷简为御史中丞",特别是在元和三年的对策案中,作为中书舍人的裴垍"居中覆视,无所同异",[①]对杨於陵、韦贯之的有意之举默许纵容,其对于科举新进的拔擢于此可见。彼得森认为宪宗在对于宰相及整个朝臣的任用中强调君主的绝对权威,"任何时候都不会依赖特定某个宰相,也不会让任何人产生持久的影响",[②]这种看法未免绝对。但对于永贞之变中涉险登基的宪宗而言,显然既不甘于独任杜黄裳、李吉甫等贞元政局的失意者,更不愿受制于杜佑、严绶、于頔这样的地方大员,而是希望培植起一批成长于元和政治中的新兴力量。

无论贞元旧僚还是文学新进,其削藩思想均根源于建中年间陆贽所提出的藩镇战略。元和朝对于藩镇的整治实际上包含两个层面,一种是针对德宗朝普遍存在的地方藩镇首领终身制所进行的改革,其实质是吏治与人事的调整,李吉甫元和初"为相岁余,凡易三十六镇,殿最分明"即指此类,是对"德宗以来,姑息藩镇,有终身不易地者"[③]现象的改变;另一种则是对河北、淄青、淮西等具有割据倾向的藩镇进行政治肢解和军事征讨,其实质是国家的战略决策。学界所谓的元和削藩实为后者。杜希德将德、顺、宪三朝看作一个持续强化中央权力、不断改革财政的过程,差别在于德宗在经历四镇之乱后有意避免与藩镇的冲突,而宪宗则倾向以武力解决藩镇问题。[④] 杜氏对

---

① 《旧唐书》卷148《裴垍传》,第3992、3990页。
② Charles A. Peterson, "The Restoration Completed: Emperor Hsien-tsung and the Provinces", in Arthur F. Wright and Denis Twitchett (eds.), *Perspectives on the T'ang*, p.187.
③ 欧阳修、宋祁:《新唐书》卷146《李吉甫传》,北京:中华书局,1975年,第4740页。
④ Denis Twitchett, "Varied Patterns of Provincial Autonomy in the T'ang Dynasty", in John Curtis Perry and Bardwell Leith Smith (eds.), *Essays on T'ang Society: The Interplay of Social, Political and Economic Forces*, Leiden: Brill, 1976, pp.105–107.

于三朝政治的延续性观点深具见地,不过对德、宪二朝藩镇战略的比较尚有商榷余地。从表面上看,元和君臣强硬的削藩之举似乎是对代、德二朝姑息政策的全面否定,然而从内在执政理路来看,以李吉甫为代表的元和诸相对于藩镇的战略观念恰恰根源于德宗朝政治,其中陆贽在建中年间提出的"河朔—淮西"战略构想可视为元和削藩的直接理论依据。安史之乱的平定,与其说是军事上的胜利,毋宁看作是政治上的姑息合谋。① 归唐后的河朔诸镇拥有诸多特权,及至大历末年,魏博田承嗣、成德李宝臣相继辞世,承嗣养子田悦、宝臣之子惟岳强迫中央承认了其节帅地位。德宗即位之初,河北三镇连手叛乱称王,在真正意义上确立了政治结盟、军事互助、世代婚姻等特点的"河朔故事"。② 另一方面,宝应政变代宗继位后,唐廷诱杀来瑱而使襄邓问题激化,此后李希烈杀梁崇义而据守淮西,③并在建中初年叛乱不羁,使德宗陷入河北、淮西孰轻孰重的战略困境。有鉴于此,陆贽提出了对于河北、淮西有区别的经营策略,即"幽、燕、恒、魏之寇,势缓而祸轻;汝、洛、荥、汴之虞,势急而祸重",其中"缓者宜图之以计",而"急者宜备之以严"。在宣公看来,就唐朝而言,"朝廷置河朔于度外,殆三十年,非一朝一夕之所急也";就河北内部而言,其"意在自保,势无他图",同时"互相劫制,急则合

---

① 参见黄永年:《论安史之乱的平定和河北藩镇的重建》,氏著:《唐代史事考释》,台北:联经出版事业公司,1998年,第211—228页;王炳文:《燕政权的嬗变与河北藩镇格局起源》,《史学月刊》2019年第4期。
② 参见 Jonathan Mirsky, "Structure of Rebellion: A Successful Insurrection during the T'ang, *Journal of the American Oriental Society*", Vol.89, No.1(1969), pp.67–87;[日] 新见まどか:《唐代後半期における"華北東部藩鎮連合体"》,《東方學》第123辑,第20—35页;张天虹:《唐易定镇的张氏家族与陈氏家族——"河朔故事"研究之二》,《首都师范大学学报(社会科学版)》2012年第2期。
③ 参见张国刚、王炳文:《肃代之际宫廷内争与藩镇割据局面形成的关系》,荣新江主编:《唐研究》第20卷,北京:北京大学出版社,2014年,第282—283页。

力,退则背憎,是皆苟且之徒,必无越轶之患"。与河北相比,淮西"据蔡、许富全之地,益邓、襄卤获之资","东寇则转输将阻,北窥则都城或惊"。① 尽管这一策略最初是就李希烈叛乱所做出的应急方案,②但它其实代表了安史之乱以后的唐朝中央对于河北及淮西问题长期观察总结的历史判断,有学者将陆贽这种重实效的削藩理念比为韦伯的"责任伦理"(ethics of responsibility),③是颇为恰切的。河北建中之乱的最终解决,以及贞元十五年韩全义出兵淮西,无不遵循了这一战略思路。

事实上,元和诸相无论是执政稳健的李吉甫、武元衡,还是相对保守的李藩、李绛,其关于河北、淮西问题的总体思路仍不离陆贽当初所确立的基调。所谓李吉甫诸人主战而李绛诸人主和,是掺杂了人事纠葛与施政理念诸因素之后呈现出的一种假象,双方在削藩战略上并无根本性分歧。以矛盾最为尖锐的李吉甫和李绛为例,前者认为"淮西内地,不同河朔,且四境无党援,国家常宿数十万兵以为守御,宜因时而取之",④后者则指出"镇州事势,与刘辟、李锜不同",其"外则结连势广,内则胶固岁深",⑤总体方略本无二致。进一步分析,李吉甫在河北问题上持务实态度,他曾向宪宗表达了"河

---

① 陆贽撰,王素点校:《陆贽集》卷11《论两河及淮西利害状》,北京:中华书局,2006年,第325—328页。
② 参见 Denis Twitchett, "Lu Chih (754–805): Imperial Adviser and Court Official", in Arthur F. Wright and Denis Twitchett (eds.), *Confucian Personalities*, Stanford: Stanford University Press, 1962, p.100.
③ 参见 Josephine Chiu-Duke, *To Rebuild the Empire: Lu Chih's Confucian Pragmatist Approach to the Mid-T'ang Predicament*, Albany: State University of New York Press, 2000, pp.93–94.
④ 《旧唐书》卷148《李吉甫传》,第3996页。
⑤ 《全唐文》卷646《论镇州事宜状》,第6539页。

朔诸镇,付子传孙,无不熏灼数代"①的愤慨,但也仅是建议对心向朝廷的令狐彰后人予以录用。况且元和五年用兵成德时李吉甫正出镇淮南,而元和十年对镇强硬的呼声再起时李吉甫已于头年故去,将之归入对河北主战一类实属误解。相应地,李绛对于用兵河北主张的极力否定同样不得径归为主和,正如彼得森所指出,宪宗认为对王承宗的处理会对河朔诸镇产生示范和警示作用,因此不得让步,而以李绛为代表的宰臣对此未持乐观态度。② 显然,这种相对消极的论调更多出于操作层面的考虑。除了河北盘根错节的内部关系造成的阻力外,这种现实考虑也与淮西战事产生的巨大财政负担密不可分,特别是贞元十五年以来,唐廷长期屯重兵于蔡州,乃至演变为阵地持久战,要求持续的军事补给和固定的前线基地。③

要之,元和朝的党派分化固已初现端倪,但并不体现在主战与主和之上。这种政治集团的逐渐分化,更多源于宪宗对贞元旧僚和元和新进两个群体的分别擢用。只有明确这种差异,我们才可以对元和政治中诸多当事人之立场有更为准确的认知。

三、两党分化的人事因由

元和朝的两派政治集团在削藩战略上总体一致,并不意味着我

---

① 《全唐文》卷512《请录用令狐通奏》,第5203页。
② Charles A. Peterson, "The Restoration Completed: Emperor Hsien-tsung and the Provinces", in Arthur F. Wright and Denis Twitchett (eds.), *Perspectives on the T'ang*, p.188.
③ Charles A. Peterson, "Regional Defense Against the Central Power: The Huai-hsi Campaign, 815–817", in Frank A. Kierman, Jr. and John K. Fairbank (eds.), *Chinese Ways in Warfare*, p.124.

们可以据此否定陈寅恪对于主战主和与牛李两党最初关系的假说。元和两党的分化对立中,人事上的纠葛争斗起到了至为关键的作用,这种人事斗争是贞元旧僚与元和新进的现实利益冲突在政治层面的投射,大批德、顺、宪易代之际跻身仕途的文学新起力量不满于贞元后期以来的政治局面,从而与旧有利益获得者产生日益尖锐的矛盾。这种冲突在朝廷高层的宰相群体中,表现为裴垍、李藩、李绛等人对于李吉甫、武元衡等稳健派的牵制与质疑;延及中下层官员,则表现为牛僧孺等文学新进通过策论、奏疏等方式攻击执政。至于这种牵制与攻击的政治要求,其实千头万绪甚至自相矛盾,根本谈不上一致。可以说,作为牛李党争"前传"的元和政局,主战主和之争只是一种表象,其党派分化的内在因由,实为政治上的既得利益者与新兴利益诉求者之间的冲突斗争。

元和一朝宰相人选变动频繁,但宪宗统治的总体思路其实有清晰的轨迹可循,即在确保贞元旧僚与元和新进两派力量制衡的基础上,逐步提升文学派的地位与影响。当永贞、元和之际,王叔文集团与整个统治精英集团颇有嫌隙,[1] 而甫登大宝的宪宗缺乏可倚赖的亲信力量,不得不暂时沿用前朝旧臣,其中既有杜黄裳、李吉甫、武元衡这样此前不得志者,也不乏郑絪等循默取容者,甚至贾耽等年迈尸位者。[2] 以首建削藩的杜黄裳为例,其受重用更多是特殊时期的权宜之计,邠公与王叔文旧党韦执宜间的翁婿关系终为宪宗忌惮,韦执宜"丈人才得一官,可复开口议禁中事耶"[3] 的警告实有深层

---

[1] Charles A. Peterson, "The Restoration Completed: Emperor Hsien-tsung and the Provinces", in Authur F. Wright and Denis Twitchett (eds.), *Perspectives on the T'ang*, p.154.
[2] 《旧唐书》卷159《郑絪传》:"絪与杜黄裳同当国柄。……絪谦默多无所事。"第4181页。
[3] 《旧唐书》卷147《杜黄裳传》,第3973页。

原因。同样,元和三年制举案中对于牛僧孺等人的处理颇具迷惑性,事实上宪宗真正偏袒的,是代表元和新进力量的裴垍。裴垍虽罢翰林学士却得授户部侍郎,实是为拜相做准备,当年秋遂代李吉甫为中书侍郎、同平章事。史书所谓"宪宗不得已",然"知垍好直,信任弥厚",①可谓确论。随着武元衡、李吉甫相继出镇西川与淮南,唐廷进入了裴垍掌政的三年时期,其间最为重要的政治举措,即是对成德采取强硬措施。元和四年变更镇州节帅以及五年用兵成德均以失败告终,唐廷非但未能改变河北局面,反而在道义上陷入危机,这成为"宪宗的第一次战略失误"。② 当时幽州使者谭忠认为元和初年平蜀平吴为"相臣之谋",计划周密,"算不失一";而元和五年用兵成德则是"天子自为之谋",目的在于彰显中央权威和皇帝尊严,"欲将夸服于臣下"。③ 而正是此番天子之兵出征受挫,迫使宪宗再次转入稳健的削藩战略。

元和五年裴垍罢相后,权德舆、李吉甫、武元衡相次为相,使元和六年至十年(811—815)的唐廷战略表现出较为明显的持续性和稳定性。李吉甫入相后与李绛彼此不容,宪宗起初曾试图以久任内职的权德舆加以调和,但文公为相期间"不能为发明",竟至"以循默而罢",颇致时讥。④ 元和八年正月权德舆罢相,次月武元衡自西川入相。据权德舆为武元衡之父所撰墓志,可知武、权两家本为世交,祖父即有"侨札之契",此后"油素斯在,清徽未泯",权德舆本人更是

---

① 《旧唐书》卷148《裴垍传》,第3990页。
② Charles A. Peterson, "The Restoration Completed: Emperor Hsien-tsung and the Provinces", in Authur F. Wright and Denis Twitchett (eds.), *Perspectives on the T'ang*, p.161.
③ 杜牧撰,陈允吉点校:《樊川文集》卷6《燕将录》,上海:上海古籍出版社,2009年,第98页。
④ 《旧唐书》卷148《权德舆传》,第4004—4005页。

"获与相君交,代为地官小司徒,陪外廷之末议,承宰府之宽政",①私交甚笃之外更于政治上持相同立场。在元和五年三月的奏疏中,权德舆曾以非常私密的态度提醒宪宗,"凡劝陛下讨王承宗者,虽迹似忠荩,其意在于必不成功,朝廷惩创,遂不问山东之事,此其计也",②清晰地表明了其对于河北的保守态度。武元衡继权德舆任相,无论从调和二李的政治目的还是从权、武两家的私交来说,在施政方针上都与权德舆颇有类似之处。至于武元衡与李吉甫,施政方针上同样一脉相承,个人关系亦复相叶。

李吉甫、武元衡在元和中期的主政并不意味着宪宗放弃了对文学派的信任,除李绛以宰相身份制衡李吉甫外,元和六年李逢吉迁给事中,③次年裴度迁中书舍人,④元和九年萧俛与令狐楚"俱入翰林,充学士",旋迁中书舍人,⑤大批元和初年的文学新进在这一时期相次致身要津,并对贞元旧僚群体不断施加压力。元和八年(813)于敏杀人案被告发,矛头直指其父、"久留长安,郁郁不得志"⑥的宰相于頔;而让刘禹锡备感鼓舞的"元和甲午岁诏书尽征江湘逐客",⑦真实原因同样在于元和九年(814,甲午)文学派势力在朝中的再次抬升。这正是元和十年盗杀武元衡前夜唐朝的深层政治背景。

元和十年刺相案发生前,唐朝削藩中最具决定性的矛盾在于淮

---

① 权德舆撰,郭广伟点校:《权德舆诗文集》卷17《唐中散大夫殿中侍御史润州司马赠吏部尚书沛国武公神道碑铭并序》,上海:上海古籍出版社,2008年,第267—268页。
② 《权德舆诗文集》卷47《山东行营以臣愚所见条件于后》,第754—755页。
③ 《旧唐书》卷167《李逢吉传》,第4365页。
④ 《旧唐书》卷170《裴度传》,第4413—4414页。
⑤ 《旧唐书》卷172《令狐楚传》,第4460页。
⑥ 《资治通鉴》卷239,元和八年二月条,第7699页。
⑦ 《刘禹锡全集编年校注》卷4《元和甲午岁诏书尽征江湘逐客余自武陵赴京宿于都亭有怀续来诸君子》,第345页。

西前线统领权问题。元和九年九月,"淮西节度使吴少阳卒,其子元济匿丧,自总兵柄",①唐廷决定以此为契机彻底解决淮西问题,以严绶为山南东道节度使、申光蔡等州招抚使。② 尽管李吉甫"始为经度淮西之谋",③但因其当年十月便卒于相位,因此淮西战事在朝廷中由武元衡主持,在前线则由严绶总领全局。除了前述施政方针上的持续性外,武元衡与严绶之间密切的政治关系在其中起到了不容忽视的作用。元和八年武元衡入相前,曾托其兄往谒时任荆南节度使严绶,以"殷勤孔北海,时节易流移"④之语向严绶的提携照顾致以谢意。如前所述,韦皋、严绶等方面大员对当初永贞内禅的促成颇为关键,也使受王叔文排挤的武元衡重获新生;元和四年至六年间,严绶入朝为右仆射而武元衡节制西川。"孔北海"之语巧妙借用了太史慈避祸辽东期间孔融对其家人殷勤照顾的典故,⑤其指涉必为上述两个时期之一。孔融长太史慈十三岁,严绶亦长武元衡十三岁,武元衡对严绶的敬意与感念于此可见。结合唐廷当时对于淮西前线的任命,可知元和十年李吉甫故去后,武元衡不仅在淮西战略上一仍其旧,同时更为坚定地任用严绶作为前线统帅。

武元衡、严绶联手经营淮西的局面引发了日益崛起的文学新进派的强烈不满。严绶作为贞元旧僚的代表,长期不为元和新进派所容,白居易曾于元和四年及六年两次上奏,直斥严绶与中人"久相交结"、⑥在镇

---

① 《旧唐书》卷15《宪宗纪下》,第450页。
② 《册府元龟》卷165《帝王部·招怀三》,第1991页。
③ 《旧唐书》卷148《李吉甫传》,第3996页。
④ 彭定求编:《全唐诗》卷316《送兄归洛使谒严司空》,北京:中华书局,1960年,第3549页。
⑤ 陈寿撰,裴松之注:《三国志》卷49《吴书·太史慈传》:"汝与孔北海未尝相见,至汝行后,赡恤殷勤,过于故旧。"北京:中华书局,1975年,第1187页。
⑥ 《白居易集笺校》卷58《论太原事状三件》,第3282页。

"怯懦无耻"。① 这种攻讦在元和九年进而掺入了藩镇间的权力之争,集中表现为宣武节度使韩弘对于巩固提升其地位的要挟相争,"致书于宰臣武元衡",强迫朝廷授以司徒、平章事,班居老臣王锷之上。借助韩弘在淮西前线的动作,以裴度为代表的政治力量持续向武元衡施压,要求弃严绶而重用李光颜等新起将领。如果进一步深究,则这种对宰相既定决策强行干预的背后,其实正是宪宗本人的意愿。元和九年十月,裴度先由中书舍人迁御史中丞,"奉使蔡州行营,宣谕诸军",②次年五月进而兼刑部侍郎。史称裴度"自淮西行营宣慰还,所言军机,多合上旨",官阶尚在御史中丞一级,却已获刑部侍郎之兼官,宪宗欲拜裴度为相的想法已非常明显。元和十年(815)二月,"严绶军为贼所袭,败于磁丘,退守唐州",③成为反对派口实,"裴度见帝,屡言绶非将帅之才,不可责以戎事",④严绶终以此罢官还朝,而韩弘、李光颜等得主东兵。至此,我们不妨正视李翱为韩愈所作行状中一段令人震惊的记载:

> 上将平蔡州,先命御史中丞裴公度使诸军以视兵,及还,奏兵可用,贼势可以灭,颇与宰相意忤。既数月,盗杀宰相,又害中丞不克。中丞微伤,马逸以免,遂为宰相,以主东兵。⑤

李翱明确说道,当元和十年裴度从淮西返回朝廷陈述己见时,"颇与宰相意忤。既数月,盗杀宰相",此两处"宰相"遣词紧邻,语境相通。当时的宰相为武元衡、张弘靖、韦贯之,其中门下侍郎同平章事武元

---

① 《白居易集笺校》卷59《论严绶状》,第3316页。
② 《旧唐书》卷170《裴度传》,第4414页。
③ 《旧唐书》卷15《宪宗纪下》,第452页。
④ 《册府元龟》卷438《将帅部·无功》,第5199页。
⑤ 《全唐文》卷639《故正议大夫行尚书吏部侍郎上柱国赐紫金鱼袋赠礼部尚书韩公行状》,第6460页。

衡位居首席,具有最终决策权。据此基本可以认为此处"宰相"是实指武元衡,或者更稳妥地说,是以武元衡为代表的三位宰相的共同意见。只不过李文公混淆了裴度当时的主张,双方的根本分歧正在于淮西前线统帅的人选。

进一步讲,武元衡与裴度实处于两种不同的政治集团,裴度可视为元和新进派中的极端力量,根本上来说则与李逢吉、令狐楚诸人同属元和以来不次拔擢的新兴势力。裴度"二寇并征"的主战要求脱离了唐朝当时的实际情形以及河北问题的历史成因,因此即便倾向于文学派的宰相韦贯之当时也"请释镇以养威,攻蔡以专力"。① 裴度的主张之所以在元和后期得以施行,与盗杀武元衡案造成的政治情绪以及宪宗长期存在的"致太平"理念都有关系。② 正如麦大维所注意到的,宪穆之际"在取得对河北藩镇的军事胜利后,朝廷上下开始涌现请求封禅泰山的强烈呼声",③这种形式化的狂热或许早在元和十年便已悄然播下种子。

至于将武元衡与裴度划为阵营相同的主战派,其实是后来牛党所刻意构建出来的一种历史凭据。④ 这种构建集中体现在对元和三相和裴度削藩命运的强行关联上。《旧唐书·武元衡传》记载:"初,八年,元衡自蜀再辅政,时太白犯上相,历执法。占者言:'今之三相皆不利,始轻末重。'"⑤《感定录》所记略同,惟"太白"作

---

① 《旧唐书》卷158《韦贯之传》,第4174页。
② 关于宪宗朝"致太平"思想的盛行,参见王炳文:《从胡地到戎墟:安史之乱与河北胡化问题研究》,北京:北京师范大学出版社,2020年,第11—16页。
③ [英]麦大维著,张达志、蔡明琼译:《唐代中国的国家与学者》,北京:中国社会科学出版社,2019年,第105页。
④ 由于武元衡西川幕中有裴度,加之牛党在刺相案后的刻意构建,使得学界普遍认为武元衡与裴度同为主战阵营,如蔡涵墨即认为武元衡的培植对象(protégé)为裴度。Charles Hartman, *Han Yü and the T'ang Search for Unity*, p.77.
⑤ 《旧唐书》卷158《武元衡传》,第4161页。

"荧惑"。① 事实上,元和八年并无太白异象,与刺相案有关者实为七月四日月犯上相,以及十二月荧惑掩左执法。② 这则传说以上相对应三位宰相,以执法对应御史中丞裴度,将星象学中的运势之论③或农功稼穑④中的"本轻末重"偷换为"始轻末重",以此影射三位宰相由轻至重的下场(李绛足疾罢相、李吉甫暴卒于位、武元衡为盗所杀)。事实上,元和九年十月裴度方由中书舍人改授御史中丞,⑤旧史将月犯上相、荧惑掩左执法两次天象揉在一起,以"执法"含混指称本来的"左执法"(实际上左执法为廷尉,右执法为御史大夫),这种说法的形成恐怕已迟至武元衡遇刺而裴度拜相之后了。

四、河北藩镇与两党形成

元和政局的分化与两党的初现端倪,使得远自陆贽以来的削藩战略逐渐呈现出主战与主和的假象。这种对于河北藩镇特别是成德方面的主战呼声并不单源于唐廷各方力量的消长,而是同时受到河北内部变动的反向作用。易言之,河北藩镇在唐廷的两党分化中产生了不可忽视的作用。

河北藩镇将帅中,家族与唐廷存在姻亲关系者不乏其人。当国

---

① 李昉编:《太平广记》卷154《定数九·元和二相》,北京:中华书局,1961年,第1105页。
② 《旧唐书》卷36《天文志下》,第1329页;《新唐书》卷33《天文志三》,第859页。
③ 《星命总括》云:"火之为用当明轻重。若行失势,是谓本轻末重,主所往不利。"耶律纯:《星命总括》卷中《已宫命》,文渊阁四库全书本,第809册,第216页。
④ 《齐民要术》引《物理论》:"稼,农之本;穑,农之末。本轻而末重,前缓而后急。"贾思勰撰,缪启愉校释:《齐民要术校释》卷1《种谷第三》,北京:中国农业出版社,1998年,第84—85页。
⑤ 《旧唐书》卷170《裴度传》,第4414页。

家变更河朔故事之际,这些家族成员出于自保选择了亲唐立场,客观上推动了唐廷的主战思想。以成德而论,元和四年三月王士真卒后,其异母弟王士则便最早"与幕客刘栖楚俱自归京师"①,得授骁骑将军,②而王士真母弟王士平则以尚义阳公主之故长期居于京师。③次年镇州之役,王武俊从子王怡"守南宫县以当王师",④暗中倾向于唐朝。而成德军偏将、历事三代节帅的张遵更是在此次危机中扮演了举足轻重的角色。张遵伯祖为幽州节度使张守珪,遵父张献弼为万、忠二州刺史,⑤续娶国子司业裴齐闵之女并生下幼子张遵。贞元四年(788)张遵因其母"裴氏怀恋伯兄,遣省伯舅于镇州",经舅氏引荐获识于王武俊。按,裴齐闵三子颖、顗、頍,其中顗为太原令⑥而頍为榆次尉,⑦均属河东太原府,故仕于恒州之"伯舅"为裴颖,尚玄宗第八女、肃宗同母妹宁亲公主。⑧公主首任驸马张垍于安史之乱中投敌而死,肃代之际改降裴颖,至大历、建中之际离异,⑨或与裴颖亲近成德的政治立场不无关系。当元和四年镇州局势骤变之际,王士则、张遵等人成为唐廷变更节帅的入手点。

借由这种复杂的人事关系,唐廷策动了河北诸镇大规模的"归朝"之风。从至德二载(757)复两京起,就陆续有叛军将领"束身归

---

① 《资治通鉴》卷237,元和四年三月条,第7658页。
② 《册府元龟》卷934《总录部·告讦》,第11014页。
③ 《旧唐书》卷142《王武俊附王士平传》,第3877—3878页。
④ 《册府元龟》卷140《帝王部·旌表四》,第1693页。
⑤ 《隋唐五代墓志汇编·洛阳卷》第12册,天津:天津古籍出版社,1991年,第62页;录文见《唐代墓志汇编续集》大历028,第710—711页。
⑥ 《新唐书》卷71上《宰相世系一上》,第2229页。
⑦ 《旧唐书》卷196下《吐蕃传下》,第5254页。
⑧ 《全唐文》卷23《封唐昌公主等制》,第267页;《旧唐书》卷52《玄宗元献皇后传》,第2184页。
⑨ 公主三降杨敷后于贞元元年徙封齐国,则与裴颖的婚姻大致在代宗朝。《册府元龟》卷300《外戚部·选尚》,第3533页;《新唐书》卷83《玄宗诸女传》,第3659页。

朝",经代、德两朝,在宪宗时期随着朝廷大规模用兵藩镇,"归朝"之风再度兴起。如张遵在协助王承宗解决了元和四年危机后并未留在镇州,而于次年借王士真周年祭("镇帅祥斋")之事举家逃离成德,归附唐廷。又如元和七年魏博节帅田季安卒,田承嗣之侄田兴发动政变,自立为留后,"布心腹于朝廷,请守国法,除吏输常赋",①并借宣谕之机与裴度"深相结纳",②共为奥援。再如盗杀武元衡案发生后,驸马王士则径自"请移贯京兆府",彻底与成德划清界线。这种归朝之风演化到极致,便是元和十三年王承宗"自镇、冀遵司空之命,提德、棣二州来归朝阙"。③ 尽管王承宗仍实际保有对成德的掌控,但其卒后偏将李㴑不但"诱掖(承宗之弟)承元,敛身归国",同时还"飞檄于范阳节度刘总,洞晓君臣之礼,大开逆顺之端",竟使"刘总尽室来觐,河朔之地,晏然削平"。④ 归朝之议所以得行,离不开现实的政治允诺,或赐甲第,或得美职,其中不乏王士则、张遵、杨孝直这样膺任刺史者,⑤而王士则更是获得裴度"携离承宗之党,且许以节制(成德)"⑥的政治许诺。这种做法与被学者称为以"飞来之利"⑦换取河朔归附的"赎买政策"⑧相比,不过是一个问题的两面,实质本无不同。

---

① 《旧唐书》卷170《裴度传》,第4413页。
② 《旧唐书》卷141《田弘正传》,第3850页。
③ 杨玮燕:《唐〈王知信墓志〉考略》,《文博》2014年第6期。
④ 周绍良、赵超主编:《唐代墓志汇编》开成050《唐故朝议郎使持节光州诸军事守光州刺史赐绯鱼袋李公墓志铭兼序》,上海:上海古籍出版社,1992年,第2205—2206页。
⑤ 杨孝直历事三帅,归朝后为滑州长史。《唐代墓志汇编》大和090《唐故山南东道节度押衙光禄大夫检校太子宾客前行邓州长史兼侍御史弘农县开国男杨公墓志铭并序》,第2160—2161页。
⑥ 《旧唐书》卷142《王武俊附王士则传》,第3878页。
⑦ 张国刚:《唐代藩镇研究(增订版)》,北京:中国人民大学出版社,2010年,第40页。
⑧ 仇鹿鸣:《长安与河北之间:中晚唐的政治与文化》,北京:北京师范大学出版社,2018年,第202页。

归朝之风使裴度为代表的主战派一时风头无两,削平区宇而臻于太平的想法甚嚣尘上,河北问题逐渐由战略经营转变为政治象征,成为朝官乃至处士借机进取的重要契机。如元和四年吐突承璀师出无功受魏博威胁,柏元封入朝表示"愿假天威,将本使命谕季安,使以壶浆迎师",成功说服田季安,"师遂南辕"。① 又如裴度心腹崔戎在盗杀武元衡后"单车往谕之,承宗感泣受教"。② 再如柏耆至蔡州行营"以画干裴度,请以朝旨奉使镇州",获得裴度支持,"乃自处士授左拾遗",史称其"既见承宗,以大义陈说,承宗泣下,请质二男,献两郡",③所谓"提《转丸》《掉阖》之书","驰于诸镇,使承宗累年隔塞,一朝豁然,纳质献地,克终于善",④实是通过离间策动而孤立了成德。无论对高层的王士则、张遵还是下层的柏耆、崔戎而言,削平河北都是一个回报丰厚的政治契机。这就无怪当元和十二年(817)桂管经略使马摠入征淮西时,作为裴度拥护者的韩愈要兴奋地写下"红旗照海压南荒,征入中台作侍郎。暂从相公平小寇,便归天阙致时康"⑤的诗句了。元和末年,淮西授首而成德献地,仅剩的淄青一道成为国君"含垢未诛"的遗留,至此"念其恶盈不可赦,遂命征之",⑥时人称之为"国家削平区宇,旷荡恩光"。⑦

盗杀武元衡案发生后,贞元旧僚在政治上逐渐失去优势,严绶被征入朝中,与李、武二相交好的张弘靖旋亦罢相。在裴度煊赫一

---

① 《唐代墓志汇编续集》大和038《唐故卫尉卿赠左散骑常侍柏公墓志铭》,第910页。
② 《旧唐书》卷162《崔戎传》,第4251页。
③ 李昉编:《太平御览》卷462《人事部·游说下》,北京:中华书局,1966年,第2124页。
④ 《元稹集校注》卷46《柏耆授尚书兵部员外郎制》,第1144页。
⑤ 《全唐诗》卷344《赠刑部马侍郎》,第3856页。
⑥ 《唐代墓志汇编续集》大和038《唐故卫尉卿赠左散骑常侍柏公墓志铭》,第910页。
⑦ 《唐代墓志汇编》长庆004《唐故朝议郎行扬州大都督府法曹参军京兆韦府君墓志文》,第2060页。

时的背后,李逢吉、令狐楚已行将拜相,而长年削藩产生的巨大财政负担使得皇甫镈、程异等人同样得到重用,[①]元和新进势力在经历了长达十年的起伏斗争后,最终在自身质变与刺相突发事件的双重作用下全面崛起。这是元和后期中央政治的真实轨迹,只不过在武元衡案之后被两线作战的狂热情绪短暂掩盖。然而,裴度一派可谓成也河北败也河北,从结果来看,宪宗对于河北藩镇的整治尤其是对成德军的肢解是得不偿失的。由于王武俊一族统治的瓦解,唐朝强行让田弘正介入成德,最终落得身死乱兵,而重新掌控成德的王廷凑家族无论从哪个方面来说,都还远不如王武俊祖孙。随着"中兴"大业的告成与宪宗的暴崩,长庆之初裴度转而失势,"销兵"之议得行,剥落其激进要求后的元和新进派变成了后人无比熟悉的牛党模样,而由失势的贞元旧僚蕴育而成的李党,则尚需一段时间方得重返政治舞台。

结　　语

　　元和削藩与牛李党争,是唐后期政治两个关键问题,其间关联向为学界重视。以往研究较多关注两党的战和之争及其背后代表的寒庶阶层差异。然而正如本文所示,所谓李党主战而牛党主和,更多是一种政治表象,其真正差异需结合唐后期政治发展轨迹以及重要人物集团间的人事因由,进行更为深入的剖析。陆贽在建中年间提出的"河朔—淮西"论,是基于安史之乱以来唐朝历史总结出的相对务实的策略,对此后三十年的中央藩镇决策产生了深远影响,

---

[①] [日]高瀬奈津子:《穆宗期・文宗期における財政三司の人事の変遷と財政運営》,载《明大アシア史論集》第18号"氣賀澤保規先生退休記念号",東京:明治大学東洋史談話会,2014年,第282—283页。

元和前期及中期李吉甫、武元衡诸相的削藩思路实本于此。不仅如此,脱胎于永贞内禅的元和政局同样受到贞元旧僚群体的巨大影响。为求政治平衡,宪宗持续培植了一批在德宪易代之际跻身仕途的文学新进。如果从较长时段的政治演进观察,李吉甫、权德舆、武元衡以及杜佑、贾耽、严绶、王锷诸人,其实都属于贞元旧僚的范畴;而裴垍、李绛、裴度、李逢吉、令狐楚诸人,则是典型的元和新进势力。及至元和中后期,文学派力量日益强大。李吉甫卒后,两派之间矛盾激化。武元衡延续李吉甫的削藩策略,委任严绶经营淮西,受到以裴度为首的文学派极端力量的质疑。恰在此时,武元衡神秘遇刺,裴度拜相。这件缺少证据的刺杀案件变为政治口实,成为唐朝藩镇政策转向的助推剂。同时,河北藩镇蔚为壮观的"归朝"之风也对朝中政局产生反作用,使得以裴度为代表的主战派获居上风,贞元旧僚群体则趋于没落。令人遗憾的是,一心为国的裴度不久便被罢去宰相,而唐廷对于成德的重新洗牌最终换来的只是另外一个家族的接替。宪宗暴崩后,"销兵"之说浮现,裴度进一步受到排挤,而牛李两党初现形态。这是元和朝中央政治真实的发展脉络,也是观察牛李两党形成因缘一个更为客观的视角。

附表　宪宗朝宰相变更示意

时间 公历	时间 年号	门下侍郎	中书侍郎	六部尚书	六部侍郎	尚书丞	其他
805	贞元二十一年	郑珣瑜△ 杜黄裳↑	高郢△ 袁滋↑			韦执谊↑	贾耽 杜佑
805	永贞一年	杜黄裳	袁滋→ 韦执谊▽ 郑絪↑			郑馀庆	贾耽● 杜佑

续　表

时间 公历	时间 年号	门下侍郎	中书侍郎	六部尚书	六部侍郎	尚书丞	其他
806	元和一年	杜黄裳△	郑絪			郑馀庆△	杜佑
807	元和二年	武元衡↑→郑絪	李吉甫↑				杜佑
808	元和三年	郑絪	李吉甫→裴垍↑				杜佑 于頔↑
809	元和四年	郑絪△ 李藩↑	裴垍				杜佑 于頔
810	元和五年	李藩	裴垍△	权德舆↑			杜佑 于頔
811	元和六年	李藩△	李吉甫← 李绛↑	权德舆			杜佑 于頔
812	元和七年		李吉甫 李绛	权德舆			杜佑△ 于頔
813	元和八年	武元衡←	李吉甫 李绛	权德舆△			于頔▽
814	元和九年	武元衡	李绛△ 李吉甫●	张弘靖↑		韦贯之↑	
815	元和十年	武元衡●	张弘靖 裴度↑			韦贯之	
816	元和十一年	李逢吉↑	张弘靖→ 韦贯之△ 裴度 王涯↑				

86

续 表

时间		门下侍郎	中书侍郎	六部尚书	六部侍郎	尚书丞	其他
公历	年号						
817	元和十二年	裴度 李逢吉→ 李墉↑△	王涯 崔群↑				
818	元和十三年	裴度 李夷简↑→	王涯△ 崔群		皇甫镈↑ 程异↑		
819	元和十四年	裴度→	崔群△ 令狐楚↑		皇甫镈 程异●		
820	元和十五年	皇甫镈▽ 令狐楚△	段文昌↑ 萧俛↑ 崔植↑				

说明：本表收录 805—820 年间唐朝宰相（同中书门下平章事），不显示单纯的使相（节度使加同平章事）。宰相职事官之职按此期惯例及事实上的地位高低由左到右予以排列。↑为同中书门下平章事，→为以同平章事出镇，←为以同中书门下平章事再次入朝为相，△为罢相，▽为罢相并贬官，●为卒于相位。

作者单位：厦门大学历史与文化遗产学院

（原刊于《唐史论丛》2022 年第 2 期）

唐安史乱后河陇陷蕃问题再探

郑红翔

摘　要：天宝十四载(755)，唐朝爆发了安史之乱。为了对付叛军，唐中央抽调了部分西北边兵到内地平乱。不久之后，吐蕃就兴兵攻占了唐西北的陇右、河西地区，继而控制了西域。历来治史者多以"边防空虚"来概括唐失河西、陇右于吐蕃的原因，鲜见学者从其他方面做过解释。虽然部分边兵被调离了西北，传世的敦煌文书却表明河西与西域留守的军队战斗力不弱。比起军队的内调，边地各州、军在防守的过程中缺乏协作以及边将和外族部落的离心对西北战局的影响更为显著。而陇右东部爆发的部落叛乱演变成唐西北的严重边患，又为吐蕃的入寇提供了便利。这些都是唐中央对西北边地控制力减弱的表现，也是唐失河陇的重要原因。

关键词：安史之乱　河西　陇右　吐蕃　外族　部落

安史之乱的爆发是唐代历史的重要转折点，突然兴起的内战打破了唐王朝的统治秩序，也给西北边地的局势带来了巨大的改变。为了对付叛军，唐中央从西北边军中抽调了大量兵马入内地平叛。唐廷调遣军队至内地后不久，吐蕃便兴兵占领了原属于唐王朝的河西、陇右以及西域的大片土地。这段时期,内地局势动荡,唐中央自然无暇顾及西部边地,河、陇陷蕃的具体细节不得而知。但唐朝西北大片的领土被吐蕃攻占,在唐史上是一个不可忽视的重大问题,历来不乏有识者对事件的原因提出过看法。早在五代时期,治史者就将"边防空虚"看作吐蕃顺利侵占唐西北边地的唯一原因,这体现在成书于五代的《旧唐书》中:

> 及潼关失守,河洛阻兵,于是尽征河陇、朔方之将镇兵入靖国难,谓之行营。曩时军营边州无备预矣。乾元之后,吐蕃乘我间隙,日蹙边城……数年之后,凤翔之西,邠州之北,尽蕃戎之境,湮没者数十州。①

意思是说因为河陇镇兵被调离驻地,边州没有了防御力量,吐蕃军队"乘我间隙"才在西北得胜的。宋人司马光编《资治通鉴》,在书中采纳了这一观点,只是换了个说法:

> 边兵精锐者皆征发入援,谓之行营,所留兵单弱,胡虏稍蚕食之;数年间,西北数十州相继沦没。②

后世史家基本都沿用了这个解释,鲜见学者对此提出过疑议。

当然,因为唐中央抽调了不少西北军到内地,边防力量减弱是不争的事实,这是吐蕃能很快攻陷陇右诸州并吞并河西的一个重要因素。但如果说这是吐蕃在西北得胜的唯一原因,则失于片面。唐朝的著名将领李晟就常感慨:"河、陇之陷也,岂吐蕃力取之,皆因将帅贪暴,种落携贰,人不得耕稼,展转东徙,自弃之耳。"③李晟亲身经

---

① 刘昫等撰:《旧唐书》卷196上《吐蕃传上》,北京:中华书局,1975年,第5236页。
② 司马光编著,胡三省音注:《资治通鉴》卷223,唐代宗广德元年,北京:中华书局,1956年,第7146页。
③ 《旧唐书》卷133《李晟传》,第3670页。

历了与吐蕃的战争,他的评价应该更接近当时的真实情况。他认为,河、陇失陷的主要原因并非唐朝守军与蕃军实力悬殊,而是将帅失御、种落叛离,乃唐"自弃"于吐蕃也。王忠先生曾注意到这个问题,他提出:"河陇失守不仅与安禄山起兵后边军内调直接有关,与人户稀少关系尤大,吐蕃取河陇时未闻有严重抵抗。"①这一观点没有囿于传统的说法,颇有创见,却没有得到学者们的关注和进一步研究,后来陆续出版的著作和论文在描述河陇失守时,仍然会将原因归结为唐朝的边兵内调及其造成的边防空虚。②

陇右失陷的过程史书记载较简略,几乎只有各州的陷落年份。而河西却因敦煌文献的传世,为我们保留了更多当时的情况。P.2942《河西巡抚使判集》是一系列判文的合集,也是吐蕃占领河西节度前关于唐朝守军境况的较真实记载。前辈学者已经对该文书做过大量的研究,③但以往的成果主要围绕文书的拟名、定年,判集

---

① 王忠:《新唐书吐蕃传笺证》,北京:科学出版社,1958年,第87页。
② ChristopherI. Beckwith, *The Tibetan Empire in Central Asia: A History of the Struggle for Great Power among Tibetans, Turks, Arabs, and Chinese during the Early Middle Ages*, Princeton: Princeton University Press, 1987, p.145;李宗俊:《唐代中后期唐蕃河陇之争与疆域变迁》,《唐史论丛》第15辑,西安:陕西师范大学出版社,2012年,第110页;刘子凡:《瀚海天山——唐代伊、西、庭三州军政体制研究》,上海:中西书局,2016年,第310页。
③ 安家瑶:《唐永泰元年(765)—大历元年(766)河西巡抚使判集(伯二九四二)研究》,《敦煌吐鲁番文献研究论集》,北京:中华书局,1982年,第232—264页;史苇湘:《河西节度使覆灭的前夕——敦煌遗书伯2942号残卷的研究》,《敦煌研究》创刊号,兰州:甘肃人民出版社,1983年,第119—130页;马德:《关于P.2942写卷的几个问题》,《西北师院学报(增刊)》1984年10月,第63—66页;李并成:《〈河西节度使判集〉(P.2942)有关问题考》,《敦煌学辑刊》2005年第3期;金滢坤:《敦煌本〈唐大历元年河西节度观察使判牒集〉研究》,《南京师大学报(社会科学版)》2011年第9期;杨宝玉:《凉州失陷前后河西节度使杨志烈事迹考——以法藏敦煌文书P.2942为中心》,《敦煌学辑刊》2013年第3期;李宗俊:《法藏敦煌文书P.2942相关问题再考》,《敦煌研究》2014年第4期。

作者是谁,文书中被杀害的副帅为何人以及河西军抵御吐蕃的细节等问题讨论,只有少数学者注意到沙州、伊州唐军的战斗力不应该被低估。① 认识到河西、西域守军的战斗力不弱,有助于我们走出固有的"边防空虚"的思维定势,进而重新审视河陇陷落吐蕃这一历史事件,可惜该问题长期以来没有得到学界的重视。

一、由河西战况引发的疑问

先来看吐蕃是如何一步步将河、陇州县从唐朝的统治下剥离的。吐蕃对唐西北边州的蚕食是从陇右开始的:蕃军首先攻占原陇右节度诸军州,接着麾军向西,逐步攻打河西诸州,最后占领整个河西。按说在安史乱后,河西节度的部分军队被征入内地,后来陇右被吐蕃占领,河西更是缺少了外援,军事力量自然不如以前。但我们注意到,吐蕃对河西的军事进攻并非一路势如破竹,而是克服了不小的困难。即便是被削弱的河西节度,吐蕃仍耗费了接近二十年时间才将其完全攻下。这不禁使人产生疑问:只是因为西北的边兵被调入了内地,边防就空虚得不堪防守了么?

凉州是吐蕃在河西攻陷的第一个城池,时间在广德二年(764)。凉州城陷落之际,河西节度使杨志烈已困守孤城数年,仍旧无法得到外援,他在万般无奈下脱身西奔甘州。② 缺少外援是一个重要因素,但吐蕃围城时士卒不听节度使杨志烈指挥却是凉州失守的直接原因。③ 据唐人回忆,吐蕃包围凉州城时,并没有积极发动攻城战,

---

① 王小甫:《安史之乱后西域形势及唐军的坚守》,《敦煌研究》1990年第4期。
② 《旧唐书》卷196上《吐蕃传上》,第5239页。
③ 《资治通鉴》卷223,唐代宗广德二年,第7169页。

而是派人说喻城内士庶投降,便轻易地达到了目的:

> 闻其始下凉城时,围兵厚百里,伺其城既窘,乃令能通唐言者告曰:"吾所欲城耳。城中无少长,即能东,吾亦谨兵,无令有伤去者。"城中争号曰"能解围即东"。其后取他城,尽如凉城之事,由此人人皆固生,无坚城意。①

吐蕃军队没费什么工夫就得到了凉州城,此后攻打其他城池也效仿此行,没有受到过太大抵抗。这大概就是李晟所说的"岂吐蕃力取之……自弃之耳"!所以,仅凭吐蕃攻下城池的速度之快不能说明河西唐军的战斗力薄弱。

凉州陷落后,河西与唐廷的联系被截断,甘州成了抵御吐蕃的前线。通过遗存的敦煌文书,我们了解到在甘州陷落之前,河西节度的建康军、豆卢军仍相对完整。② 与凉州相似,甘州在抵御吐蕃大军时也没有得到外援。虽然东边的路已经被吐蕃截断,但河西的瓜、沙、肃等州还在唐军手中,各州县、各军队完全可以集中力量共同御敌。可事实却是,各州都谋求自保,就连临近的肃州在物资的支援上也作出了推诿。甘州物资匮乏之际,肃州甚至想停止与甘州之间的贸易,遭到了判文的批驳:"邻德不孤,大义斯在。边城克守,小利须通。……见危自可奔救,闭籴岂曰能贤。商贾往来,请无雍塞。粟麦交易,自可通流。"③冬季即将来临时,甘州又因缺乏士卒御寒的冬装,向肃州、瓜州求援,二州均以没有可供支给的物资为由拒

---

① 董诰等编:《全唐文》卷 737 沈亚之《西边患对》,北京:中华书局,1983 年,第 7610 页。
② P.2942《河西巡抚使判集》,录文见唐耕耦、陆宏基:《敦煌社会经济文献真迹释录》第 2 辑,北京:全国图书馆文献缩微复制中心,1990 年,第 620—622 页。
③ P.2942《河西巡抚使判集》,录文见唐耕耦、陆宏基:《敦煌社会经济文献真迹释录》第 2 辑,第 620 页。

绝了。但判文中"酒泉先申借助。及令支遣,即诉实无"①的叙述,暗示出瓜州并不是缺乏物资,而是不愿支给。甘州得不到支援,很快便招架不住吐蕃的进攻。不久,甘州、肃州相继陷落。

大历元年(766)河西节度退至沙州,残余的河西军队虽然龟缩在很小的地盘上,却在那里至少坚持到建中二年(781)才被吐蕃攻占。关于沙州陷蕃的具体时间,学者们仍存在争议,有些还认为应迟至贞元二年(786)、三年和四年。② 这说明河西留守的唐军是有一定实力的,在吐蕃的兵锋下并非完全被动挨打。王小甫先生也论述过,"考虑到沙、伊州都曾在吐蕃围困下长期坚持这一史实,不应当怀疑当地唐军的战斗力"。③ 在河西之外,伊西北庭地区还留有大量唐军镇守。凉州陷落后河西节度使杨志烈曾向西域遣使,"索救援河西兵马一万人",④一万人是个很庞大的数目,有实力抽调出如此规模的军队,这侧面说明西域留守的唐军也具有一定的实力。

既然河西与西域留守的唐军并非传统印象中的"老弱病残",而是保有一定的战斗实力,我们可以设想,若各地之间能相互协作,针对吐蕃进攻的地点及时调动物资和兵员,河西唐军还是有着守城能力的,至少不会那么轻易陷落。但事实却是,河西各军、州不再像乱前那样完全听

---

① P.2942《河西巡抚使判集》,录文见唐耕耦、陆宏基:《敦煌社会经济文献真迹释录》第2辑,第622页。
② 法国的戴密微与日本的前田正名持贞元三年说,见戴密微著、耿昇译:《吐蕃僧诤记》,兰州:甘肃人民出版社,1984年,第225页;前田正名著,陈俊谋译:《河西历史地理学研究》,北京:中国藏学出版社,1993年,第167—173页。陈国灿考证在贞元二年,参见氏著论文《唐朝吐蕃陷落沙州城的时间问题》,《敦煌学辑刊》1985年第1期;李正宇还提出了贞元四年说,见氏著论文《沙州贞元四年陷蕃考》,《敦煌研究》2007年第4期。
③ 王小甫:《安史之乱后西域形势及唐军的坚守》,《敦煌研究》1990年第4期。
④ P.2942《河西巡抚使判集》,录文见唐耕耦、陆宏基:《敦煌社会经济文献真迹释录》第2辑,第631页。

命于上级的调配,而是以自保为主,受到进攻时很难得到其他军、州的支援。分散的力量构不成什么抵抗力,就很容易被吐蕃军队逐一攻破了。

二、边地将帅与外族部落的离心

上述是河西军、州被吐蕃隔断后面临的困境,但陇右与河西的不稳定远非这么简单,在吐蕃对河、陇发动军事袭击前,西北地区的部分将帅与兵众就有过离心的倾向。潼关失守后,玄宗等人逃离长安西行入蜀,肃宗在途中分道,准备另行他处以图匡复。在肃宗及其从者商议该选何处为基地时,建宁王倓就提出了陇右与河西存在的问题:"今河西、陇右之众皆败降贼,父兄子弟多在贼中,或生异图。"[①]这里的"贼"指的是安史叛军。安禄山在至德元载(756)派部将高嵩前往陇右说诱河、陇留守的将士,为大震关(今甘肃省清水县东北小陇山)使郭英乂所擒并斩首。[②] 虽然安禄山的计划没有得逞,但他招诱河陇将士的出发点,肯定与那些将士的"父兄子弟多在贼中"有关。至此,唐朝统治者也不敢确保能完全控制住河西、陇右留守的军队。

唐政权失掉京师长安后,存亡的命运未知,唐廷的权威因此受到了极大挑战,西域留守的军事统帅也对流亡的唐政府持观望态度。肃宗抵达灵武,因手下兵马过少,命安西调拨兵马援赴行在。对此,安西兵节度使梁宰却心怀二意,试图延缓出兵,欲观望局势后再做决定。[③] 边

[①]《资治通鉴》卷218,唐肃宗至德元载,第6977页。
[②]《资治通鉴》卷218,唐肃宗至德元载,第6986页。
[③]《旧唐书》卷128《段秀实传》,第3584页。《资治通鉴》卷218,唐肃宗至德元载称李嗣业与梁宰当时分别为河西副节度与节度,第6987页。但考诸史实,李嗣业与梁宰一直在西域任职,后李嗣业带回去勤王的兵马也一直被称为"安西、四镇兵",《旧唐书·段秀实传》的记载更为准确。

地将帅的离心不会是孤例,在国内局势不明朗的时候,唐中央对边地军队的控制力就很容易减弱。叛军刚刚占领长安,唐政权对西域将帅的节制就受到了如此大的挑战,我们可以想见唐廷对河西、陇右守军的控制肯定也大不如前了。在河西,至德二载(757),兵马使盖庭伦勾结九姓商胡安门物等作乱,杀河西节度使周泌,乱者"聚众六万。武威大城之中,小城有七,胡据其五,二城坚守"。① 虽说这段记载强调的是"胡"人的反叛,但在这个事件中唐朝官兵的反叛更值得重视。叛乱的发起者之一河西兵马使盖庭伦是唐朝的边将,他大概是在安史之乱的影响下萌生了脱离唐朝统治的倾向。

史书之外,敦煌 P.2942 号文书也为我们提供了边将在动荡局势下谋乱的例子。一份题为《伊西庭留后周逸构突厥煞使主兼矫诏河已西副元帅》的判文,为我们揭示了唐朝任命的"河已西副元帅"前往西域征兵,途中被伊西庭留后周逸杀害的事。判集收录的最后一份文书是《周逸与逆贼仆固怀恩书》,文书虽已残缺,所存"去顺效逆、春秋则诛,周逸猖狂,素怀悖乱"之语足以表明周逸曾与叛唐的仆固怀恩有过合作,杀害副元帅的行动属于有预谋的叛变。② 此外,甘州也发生了张瓌诈称节度使的变乱,"应缘张瓌稗政,遂令百姓艰勤",③该事变虽被平定,但给甘州的经济与百姓生活仍造成了不良影响。

因为唐廷对边将的控制力逐渐减弱,乾元二年(759)冬,群臣向皇帝献策,建议以皇室亲王来遥统兵权。很快,唐廷于乾元三年四

---

① 《资治通鉴》卷 219,唐肃宗至德二载,第 7015 页。
② P.2942《河西巡抚使判集》,录文见唐耕耦、陆宏基:《敦煌社会经济文献真迹释录》第 2 辑,第 632 页。
③ P.2942《河西巡抚使判集》,录文见唐耕耦、陆宏基:《敦煌社会经济文献真迹释录》第 2 辑,第 623 页。

月颁布了具体施行的诏书。① 可惜该计划最终没有起到作用。

除了边将,对唐朝离心的还有河西、陇右军队中的外族部落。唐朝国力强盛时,这些边地的游牧部落为唐王朝所吸引,加入唐朝军队,通过军事上的效力换取自己所缺的物质资源。美国学者斯加夫就指出过,中国和内亚间的边境地区有着大量的马匹和熟悉骑射的部落,控制住这些边地会显著提升隋唐王朝的战争能力。② 反之,他们的离去也会极大地降低唐王朝的战争能力。

哥舒翰率军出潼关攻打叛军,麾下有大量河西、陇右的军队,其中就有"河、陇诸蕃部落奴剌、颉、跌、朱耶、契苾、浑、蹛林、奚结、沙陀、蓬子、处蜜、吐谷浑、恩(思)结等一十三部落"。③ 可以看出,这些游牧部落是河西、陇右唐军的重要组成部分,甚至是唐朝对外战争的主力。例如河西的大军赤水军就"出自九姓,乃蕃族部落兵也",而豆卢军和墨离军主要由吐谷浑人构成。④ 陇右诸军中也有很多蕃族部落,除了突厥、吐谷浑外,还有党项、奴剌等部落。⑤ 各族虽在唐军中服役,却仍以自己的部落为单位行动,接受自己部落首领的指挥。这就是为何哥舒翰在潼关战败后,蕃将火拔归仁能率其部

---

① 《旧唐书》卷116《彭王仅传》,第3386—3387页。
② Jonathan Skaff, *Sui — Tang China and its Turko — Mongol Neighbors: Culture, Power and Connections*, 580—800, New York; Oxford: Oxford University Press, 2012, p.51.
③ 姚汝能撰,曾贻芬点校:《安禄山事迹》,北京:中华书局,2006年,第97页。
④ 王永兴:《唐代前期西北军事研究》,北京:中国社会科学出版社,1994年,第1—47页。
⑤ 陇右军中的火拔部就属于突厥。王永兴先生指出,陇右大军河源军"乃党项人或以党项人为主组成的军队",见氏著论文《论唐代前期的陇右节度》,原载于《国学研究》第4卷,后收入氏著《唐代经营西北研究》,兰州:兰州大学出版社,2010年,第205页。至于奴剌,不仅在上文哥舒翰所领河、陇军中出现,肃宗上元元年还伙同党项寇宝鸡,那么哥舒翰麾下的奴剌军应该主要来自陇右,参见《资治通鉴》卷218,唐肃宗至德元载(第6979页)及《旧唐书》卷111《崔光远传》(第3319页)。

落围逼哥舒翰投降。而留在河西的诸胡部落听闻哥舒翰率领的大军战败,以为他们的都护也在战争中没敌,各部为了争长互相攻击,河西一度陷入混乱。对于这样的局势,唐朝官员是无法制止的。王思礼自潼关还至皇帝行在,被玄宗任命为河西、陇右节度使,派他即刻前往二镇集合兵马,以备再度东讨。但王思礼到平凉后,恰好碰上河西发生的诸胡动乱,无功而返。最后唐廷只得另行委派河西与陇右节度使,令他们"与都护思结进明等俱之镇,招其部落"。[①] 这进一步印证了唐军中的部落兵直接听命于自己部落的首领,唐朝官员对他们的管理与控制都是间接的。这种间接的统治关系极为不稳定,因为外族部落的归附与效忠建立在唐王朝国力强大的基础上,一旦唐廷式微,部落兵的离心倾向就出现了。唐中央使思结进明等人招其部落,没有具体说明有哪些部落,但经过灵宝与潼关之败,不少部落首领或战亡或降贼,继续听命于唐廷的已经不多了。就连这个明确提到的思结部落,虽然一直忠于唐室,有资料表明他们后来也离开了河西,不再为唐军服役。敦煌 P.2942 号文书还载有思结首领请粮之事:"思结首领,久沐薰风。比在河西,屡申忠赤。顷驰漠北,频被破伤,妻孥悉无,羊马俱尽。尚能慕义,不远归投。既乏粮储,略宜支给。"[②]文书提到了思结部落早先在河西忠诚地为唐效力,后来离开河西去了漠北(时间应该在安史乱后),再后来思结部落缺少粮食,才又回到河西请粮。一直忠顺的部落在河西的乱局中都脱离了唐朝军队,更不用说其他部族了。外族部落兵是唐西北边兵的重要力量,失去这些部落兵的支持,河西唐军的战斗力必然会被削弱。

---

① 《资治通鉴》卷 218,唐肃宗至德元载,第 6979 页。
② P.2942《河西巡抚使判集》,录文见唐耕耦、陆宏基:《敦煌社会经济文献真迹释录》第 2 辑,第 626 页。

三、陇右东部的部落叛乱

上元二年(761)六月,唐廷委任凤翔节度使李鼎为鄯州刺史及陇右节度营田等使,①标志着唐廷正式放弃陇右节度。而在这个时候,河西还没有被侵占。吐蕃选择先陇右后河西的进攻战略,很可能是因为陇右的局势比河西混乱,进军的难度更小。

在安史之乱爆发的当年(755)吐蕃军队就曾攻陷洮州城,按吐蕃自己的说法是"攻陷洮州城堡,收复黄河军衙"。② 随后吐蕃又引精兵至洮州,以巩固对洮州城的占有。但汉文史籍中关于洮州陷落吐蕃的年份记载不一,还有宝应元年(762)③、广德元年(763)④两说,那么洮州很可能是在唐、蕃之间经历过反复易手。至于"黄河军衙",从名字来看应该是吐蕃在黄河流域建立的军事基地。只是,洮州不在黄河沿岸,以前也没有被吐蕃占领并统治过,疑此处的"黄河军衙"与九曲相关。紧接着,至德元载(756),汉文史料有吐蕃陷巂州、威武诸城,威戎、神威、定戎、宣威、制胜、金天、天成等军,以及石堡城、百谷城和雕窠城的记载。⑤ 宣威、制胜、金天、天成等军及百谷、雕窠城均位于九曲之地,此时完全沦入吐蕃之手,玄宗时期耗费了很大人力和物力才夺取的石堡城也被吐蕃再次占领。在这年沦

---

① 《旧唐书》卷10《肃宗纪》,第261页。
② 王尧、陈践:《敦煌本吐蕃历史文书(增订本)》,北京:民族出版社,1992年,第155页。
③ 欧阳修、宋祁撰:《新唐书》卷216上《吐蕃传上》,北京:中华书局,1975年,第6087页。
④ 李吉甫撰,贺次君点校:《元和郡县图志》卷39《陇右道上》,北京:中华书局,1983年,第997页。
⑤ 《新唐书》卷216上《吐蕃传上》,第6087页;《资治通鉴》卷218,唐肃宗至德元载,第7011页。

陷的州城中,巂州与陇右无涉,但却值得一提。根据吐蕃《大事纪年》,至德元载吐蕃确实有陷巂州、收属户的军事行动,同年稍后又在"姚"地举行会盟,"新抚之酋咸来与盟"。① 巂州与姚州位于西南边陲,均为蛮地,也是唐、蕃争夺的对象。在至德元载这一年中,边地不少蛮族新归附了吐蕃。既为"新附",他们之前应该是附属于唐朝一方的(至少没有臣属于吐蕃)。唐、蕃的边境地区散布着很多小部落,他们原先就摇摆不定,时而附唐,时而归顺吐蕃。此时唐朝因内乱而势衰,吐蕃却保持着强劲的势头,蛮族部落当然更倾向于归附吐蕃了。不仅西南如此,陇右诸州也与之相似。哥舒翰于天宝十二载(753)攻拔吐蕃在九曲的基地,史书称其"悉收九曲部落"。② 这里的"九曲部落"值得稍作推敲,因为"部落"并非唐朝的行政组织,而是吐蕃、吐谷浑等部落政权的组织单位。如果这些部落是吐蕃在占领该地后设置的,按理应称"俘吐蕃部落"或者"俘九曲部落",而不是"收九曲部落","收"意味着这些部落是原来就有的。也就是说,在吐蕃占领以前,九曲之地就有部落组织存在了。据学者李文实考证,"九曲"之名源于藏语。③ 考虑到在吐蕃向唐求"九曲之地"前,汉文史籍中没有出现过这一专门的地理名词,说明在此之前唐政府没有对此地进行过开发,更谈不上对当地部落的管理。而吐蕃自睿宗朝以来对九曲之地做过多年经营,比起唐朝有着更深的统治基础,很容易招诱当地的部落。加上安史乱后镇守此地的唐军被抽调走一部分,④吐蕃重新攻占此地的难度就更小了。

---

① 王尧、陈践:《敦煌本吐蕃历史文书(增订本)》,第155页。
② 《资治通鉴》卷216,唐玄宗天宝十二载,第6918页。
③ 李文实:《西陲古地与羌藏文化》,西宁:青海人民出版社,2001年,第154—155页。
④ 代宗时期发展壮大的神策军最初就是置于九曲磨环川的。

藩镇时代的政治与社会

　　肃宗上元二年,岷州爆发了羌人的叛乱,随后吐蕃占领岷州。[①]史籍没有记载这场叛乱的细节,但岷州之地的羌人叛乱应该是有吐蕃参与的,所以才能在叛乱过后为吐蕃所占。岷州自古就是西羌之地,唐政府对当地的羌人部落采取的也只是松散的羁縻统治。唐王朝国力强盛时尚能维持住他们的秩序,但上元二年的唐朝已饱经内乱的困扰,很难继续控制这些羌人部落。骚乱一起,吐蕃便趁机而入了。同年,又有"吐蕃、党项寇边"。[②] 这里的吐蕃与党项是并列出现的,应该是党项部落与吐蕃军队的联合行动,而不是指入寇的吐蕃军队中有很多党项人。尽管吐蕃在永隆元年(680)就"尽据羊同、党项及诸羌之地",[③]从那以后吐蕃军队中应该是有党项羌存在的。但永隆元年到上元二年之间,在吐蕃寇唐的记载中都没有将党项单另提出过,这反过来也说明了上元二年与吐蕃一起寇边的党项不是从属于吐蕃的,而是独立的组织。大概受到唐朝内乱的影响,原本居住在陇右东部州县的党项部落滋生了离心的倾向,不愿再受唐政府的控制,并不时与吐蕃联合起来行动,成为了唐西北边地新的隐患。就在这一年,吐蕃陷鄯州(陇右节度衙署所在地)。[④]

　　安史之乱爆发以后,唐王朝光是应付叛军就已经身心俱疲了,党项等羌在紧邻关中的陇东地区又掀起一波接一波的部落叛乱,迫使唐中央不得不分兵应对这些威胁。乾元元年九月丙子,招讨党项使王仲昇斩杀党项首领拓跋戎德等十人。[⑤] 唐朝前期无"招讨党项

[①]《元和郡县图志》卷39《陇右道上》,第995页。
[②] 王钦若等编:《册府元龟》卷443《将帅部·败衄三》,北京:中华书局,1960年,第5260页。
[③]《资治通鉴》卷202,唐高宗永隆元年,第6396页。
[④]《旧唐书》卷40《地理志三》,第1633页;《新唐书》卷40《地理志四》,第1041页。
[⑤]《资治通鉴》卷220,唐肃宗乾元元年,第7060页;《册府元龟》卷987《外臣部·征讨六》,第11588页。

使"一职,这里是第一次出现,说明党项从这时起开始成为唐西部安全的一大威胁,需要专门遣兵应对。接着,上元元年(760)六月,唐凤翔节度使崔光远分别在泾州、陇州界破羌、吐谷浑和党项十余万人,在普润县界破党项四千余众。① 十余万是一个很庞大的群体,如此规模的羌、吐谷浑和党项聚集在一起,唐政府是很难控制的,而这仅仅是发生在泾、陇州界的一个例子。

陇右地区一直就是羌人、党项和吐谷浑、奴剌等外族部落的聚居地。在和平时期他们与唐政府的关系就不紧密,唐朝内乱发生后很多部落不仅行动起来脱离唐政府的控制,还对邻近的唐朝州县发动了袭击和掳掠。上元二年二月,"奴剌、党项寇宝鸡,烧大散关,南侵凤州,杀刺史萧愠,大掠而西"。② 这里的奴剌和党项来自陇右东部,他们该年对唐西境的寇扰是自发的,没有吐蕃的参与。

再后来,吐蕃意识到这些部落的重要性,开始积极吸纳他们以共同对唐作战。广德元年(763)吐蕃引兵东寇关中地区,率领的军队就包括二十余万吐谷浑、党项、氐和羌人。③ 可以说,与吐蕃的威胁相比,陇右东部的外族动乱是唐朝更大的隐患,他们离唐朝的统治核心区更近,对陇右局势的影响也更大。

不仅吐蕃会联合陇右诸部落寇扰唐朝州县,唐朝的基层官吏也有心生叛逆而引党项等众作乱的。岐、陇地区曾有吏人郭愔等趁乱为贼,被秦陇观察使崔光远招降。但没过多久,上元元年冬,郭愔之辈又悄悄与党项、奴剌及突厥联合,兴兵作乱,叛军击败了秦陇防御

---

① 《册府元龟》卷987《外臣部·征讨六》,第11588页。
② 《资治通鉴》卷222,唐肃宗上元二年,第7105页。
③ 《资治通鉴》卷223,唐代宗广德元年,第7150页。

使韦伦,还杀了监军使。① 在这个事件中,叛乱的发起者是唐朝的基层官吏,他们诱使外族一道攻打唐军,整个过程没有吐蕃参与,属于唐朝内部滋生的变乱。

可以看到,安史之乱过后,吐蕃对唐的进攻方向与先前不一样了。开元中后期到天宝年间,吐蕃主要在青海、河西地区与唐军争战,但唐朝发生内乱后吐蕃军队的进攻方向却转向了陇右节度管内诸州。这个变化与陇右东部的不稳定有很大关系。唐政府流亡后,当地的各族群、部落离心倾向加重,不愿再接受唐政府的管理,并掀起一阵又一阵的骚乱,甚至对唐朝州县发动掳掠。这时候,他们很容易被吐蕃或心怀叛逆的唐朝官吏利诱,共同对唐朝边州进行寇扰。了解到当时的真实状况,我们就可以解释吐蕃为何将主攻地区转向陇右东部了:内乱爆发后唐廷渐渐丧失了对陇右州县的控制能力,外族的动乱与本地官吏的二心,都严重动摇了唐廷在此的统治,吐蕃由陇右着手进兵显然阻力更小。这才是吐蕃军队从陇右开始蚕食唐土最重要的原因。

结　　论

安史之乱爆发后,唐王朝统治失序,吐蕃趁机占领了唐西北的陇右、河西及西域大片领土。这在唐史上是一个重大事件,历来受到治史者的高度重视。学者们通常认为,唐中央从西北抽调了不少镇兵到内地平叛,余下的老弱病残不足以承担防守重任,于是吐蕃大军没费多大功夫就夺取了唐朝在西北的领地。"边防空虚说"被

---

① 《旧唐书》卷111《崔光远传》,第3319页;《资治通鉴》卷221,唐肃宗上元元年,第7100页。

普遍接受,很少有学者提出不同意见。但检阅史籍,我们发现唐朝人自己却不是这么认为的。唐中期将军李晟曾说过,唐朝失掉河西、陇右,并不是因为吐蕃军队的力量强大,而是唐朝"自弃"领土于吐蕃的。传世的敦煌文书也证实了河西与西域的守军并非传统认为的"老弱病残",而是有着一定的战斗力。河、陇的陷落,问题不仅仅出在边兵的内调上。

结合敦煌文书,我们注意到河西各军、州在抵御吐蕃的过程中主要是各自为守,相互间缺乏援助和协作。陇右的情况虽阙于记载,情况很可能与此类似。其次,在唐政府流亡期间,曾有边将试图观望局势,还有个别将领趁机谋乱。河西、陇右唐军中的外族部落兵也在这时候大批脱离唐朝的控制。因为部落兵曾是西北边兵的重要力量,失去他们的支持,唐军的实力就受到了严重削弱。最后,吐蕃是从陇右开始入侵的,这是因为陇右的局势比河西混乱,唐中央对该地的控制更为薄弱。特别是陇右东部诸州散布着大量的党项、羌、吐谷浑、奴剌等部落,他们在唐朝内乱后开始摆脱唐政府的控制,不仅在本地发动骚乱,还时常侵扰临近的唐朝州县,甚至为吐蕃所诱一起攻击唐朝的关中地区,成为唐西北严重的边患。

河西、陇右发生的这一系列事件,均是安史乱后唐中央对西北边地控制力减弱的产物。混乱的局面更容易为吐蕃所乘,这是不容忽视的唐失河、陇的重要原因。

作者单位:西北大学丝绸之路研究院
(原刊于《敦煌学辑刊》2017年第4期)

马燧征讨李怀光之叛探赜

刘永强

摘 要：李怀光之叛发生后，政局再次发生动荡。李怀光占据同州、河中，并与陕虢叛军相联结，加之河北局势的变化，河东镇将处于孤立境地，面临着严重的威胁。马燧因未能及时进取魏州和在奉天之难中全力救驾，其忠贞的政治形象受到了严重的损害。唐德宗也因河北战场形势的逆转、奉天之难和李怀光之叛的发生，对马燧产生了不满和疑忌。为了解决河东镇面临的威胁，扭转不利的政治形象，消弭唐德宗的不满和疑忌，马燧率河东镇全师南下平叛。在南下的过程中，马燧通过政治上的招抚、军事上的进取最终平定了李怀光之叛。马燧通过平定李怀光之叛，河东镇的威胁得以解除，政治形象得到恢复，唐德宗的不满和疑忌在一定程度上消除，其政治生涯也走向顶峰。

关键词：马燧 唐德宗 李怀光之叛

李怀光之叛，自兴元元年（784）二月至贞元元年（785）八月，历时一年半，是继四镇之乱、泾原之乱后的又一次动乱。学界研究的关注点在于李怀光叛乱的原因,而对叛乱的平定着墨不多。[1] 事实上,李怀光所统朔方军久经沙场,战斗力强悍,在战场上横行无忌,给唐廷以巨大冲击。在唐廷束手无策之际,河东镇主帅马燧甫一出兵,便攻克绛州,"获甲首千数,凶徒夺气矣",[2]沉重打击了李怀光气焰。更是于贞元元年(785)七月向唐德宗请命,以一月为期彻底平定李怀光之乱,最终不辱使命。由此可见,马燧在平定李怀光之叛中起到了关键的作用。相较于之前进攻魏州的"迁延于击贼",[3]奉天之难中的"怠于勤王",[4]马燧此次可谓全师南下,不遗余力。通过对史料的梳理与分析可以发现,马燧全师南下征讨李怀光之叛,有着深刻的政治和现实考量。那么,马燧有着什么样的政治和现实考量?在平定李怀光之叛中采取了什么样的军政策略?平定李怀光之叛的结果如何?诸如此类问题,对具体认知唐廷与藩镇的博弈、君主与藩帅之间的互动,提供了更生动形象的面向,应该进行深入细致的研究探讨。

---

[1] 传统观点认为由于卢杞、白志贞、赵赞等人阻挠救驾功臣李怀光觐见唐德宗,导致其心怀疑惧和不满,最终发动叛乱。陈寅恪认为除此之外,李晟所统神策军与李怀光所统朔方军粮赐不均为主因,见陈寅恪:《论李怀光之叛》,《清华大学学报(自然科学版)》1937年第3期。吕思勉对卢杞、白志贞、赵赞佞言导致李怀光乱提出了疑问,认为可能是出于朋党之祸"恐正为不悦三人者所构也",见吕思勉:《隋唐五代史》,上海:上海古籍出版社,2005年,第251页。此外,还有从唐廷与朔方关系角度出发探讨李怀光之乱的,即李怀光之乱是唐廷不断削弱和打压朔方军的结果,如李鸿宾认为"李怀光率领(部分)朔方军反叛,正是唐廷多年来对之采取歧视政策和限制态度的对抗",见李鸿宾:《唐朝朔方军研究——兼论唐廷与西北诸族的关系及其演变》,长春:吉林人民出版社,2000年,第203页。其他学者的研究,大体不脱以上所述视角。
[2] 权德舆撰,郭广伟校点:《权德舆诗文集》卷19《故司徒兼侍中上柱国北平郡王赠太傅马公行状》,上海:上海古籍出版社,2008年,第302页。
[3] 刘昫:《旧唐书》卷134《马燧传》,北京:中华书局,1975年,第3695页。
[4] 司马光撰,胡三省音注:《资治通鉴》卷230,德宗兴元年二月条胡注,北京:中华书局,1956年,第7412页。

一、解决河东镇面临的威胁

自建中二年初至四年底,经过两年多的征战,政局获得了暂时的平静。德宗赦免王武俊、田悦、李纳等人的罪名,并于兴元元年(784)正月正式发布赦令。赦令发布后,"王武俊、田悦、李纳见赦令,皆去王号,上表谢罪"。① 唐廷与河北暂时达成了妥协,河北局势暂告稳定。如此,明叛者只有朱滔、朱泚和李希烈。朱滔虽在三镇中最为强大,但是先后与王武俊、田悦发生矛盾与冲突,最终公开决裂,且有河东、易定二镇的遏制,势力局限于河北境内,已经不能有所作为。李希烈虽兵强财富,但是在永安城为曹王李皋所败,在鄂州为刺史李兼所败,"亡将卒十万",②"东畏曹王皋,西畏李兼,不敢复有窥江、淮之志矣"。③ 朱泚奉天之败后,"引兵遁归长安",④势力局限于长安周围地区。李怀光之叛则打破了这种平静,政局再次动荡起来。

兴元元年二月,李怀光拒命,反状已明,德宗又仓皇逃往梁州,"朝臣将士狼狈扈从"。⑤ 不久,李怀光"移军泾阳,连朱泚"。⑥ 李怀光的叛乱,不但使濒临败亡的朱泚转危为安,而且扩展了势力。该年四月,在朱泚的招诱下,泾原大将田希鉴杀节度使冯河清,投降朱泚,朱泚有了后援。泾州本就"地逼西戎,易为反覆",⑦田希鉴代冯

---

① 《资治通鉴》卷229,德宗兴元元年正月条,第7393页。
② 韩愈著,马其昶校注,马茂元整理:《韩昌黎文集校注》卷6《曹成王碑》,上海:上海古籍出版社,2014年,第478页。
③ 《资治通鉴》卷229,德宗兴元元年正月条,第7394页。
④ 《资治通鉴》卷229,德宗建中四年十一月条,第7375页。
⑤ 《资治通鉴》卷230,德宗兴元元年二月条,第7410页。
⑥ 《旧唐书》卷12《德宗纪》,第341页。
⑦ 《旧唐书》卷133《李晟传》,第3671页。

河清后,朱泚"使结吐蕃",①对唐廷而言又隐藏着更大的危机。当时李怀光是朔方节度使,邠、宁、庆等州在其统领之下,朱泚在长安北部也没有了威胁。之后,李怀光又回军河中,"偷有同、绛等州,按兵观望"。② 如此,形势又发生了新的变化,李怀光在河中,朱泚在长安,朱滔在河北,李希烈在淮西,以及回纥、奚、契丹、吐蕃等的介入,唐廷西、北、东北边境形势恶化,关中、河东、河北、淮西等地动荡不安。

众多不安因素中,李怀光之乱最具决定性。李怀光占据的河中之地,"密近王城,迫于朝夕之虞"。③ 占据同州后,与朱泚"窃相影响",④随时可以经略长安。河北方面,朱滔联合回纥、奚、契丹十万余众进攻魏博镇魏州、贝州,"以幽燕劲卒,獯房骁骑,将欲横行咸洛,崛强中原,辅其兄泚,窥伺神器"。⑤ 如此,泽潞镇、河东镇都有被东西夹击的危险。南可威胁江淮财赋,本来李怀光"怙乱蒲壁",⑥就已经使"蒲津阻绝",⑦对江淮转运造成了威胁。贞元元年(785)七

---

① 欧阳修、宋祁:《新唐书》卷225中《朱泚传》,北京:中华书局,1975年,第6448页。
② 《旧唐书》卷121《李怀光传》,第3494页。
③ 陆贽撰,王素点校:《陆贽集》卷16《收河中后请罢兵状》,北京:中华书局,2006年,第529页。
④ 周绍良、赵超主编:《唐代墓志汇编续集》元和067《唐故开府仪同三司行左领军卫上将军致仕阳城郡王秦公墓志铭并序》,上海:上海古籍出版社,2001年,第849页。
⑤ 穆员:《相国义阳郡王李公墓志铭》,李昉:《文苑英华》卷937,北京:中华书局,1966年,第4927页。
⑥ 周绍良主编:《唐代墓志汇编》元和105《唐故朝议大夫守国子祭酒致仕上骑都尉赐紫金鱼袋赠右散骑常侍杨府君墓志铭并序》,上海:上海古籍出版社,1992年,第2023页。
⑦ 《唐代墓志汇编续集》贞元30《唐故华州潼关镇国军陇右节度支度营田观察处置临洮军等使开府仪同三司检校尚书左仆射兼华州刺史御史大夫武康郡王赠司空李公墓志铭并序》,第754页。

月陕虢都知兵马使达奚抱晖杀节度使张劝,与李怀光暗中联结,对此德宗非常担心,谓"若蒲、陕连横,则猝不可制,且抱晖据陕,则水陆之运皆绝矣"。① 若李怀光与陕虢相联结,进而与在淮西的李希烈相呼应,东都洛阳也将面临着巨大的威胁。

对河东镇而言,以上形势皆是不利的。李怀光占据河中为乱,对马燧所统领的河东镇而言是直接的威胁。河东镇与河中镇"壤地相接",②仆固怀恩之乱时,河中镇所统领地区并未全部为叛,对河东而言只是具有很大的潜在威胁。李怀光则占据了整个河中地区,"晋、绛、蒲、陕、慈、隰、同、华等州并补授郡牧,顿军于泾阳,子父相继,可十五万",③势力极为强大,对河东镇的安危有着直接的影响。据严耕望先生考证,长安太原驿道,大致是自渭水北岸经同州—蒲州—绛州—晋州线,最后抵达太原。④ 李怀光据有同州,又占据河中之地,直接切断了河东镇与唐廷的联系。至于洛阳,"中原北通北塞主要干道有二,西为洛阳北通太原、雁、代道,东为洛阳、汴州通邯郸、燕、蓟道。东道坦,西道险……太原为北都,故西道交通尤显重要……以其迳捷,且能控扼要害也"。⑤ 若李怀光与陕虢相联结,东都有失,河东镇与中原的联系亦将被切断。如此,河东镇将处于孤立的状态。

---

① 《资治通鉴》卷231,德宗贞元元年七月条,第7457页。
② 《权德舆诗文集》卷19《故司徒兼侍中上柱国北平郡王赠太傅马公行状》,第302页。
③ 赵元一撰,夏婧整理:《奉天录》卷2,北京:中华书局,2014年,第39页。据载从李怀光所反者朔方部众有数万,此处言十五万兵有夸大之嫌,或许是针对影响所及而言。
④ 严耕望:《唐代交通图考》卷1《京都关内区》,上海:上海古籍出版社,2007年,第91页。
⑤ 严耕望:《唐代交通图考》卷1《京都关内区》,上海:上海古籍出版社,2007年,第129页。

在河北,成德王武俊虽已削去王号,但因为赵州对成德的重要性,"攻围赵州不解",①深赵节度使康日知已经感到"不支,将弃赵"。② 如果赵州以"攻围"的方式失陷,则在朱滔势力仍为强大的情况下,曾经与朱滔"契重婚姻,事同艰阻"的王武俊,③与朱滔再度联合的可能性非常大。同时也应该注意到,王武俊、朱滔与回纥一直存在着勾连。在整个建中年间,河东镇"北边数有警"。④ 建中初期,唐廷征讨河北时,王武俊便召回纥兵千人、杂虏两千人,用以阻断李怀光等部的粮道。之后回纥兵至幽州时,"朱滔因说之,欲与俱诣河南取东都,应接朱泚,许以河南子女、金帛赂之。滔娶回纥女为侧室,回纥谓之朱郎,且利其俘掠,许之"。⑤ 朱泚僭位后,以朱滔为皇太弟,令其重赂回纥,于兴元元年正月"驱率燕、蓟之众及回纥杂虏,号五万,次南河,攻围贝州"。⑥ 意欲与朱泚联合,以取得天下。在回纥的支持下,朱泚、朱滔兄弟声势浩大。河东镇面临着更为直接的威胁,而源头就是李怀光的叛乱。因此,为河东镇的安危考虑,马燧不能再据境自守,必须出境平乱,解决河东镇面临的威胁。

二、扭转不利的政治形象

建中二年(781),为恢复唐帝国对地方的威权,唐德宗发动了对河北藩镇的战争。前线战场的主角是受命专征的河东镇主帅马燧

---

① 《旧唐书》卷134《马燧传》,第3696页。
② 《新唐书》卷155《马燧传》,第4888页。
③ 穆员:《相国义阳郡王李公墓志铭》,李昉:《文苑英华》卷937,第4927页。
④ 《新唐书》卷155《马燧传》,第4888页。
⑤ 《资治通鉴》卷228,德宗建中四年十月条,第7365—7366页。
⑥ 《旧唐书》卷143《朱滔传》,第3897页。

和抗拒朝命的魏博镇主帅田悦,二人统率各自兵马在临洺、洹水展开了激烈的争夺。临洺是洺州属县,"西南至州五十里",①连接邢州、磁州,战略位置十分重要。彼时田悦围邢州,"自将兵数万围临洺",又"筑重城绝内外援",②临洺岌岌可危。唐廷以马燧为主帅,率河东军、昭义军、神策军前往解救。在大战之前,"燧誓军中,战胜请以家财行赏",③以激励士卒勇于攻战。在大战开始后,权德舆所写的马燧行状中有如下描述:

> 公自晨至晦急击,大溃,杀其将杨朝光。时临洺之围,濠垒四匝,复与昭义鼓行而前,腹背受敌,飙尘翳景,士皆决死,凡百余合,公自据西濠口,扼其喉以袭破之。凶徒毙踣,乱相踩蹈,收其车重兵械,各数十万。魏人弃营而遁,邢围迎溃……悉索家钱与车服臧获等,莫其价之上下,视其功之薄厚,散于军中,约五十万。④

权德舆生于唐肃宗乾元二年(759),建中二年(781)二十三岁,彼时正在淮南黜陟使韩洄幕府。作为一名亲闻者,他的描写可以代表临洺之战后唐人对马燧形象的认知。从权德舆的描述中,可以看到马燧是为国赴难不顾家、英勇善战不顾身的忠臣形象。

与权德舆所写的行状相比,唐德宗在临洺之战后所下《还马燧家资诏》中谓:

> 忠臣之事君也,愿罄家以奉国;良将之养士也,或均财以周

---

① 李吉甫撰,贺次君点校:《元和郡县图志》卷15《河东道四》,北京:中华书局,1983年,第431页。
② 《新唐书》卷155《马燧传》,第4885页。
③ 《旧唐书》卷134《马燧传》,第3693页。
④ 《权德舆诗文集》卷19《故司徒兼侍中上柱国北平郡王赠太傅马公行状》,第300页。

惠……河东节度使马燧……能忠义奋发,奉辞问罪。出师之际,宣布明诚,誓将资产,分给战士……朕当遂其恳怀,以成厥美,殊常之迹,古人所难。举而行之,用明信赏,仍班王府之货,式表忠臣之节。宜令度支出钱,充给将士,其马燧家资,并却还之。①

皇帝的诏书更具有权威性和影响力,唐德宗在诏书中直接称赞马燧为忠臣,无疑使马燧的忠臣形象更为巩固。

此后马燧在洹水之战中再次大破魏博军,对唐廷而言,又是一次重大胜利。此役魏博镇等四万余众,被斩首殆半,溺水而死者又不计其数,战场上血雨腥风,尸横遍野。在权德舆为马燧撰写的行状中,作为主帅的马燧并未有胜利者的喜悦,面对如此惨烈的情景,他神色严肃,谓:"是皆平原人也,彼暴服之耳!亦既就毙,忍其委骨肉如是耶?"②遂令族属收瘗阵亡将士,展现了残酷战争中的人性一面。在权德舆的描述中,马燧不但英勇善战,而且心怀仁义。马燧此举的政治影响是很明显的,魏博之人知恩感德,魏博所属洺州、博州皆来归降。此后马燧"以咫尺之书,招下二十余城",③田悦退保魏州,仅存数千残兵败将,彻底的胜利近在眼前,"朝廷谓天下不日可平"。④ 在安史之乱二十多年后,再次出现如此有利于唐廷的政治局面,马燧居功至伟。可以说,此时的马燧在唐帝国君臣和百姓心中,国之柱石的忠臣形象已经树立起来。

---

① 唐德宗:《还马燧家资诏》,董诰等编:《全唐文》卷 50,北京:中华书局,1983 年,第 554 页。
② 《权德舆诗文集》卷 19《故司徒兼侍中上柱国北平郡王赠太傅马公行状》,第 301 页。
③ 《权德舆诗文集》卷 19《故司徒兼侍中上柱国北平郡王赠太傅马公行状》,第 301 页。
④ 《资治通鉴》卷 227,德宗建中三年二月条,第 7319 页。

不过，马燧的忠臣形象很快遭到了冲击。由于马燧并未乘胜进攻魏州，田悦得有喘息之机，并利用唐廷处置河北事宜失当之机，联合成德王武俊、幽州朱滔，逆转了战场形势。河北三镇又与淄青李纳、淮西李希烈遥相呼应，出现了"两河鼎沸，寇盗横行"的局面。①不久，又发生了泾原之乱，唐德宗仓皇逃亡奉天。大好形势一朝丧尽，唐人将责任归咎于马燧，谓"迁延于击贼，乃至三盗连结，至今为梗，职燧之由"。②

更为重要的是，在泾原之乱时，唐德宗处于险境之际，手握重兵的马燧却引兵还太原。所做的不过是派部将王权率兵五千赴难，派长子马汇"将武人子弟才力之士三百人朝行在捍卫，献御服、用物、弓甲、煮器、幄幕"。③且在李怀光即将发动叛乱，唐德宗再度逃往梁州时，王权、马汇又率兵退归太原。在君主危难之际，马燧的做法实在不能令时人理解。李繁所作《邺侯家传》载其父李泌对唐德宗言道：

> 今马燧亦蹭蹬矣，领河东十万之师，遣王权领五千人赴难。及再幸梁、洋，遂抽归本道。男畅在奉天，亦便北归……臣比年曾与之言，甚有心路，今之雄杰也。若使之有异志，则不比希烈、朱泚之徒，或能旰食。④

《邺侯家传》内容多彰显李泌之功业，多有夸饰之词。不过，作为李泌之子，李繁所载可以在一定程度反映出李泌对马燧形象的真实看法。在李泌的叙述中，马燧不但敷衍勤王之事，而且落井下石，

---

① 《旧唐书》卷134《马燧传》，第3695页。
② 《旧唐书》卷134《马燧传》，第3695页。
③ 《韩昌黎文集校注》卷8《唐故赠绛州刺史马府君行状》，第659页。
④ 《资治通鉴》卷231，德宗贞元元年七月条胡注，第7454页。

在德宗危难之际釜底抽薪,更有可能怀异心,若其叛乱,比李希烈、朱泚危害更甚。由此可见,马燧在临洺之战后所树立起来的国之柱石的忠臣形象,在唐廷君臣和百姓心中已经大打折扣。可以说,在李怀光反叛之前,时人将严峻的政治形势归咎于马燧,并认为马燧是在养寇自重,甚至怀有异心,马燧作为忠臣的政治形象受到了严重损害。在李怀光反叛,唐德宗再次播迁之际,马燧必须以实际行动来证明自己的忠诚,若再如奉天之难那样,其忠臣的政治形象将荡然无存,必然会在以后的政局中处于不利地位。

三、消弭唐德宗的不满与疑忌

相对于唐朝臣民而言,唐德宗对马燧的态度更具有决定性意义。在当时的政治形势下,唐德宗对马燧的观感不佳有着更多充足的理由。为了支撑对河朔及淮西的战争,唐廷消耗了巨大的财力,诸道之军"月费钱一百三十万贯,判度支赵赞巧法聚敛,终不能给"。① 无奈之下唐廷先后采取了借商、僦质、间架税、除陌法等手段敛财。所谓僦质与借商,实际上强夺商旅钱财,非但实际效果有限,反而造成"京师嚣然如被贼盗""长安为之罢市"的动荡局面。间架税和除陌法则更进一步,实际上是强夺民财、与民争利,百姓不胜其苦,"怨讟之声,嚣然满于天下"。泾原叛兵正是在"不夺汝商户僦质矣,不税汝间架除陌矣"的呼声中进入长安城中的。② 与即位之初臣民欢呼"明主出矣"的情形相比,③此时唐德宗是在百姓"怨讟之声"

---

① 《旧唐书》卷12《唐德宗纪》,第336页。
② 《旧唐书》卷135《卢杞传》,第3715页。
③ 《资治通鉴》卷225,代宗大历十四年五月条,第7260页。

中狼狈逃出长安的,其政治形象可谓跌落到最低点。尤为重要的是,中间出现了马燧之子马畅以言动摇时势的事件,史载:

> 德宗建中三年,北平王马燧讨田悦于山东,时岁旱,京师括率,人心甚摇。凤翔留镇幽州兵多离散,入南山为盗。殿中丞李云端与其党袁封、单超俊、李诚信、冀信等,与燧子鸿胪少卿畅善,因饮食聚会,言时事将危。畅乃遣家人温靖与父书,具陈利害,可班师还镇。燧怒,执靖具奏其状,令兄炫执畅请罪。德宗以燧方讨贼,不竟其事,诛云端等十一人,敕炫就第杖畅三十,帝于是罢括率之令。①

德宗诛杀李云端等人,对马畅仅杖三十,既有对马燧的警告,也有对马燧率兵在外的怀柔。此事中,马燧虽表现出大义灭亲的举动,但在德宗看来,在局势动荡的敏感时间,马畅的言行多少代表了马燧的真实意愿,不能不心存芥蒂。此外,马燧因为与泽潞镇主帅李抱真的矛盾,唐德宗"数遣中使和解之"。② 德宗无疑会将最终不能攻取魏州的责任归咎于主帅马燧,如此一来,则必然会在内心深处对其产生不满。

在奉天之难中,"德宗以饥羸之卒守一县之地,而当朱泚十万之师,备御具竭,危不容喘",③处境极为艰难。不仅如此,唐德宗还要承受叛军的侮辱:

> 贼由是攻城愈急,矢石雨下,死伤者众,人心危蹙,上与浑瑊对泣。朱泚据乾陵作乐,下瞰城中,词多侮慢。④

---

① 王钦若等编,周勋初等校订:《册府元龟》卷45《帝王部·权略》,南京:凤凰出版社,2006年,第493页。
② 《资治通鉴》卷227,德宗建中三年四月条,第7327页。
③ 范祖禹撰:《唐鉴》卷13《德宗二》,《丛书集成初编》本,北京:商务印书馆,1936年,第120页。
④ 《旧唐书》卷12《德宗纪》,第338页。

因此，即便马燧通过派长子马汇"将武人子弟才力之士三百人朝行在捍卫，献御服、用物、弓甲、煮器、幄幕，奔走危难"，①将自己和河东诸将之子作为人质，又多有进献的行动，对经历过"矢及御前三步而坠"的唐德宗而言，②也不啻于一种隔岸观火的表现。付出如此沉重代价后，河北问题非但没有得到解决，自身也陷入险境，而造成这种局面的马燧却按兵不动，唐德宗的不满与愤怒可想而知。

如上文所述，李怀光之叛使政治局势再度发生逆转，唐廷形势严峻，河东镇也面临着严重威胁。在唐德宗看来，无论是从整个大局来看，还是从河东镇自身的安危来看，马燧都应该全力出兵平叛。然而正在此时，"河东将王权、马汇引兵归太原"，③也就是说马燧非但没有命自己的部下全力护驾，反而还归太原，全然不顾唐德宗的安危。无论马燧有多么充分的理由，在唐德宗看来，这都是无法理解的举动，是实实在在的"怠于勤王"。④ 从《唐语林》的一段史料中可以清楚地感知唐德宗对马燧的态度：

> 德宗复京师，赐勋臣第宅妓乐。李令为首，浑侍中次之。马司徒面斥李怀光，德宗正色曰："惟卿不合斥人。"惶恐而退。李令闻之，请全军自备资粮以讨凶逆，因此李、马不平。⑤

---

① 《韩昌黎文集校注》卷8《唐故赠绛州刺史马府君行状》，第659页。
② 《资治通鉴》卷229，德宗建中四年十一月条，第7375页。
③ 《资治通鉴》卷230，德宗兴元元年二月条，第7411页。
④ 《资治通鉴》卷230，德宗兴元元年二月条胡注，第7411页。
⑤ 王谠撰，周勋初校证：《唐语林校证》卷6《补遗》，北京：中华书局，1987年，第534页。《唐国史补》卷上谓："初，马司徒面雪李怀光。德宗正色曰：'唯卿不合雪人。'惶恐而退。李令闻之，请全军自备资粮，以讨凶逆。由此李、马不叶。"见李肇：《唐国史补》卷上《马燧雪怀光》，上海：上海古籍出版社，1979年，第27页。对这二者记载，司马光谓："按是时怀光垂亡，燧功已成八九，故自入朝争之，岂肯面雪怀光邪?"见《资治通鉴》卷231，德宗贞元元年六月条胡注，第7456页。无论是"惟卿不合斥人"还是"唯卿不合雪人"，都可以看到唐德宗对马燧非常不满。

唐德宗所谓"惟卿不合斥人"潜在语意丰富,对马燧而言既是讽刺又是斥责,不满与愤怒溢于言表。

唐德宗是历史上有名的猜忌之主,性格特点非常明显,既多疑又轻信。范祖禹谓"德宗之性与小人合,与君子殊,故其去小人也难,远君子也易",①胡三省谓:"当患难之时,进人若将加诸膝;当事定之后,退人若将队诸渊。"②通俗地说,就是喜欢秋后算账。唐德宗的这种性格在处置陕虢动乱者时表现无遗:

> 泌之辞行也,上籍陕将预于乱者七十五人授泌,使诛之。泌既遣抱晖,日中,宣慰使至。泌奏"已遣抱晖,余不足问。"上复遣中使至陕,必使诛之。泌不得已,械兵马使林滔等五人送京帅,恳请赦之。诏谪戍天德;岁余,竟杀之。而抱晖遂亡命,不知所之。③

面对这样的皇帝,如果马燧还拒境自保,不做出积极姿态的话,自然也不会逃脱"秋后算账"的处置。因此,为了消除唐德宗对自己的猜忌和不满,挽回自己在唐德宗心目中的形象,马燧也必须出境讨伐李怀光。

四、征讨李怀光过程中的军政策略

兴元元年(784)七月,李怀光杀唐廷使者孔巢父。八月,唐廷以马燧为"奉诚军及晋、慈、隰等州节度并管内诸军行营兵马

---

① 《唐鉴》卷14《德宗三》,第124页。
② 《资治通鉴》卷230,德宗兴元元年二月条胡注,第7408页。
③ 《资治通鉴》卷231,德宗贞元元年七月条,第7459页。

副元帅"，①讨伐李怀光。此时的马燧一反之前的所作所为，全师南下，征讨李怀光。马燧征讨李怀光的第一步是遣使者招谕晋、慈、隰三州，在强大的政治、军事压力下，三州相继归顺。晋、慈、隰等地，与当时屯重兵的河中府、绛州相比，"非要害地，不足张职"。② 但这并不意味着三州可有可无。晋州"介二大都之间，达四康衢之要"。③ 收复晋州，既可以增强泽潞镇的安全系数，又为河东军进击绛州扫清了障碍。慈州"浊河上流边郡善地，戎守夷落"。④ 慈州的归顺，打开了河中府的门户。隰州"晋之北鄙……介于河汾，当此会要"。⑤ 拥有隰州，不但河东进军畅通，而且有利于从关中调兵遣将征讨河中镇。晋、慈、隰三州的归顺，使战局朝有利于唐廷的方向发展。不过，因为李怀光屯军河中府和绛州，其根基并未动摇。当时李怀光"所部将士数万与怀光同反"，⑥仍能进攻同州，败官军于沙苑。因此，收取绛州，是马燧下一步进军的目标。在进军绛州之前，马燧对晋、慈、隰三州进行了妥善的安置：

> （马）燧请诏武俊击朱滔，授以深、赵，以日知为晋、慈、隰节

---

① 宋敏求编：《唐大诏令集》卷59《马燧浑瑊副元帅同招讨河中制》，北京：中华书局，2008年，第319页。《旧唐书》卷12《唐德宗纪》以马燧"为奉诚军晋绛慈隰节度行营兵马副元帅"，以浑瑊为"河中尹、晋绛节度使、河中同陕虢等州及管内行营兵马副元帅"，第345页。马燧后来招降晋、慈、隰三州，之后攻取绛州，而浑瑊本为河中、绛州节度使，若马燧兼领绛州节度行营，浑瑊兼任晋绛节度使，时马燧、浑瑊政治、军事地位不相上下，若二者领兵之权重合，容易造成权责不明，不利于征讨，因此《唐大诏令集》所言为确。
② 《韩昌黎文集校注》卷6《唐故江西观察使韦公墓志铭》，第421页。
③ 卢虔：《御史中丞晋州刺史高公神道碑》，《全唐文》卷444，第4526页。
④ 侯冕：《同朔方节度副使金紫光禄大夫试太常卿兼慈州刺史王府君神道碑》，《全唐文》卷443，第4516页。
⑤ 常衮：《授论惟清朔方节度副使制》，《全唐文》卷413，第4236页。
⑥ 《资治通鉴》卷231，德宗兴元元年八月条，第7445页。

度使。及三州降，燧固让日知，且言因降受节，恐后有功者踵以为利，帝嘉许。籍府库兵仗以授日知，日知大喜过望。①

康日知是唐廷正式任命的深赵观察使，若使康日知弃城，唐德宗在政治上会陷于被动。马燧所奏，巧妙地化解了这一难题。胡寅评价道"其行事则儒士所不逮者多矣……可谓贤者所为矣"。② 妥善安置晋、慈、隰三州的归属意义重大。首先在最大限度保证唐廷政治颜面的情况下满足了王武俊谋取深、赵的愿望，使之与朱滔公开决裂。之后"朱滔为王武俊所攻，殆不能军，上表待罪"，③河北局势得到稳定，河东镇的后顾之忧也得以免除。其次，对康日知这样的降将给予了充分的政治地位和肯定，使唐廷的威权在地方得到了一定程度的保证，也有利于此后招降其他叛将。最后，康日知新任节度使，既对马燧心存感激，又避免了晋、慈、隰三州再度为乱的可能，由此马燧统领河东军征讨李怀光的过程中可以放心前行。更为重要的是，马燧表让三州，不居功自傲，得到了唐德宗嘉许，在一定程度上消除了唐德宗对自己的忧虑和不满。

在妥善安置晋、慈、隰三州后，马燧便率军进攻绛州。在进攻绛州的过程中，马燧首先攻取绛州外围战略据点夏县、龙门，切断绛州与李怀光的联系，使绛州孤立无援。在取得绛州城后，又分兵攻取绛州属县，攻取了整个绛州地区。又处置触犯军法的裨将，显示了严明的军纪，在攻城略地的同时也注意维护秩序。这一系列的动作表明，马燧在征讨李怀光的过程中，不仅着眼于攻占城池，更在步步为营、稳扎稳打，逐渐拔除李怀光在河中的根基。攻占绛州后，马燧

---

① 《新唐书》卷155《马燧传》，第4888页。
② 胡寅撰：《致堂读史管见》卷23《德宗下》，台北：商务印书馆，1981年，第1528页。
③ 《资治通鉴》卷231，德宗兴元元年十月条，第7444页。

"与贼战宝鼎,射杀贼将徐伯文,斩首万级,获马五百"。① 此役使李怀光军士气受到了极大的打击:"先是怀光之师,勇于豨突。至是获甲首千数,凶徒夺气矣。"②陆贽谓"元凶(李怀光)势穷",③李怀光已经不能再有所作为。

马燧进军河中后,并未继续前行,以彻底讨平李怀光,而是屯兵安邑,一直到贞元元年(785),与李怀光对峙数月。在李怀光已成瓮中之鳖的情况下,马燧之所以顿兵不进,主要有两个原因,一是度支资粮不继,唐廷中再度兴起招降李怀光之议;二是与河中近在咫尺的陕虢发生动乱,有可能形成新的联合局面,对政局产生不利影响。

在整个征伐战争中,度支难以为继始终是掣肘官军的关键因素。德宗也不得不承认,"征师四方,转饷千里,赋车籍马,远近骚然,行赍居送,众庶劳苦"。④ 至马燧攻占绛州时,唐廷已经过四年的战争,情势更为严峻,"去岁(贞元元年)旱蝗,两河为甚。人流不息,师出靡居。加之以征求,因之以荒馑。困穷馁殍,转死丘墟。而又关辅之间,冬无积雪,土膏未发,宿麦不滋"。⑤ 在这种形势下,"物价腾踊,军乏粮饷,而京师言事多请舍怀光,上意未决"。⑥ 经过讨伐田悦、泾原之乱的挫败,此时又面临天灾人祸的德宗,自然对如何处置李怀光犹豫不决。

在征讨李怀光即将取得胜利的关键时刻,赦免李怀光非但不能从根本上解决问题,反而会造成更严峻的形势。赦免李怀光的动议

---

① 《新唐书》卷155《马燧传》,第4889页。
② 《权德舆诗文集》卷19《故司徒兼侍中上柱国北平郡王赠太傅马公行状》,第302页。
③ 《陆贽集》卷9《马燧李皋赐实封制》,第280页。
④ 《唐大诏令集》卷5《奉天改兴元元年赦》,第27页。
⑤ 《唐大诏令集》卷5《改元贞元并招讨河中李怀光淮西李希烈赦》,第28页。
⑥ 《旧唐书》卷134《马燧传》,第3696页。

首先遭到了李晟的反对,并"请发兵二万,自备资粮,独讨怀光"。①李晟的宣示,无疑是对马燧征讨李怀光的不认可,对马燧而言既是侮辱也是争功的行为,都不能为马燧所接受。故马燧在李晟宣示后,立即入朝表明自己的态度,"乃舍军以数百骑朝于京师",②并承诺一月之内破李怀光。相对于李晟的空口宣示,马燧的言行更具有实际意义,正是马燧的宣示使唐德宗犹豫不决的态度偏向征讨李怀光。

在马燧入朝宣示征讨李怀光的态度不久后,与河中相邻的陕虢发生动乱,兵马使达奚抱晖杀节度使张劝,又与李怀光暗相勾结。面对新的变化,唐德宗担忧"若蒲、陕连衡,则猝不可制,且抱晖据陕,则水陆之运皆绝矣"。③且当时淮西李希烈,"北取汴郑,东略宋,围陈,西取汝,薄东都",④若李怀光与达奚抱晖联合,则不但威胁江淮财赋转运,更威胁东都洛阳的安全。因此,唐德宗的态度再次游移,谓赴陕的李泌"卿至陕,试为朕招之(李怀光)"。⑤唐德宗的此

---

① 《资治通鉴》卷231,德宗贞元元年六月条,第7453页。李晟提出如赦免李怀光有五不利,一则河中为长安屏障,需防李怀光再度为乱;二则赦免之后,必须将河中之地归还李怀光,如此浑瑊、康日知又必须再次安置;三则容易引起吐蕃、回纥和李希烈的轻视;四则在府库空虚的情况下无法对李怀光再度赏赐,容易引发朔方军再度叛乱;五则无法赏赐征讨李怀光的诸镇兵,引起怨言。李晟在最后"请选精兵五千,约十日粮,可以破贼"。见《新唐书》卷154《李晟传》,第4869—4870页。李晟所言五不利皆符合当时形势,但是李晟时在凤翔,刚刚稳定凤翔局势,并没有条件出镇征讨李怀光。当时李怀光虽局蹙河中,但兵力甚强,李晟言仅以五千兵、十日粮,就可以破李怀光,并无可能。李晟久经战阵,不可能不清楚这一点。相形之下,《资治通鉴》记载李晟"请发兵二万,自备资粮,独讨怀光",更符合实际。但是无论哪种记载更为真实,有一点可以确定,即李晟所言更多在于向唐德宗宣示一种忠心为国的态度,并非真的要出镇讨伐李怀光。
② 《旧唐书》卷134《马燧传》,第3697页。
③ 《资治通鉴》卷231,德宗贞元元年七月条,第7457页。
④ 《韩昌黎文集校注》卷6《曹成王碑》,第478页。
⑤ 《资治通鉴》卷232,德宗贞元元年八月条,第7462页。

种举动,为李泌所阻,并未能施行。但是,如何稳定事关唐廷财赋转运和东都安全的陕虢,是李泌所必须要考虑的问题。对此,李泌指出"陕城之人,不贯逆命,此特抱晖为恶耳",①向德宗提议以政治招抚为主。李泌能够进行政治招抚,与马燧强大的军事后盾分不开,在"河东之军屯于安邑,马燧以元戎偕行,威足以相制"的背景下,②李泌招抚陕虢将士有了坚实的政治和军事基础,最终陕虢得以稳定,"达奚小俊(李怀光部将)引兵至境,闻泌已入陕而还"。③

唐德宗态度明确和陕虢稳定后,马燧可以专心征讨李怀光。不过在"大旱,灞、浐将竭,长安井皆无水,度支奏中外经费才支七旬"的形势下,④马燧对李怀光部所采取的方针仍然是以政治招抚为主。马燧与浑瑊等人合兵后,至长春宫与李怀光对峙。不久,马燧招降长春宫守将徐廷光,之后进军焦篱堡,渡河招抚河西县、河中府治所河东县,合诸军八万进军河中城下。李怀光进退失据,自缢而亡,部将牛名俊以李怀光首投降,李怀光之叛宣告平定。

五、马燧征讨李怀光之叛的结果

马燧在征讨李怀光之叛中运用恰当的军政策略,为浑瑊接收河中,提供了一个良好的政治环境,节省了大量的政治、军事、经济资源。此役,马燧可谓"不劳师献功,如其平素"。⑤ 安史之乱后,仆固

---

① 《资治通鉴》卷231,德宗贞元元年七月条,第7457页。
② 王夫之:《读通鉴论》卷24《德宗》,北京:中华书局,1975年,第737页。
③ 《资治通鉴》卷231,德宗贞元元年七月条,第7459页。
④ 《资治通鉴》卷231,德宗贞元元年七月条,第7459页。
⑤ 《权德舆诗文集》卷19《故司徒兼侍中上柱国北平郡王赠太傅马公行状》,第303页。

怀恩之乱、李怀光之叛皆以河中地区为根据地,对唐廷的安危产生了极大的威胁。之所以造成如此严重后果,在于唐廷对河中镇并不能完全控制。李怀光之叛平定后,河中镇主帅由浑瑊担任。浑瑊在德宗奉天之难中用实际行动表明了对唐德宗的忠心。在河中镇任职期间小心谨慎,"德宗自复京阙,常恐生事,一郡一镇,有兵必姑息之,唯浑令公奏事不过,辄私喜曰:'上必不疑我也。'"①浑瑊的态度以及担任河中镇主帅长达十六年的任职事实,表明了河中镇局势彻底稳定下来。此后通过主帅的选任、辖区的变动、规格的升降等一系列措施,河中镇真正为唐廷所掌握,成为保卫长安的坚实屏障。②河中镇的稳定,对河东镇也有极为重要的意义。河东镇设置的最初目的在于"掎角朔方,以御北狄",③安史之乱后更是在防御回鹘之外控遏河朔,而能否完成此重任,河中镇的稳定与否至关重要。河中镇的稳定,一则保证了河东镇与唐廷的联系畅通无阻,二则保证了河东镇在北御回鹘、东遏河朔时不再有后顾之忧,并且能够及时获取支援。这一点,无论是元和年间的平叛中,还是在会昌年间处置回鹘余众和征讨泽潞之叛中,都得到了明显的体现。

唐德宗对马燧全师征讨李怀光的胜利大为嘉奖,迁光禄大夫,兼侍中,与子五品官,赐宴。在赐马燧实封的诏书中,唐德宗谓马燧"闻难之初,忠诚奋发,躬帅士旅,讨兹不庭。略地如归,攻城必克,

---

① 《唐国史补》卷中《浑令喜不疑》,第32页。
② 相关研究详见任艳艳:《建中末河东道政区调整与德宗藩镇政策》,《江汉论坛》2011年第5期;任艳艳:《唐代河东道政区"调整"之研究》,武汉大学博士学位论文,2013年;崔人杰:《唐中后期河中镇研究》,陕西师范大学硕士学位论文,2013年;刘永强:《政局变动中的河中镇规格升降研究》,《烟台大学学报(哲学社会科学版)》2020年第5期。
③ 《旧唐书》卷38《地理一》,第1386页。

晋、绛、磁、隰,靡然向风。元凶势穷,竟就枭戮,清我甸服,时惟茂勋"。① 唐德宗此语对马燧而言非常重要,尤其是"闻难之初,忠诚奋发,躬帅士旅,讨兹不庭"的表述,等于向全天下人宣示马燧并非"怠于勤王",而是迅速及时地率兵平叛。作为最高统治者,唐德宗这种有澄清意味的话语,对于恢复马燧忠臣政治形象的作用不言而喻。

在还军太原时,德宗又钦赐《宸扆》《台衡》二铭,并在马燧请求刻二铭于起义堂时优诏答复道:"卿有訏谟济代之诚,保衡辅朕之志,情之所尚,遂饰以词,比夫盘盂自铭,亦冀辅佐同德。"② 不但允许刻石,而且亲自为之题额,可谓荣宠至极。表明唐德宗对马燧以往勤王不力的行为不再介怀。序文中有"俾后代知我文武殿邦之臣",《宸扆》中有"大业兢兢",《台衡》中列举了如商之成汤与伊尹,周之武王与姜尚,汉之高祖与萧何、曹参,以及本朝之太宗与房玄龄、杜如晦、魏徵等君臣际遇后,说马燧"长城压境,巨舰济川,同德同心,扶危持颠"。③ 目的皆在于褒扬马燧功绩,以期流传后世。赐铭、刻碑、题额的政治举动,能够在实质上恢复马燧忠臣的政治形象。不仅如此,贞元五年(789)唐德宗下诏将马燧、李晟等人图形凌烟阁,与桓彦范、刘幽求、郭子仪等人并列。马燧图形凌烟阁的诏书是皇太子亲自书写,目的在于"俾后之来者,尚揖清颜,知元勋之不朽",④ 就传播范围和时间而言,其政治象征意义和影响比刻石起义堂更为深远。

马燧征讨李怀光之叛中的努力,平叛之后所获得的一系列的褒

---

① 《陆贽集》卷9《马燧李皋实封制》,第279—280页。
② 《权德舆诗文集》卷19《故司徒兼侍中上柱国北平郡王赠太傅马公行状》,第303页。
③ 《旧唐书》卷134《马燧传》,第3700页。
④ 唐德宗:《令画中宗以后功臣于凌烟阁诏》,《全唐文》卷52,第565页。

奖和荣宠,表明马燧在一定程度上消弭了唐德宗的不满和疑忌。需要指出的是,马燧因力主与吐蕃会盟,最后遭到失败而失去兵权,但在贞元五年(789)依然获得了图形凌烟阁资格。对马燧而言,能够获得"退人若将队诸渊"的唐德宗的此种表面尊崇,已经是非常不错的结果了。李晟去世后,唐德宗与马燧之间的互动更能打动人心:

> 时太尉晟初薨,帝谓燧曰:"常时卿与太尉晟同来,今独见卿,不觉悲恸。"上歔欷久之。燧既退,足疾,仆于地,上亲掖起之,送及于陛,燧顿首泣谢。①

李晟去世后,唐德宗抚今追昔,对马燧之语当非矫揉造作,乃有感而发。马燧因足疾倒于地,唐德宗亲自扶起并为之送行,亦非政治表演,乃真情实意。总之,通过全师南下征讨李怀光,加之巧妙的政治和军事手段,马燧解决了河东镇面临的威胁,恢复了自己的政治形象,并在一定程度上消除了唐德宗的疑忌与不满,逐步走向政治生涯的顶峰。

作者单位:河南师范大学马克思主义学院
(原刊于《唐史论丛》2022年第2期)

---

① 《旧唐书》卷134《马燧传》,第3701页。

权力结构与藩镇性格

李锜叛乱的军团构成
——唐代藩镇军事构造的个案研究

李碧妍

摘　要：发生于唐宪宗元和二年的浙西（镇海军）节度使李锜的叛乱暴露了浙西军政体制中的诸多问题，反映了镇内军事集团之间的亲疏区别。分析整个事件的过程，我们发现李锜的军事集团由负责护卫节帅及其家属的私兵、驻守各支州的亲信外镇兵、以及层次有别的各牙兵集团构成。其中，李锜的随身牙兵统帅兵马使张子良是当镇重要的实权人物，当时浙西军队的武力核心乃是张子良所统率的、由来自中原的"徐州兵"所构成的镇海军左厢官健，正是这支军队的临阵倒戈宣告了李锜叛乱的失败。

关键词：李锜　张子良　浙西　镇海军

发生于唐宪宗元和二年（807）的浙西（镇海军）节度使李锜的叛乱是唐代浙西藩镇历史上唯一的一次节帅叛乱。叛乱持续时间极短，因此未对唐室造成太大的影响，但对当镇而言，此次叛乱却是浙西镇由盛转衰的转折点。学界对李锜叛乱研究甚少，陆扬先生于2002年发表在《唐研究》上的《从西川和浙西事件论元和政治格局的形成》一文是目今所见唯一对李锜事件进行全面探讨的文章。陆氏通过在特定的时空界限内理解藩镇与中央的关系,对李锜何以会叛乱、以及叛乱的性质提出了不同以往的新观点,颇有启发性。① 不过由于作者主要致力于探讨藩镇与中央的关系,因而对藩镇内部的军事构造与权力网络则着墨不多。笔者则旨在前辈的基础上,着重探讨李锜叛乱中浙西各军事集团的构成,以及它们各自与节度使李锜的关系,希望透过对藩镇内部权力组织的考察来解答李锜叛乱何以会失败,尤其是如此迅速彻底的失败这一问题。同时,研究李锜叛乱中浙西各军事集团的构成,也可以为我们进一步了解唐代"藩镇的军事构造"②提供一个有益的文本。

---

① 作者认为不能将李锜事件看作为叛乱之举,因为从其前后行事来看,李锜未必真有决心与中央公开对抗。一个在德宗朝的浙西长期任职、利益所在全在江南、并在德宗姑息政策下牢享宠渥的地方观察使,原以为在宪宗上台后可以按照既有的政治模式来维系其地方的利益,却没料到政策变化之迅速大大超出了他的预料,结果不但没能达到"图久安计"的目的,反而陷于被动,被迫兵变。《唐研究》第8卷,北京:北京大学出版社,2002年,第225—256页。陆扬先生致力于文本的解读,并且主张要从历史事件发展的过程去判断它内部的复杂性,其观点颇值得重视。因为从现有的史料记载来看,显然都把李锜描绘成一个处心积虑、早有反意的藩帅,但往往忽视了急剧的政治变革对促成其谋反的作用。
② "藩镇的军事构造"这一概念,是由日本学者提出的,它主要指的是藩镇与地方军人集团的关系,具体研究包括由军队征集制度改变而引起的军士身份变化、因与节度使亲疏关系差异而引起的藩镇内部军队性质与地位的不同、藩镇军队的兵变、藩镇的武职军将等等。其实自从上世纪四十年代日野开三郎教授的《中国中世的军阀》(东京:三省堂,1942年)问世以来,对藩镇军事构造的研究一直是中日学者有关唐代军制以及藩镇问题研究中最深刻、成果最显著的领域之一。另外,在日本学者看来,"藩镇的军事构造"与"唐朝和藩镇的关系"共同构成了"藩镇的权力构造研究",并与"藩镇辟召制与幕职官研究"一起构成了唐代藩镇研究的两大领域。参见[日] 堀敏一编:《唐末五代变革期的的政治と经济》第五章《第二次大战后的唐代藩镇研究》([日] 高瀬奈津子撰写),东京:汲古书院,2002年,第225—253页。

一、李锜谋叛与三朝政局的变迁

为了论述上的条理清晰,我们有必要先将李锜叛乱的整个事件大致梳理一下。李锜出身于唐宗室,其祖淮安王神通与其父李国贞(若幽)都是唐王朝的功臣。李锜以父荫起家,贞元中累至富庶的湖、杭二州刺史,史载其多以宝货贿赂当时的朝廷显贵李齐运,于是在德宗贞元十五年(799)二月,在前浙西观察使兼诸道盐铁转运使李若初卒于任后,当时已任常州刺史的李锜便升任为润州刺史、浙西观察使及诸道盐铁转运使,从而成为了德宗时期最后一位浙西藩帅。

据载李锜上任后,"持积财进奉,以结恩泽,德宗甚宠之"。[①] 又"恃恩骜横,天下擢酒漕运,锜得专之,故朝廷用事臣,锜以利交,余皆干没于私,国计日耗"。[②] 时浙西有布衣崔善贞者,"诣阙上封,论锜罪状,而德宗械送赐锜,锜遂坑杀善贞"。[③] 李锜在浙西的所作所为,虽然为"天下切齿",[④]但由于得到德宗的姑纵,非但没有受到惩治,反而助长了他无所畏惮、试图自立的野心。史称为"图久安计",[⑤]李锜"乃增置兵额"。[⑥] 本来,观察使的军队不仅人数有限,其兵额原则上也应由中央规定,因此李锜的益兵之举显然是在德宗的姑息下进行的。据称:

> (李锜)选善射者为一屯,号"挽硬随身",以胡、奚杂类虬须

---

① 《旧唐书》卷 112《李国贞附李锜传》,北京:中华书局,1975 年,第 3341 页。
② 《新唐书》卷 224 上《叛臣上·李锜传》,北京:中华书局,1975 年,第 6382 页。
③ 《旧唐书》卷 112《李国贞附李锜传》,第 3341 页。
④ 《旧唐书》卷 112《李国贞附李锜传》,第 3341 页。
⑤ 《新唐书》卷 224 上《叛臣上·李锜传》,第 6382 页。
⑥ 《旧唐书》卷 112《李国贞附李锜传》,第 3341 页。

者为一将,号"蕃落健儿",皆锜腹心,禀给十倍,使号锜为假父,故乐为其用。①

挽硬也称"挽强",是拉硬弓的意思。蕃落则是从流配江南的胡、奚等少数族中选拔出来的兵士。很显然,这些人并不是"官健",从严格意义上来说,他们还不能属于"增置兵额"的范畴。至于他们的来源,当然绝非良家子弟,恐怕正如后来李吉甫向宪宗所说的,"乃亡命群盗"②耳。但无疑,这些亡命之徒都是李锜所欲倚重的兵卒,其待遇也是一般兵士的十倍,其中也有结为义父子关系、号锜为假父的,可见他们都是李锜的私兵。李锜的扩军,应该还有增募官健或团结兵之举,但"挽硬"与"蕃落"这两支亲兵对李锜来说显然是最重要的。

德宗死后,病入膏肓的顺宗即位,严重的中枢斗争成为当时的主要矛盾,朝廷还无暇顾及藩镇。不过,朝政的变革毕竟还是对远在浙西的李锜产生了一定的影响。当时,执政的王叔文将李锜的盐铁转运一务收归中央。曾经有不少为王叔文集团平反的学者认为这是当时"外制方镇"的一项重要措施。其实不然。韩愈在《顺宗实录》中记载:

> (永贞元年[805]三月)景(?丙)戌,诏曰:"检校司空平章事杜佑可检校司徒平章事,充度支并盐铁使。以浙西观察李锜为浙西节度检校刑部尚书。"……制曰:"……起居舍人王叔文……可度支盐铁副使,依前翰林学士本官赐如故。"初,叔文既专内外之政,与其党谋曰:"判度支则国赋在手,可以厚结诸用事人,取兵士心,以固其权。"骤使重职,人心不服。藉杜佑雅

---

① 《新唐书》卷224上《叛臣上·李锜传》,第6382页。
② 《新唐书》卷146《李栖筠附李吉甫传》,第4740页。

有会计之名,位重而务自全,易可制;故先令佑主其名,而除之为副以专之。"①

可见王叔文罢除李锜盐铁转运使一职,实是为了自身掌权的需要。因此为了安抚李锜,在罢去其盐铁之务的同时,又不得不给予其节度之号,②以示平衡。于是在时隔十八年之后,浙西又重新恢复了立节建军的情况。③ 史载:"锜虽罢其利权,且得节度,反状未发。"④朝廷既然授李锜以旌节,重建镇海军,那么军队的扩容也就理所当然了,所以后来宪宗在《讨李锜诏》中说到"授以师旅,用之以乱常",⑤就是指此。

永贞元年(805)八月,顺宗内禅于太子李纯,是为宪宗。宪宗的即位,也就预示着新的政治规则的全面登场。⑥ 当月,初登大位的宪

---

① 韩愈撰,马其昶校注,马茂元整理:《韩昌黎文集校注》文外集下卷《顺宗实录卷第二》,上海:上海古籍出版社,1986年,第702—703页。韩愈撰文固然有对王叔文等人持有偏见更或衔有私恨的倾向,但王叔文此举显然不是为了"外制藩镇",否则不会授李锜以旌节。而且除了浙西升任节度外,在三月和五月,徐州和鄂岳也先后升为武宁军和武昌军节度。不过,我们同样也不能将王叔文此举认定是要助长李锜的割据野心,这只是其为自身集团利益而采取的合理的政治举措。
② 《旧唐书》卷112《李国贞附李锜传》称贞元末"德宗复于润州置镇海军,以锜为节度使"(第3341页)。《新唐书》卷224上《叛臣上·李锜传》粗略(第6382页)。而《新唐书》卷68《方镇表五·江东条》则称元和二年"升浙江西道都团练观察使为镇海军节度使"(第1913页)。现据韩愈《顺宗实录》的记载,浙西重置节度使的时间应为顺宗永贞元年三月景(?丙)戌。《资治通鉴》卷236,顺宗永贞元年三月条亦载:"永贞元年三月,丙戌,以浙西观察使李锜为镇海军节度使。"(北京:中华书局,1956年,第7612页)可见李锜升任为节度使的时间应在顺宗朝而非德宗或宪宗朝。至于史料称此时李锜为浙西节度使或镇海军节度使,则均可。
③ 浙西上一次立节建军,是在德宗建中二年(781),时德宗为讨伐四镇,于浙西建立镇海军,以韩滉为镇海军节度使、浙江东西道观察使。贞元三年(787)韩滉死,诏降浙西节度为观察,镇海军军号遂废。
④ 《旧唐书》卷112《李国贞附李锜传》,第3341页。
⑤ 董诰等编:《全唐文》卷59宪宗《讨李锜诏》,北京:中华书局,1983年,第641页。
⑥ 参见陆扬:《从西川和浙西事件论元和政治格局的形成》,《唐研究》第8卷,第241页。

宗即遣度支、盐铁转运副使潘孟阳宣慰江淮,其诏书中云:

> 顷年以江淮租赋,爰及榷税,委在藩服,使其平均。太上皇君临之初,务从省便,遂令使府,归在中朝。或恐巡院既多,职因交替,新制未立,旧纲已紊。①

因此潘孟阳此行的"首要使命就是调查顺宗时将盐铁使权收归中朝后在江淮的工作交接情形。李权力之所及都应是潘孟阳此行巡视的对象"。②虽然潘孟阳的巡视工作颇不称职,史称其"专事游晏,从仆三百人,多纳贿赂"。③于是宪宗在元和元年(806)三月罢除了潘的度支、盐铁转运副使一职,"但朝廷的控制江淮财政的方针已开始落实为具体步骤,这对李锜无疑是个警讯"。④

同年四月,盐铁转运使杜佑也向宪宗提出了解职之请,仍举兵部侍郎、度支使、盐铁转运副使李巽自代。⑤而此时,曾被王叔文罢去该职的李锜也在积极采取行动,图谋重新获得该职。史载其"厚赂贵幸,请用韩滉故事领盐铁,又求宣、歙"。⑥李锜搬出了其前任韩滉的故事,⑦让宪宗一时也无法决断,于是便向谋臣李吉甫请教。而李很果断地告诉宪宗:

> 昔韦皋蓄财多,故刘辟因以构乱。李锜不臣有萌,若益以

---

① 《全唐文》卷59宪宗《遣使宣慰江淮诏》,第637页。
② 陆扬:《从西川和浙西事件论元和政治格局的形成》,《唐研究》第8卷,第242页。
③ 《资治通鉴》卷237,宪宗元和元年四月条,第7630页。
④ 陆扬:《从西川和浙西事件论元和政治格局的形成》,《唐研究》第8卷,第242页。
⑤ 《资治通鉴》卷237,宪宗元和元年四月条,第7630页。
⑥ 《新唐书》卷146《李栖筠附李吉甫传》,第4738页。
⑦ 指浙西节度使韩滉曾于贞元二年至三年期间以藩帅之职兼任诸道盐铁转运使一事。韩滉之后的浙西观察使王纬、李若初都曾在任上兼领过该职,可见在德宗一朝浙西节度使(观察使)兼领盐铁转运一职几成定制。

盐铁之饶、采石之险,是趣其反也。①

宪宗寤,乃以李巽为盐铁使。

另一方面,李锜要求担任宣歙观察使的请求也遭到了拒绝。② 按宣、歙二州是当时有名的殷阜之地、赋税重州。③ 且宣州驻有采石军,是"山河地襟带,军镇国藩维"④的军事重地。所谓"京口、采石,俱是要地"。⑤ 军事地位并不逊于润州。身为浙西节度使的李锜在此时忽然兴起求领宣、歙的企图,或许与此时外界的形势对他已越来越不利有关。

永贞元年十二月,中央曾以刑部郎中杜兼为苏州刺史,据杜兼

---

① 《新唐书》卷146《李栖筠附李吉甫传》,第4738页。
② 对李锜"又求宣、歙"一语的理解,陆扬先生在《从西川和浙西事件论元和政治格局的形成》一文中认为当是李锜希望宪宗能继续让他保有在浙西的地位,如若不然,则调至另一个富庶的江南藩镇担任长官(《唐研究》第8卷,第242页)。显然这样的话,宣歙池就是最好的选择。陆氏的理解当是正确的。如果将这一句话理解成已经领有浙西六州的李锜,妄图再要兼领宣、歙二州,那么岂不坐实了他的不臣之心?这种冒失的请求李锜应该是不会提出的。另外,李锜的这次请求不知发生在何时。按永贞元年八月宪宗即位之时,原宣歙池观察使崔衍恰好去世,而继任的常州刺史穆赞也于同年十一月去世,史载十二月,中央以常州刺史路应为宣歙池观察使。如果李锜的请求是在元和元年的话,似无道理,因为此时路应刚被任命为宣歙池观察使未久,中央不太可能再进行人员调整。而李锜的请求如果正是发生在永贞年底这段人事变动的时期,倒是有可能的,那么李锜求领宣、歙一事当在求领盐铁一事之前。但不管李锜是在何时、究竟出于何种目的提出这样的请求,其对宣歙的觊觎之心应该是可以想见的,此后他在叛变伊始就出兵宣歙,正是出于对该镇的重视。
③ 所谓"宣为天下沃饶"(《旧唐书》卷136《刘滋附刘赞传》,第3753页)、"歙,大州也……宣使之所察,歙为富州。"(《韩昌黎文集校注》卷4《送陆歙州诗序》,第231页)。关于宣歙二州的富有,唐人文章或唐史记载颇多,韩国磐先生曾撰有《唐代宣歙镇之雄富》一文(《江海学刊》1992年第3期),对此有比较详尽的论述。
④ 白居易撰,顾学颉校点:《白居易集》卷13《叙德书情四十韵上歙宣崔中丞》,北京:中华书局,1979年,第249页。
⑤ 顾祖禹撰,贺次君、施和金点校:《读史方舆纪要》卷19《南直一·采石》,北京:中华书局,2005年,第882页。

133

的墓志铭记载,杜兼曾任濠州刺史,因在贞元十六年(800)徐州军乱中防淮有功,入为刑部郎中,此时以能官拜苏州刺史。据称:

> (杜兼)即辞行,上书曰:"李锜且反,必且奏族臣。"上(宪宗)固爱其才,书奏,即除吏部郎中,遂为给事中,出为商州刺史、金商防御使。①

而在李锜的幕僚中,也早有人对其在浙西的种种行径表示不满。李翱《故东川节度使卢公传》记载卢坦的事迹称:

> 王纬观察浙西,兼盐铁使,请坦为转运判官。及李锜代,请如初,转殿中侍御史。锜所行多不循法,坦每争之,词深切,听者皆为之惧。累求去不得,凡在锜府七年,官不改。锜恶状滋大,坦虑及难,又非可以力争,遂与裴度、李约、李棱继以罢去。②

值得注意的是,这些幕僚中的不少人随后进入了中央,于是李锜在浙西的种种恶行因这批人的入朝而为中央所知晓便不难理解。③ 此时身处浙西的李锜对这些不利于他的言论想必也已有所耳闻,因此想乘新主即位之机主动提出奏请,力图改变当下不太乐观的现状。但李毕竟也不愿放弃在江南的既得利益,于是提出了换任至宣歙担任藩帅的请求。宣歙的军事、经济地位并不逊于浙西,因此对李来说,如果宪宗答应了他的要求,倒也没有太大的损失,反而显示了中央的缺乏威信,而且如果一并能获得盐铁使的职位,昔日的权势显然又近在眼前了。

---

① 《韩昌黎文集校注》卷6《故中散大夫河南尹杜君墓志铭》,第390—391页。
② 《全唐文》卷640,第6463页。
③ 事实上,正如陆扬先生所指出的,李锜幕僚中的裴度、卢坦诸人此后都成了元和时代的重要人物。参见《从西川和浙西事件论元和政治格局的形成》,《唐研究》第8卷,第241页。

但李锜的如意算盘显然是打错了,宪宗并没有接受他的请求,因为在对待藩镇的问题上,宪宗与他的祖父德宗的行事显然截然不同。宪宗即位伊始,就立即表现出对藩镇的强硬态度。元和元年正月,不满刘辟求领三川的宪宗出兵东川,开始了征讨刘辟的军事行动,并于当年九月,取得了平定西川的胜利。同年三月,宪宗还成功平定了夏绥杨惠琳的叛乱。夏、蜀两镇的平定,极大地提高了中央的威信,于是"藩镇惕息、多求入朝"。① "锜不自安,亦三请觐。"②李锜当时故作姿态,试探中央,也拟请入朝,史载:

> 初,浙西节度李锜请入觐,乃拜为右仆射,令入朝,既而又称疾,请至岁暮。上问宰臣,郑絪请如锜奏,(武)元衡曰:"不可。且锜自请入朝,诏既许之,即又称疾,是可否在锜。今陛下新临大宝,天下属耳目,若使奸臣得遂其私,则威令从兹去矣。"上以为然,遽追之。③

而此时:

> (已任宰臣的李吉甫亦)度李锜必反,劝帝召之,使者三往,以病解,而多持金啖权贵,至为锜游说者。吉甫曰:"锜,庸材,而所蓄乃亡命群盗,非有斗志,讨之必克。"帝意决。④

可见李锜虽多结交朝中用事之臣,但却丝毫未得到强硬派宰臣武元衡、李吉甫等人的好感,后者更是一如既往地劝说宪宗讨伐这些不臣的藩镇。元和二年(807)六月乙亥,中央诏"停润州丹阳军额",⑤

---

① 《资治通鉴》卷237,宪宗元和二年九月条,第7640页。
② 《新唐书》卷224上《叛臣上·李锜传》,第6382页。
③ 《旧唐书》卷158《武元衡传》,第4160页。
④ 《新唐书》卷146《李栖筠附吉甫传》,第4740页。
⑤ 《旧唐书》卷14《宪宗纪上》,第421页。

九月己酉"诏征锜为左仆射,以御史大夫李元素为镇海节度使",①向李锜发出了最后的通牒。面对宪宗君臣如此强硬的态度,李锜计蹙而反,终于拉开了他反叛中央的军事帷幕。

二、李锜叛乱中的浙西军队

有关李锜叛乱之初的情况,史料这样记载:

> (李)锜署判官王澹为留后。锜无入朝意,称疾迁延不即行。澹及中使数趣之,锜不悦,乘澹视事有所变更者,讽亲兵图澹。因给冬服,锜坐幄中,以挽硬、蕃落自卫,澹与中使入谒,既出,众持刃嫚骂,杀澹食之。监军使遣牙将赵琦慰谕,又食之。以兵注中使颈,锜阳惊扈解,乃囚别馆。②

---

① 诏征李锜为左仆射、以李元素代之的时间,《资治通鉴》卷237(宪宗元和二年十月条)作元和二年十月己未(第7640页),《旧唐书》卷一四《宪宗纪上》则作十月己酉(第422页)。据陈垣先生《二十史朔闰表》考证,元和二年十月只有己未没有己酉,而九月却有己酉(北京:中华书局,1962年,第102页)。按《资治通鉴》与《旧唐书·宪宗纪上》都载十月庚申,李锜表言军变,杀留后、大将,与己未日只差一天,如此来看,诏书下达之日不当是己未日。或以为,十月己未日乃是诏书到达润州的日子,李锜在得知不得不入朝的情况下,遂于第二天发动兵变。而中央下达诏书的日期,或以为九月己酉相对可信。关于诏征李锜的时间及程序,陆扬先生也有考证(见《从西川和浙西事件论元和政治格局的形成》,《唐研究》第8卷,第254页,注103),陆氏的观点笔者基本同意。但陆氏在论述中存在一个小问题,其文曰:"据《通鉴》上下文顺序,朝廷的此项任命似乎发生在李锜杀王澹、协中使之后。这在情理上很难说得通。"这一结论当然是对的。但《通鉴》关于李锜杀王澹、协中使一事应该只是倒述,因为《通鉴》下文又记载:"十月,己未,诏征锜为左仆射,以御史大夫李元素为镇海节度使。庚申,锜表言军变,杀留后、大将。"(第7640页)将李锜杀留后、大将一事置于诏征李锜的后一天,而协中使一事应该也是发生在此后。
② 《新唐书》卷224上《叛臣上·李锜传》,第6382页。

李锜署判官王澹为留后,本就是不情愿之举,所以当"王澹既掌留务,于军府颇有制置"时,"锜益不平,密谕亲兵使杀之"。① 史料在这里提到了"亲兵"二字,值得注意。所谓的"亲兵",极可能主要就是指挽硬与蕃落。从上述史料来看,判官王澹主军务,应为不少将领和军士所服,所以其才能对军府有所制置。但这显然不是李锜所愿看到的,从其"密谕亲兵使杀之"的举措来看,李锜并不敢明目张胆地诛杀王澹,而只能部署他的亲兵伺机而动。这一点似乎表明,李锜自己也清楚,除了其心腹亲兵外,他的这种诛杀判官的行径在道义和体制上未必都能得到当镇其他军士的认可。换言之,对于其他军士来说,他们未必都支持李锜"迁延不即行"的举措,如史书中所说的牙将赵琦就受监军之遣劝慰过李锜入朝,但却被李锜的亲兵所杀。

叛乱被挑起后,李锜对其属下的浙西军队做了一系列周密的安排。史载:

> 蕃落兵,薛颉主之;挽硬兵,李钧主之。又以公孙珪、韩运分总余军……属别将庾伯良兵三千筑石头城,谋据江左。②

蕃落兵和挽硬兵是李锜的心腹,此时他们无疑追随主帅李锜坐镇润州。公孙珪、韩运分总的余军,应当是润州当时的"余军",在亲疏关系上,他们应不及蕃落兵与挽硬兵,至于是否是李锜额外增设的亲兵,还是属于镇海军等的官健,不敢断下结论。另外,李锜遣别将庾伯良领兵三千修筑石头城,同样也是为了加强治所一带的城防设施。总之,李锜对于治所方面的军事安排颇为周全,其主要目的应该是加强对自身及治所润州的保护。

---

① 《资治通鉴》卷237,宪宗元和二年九月条,第7640页。
② 《新唐书》卷224上《叛臣上·李锜传》,第6382—6383页。

再来看李锜对支州的安排,史载其"室五剑,授管内镇将,令杀五州刺史"。① 《资治通鉴》的记载则更为详细:

> 先是锜选腹心五人为所部五州镇将,姚志安处苏州,李深处常州,赵惟忠处湖州,丘自昌处杭州,高肃处睦州,各有兵数千,伺察刺史动静。至是,锜各使杀其刺史。②

安史之乱后,节度使以镇将分镇支州,掌管当地的军事大权,实际上成了当地的实权人物。姚志安等将领虽分处浙西管内五州,却并不隶属于当州刺史,而是由节度使李锜委派赴职,就是明证。而由朝廷委派的刺史,主要是文职官员,他们对中央负责,所以李锜会令镇将诛杀五州刺史。况且这些将校"在锜镇实多年,交有素",③可以说是李锜长期培植的将领。

而在拉拢镇内大将的同时,李锜对待支州刺史的态度则截然不同,其"视部中良守不为己用者,诬陷去之"。④ 元和元年担任睦州刺史的李幼清⑤就为李锜所诬而得罪遭贬。史称其获罪时:

> 天子使御史按问,馆于睦。自门及堂,皆其(李锜)私卒为卫。天子之卫不得摇手,辞卒致具。⑥

可见李锜对镇内属州军事部署之严、亲信之众。前京兆尹韩皋自贬所量移杭州刺史,也与李锜不协,其于顺宗即位时被征诏入京为

---

① 《新唐书》卷224上《叛臣上·李锜传》,第6382页。
② 《资治通鉴》卷237,宪宗元和二年十月条,第7640—7641页。
③ 《全唐文》卷682牛僧孺《昭义军节度使辛公神道碑》,第6979页。
④ 柳宗元:《柳宗元集》卷23《同吴武陵赠李睦州诗序》,北京:中华书局,1979年,第611页。
⑤ 参见郁贤皓:《唐刺史考全编》卷147《江南东道·睦州条》,合肥:安徽大学出版社,2000年,第2103页。
⑥ 《柳宗元集》卷23《同吴武陵赠李睦州诗序》,第611页。

尚书右丞,后出为鄂岳观察使,依旧为李锜所恶。① 另据史载,在李锜叛乱时担任浙西属州的这些刺史,他们担任刺史的时间均不早于永贞元年,而苏州刺史李素的赴任,更是距李锜叛乱仅有十二天。② 这些刺史上任未久即遭李锜叛乱,不仅陷于"刺史不得隶兵马"③的尴尬境地,恐怕一时连当州的军事情况都还来不及了解清楚。

因此在叛乱发生时,刺史在州郡所掌握的军队无论在数量还是质量上,都无法与镇将所领之兵相比。史称:

> (及难作,)常州刺史颜防用客李云计,矫制称招讨副使,斩李深,传檄苏、杭、湖、睦。请同进讨。④

但后来牛僧孺在记述当时的情况时却说:

> 颜防用李云驱市人举当,一战败走。⑤

可见颜防虽然以计擒斩了镇将李深,然而其对李锜军队的战斗却并未因此而取胜。而:

> (苏州刺史李素则)为姚志安所败,生致于锜,具桎梏钉于船舷,未及京口,会锜败,得免。⑥

又韩愈所作李素的墓志铭中记载:

---

① 参见赵璘:《因话录》卷2《商部上》,上海:上海古籍出版社,1979年,第76页。
② 《韩昌黎文集校注》卷6《河南少尹李公墓志铭》载:"公(李素)至十二日锜反。"曾国藩补注曰:"公未迁苏,李锜已先反于镇海。公至苏十二日,贼始至苏也。"第369—370页。
③ 《全唐文》卷682牛僧孺《昭义军节度使辛公神道碑》,第6979页。
④ 《资治通鉴》卷237,宪宗元和二年十月条,第7641页。
⑤ 《全唐文》卷682牛僧孺《昭义军节度使辛公神道碑》,第6979页。
⑥ 《资治通鉴》卷237,宪宗元和二年十月条,第7641页。

> 公将左右与贼战州门,不胜,贼呼入。①

可见刺史李素之兵根本不足以与镇将之兵抗衡。在"苏常杭睦四州刺史,或以战败,或被拘执"②的情况下,唯有湖州刺史辛秘组织起了有效的抵抗,史称:

> 唯公(辛秘)以儒雅,贼未急迫。公乃夜起抚左右曰:"使若等有父母妻子成其家,皆天子恩也。若能随李锜为贼乎?"左右皆泣曰:"唯公命。"乃开罗城门,收湖下子弟,得人数百,公亲以衣衣之,以食食之。烝里掩出,劓垒始呼,大战川东,斩将屠营,值旦悉先歼。③

我们发现,在叛乱发生后,无论是常州刺史颜防、湖州刺史辛秘、还是苏州刺史李素,史料均记载他们有驱市人、募乡闾子弟④、殴白徒⑤作战的举动。也就是说,这些刺史在当时所能统率的官健极少,所以才有临时驱募市人、乡闾子弟之举。而这些数量有限的非职业兵士显然无法与李锜以"高职重贿钩其胆"的"心腹将率壮士"⑥对抗。湖州刺史辛秘之所以能取胜,其传中已明言"秘以儒者,贼易之",⑦故赵惟忠所领之兵"未及至",⑧给了辛秘招募士卒的机会。另据《册府元龟》的记载:

> 秘密遣牙门将丘知二勒兵数百人(即所募之士),候贼将动,逆战大破之。知二中流矢坠马,起而复战,斩其将,焚其营,

---

① 《韩昌黎文集校注》卷6《河南少尹李公墓志铭》,第369页。
② 《旧唐书》卷157《辛秘传》,第4150页。
③ 《全唐文》卷682 牛僧孺《昭义军节度使辛公神道碑》,第6979页。
④ 《资治通鉴》卷237,宪宗元和二年十月条,第7641页。
⑤ 《全唐文》卷713 刘允文《苏州新开常熟塘碑铭》,第7325页。
⑥ 《全唐文》卷682 牛僧孺《昭义军节度使辛公神道碑》,第6979页。
⑦ 《新唐书》卷143《辛秘传》,第4697页。
⑧ 《新唐书》卷143《辛秘传》,第4697页。

一州遂安。①

也正是因为提前有所安排与埋伏,并依靠丘知二这样的职业牙校奋力作战,才最终取得胜利。

由此可知,由于李锜早已委派心腹将校镇守五州,他们应李锜而反叛,便形成了与当州刺史的对峙。在两者的对抗中,虽然常、湖二州叛将蹙败,湖州的叛乱军队还立刻被刺史辛秘所击溃,但这并不表明李锜在支州的军事行动全盘皆输。事实上,李锜在支州的军事行动仍然是较占优势的,尤其在兵力方面。因此,若仅靠刺史的有限军队和募兵,是绝不足以抵抗、更不可能粉碎李锜的叛乱的。②

李锜叛乱后,除了有属别将庾伯良兵三千筑石头城,令五州镇将杀刺史外,另外一项重要的军事行动就是出兵宣、歙、池。史称:

> 初,锜以宣州富饶,遣四院随身兵马使张子良、李奉仙、田少卿领兵三千分下宣、歙、池。③

宣歙地区的重要性前文已有论述,因此李锜对于出兵该地可能事先有所计划。④ 而他所委派的张子良等人亦非泛泛之辈。此三人中,

---

① 《册府元龟》卷694《牧守部·武功二》,北京:中华书局,1960年,第8283页。原文作"邱知二",与两《唐书》所记"丘知二"实应为一人,故从两《唐书》改。
② 据《韩昌黎文集校注》卷6《唐银青光禄大夫守左散骑常侍致仕上柱国襄阳郡王平阳路公神道碑铭》记载当时宣歙池观察使路应闻知李锜反叛,"置乡兵万二千人;锜反,命将期,以卒救湖常,坐牢江东心。锜以无助败缚"(第393页)。因此常湖二州在军事上取得一定的胜利,或许也与路应有关。不过从时间上来说,最初与李锜所委任的镇将作战的,依旧仅是当州刺史所临时招募的小股军队,其他藩镇的救援军队一时恐怕也难以迅速进入浙西助战。
③ 《新唐书》卷224上《叛臣上·李锜传》,第6383页。
④ 陆扬先生以为"李锜原来的打算是首先利用衙兵(?亲兵)来做出兵变的姿态,并通过控制属下诸州和骚扰宣歙,来造成一片混乱的局面,使朝廷不得不留他在浙西以稳定局面"。《从西川和浙西事件论元和政治格局的形成》,《唐研究》第8卷,第244—245页。

尤以张子良地位最著、职权最重，而且关于他的事迹史料也有记载（李、田二人由于史料缺乏，我们对他们的具体情况已无从考知），因此不妨重点来谈一下张子良这个人物。关于张子良在浙西担任的具体职务，各史料记载不尽相同，以下列表示之：

表1　张子良所任军职名称表

所任军职名称	史　料　出　处
镇海军左厢兵马使	《全唐文》卷六二宪宗《平李锜德音》
镇海军左厢兵马使（李、田二人称兵马使）	《册府元龟》卷一二八《帝王部·明赏二》（部分引自宪宗《平李锜德音》）
四院随身兵马使（同李、田二人）	《册府元龟》卷七五九《总录部·忠二》
四院随身兵马使（同李、田二人）	《新唐书》卷二二四上《叛臣上·李锜传》（同上《册府元龟》条）
兵马使	《旧唐书》卷一一二《李国贞附李锜传》
润州兵马使	《册府元龟》卷七六二《总录部·忠义三》（大致同上《旧唐书》条）
镇海军兵马使	《新唐书》卷七《宪宗纪》
兵马使	《资治通鉴》卷二三七《唐纪五十三》
润州牙将	《旧唐书》卷一四《宪宗纪上》
为李锜牙门右职	《册府元龟》卷八二五《总录部·名字二》
牙门百职子良必兼历	《册府元龟》卷三七四《将帅部·忠五》

上表所列张子良所担任的具体军职名，关键有二：一曰"镇海军左厢兵马使"，其出处为宪宗的《平李锜德音》；一曰"四院随身兵马使"，其出处为《册府元龟》和《新唐书》。前者是以编制番号

来称呼,后者则是以所领兵职任来称呼。较为可信的是前者,一是它出于宪宗诏书中,二是唐代藩军有左右厢军、中军的建制,节度使下通常设置左右厢兵马使各一人,史料中亦多有左右厢兵马使之称。①

同时史料也称张子良为润州牙将、又称其兼任牙门百职,由此可见作为牙将担任镇海军左厢兵马使一职的张子良地位并不一般,其是统帅浙西牙兵的将领之一。按牙兵乃是唐代藩镇主帅直属番号军中担任宿卫的那一部分亲兵,又作衙兵。② 他们是唐代藩镇亲卫军的主要组成部分,也是藩镇军队的核心。③

《册府元龟》与《新唐书》所载张子良"四院随身兵马使"一职名,不见于其他史书,不过从其名称"四院随身"几字上来看,倒是颇为值得关注的一个军职。按"院"是牙兵居住的营地,也可称为"牙院",因此以院名兵的多为牙兵。④ 但牙兵也有层次性,其中也

---

① 不过在唐代藩镇中,由于都知兵马使又简称作兵马使,故易产生混淆。按《资治通鉴》卷215,玄宗天宝六载十月条胡注云:"兵马使,节镇衙前军职也,总兵权,任甚重。"(第6877页)张国刚先生认为兵马使是领兵大将,藩军分统于各兵马使,普通兵马使地位其实并不高(参见《唐代藩镇军将职级考略》,《学术月刊》1989年第5期)。不过由于张先生也指出兵马使领兵人数未有定额,故而我认为具体要判断某兵马使权任之轻重,还是得结合该兵马使所属藩镇之军队编制情况及其自身实力作具体分析。胡注所言盖为一般情况,或更侧重于北方雄藩。按张子良当时的情况来看,其并非普通的兵马使,当是都知兵马使这种类型。
② 参见张国刚:《唐代藩镇军队的统兵体制》,《晋阳学刊》1991年第3期。
③ 参见[日] 堀敏一:《藩镇亲卫军的权力结构》,刘俊文主编:《日本学者研究中国史论著选译》第4卷《六朝隋唐》,北京:中华书局,1992年。
④ 参见王永兴:《关于唐代后期方镇官制新史料考释》,北京大学中国中古史研究中心编:《纪念陈寅恪先生诞辰百年学术论文集》,北京:北京大学出版社,1989年,第273—274页。如史料中记载的"六院兵马""五院子弟"指的都应该是牙兵。张子良的情况也应该如此。但有一点需要注意,即"后院兵"却并不是指牙兵。另外,史料中有称"六院兵马使""五院子弟""四院随身兵马使",数词有所不同,不知究竟属何原因,有待进一步考证。

可分为随身的亲军牙兵与普通牙兵。① 而张子良的"随身"二字，恰恰体现了李锜颇有引张子良为重的意图在内。从上表最后一栏所引《册府元龟》称"牙门百职子良必兼历"的记载来看，很可能张子良除了担任"镇海军左厢兵马使"这一镇海军系统中正式的官方军职外，还担任与节度使李锜私人关系较为密切的"四院随身兵马使"一职。而史料所载的李奉仙、田少卿两人，也与张子良同为四院随身兵马使。由此可见，此三将在浙西的地位不同一般，至于其所率军队的驻地，应该不会在五个支州，而应该在治所润州。

不过值得注意的是，张子良等三人虽是李锜的亲任将校，但他们所率军队与李锜所招募的挽硬、蕃落兵还是有很大的区别。其一，论同李锜的亲疏关系，显然后者更为李锜所亲信。其二，论性质和地位，前者是作为镇海军正规官健的牙军，而后者则是节度使李锜的私兵，原则上来说，后者是不被中央所承认的。其三，论职责，尤其在李锜叛乱中，张子良等人所率的部队主要被李锜用来充当叛乱的马前卒，因此无疑是李锜浙西军队中最具战斗力的部队，而挽硬、蕃落兵则是被李锜留在身边作为自卫用的。

按《资治通鉴》的记载，从李锜杀留后、诛大将，表言军变，到朝廷"制削李锜官爵及属籍。以淮南节度使王锷统诸道兵为招讨处置使，征宣武、武宁、武昌兵并淮南、宣歙兵俱出宣州，江西兵出信州，浙

---

① 张国刚：《略论唐代藩镇军事制度的几个问题》一文中提出了"藩镇牙兵层次性"一说。其据宣州采石军的事例指出，牙军有随身的亲军牙兵与普通牙兵之分（段文杰、茂木雅博主编：《敦煌学与中国史研究论集——纪念孙修身先生逝世一周年》，兰州：甘肃人民出版社，2001年，第246—247页）。按宣、润两镇的情况相似，因此张说对理解张子良的情况很有参考价值。

东兵出杭州,以讨之"。① 时间不足一周,可见在得知李锜叛乱后,中央的行动也颇为迅速。

概括李锜叛乱之初的军事部署情况,我们发现,叛乱发生的导火线是由李锜挑唆少数亲兵所发起的,在其后的军事部署中,李锜将最为亲信的私兵留在身边自卫,令长期培植的心腹镇将诛杀各州刺史,并派遣所信赖的牙军将校率领精锐部队进兵宣歙池。不过颇为讽刺的是,在中央调遣征讨李锜的军队还没有采取什么正式行动之前,李锜所派遣的分下宣、歙、池的张子良、李奉仙、田少卿的部队就已经回戈趣城、返攻润州,并在一夕之间擒拿了李锜,平定了叛乱,此举令朝廷都意料不到。

关于张子良等人的倒戈,《旧唐书》载:"三将夙有向顺志,而锜甥裴行立亦思向顺,其密谋多决于行立,乃回戈趣城,执锜于幕,缒而出之,斩于阙下。"②《新唐书》的记载则更为详细,使我们对当时的情形能有比较具体的了解,其文曰:

> (李锜)遣四院随身兵马使张子良、李奉仙、田少卿领兵三千分下宣、歙、池,锜甥裴行立虽预谋,而欲效顺,故相与约还兵执锜,行立应于内。子良等既行,其夕,谕军中曰:"仆射反矣,精兵四面皆至,常、湖镇将干首通衢,势蹙且败,吾辈徒死,不如转祸希福。"部众大悦,遂回趣城。行立举火,内外合噪,行立攻牙门。锜大惊,左右曰:"城外兵马至。"锜曰:"何人邪?"曰:"张中丞也。"锜怒甚,曰:"门外兵何人也?"曰:"裴侍御也。"锜拊膺曰:"行立亦叛吾邪!"跣足逃于女楼下。李钧引兵三百趋出

---

① 《资治通鉴》卷237,宪宗元和二年十月条,第7641页。《通鉴》原文该条"武宁"作"义宁",按胡注:"此时无义宁军;《新书》作'武宁',当从之。"胡注确,此时中央派遣入浙西的军队中确有徐州"武宁军",而不是"义宁军",故此处从胡注。
② 《旧唐书》卷112《李国贞附李锜传》,第3341—3342页。

> 庭院格斗，行立兵贯出其中，斩锜，传首城下。锜闻之，举族恸哭。子良以监军命晓谕城中逆顺，且呼锜束身还朝，左右以幕缒而出之。锜以仆射召，数日而反状至，下诏削官爵，明日而败，送京师。①

按《资治通鉴》的记载，锜甥裴行立亦为牙将。史载其"重然诺，学兵有法"。② 其家自北魏至唐均有人仕官，亦可称为大族，故与宗室联姻。张子良等人的倒戈与裴行立在润州的呼应密不可分，所谓"其密谋多决于行立"，可见他们的军事行动事先有过一定的计划。他们之所以会回攻李锜，总的来说，是预见到了李锜叛乱失败的必然性。所谓"精兵四面皆至，常、湖镇将干首通衢，势蹙且败"。应该是比较正确的时事分析，因此裴、张等浙西将领审时度势，倒戈以叛李锜，并不难理解。

但是，平叛之势得以如此顺利，李锜精心安排的军事计划在一夕之间就宣告失败，且毁于自己的部将手中，是一个非常值得思考的问题。张子良能够在行中谕军士而部众大悦；其后入润州，以监军命晓谕城中逆顺，又如此顺利，除了李锜豢养的挽硬兵外，几乎没有遇到什么抵抗，可见其在浙西必定是一个举足轻重的人物。这就是下文所要探讨的问题。

三、浙西牙军与张子良的"徐州兵"

张子良其人，由于留有元稹所作的碑文铭，使我们可以对他的

---

① 《新唐书》卷 224 上《叛臣上·李锜传》，第 6383 页。
② 《新唐书》卷 129《裴守真附裴行立传》，第 4475 页。

生平有比较充分的了解。张子良出生世宦之家,其祖上既有文臣、也有武职者。张子良本人虽以武功出于郭子仪帐下,但其少读经、史、子,因此并不是一般的武夫。其一生功绩颇著,然最重要之二事,诚如元稹所概括的,为"完徐保润"。"保润"即指张子良平定李锜叛乱一事,无需多言,而"完徐"则有必要略作解释。因为张子良的"完徐"一事,直接促成了徐州兵的入驻浙西,从而改变了浙西军队的结构。

徐州是德宗贞元年间涌现出来的雄藩之一,其地理位置相当重要,李泌曾曰:"东南漕自淮达诸汴,徐之埇桥为江、淮计口。"①此前徐州屡受其东面强藩淄青所扰,所谓"地迫于寇,常困馨不支"。② 所以李泌向德宗建言:

> (徐州)脱为(淄青)李纳所并,以梗饷路,是失江、淮也。请以(张)建封代之,益与濠、泗二州。夫徐地重而兵劲,若帅又贤,即淄青震矣。③

于是在贞元四年(788),中央任命此前平定淮西李希烈有大功的原濠寿庐观察使张建封为徐泗濠节度使,徐州复为雄镇,从此亦不再为淄青所扰。

徐州当时地位甚重,不仅因其境内的埇桥控制汴河航运,而且此时濠州亦隶于徐州。所谓"濠有涡口之险",④当年埇桥为淄青李正己控制时,江南漕运不得不改道异行,其改道途径为经淮水西运,自涡口北上,涡口左近虽仍旧属徐州辖境,但淮水之南则属濠

---

① 《新唐书》卷158《张建封传》,第4940页。
② 《新唐书》卷158《张建封传》,第4940页。
③ 《新唐书》卷158《张建封传》,第4940页。
④ 《读史方舆纪要》卷21《南直三·凤阳府》,第1004页。

州(濠州不为李正己所能轻易染指)。即使这样,在李正己死后,其子李纳还曾与魏博田悦一起以兵驻守涡口,导致"南北漕引皆绝,京师大恐"。①

因此,贞元四年张建封担任徐泗濠节度使,其辖区中其实已流经有汴河和淮水两条水运路线,埇桥与涡口并为漕运重地。张建封既以濠寿庐观察使升任徐泗濠节度使,便移军至治所彭城(即徐州),于是便有了将涡口三城授予张子良之举。按《册府元龟》记载,张子良"贞元末为徐州兵马使",②指的就是张子良当时为徐州将,驻守涡口之事。涡口既然亦为漕运重地,其守将张子良自然也就不是一般的人物,从其在"建中中,以骑五百讨希烈于蔡"③来看,张子良也是平李希烈的将领之一,其后属张建封,被委派镇守涡口三城,可以说也是张建封知人善任之举。

张建封倾心王朝,其"治徐凡十年,躬于所事,一军大治"。④ 但是贞元十六年张建封死后,徐州军却出现了叛乱。史载:

> 初,建封卒,判官郑通诚权知留后事,通诚惧军士谋乱,适遇浙西兵迁镇,通诚欲引入州城为援。事泄,三军怒,五六千人斫甲仗库取戈甲,执带环绕衙城,请愔(建封子)为留后,乃杀通诚、杨德宗、大将段伯熊、吉遂、曲澄、张秀等。军众请于朝廷,乞授愔旄节,初不之许,乃割濠、泗二州隶淮南,加(淮南节度使)杜佑同平章事以讨徐州。既而泗州刺史张伾以兵攻埇桥,

---

① 《新唐书》卷53《食货志三》,第1369页。
② 《册府元龟》卷374《将帅部·忠五》,第4449页。
③ 元稹撰,冀勤点校:《元稹集》卷52《唐故开府仪同三司检校兵部尚书兼左骁卫上将军充大内皇城留守御史大夫上柱国南阳郡王赠某官碑文铭》(以下简称《唐南阳郡王赠某官碑文铭》),北京:中华书局,1982年,第567页。
④ 《新唐书》卷158《张建封传》,第4941页。

与徐军接战,伾大败而还。朝廷不获已,乃授愔起复右骁卫将军同正,兼徐州刺史、御史中丞,充本州团练使,知徐州留后;仍以泗州刺史张伾为泗州留后,濠州刺史杜兼为濠州留后。①

直到永贞元年王叔文执政,赐徐州军"武宁"之号,以张愔为节度使。元和元年,张愔被疾,上表请代,以东都留守王绍为武宁军节度,复隶濠、泗二州于徐,"徐军喜复得二州,不敢为乱"。②

在贞元十六年的徐州军乱中,作为徐州兵马使的张子良表现颇为特殊。其既没有拥立张愔为留后之举,但也没有加入征讨的行列。驻守涡口的特殊地位,也使他避免了被卷入叛乱的中心。或许诚如元稹碑文所言,张子良的这一行径出于其既"不义其(张愔)所为",又"不忍讨"③的复杂心理。但更为重要的原因或许还在于,张子良本非徐州旧将,其所率之士兵抑恐非全为徐州旧卒。按元稹碑文所记,张子良于大历末始以戎事服郭子仪于邠,建中年间两河骚乱、德宗出逃,张子良参与勤王讨伐李希烈的五百骑也很可能仅是他的亲随部队,还未见得与张建封或其他藩镇有何隶属关系,其属张建封应是后来之事。以当时中央新立徐州藩镇之需要,以及张建封礼贤下士、广纳贤才的慷慨气度,张子良后被任命为徐州兵马使不难想见。张建封以涡之众托付张子良,一来必是因为张子良有可堪此任之才,再有恐怕就是张子良本就领有自己的部众,而且毕竟不属张建封之嫡系,不便同赴彭城,而作为外镇军留在涡口,倒是一支实力不弱的防御力量。何况,对张子良的安排或许也有中央的因素在内。因此,张子良既以客军身份入徐,其不愿搅进徐州的军事

---

① 《旧唐书》卷140《张建封传》,第3832—3833页。
② 《旧唐书》卷140《张建封传》,第3833页。
③ 《元稹集》卷52《唐南阳郡王赠某官碑文铭》,第568、567页。

冲突也就能够理解了。

我们之所以能够做这样的判断，还因为在贞元十六年徐州军乱时，张子良以涡口之众尽弃去，带着二万部众渡淮涉江远离徐州而进入浙西。按碑文所记，张子良此时以二万之师归于润，而《册府元龟》却载"其众千余"。①《新唐书》称张子良、李奉仙、田少卿领兵分下宣、歙、池，也只说领兵三千，而这三千恐怕就是碑文中称记的"明日，与二将誓所部回讨"②的"所部"了。因此，随张子良来浙的士卒人数应以千余为确。那么，何以会与元稹所说的"二万"相差约有七倍，是否元稹所书过于夸大了呢？恐怕也不是，以当时职业军人的家属多半随营的情况来看，这二万或许指的是士兵及其家属的数字。这些人选择跟随张子良不远千里而南下，若非多数是长期追随张子良征战的部兵及其家属，原属河南当地的土著士兵恐怕轻易是不会这样做的。因此这些部众随张子良离镇，张愔也无可奈何，元稹碑文所谓"由是泗濠之守皆据郡。（张）愔不能令卒帖徐，由南阳王（指张子良）之断其臂也"。③虽不免有夸大张子良作用的意图，但徐州少了张子良这一支军队，实力有所减弱亦应是事实。

贞元十六年，张子良率其部众由徐至润，其本人也就由徐州兵

---

① 《元稹集》卷52《唐南阳郡王赠某官碑文铭》所载张子良"以师二万归于润"（第567页），《册府元龟》卷374《将帅部·忠五》载："张愔之难，子良以其众千余奔于浙西。团练使王纬表加兼御史中丞，仍厚抚其军士，牙门百职子良必兼历焉。"（第4449页）元稹碑文中此数字出于张子良其子之告，元稹又为当时人，应不至有太大的错误。《册府元龟》该条云"团练使王纬表加兼御史中丞"，按张子良率众赴浙的时间应为贞元十六年徐州军乱后，而浙西团练使王纬早在贞元十四年就已卒于任上，不仅如此，其后任团练使李若初也已于贞元十五年卒于任上，此时的浙西团练使应已为李锜。在这点上，《册府元龟》的记载是有问题的，但关于张子良所率士兵的数目，参照当时兵马使领兵的相关史料，以及浙西在韩滉统率下领有江东十五州的全盛时期当镇也只有三万军队来看，绝不至于有二万之多。
② 《元稹集》卷52《唐南阳郡王赠某官碑文铭》，第568页。
③ 《元稹集》卷52《唐南阳郡王赠某官碑文铭》，第568页。

马使转而成为了浙西兵马使。张子良之所以会率众远归浙西,而不是邻近的淮南等镇,或许与贞元十六年浙西戍兵过徐有关。此事史料虽绝少记载,但按当时的惯例,这里的浙西戍兵当指防秋兵而言。徐州军士谋乱,适遇浙西兵迁镇,故留后郑通诚欲引入州城为援,后事泄被杀。按《新唐书·李吉甫传》记载,李吉甫劝宪宗加讨李锜时曾言:

>昔徐州乱,尝败吴兵,江南畏之。若起其众为先锋,可以绝徐后患。①

因此徐、浙两军在当时有过交锋。但不管怎样说,张子良率众归浙的这一举措也必然是得到中央认可的,碑文中就有张子良以师归润,"德宗异之,诏召至京,授侍御史,复职于浙西"②的记载。而以当时德宗宠昵李锜的情形,以及浙西防秋兵由于被搅进徐州军乱而受到损失的状况来看,也就不免让人联想到李锜借此机会"增置兵额",将张子良的徐州兵纳入浙西。③

上引李吉甫劝宪宗加讨李锜时除言"昔徐州乱,尝败吴兵,江南畏之"外,还言"若起其众为先锋,可以绝徐后患"。④ 按浙西军在德宗朝初年也是堪称精劲的军队,故元稹有"润之师故南阳韩晋公(指韩滉)之所教训,弩劲剑利,号为难当"⑤之语。当然,韩滉死后情况已有所变化,但总体来说实力应不算太弱。不过与当时的徐州兵相比,可见仍处于下风。按李吉甫后又言:

---

① 《新唐书》卷146《李栖筠附李吉甫传》,第4740页。
② 《元稹集》卷52《唐南阳郡王赠某官碑文铭》,第567页。
③ 两《唐书·李锜传》误将浙西复置镇海军的时间系于德宗下,与此时浙西陡然多出这样一支来自徐州的军队不知是否有关,仅备一说。
④ 《新唐书》卷146《李栖筠附李吉甫传》,第4740页。
⑤ 《元稹集》卷52《唐南阳郡王赠某官碑文铭》,第568页。

> 韩弘在汴州,多惮其威,诚诏弘子弟率兵为掎角,则贼不战而溃。①

可见不仅浙西兵不敌徐州兵,连宣武之兵,当时都多惮徐人之威。

张子良所率部众,虽非徐州牙军,但也应该是当镇实力不俗的外镇军。这支军队随张子良入浙西,之后归属于镇海军左厢建制,所以宪宗在《平李锜德音》中称:

> 镇海军左厢兵马使、兼御史中丞子良等……其左厢官健等,素闻效顺,亦宜沾赏,并从另敕处分。②

由此可知,李锜时期的浙西军队中,有一支编入镇海军左厢建制的徐州军,更为有意思的是,其以客军身份入浙,却一跃成为浙西的牙军,颇为节度使李锜所倚重。但从另一方面来说,他们却并不是节度使李锜所能完全控制的,他们虽名为镇海军的官健,实际上却直接对兵马使张子良负责。

张子良既率部众归润,其在浙西的地位自然不同于一般的浙西将领。按张子良碑文的记载来看,其率涡口之众弃徐:

> 德宗异之,诏召至京,授侍御史,复职于浙西,就加御史中丞,又加国子祭酒,是元和之元年也。③

又按《册府元龟》的记载:

> 仍厚抚其军士,牙门百职子良必兼历焉。④

可见张子良与其军队在浙西的地位非同一般。因此可以说,李锜虽

---

① 《新唐书》卷146《李栖筠附李吉甫传》,第4740页。
② 《全唐文》卷62宪宗《平李锜德音》,第664页。
③ 《元稹集》卷52《唐南阳郡王赠某官碑文铭》,第567页。
④ 《册府元龟》卷374《将帅部·忠五》,第4449页。

能在其境内自行辟署一些将领,但张子良的兵马使之职,则是由中央任命的,其在浙西担任的职务亦非李锜所能随意左右。元稹碑文中还说"南阳王喜养士,又能为逆顺言",①又称其后"在振武时(张子良后为振武节度使),以检俭同士卒劳苦",②可见张子良在士卒中亦颇有威望。

通过以上的分析,我们似可以解释张子良何以能迅速平定李锜之乱了。张子良作为一个颇有功绩的将领入驻浙西,不仅拥有自己实力雄厚、久经沙场的部众,而且在浙西地位、威望颇著,其能够"为逆顺言",迅速克定李锜之乱,与此都应有关。张子良出境所率之众多为随其南下的徐州兵,中央调集平定李锜的军队中,武宁、宣武都是中原劲兵,他们若从宣州出,张子良所部首当其冲。李吉甫所谓以徐州兵为先锋,以宣武兵为掎角,则贼(李锜)不战而溃,史载:"诏下,锜众闻徐、梁兵兴,果斩锜降。"③应该是很有先见之明的分析。张子良处徐州多年,徐州兵强其自然知晓,其选择倒戈以擒李锜,从审时度势的角度来说,与这一点恐怕也不无关系。

另外,张子良之倾心唐王朝,从其之前讨淮西、完徐州等事迹上已可见一斑,其后居润州多年,对于李锜的种种恶行不可能不有所耳闻,对于李锜增置亲兵、禀给高于镇内诸军更不可能不知,其与李锜之幕僚属臣亦应多有交往。但诚如元稹称他"性卑顺不伐",④又说他"居余官皆谨慎专至如不及",⑤因此,无论是其不忍加讨、协众而弃的"完徐"之举,还是在李锜叛乱之后才与裴行立等密谋倒戈、

---

① 《元稹集》卷52《唐南阳郡王赠某官碑文铭》,第568页。
② 《元稹集》卷52《唐南阳郡王赠某官碑文铭》,第568页。
③ 《新唐书》卷146《李栖筠附李吉甫传》,第4740页。
④ 《元稹集》卷52《唐南阳郡王赠某官碑文铭》,第568页。
⑤ 《元稹集》卷52《唐南阳郡王赠某官碑文铭》,第568页。

讨平李锜的"保润"之措，都体现了张子良其人"谨慎"的处世态度。

李锜叛乱平定后，宪宗褒奖有功之士，史载：

> 擢子良检校工部尚书、左金吾将军，封南阳郡王，赐名奉国；田少卿检校左散骑常侍、左羽林将军，代国公；李奉仙检校右常侍、右羽林将军，邠国公；裴行立泌州刺史。①

按史料记载，李奉仙于元和十年（815）以右金吾将军为丰州刺史、天德军西城中城都防御使；②裴行立亦于元和年间为桂管观察使，后终于安南都护之任；张子良则"寻迁检校刑部尚书、充振武麟胜等州节度营田观察处置等使，复以刑部尚书兼左金吾卫将军、御史大夫。历左龙武统军鸿胪卿，就加检校兵部尚书，转左骁卫上将军、充大内皇城留守"。③ 这些浙西将领其后屡有晋升，或镇西陲，或守南疆，或驻皇城，皆不失为王朝之重任。

结　　语

至此，我们可以对李锜时期浙西军队的构成情况，以及这些军队在李锜叛乱中各自所体现的作用做一个总结。

---

① 《新唐书》卷 224 上《叛臣上·李锜传》，第 6384 页。《册府元龟》卷 128《帝王部·明赏二》记载："（元和二年）十一月丁亥以（张）子良为特进、检校兵部尚书、兼左金吾将军、御史大夫、赐上柱国、进封南阳郡王、食实封一百五十户，改名奉国。兵马使兼御史中丞田少卿为特进、检校右散骑常侍、左羽林军、御史大夫、仍封代国公、食实封一百五十户。兵马使兼侍御史李奉先为特进、检校右散骑常侍、又（？右）羽林将军、御史中丞、仍封邠国公、食实封一百五十户。四年，以左羽林将军田少卿为左金吾卫将军，右羽林将军李奉先为右金吾卫将军，称赏擒李锜之功也。"（第 1539 页）迁转之职名略有不同。
② 《旧唐书》卷 15《宪宗纪下》，第 452 页。
③ 《元稹集》卷 52《唐南阳郡王赠某官碑文铭》，第 567 页。

在浙西的军队中,"挽硬""蕃落"是李锜所增募的私兵,不属于中央规定的正式建置。作为李锜所蓄养的心腹之兵,他们多为在当时社会结构中没有地位的亡命徒,或在广义的意义上和亡命徒相同的流散在内地的异族人。① 他们的任务主要是追随李锜左右,充当节帅及其家人的护身兵,甚至还与李锜结成了有模拟血缘性质的义父子关系。包括"挽硬""蕃落"在内的李锜亲兵,在李锜叛乱之初扮演了非常重要的角色,他们受李锜"密谕",杀留后、诛大将,李锜正是借助他们挑起了叛乱。然而他们毕竟不是正规的官健,并不具备很高的战斗力,在与裴行立交战的过程中,李钧所率的三百挽硬不堪一击。而在李锜被擒后:

> 其"挽硬""蕃落"将士,或投井自缢,纷纷枕藉而死者,不可胜纪。②

诚如堀敏一先生所言:"这是除去和藩帅的个人关系就不能存在的家兵的命运。"③

李锜军事势力的另一个重要基础是分置在五州的外镇军。由于这些镇将及其军队都是李锜在支州长期培植的军事力量,所以李锜叛乱后,他们都能响应李锜而起兵。于是五州的镇兵与润州的李锜亲兵遥相呼应,形成了内外合围的态势。同时,五州镇兵也是各属郡的军队核心,因此叛乱发生后,当州刺史基本没有什么可利用

---

① 在柳宗元所作《同吴武陵赠李睦州诗序》中曾记有睦州刺史李幼清因受李锜诬陷而被贬循州,"既上道,盗(李锜)以徒百人遮于楚、越之郊",李幼清当时是"战且走,乃得完为左官吏"(《柳宗元集》卷23,第612页)。由此来看,李锜在当时可能还豢养了一批类似于杀手的亡命之徒。而其敢对中央任命的官员进行行刺,可见甚是跋扈了。
② 《旧唐书》卷112《李国贞附李锜传》,第3342页。
③ [日] 堀敏一《藩镇亲卫军的权力结构》,《日本学者研究中国史论著选译》第4卷《六朝隋唐》,第608页。

的职业兵能与这批官健作战。这些镇将的军队,在与代表中央的州刺史的对峙中,双方互有胜负,不过都难以成为左右叛乱成败的决定因素。并且在得知李锜叛乱失败后,这些镇将的军队亦"急卒不暇走死",①可见亦是一群乌合之众。

左右叛乱成败的决定因素是张子良、田少卿、李奉仙所领之兵。这支被李锜委派攻取宣、歙等州的军队与润州城内的裴行立相呼应,倒戈回城,并在一夜之间平定了李锜的叛乱。考察他们的身份,我们发现,张、田、李、裴等人都是浙西的职业牙校,而他们所率领的军队也都是浙西最为精锐的牙军。元稹后来在提到这段历史时说:

> 夫李锜据吴楚之雄,兼榷管之利,选才养士,向十五年。独以张子良为腹心不贰之将,故授以锐健先锋之兵;又以裴行立为骨肉不欺之亲,故授以敢死酬恩之卒。②

元稹此语出于《代谕淮西书》中,自然不免有夸大之意,但参引《册府元龟》等所谓的李锜以张子良等三人为"四院随身兵马使"一说,则李锜欲引张子良等人为心腹亦可想见,况裴行立亦为李锜之甥。由此来看,他们所率领的军队应该是李锜军事集团中的中坚力量,他们虽不是李锜最为亲信的军士,但却是浙西军队中最为重要的官健。

分析张子良的碑文铭以及相关史料可知,张子良作为镇海军左厢兵马使,在浙西是一个举足轻重的人物。他参与平定过李希烈之乱,后又担任徐州兵马使、驻守涡口三城,其后以客军身份携众入浙,南下的士卒被编为镇海军左厢官健,进而成为了浙西的牙军。对于中央来说,他是一个颇有功绩的将领,因此中央对其屡有褒赏,

---

① 《韩昌黎文集校注》卷6《河南少尹李公墓志铭》,第369页。
② 《元稹集》卷31《代谕淮西书》,第360页。

其镇海军左厢兵马使的职务也是中央给予认可的。正因为如此，李锜对他也颇为倚重。但是张子良毕竟不是普通将领，若说李锜欲引之为心腹，也是基于张子良本身在浙西的地位与他所掌握的实力不俗的徐州兵而言的。其后之所以会遣张子良等三人远下宣州，与张子良所率之"锐健先锋之兵"不无关系。这些"锐众"之中，自然应包括张子良的徐州兵。而这部分军队，李锜显然是不能直接调动的。虽然在名义上，他们应接受节度使李锜的调遣，然而实际上，他们却直接受到张子良的领导和指挥。元稹所谓"授以"一说未必恰当，但"锐健先锋"自应是徐州兵的真实写照。至于张子良、田少卿、李奉仙三人最终会倒戈，李锜恐怕也未曾料到。而张子良其后能够迅速平定李锜叛乱，在润州没有遭到什么有效的抵抗，并安抚好浙西大部分军士，也与其在浙西的重要地位及其军事实力有很大关系。

至于史书中记载的当时被李锜安排在润州的公孙玠、韩运所分总的余军，以及被李锜派筑石头城的别将庚伯良所率的军队，[1]由于缺乏史料，我们对这些军队的情况无法进行深入地了解。这些将领估计也是浙西的职业牙校，而他们所率领的军队也有可能是浙西的牙军，但牙军也有层次之分，不同的牙军在镇内的地位与职责也不相同。因此与这些普通的、基本没有卷入叛乱中的官健相比，更能确信张子良等所率军队应该是当时镇海军的精锐之众了。

综上所述，节度使李锜虽是镇海军统帅，其居浙多年，豢养亲兵、委任心腹，军事实力似乎颇为强大。但诚如李吉甫所云：

> 锜，庸材，而所蓄乃亡命群盗，非有斗志，讨之必克。[2]

---

[1] 别将庚伯良，《资治通鉴》卷237，宪宗元和二年十月条，作牙将"庚伯良"（第7641页），两者应为一人无误。

[2] 《新唐书》卷146《李栖筠附李吉甫传》，第4740页。

而在浙西决定其军事大局的决定性力量，乃是以兵马使张子良所帅的徐州兵为轴心的左厢军。从表面上看，这支南下的中原军队确受李锜所统帅，但这批"锐众"实际上由大将张子良直接领导，他们在根本上左右着浙西的政局，是浙西军队中的武力核心，正是这支军队在关键时刻的临阵倒戈，平定了李锜叛乱。

作者单位：上海市中西书局

（原刊于《唐研究》第16卷，北京：北京大学出版社，2010年）

续论藩镇分类的学术史梳理
——以近三十年中国大陆学者为范围

胡耀飞

摘 要：1990年代以来的三十多年间，大多数藩镇个案研究往往在谈及其所属的藩镇类型问题时，简单引用张国刚于1980年代提出的分类法，而无具体深入。故而许多对于河朔、中原、边疆、东南的藩镇个案研究，仅仅是不同程度上丰富了张氏的论断。但近二十年出现了纵向、横向两个方面的突破。纵向突破而言，何灿浩将观察视角延伸到唐末，主要用强藩、附藩、属藩三大类型来展示当时藩镇的基本情况。此后，王凤翔基本沿用了何氏分类，笔者更进一步根据王赓武和Robert M. Somers等海外学者的认识，结合不同地域的情况，对唐末藩镇重新予以划分并借此导向五代十国的割据局面。刘喆则就五代时期北方藩镇的情况，简单区分了御边型和内地型。横向突破而言，朱德军就中原地区藩镇的不同类型，提出了自己的看法，即区分为割据型、跋扈型和顺服型，并予以分阶段探讨其特征；笔者也在张国刚、王援朝两人基础上进一步细分了不同藩镇的类型。而在仇鹿鸣看来，藩镇类型与藩镇动乱一样不可一概而论,且对藩镇类型的认知会受到藩镇动乱变化的影响。

关键词: 藩镇类型　研究范式　学术梳理

前几年,笔者曾围绕汪籛《唐代方镇的三种情况》一文,就二十世纪八十年代及以前中国大陆学者关于唐后期藩镇分类的学术史进行了梳理,主标题为《关于藩镇分类的学术史梳理》(简称"拙文")。[①] 该文在《汪籛百年诞辰纪念文集》(2020)中发表后,方才看到该书中孟彦弘所撰写的同样以汪文为引子的文章《浅议汪籛关于唐后期藩镇格局的札记》(简称"孟文")一文,他也揭示了汪氏对藩镇分类的学术贡献。[②] 拙文与孟文被纪念文集编辑安排在了相邻的位置,也可见汪文的重要性。

不过拙文与孟文对于学术史的梳理仅到八十年代末为止,且拙文重在揭示同时代及以前关于藩镇分类的学术史脉络,用以揭示汪氏对藩镇分类问题的超常论断;孟文则从同时代及以前的通论著作中找出藩镇割据是否遍及全国的观点,用以凸显汪氏所说藩镇并非都是割据型藩镇的远见卓识。然而,关于近三十年的藩镇分类问题研究情况如何,尚需进一步梳理。本文即以近三十年中国大陆学者为范围,揭示藩镇分类对藩镇研究的影响,重在点明对已有藩镇分类的接受和突破。

[①] 胡耀飞:《关于藩镇分类的学术史梳理——从汪籛〈唐代方镇的三种情况〉谈起》,胡戟、杜海斌主编:《汪籛百年诞辰纪念文集》,北京:社会科学文献出版社,2020年,第353—365页。
[②] 孟彦弘:《浅议汪籛关于唐后期藩镇格局的札记》,胡戟、杜海斌主编:《汪籛百年诞辰纪念文集》,第366—384页。

一、藩镇分类的接受

在1980年代,中国大陆学界对于藩镇分类的认识主要来自于张国刚《唐代藩镇类型及其动乱特点》(1983)(简称"张文")、程志《论中唐藩镇的本质和作用》(1986)(简称"程文")和王援朝《唐代藩镇分类刍议》(1990)(简称"王文")这三篇重要论文。[①] 其中张文因发表最早,且其四分法十分简便和醒目,故而得到关注和引用最多。程文并未聚焦于藩镇类型的区分,王文经常被认为是对张文的补充,且因发表于以书代刊的刊物上而流传不广,故这两篇很多学者都未能予以关注。在此三篇文章之前,则有成稿于"文革"前,但迟约三十年后才问世的汪籛《唐代方镇的三种情况》(1992)(简称"汪文")一文。[②] 由于在汪文问世之前,已有张文的分类法为学界所广泛引用,故而汪文未能得到重视。此外,拙文和孟文还揭示出王仲荦《隋唐五代史》(1988)中对于藩镇类别的基本认知,这也是学界所忽视的。[③]

概而言之,至1990年代,藩镇分类问题上最具影响力的是张国刚的分类法。这一点不仅通过《唐代藩镇研究》(1987)一书得到流传,更经《隋唐五代史研究概要》(1996)、《二十世纪唐研究》(2002)

---

① 张国刚:《唐代藩镇类型及其动乱特点》,《历史研究》1983年第4期;修订后改题《唐代藩镇的类型分析》,收入氏著《唐代藩镇研究》,长沙:湖南教育出版社,1987年,第77—103页。程志:《论中唐藩镇的本质和作用》,《东北师大学报》1986年第6期。王援朝:《唐代藩镇分类刍议》,史念海主编:《唐史论丛》第5辑,西安:三秦出版社,1990年,第106—129页。
② 汪籛:《唐代方镇的三种情况》,氏著:《汉唐史论稿》,北京:北京大学出版社,1992年,第175页。
③ 王仲荦:《隋唐五代史》,上海:上海人民出版社,1988年,第482—484页。

等学术综述得到加强,广为初入唐史之门的学者所接受。① 故而1990年代以来,中国大陆少有再专门探讨藩镇分类的论著,往往在接受张国刚分类的基础上进行讨论。也正是从1990年代开始,学者们对于藩镇的研究,已经尽量避免笼统地讨论藩镇,而是对不同类型的藩镇有所区分。下面,笔者根据张文分类,对不同类型的藩镇研究情况稍作梳理。

(一) 河朔割据型(简称"河朔型")

张文对于四类藩镇,不仅有功能上的归类,更将此功能附属于地区和方位,从而将《元和郡县图志》所列44个藩镇进行了全面的区分。由此,此后的学者基本上也遵循这一区分来界定某个藩镇的类型。根据张文梳理,河朔型包括魏博、成德、卢龙、易定、沧景、淮西、淄青等七个藩镇。② 当然元和时期淮西被灭,淄青一分为三,易定、沧景为唐廷在河北分置,用以牵制剩下的魏博、成德、卢龙等三个最为跋扈的藩镇,故而河朔型藩镇往往指魏博、成德、卢龙所谓"河朔三镇"。

由于河朔三镇动乱最多,且一定程度上代表了藩镇的整体形象,故而学者对藩镇的研究往往都集中于此三镇。1982年,樊文礼于杭州大学获得硕士学位的论文《试论唐河朔三镇内外矛盾的发展演变》即首次以"河朔三镇"入题。③ 此后,樊文礼更多关注代北集

---

① 张国刚主编:《隋唐五代史研究概要》第一章《政治事件与人物》(李晓路、胡戟执笔)第八节《安史之乱与藩镇割据》,天津:天津教育出版社,1996年,第45—46页;贾志刚执笔:《藩镇问题》,胡戟等主编:《二十世纪唐研究》,北京:中国社会科学出版社,2002年,第55页。
② 张国刚:《唐代藩镇类型及其动乱特点》,第99页。
③ 樊文礼:《试论唐河朔三镇内外矛盾的发展演变》,杭州大学硕士论文,1982年;后修改发表于《内蒙古大学学报(哲学社会科学版)》1983年第4期。

团的研究,不再专门讨论河朔三镇。类似的还有方积六《论唐代河朔三镇的长期割据》(1984)一文,这也是将河朔三镇视为一体,并明确指出其长期割据的特征。① 不过方积六的研究更多关注唐末五代战争史,未能继续研究河朔三镇。樊文礼、方积六基本与张国刚同时关注藩镇,只是受限于当时信息获取的障碍,三人的研究互相之间未有互动。而随着张文对河朔型藩镇的界定,在1990年代以后多有以"河朔"为题的论文,比如焦杰《唐穆宗初期再失河朔原因发微》(1995)、贾艳红《试论唐代河朔三镇割据的阶段性特点》(1998)等。② 当然,很多文章并不一定提到张文。

河朔型藩镇的研究高潮则在新世纪以来,不仅有期刊论文,还有许多硕博士论文乃至专著问世。比如王义康《唐河北藩镇时期的社会经济》(2002)、顾乃武《唐代河朔三镇的社会文化研究》(2007)、高文文《唐河北藩镇粟特后裔汉化研究——以墓志材料为中心》(2012)等日后未见单独出版为专著的博士论文,颇有被长期淹没之虞。③ 而冯金忠《唐代河北藩镇研究》(2012)、仇鹿鸣《长安与河北之间:中晚唐的政治与文化》(2018)、王炳文《从胡地到戎墟:安史之乱与河北胡化问题研究》(2020)、张天虹《中晚唐五代的河朔藩镇与社会流动》(2021)等四部专门以河北/河朔为范围的已

---

① 方积六:《论唐代河朔三镇的长期割据》,《中国史研究》1984年第1期。
② 焦杰:《唐穆宗初期再失河朔原因发微——兼评朝廷在藩镇问题上的失策》,史念海主编:《唐史论丛》第5辑,西安:三秦出版社,1995年,第262—276页。贾艳红:《试论唐代河朔三镇割据的阶段性特点》,《济南大学学报(综合版)》1998年第2期。
③ 王义康:《唐河北藩镇时期的社会经济》,南开大学博士论文,2002年;顾乃武:《唐代河朔三镇的社会文化研究》,厦门大学博士论文,2007年;高文文:《唐河北藩镇粟特后裔汉化研究——以墓志材料为中心》,中央民族大学博士论文,2012年。

出版专著则是更为学界所关注的成果。①

在这些著作中,冯金忠、张天虹的书是比较系统地对河北地区藩镇进行研究。冯金忠的书是在其硕士论文《唐代幽州镇研究》(2001)的基础上将视野扩大到整个河北藩镇后,进一步扩充议题所形成的。② 他在书中讨论了河北藩镇的组织体制、储帅制度、武职僚佐迁转、军镇及防御体系、屯田等传统军政史话题,以及人口流动、佛教、世家大族、粟特人等新兴社会史议题,并探讨河北藩镇地域主义之形成。张天虹的书则是在其博士论文《河北藩镇时期的社会流动:以763—914年为中心》(2008)的基础上成书的,虽然近年出版,但博士论文较早,反映的更多是当时的思考。特别是张氏讨论的问题,属于河朔藩镇研究中的一个面向,并非像冯氏那样全面。当然,这两本书可以互补,过于全面者无法深入,过于深入者无法全面。

此后,仇鹿鸣和王炳文将河朔型藩镇的研究又加以深入。其中王氏之书探讨河北胡化问题,延续了陈寅恪等学者以来的探讨,虽然对于陈氏的胡化看法有所修订,即需要注意河北内部不同地区的差异和不同时间的区别,但并未完全推翻陈氏的主旨。③ 仇氏之书是其多篇论文合集,主要利用石刻材料,观察不同角度的河北藩镇

---

① 冯金忠:《唐代河北藩镇研究》,北京:科学出版社,2012年;仇鹿鸣:《长安与河北之间:中晚唐的政治与文化》,北京:北京师范大学出版社,2018年;王炳文:《从胡地到戎墟:安史之乱与河北胡化问题研究》,北京:北京师范大学出版社,2020年;张天虹:《中晚唐五代的河朔藩镇与社会流动》,北京:社会科学文献出版社,2021年。
② 冯金忠:《唐代幽州镇研究》,河北大学硕士论文,2001年。详见其《唐代河北藩镇研究》后记,第271页。
③ 关于河北胡化问题的学术史梳理,参见王炳文:《从胡地到戎墟:安史之乱与河北胡化问题研究》,第29—37页。

历史,乃至推演整个中晚唐历史。书中涉及到的话题并不是像冯、张二书那样的类似专门史的研究,而是涉及到政治宣传(第一章)、忠义观念(第二章)、正朔认同(第三章)、政治景观(第四章·第五章)、动乱模式(第六章)、政治书写(第七章)等话题。另外,仇氏还在第八章专门反思了藩镇研究史,并希望就此重绘中晚唐历史线索。可见,学者对河朔型藩镇的研究属于藩镇研究中的重中之重,并且能够从中发掘出许多藩镇研究的优秀范式,亦可见河朔型藩镇之独特性。

(二)中原防遏型(简称"中原型")

中原型藩镇主要在防遏河朔型藩镇,起源于安史之乱期间河南节度使的设置。张文列出的中原型藩镇有:宣武、忠武、武宁、河阳、义成、昭义、河东、陕虢、山南东、河中、金商。① 这其中,宣武、忠武、武宁、河阳、义成在河南道,昭义、河东、陕虢、河中在河东道,山南东、金商在山南道。可见,中原型藩镇以在河南道的藩镇为主,辅以河东道与山南道,基本将唐廷和河朔型藩镇隔离了开来。

不过在研究方面,虽然大家逐渐接受了这些藩镇的防遏功能,但由于各个藩镇之间的差异较大,跨越了河南道、河东道、山南道,故而并未将它们视为一个整体来观察。所以,读者只能看到林云鹤《唐代山南道研究》(2018)这样个案研究的博士论文。② 另一部受张文影响的博士论文即朱德军《唐代中原藩镇研究》(2009),③作者以中原地域为范围,将原本属于张文所谓河朔型藩镇的淮西、淄青等也纳入进来。从而在中原范围内进行了次一等的藩镇类型之区

---

① 张国刚:《唐代藩镇类型及其动乱特点》,第99页。
② 林云鹤:《唐代山南道研究》,上海师范大学博士论文,2018年。
③ 朱德军:《唐代中原藩镇研究》,陕西师范大学博士论文,2009年。

分,即中原割据型、中原跋扈型、中原顺服型。这明显是对张文四种类型中割据型、防遏型的改造,详见下文讨论。

总之,目前尚无一部专著来讨论中原型藩镇,从而与河朔型藩镇的数部著作形成鲜明对比。其实也可以看到,所谓中原防遏型藩镇,并没有一个固定的地域范围,从而也就没有一个固定的研究范围。即便有"中原"这一地域限定词,但"中原"本身的范围就不固定。所以学者往往以唐朝固有的山南道或具体的单个藩镇作为研究对象。这也反映出对于张文的分类法而言,中原型藩镇的接受程度不高,且容易取得更多突破。

(三)边疆御边型(简称"边疆型")

边疆型藩镇主要是为唐王朝御边的藩镇,张文分边疆型为西北疆与西南疆两部分。其中西北疆有:凤翔、邠宁、鄜坊、泾原、振武、天德、银夏、灵武;西南疆有:山南西、西川、东川、黔中、桂管、容管、邕管、安南、岭南。[①] 其中西北的边疆型藩镇起源于唐玄宗时期所设安西、北庭、河西、陇右和朔方五大节度使,占当时十节度使之半,可见其重要性;西南的边疆型藩镇则起源于同一时期的剑南、岭南两大节度。

这些边疆御边型藩镇,由于直接面对西北方和西南方的少数民族,故而颇为现代的边疆民族史学者所关注。但就著作而言,单独能够写成书的很少,目前为止仅有李鸿宾《唐朝朔方军研究:兼论唐廷与西北诸族的关系及其演变》(2000)一种,[②]以及元和时期尚在吐蕃手中,唐宣宗以后方才名义上归朝的归义军的相关研究。其中关

[①] 张国刚:《唐代藩镇类型及其动乱特点》,第99页。
[②] 李鸿宾:《唐朝朔方军研究:兼论唐廷与西北诸族的关系及其演变》,长春:吉林人民出版社,2000年。

于归义军的研究,由于更多涉及敦煌文献,且归义军本身孤悬西北,也不涉及藩镇类型问题,本文不再展开。这样,就只有朔方军一书,以及大量硕博士论文涉及这些边疆型藩镇。但边疆型藩镇分布范围比中原型藩镇还要广,故而更加缺乏整体性的研究。而且大多与边疆民族问题相掺杂,难以单独就藩镇本身进行探讨。即边疆型藩镇确实需要与边疆民族问题相结合,但相关研究更多变成了边疆民族史研究和边疆民族与中原王朝关系史研究,而非藩镇研究。

不过除了藩镇个案研究,还有与边疆型藩镇研究相关的两类研究可以有助于认识边疆型藩镇的特色所在。一是对晚唐中央禁军神策军的研究,特别是神策军在京西北藩镇的驻军制度,这些神策行营与京西北御边藩镇共同构筑了防边的常设机构,相关研究有黄楼《神策军与中晚唐宦官政治》(2019)和何先成《唐代神策军与神策中尉研究》(2021)[1]等;二是防秋制度,即从内地藩镇派遣防秋(或防冬)兵到西北边疆戍守,这一在不同藩镇之间的兵力调动,正凸显出边疆藩镇的独特功能,相关研究多为单篇论文形式,此不赘述。

(四)东南财源型(简称"东南型")

东南型藩镇集中于东南地区,包括浙东、浙西、宣歙、淮南、江西、鄂岳、福建、湖南、荆南。[2] 对比其他三类型的藩镇,东南地区的这些藩镇在中晚唐时期可以说是最不像藩镇的藩镇。不仅最高行政长官大多为观察使,而非节度使,更因驻军太少而遇到动乱时需要北方藩镇派兵南下增援。因此,学界很少就这一类藩镇予以正面

---

[1] 黄楼:《神策军与中晚唐宦官政治》,北京:中华书局,2019年;何先成:《唐代神策军与神策中尉研究》,北京:中国社会科学出版社,2021年。
[2] 张国刚:《唐代藩镇类型及其动乱特点》,第99页。

关注。反而，由于其财源型的特征，在社会经济史的视角下略有提及。

比如在这一类型藩镇中，有一个重要的概念需要被提及——江南。自六朝以来，江南地区日渐发展的经济、人文繁荣景象，成为了历代文人吟咏不绝的对象，也成为当下社会经济史研究的重要区域。唐代江南也是如此，在经济史和文学史等领域一直有许多研究。比如经济史方面的牟发松《唐代长江中游的经济与社会》(1989)、李伯重《唐代江南农业的发展》(1990)、张剑光《唐五代江南工商业布局研究》(2003)、陈勇《唐代长江下游经济发展研究》(2006)，①文学史方面的景遐东《江南文化与唐代文学研究》(2005)、王小兰《晚唐五代江浙隐逸诗人研究》(2009)、段双喜《唐末五代江南西道诗歌研究》(2010)。②这些研究虽然都不是藩镇主体，却对我们深入了解东南型藩镇的社会经济背景大有助益。

特别是在这一学术积累下，更延伸出一个大问题，即唐宋之际经济重心南移。这方面的研究涉及到唐宋时期南方和北方经济的对比，但相关研究更多通过揭示南方经济繁盛的景象来说明南方经济的崛起，故而可视作南方型藩镇之社会经济背景的另一类研究。相关论著主要有郑学檬《中国古代经济重心南移和唐宋江南经济研究》(2003)、杜瑜《中国经济重心南移：唐宋间经济发展的地区差

---

① 牟发松：《唐代长江中游的经济与社会》，武汉：武汉大学出版社，1989年。李伯重：《唐代江南农业的发展》，北京：中国农业出版社，1990年；后再版，北京：北京大学出版社，2009年。张剑光：《唐五代江南工商业布局研究》，南京：江苏古籍出版社，2003年。陈勇：《唐代长江下游经济发展研究》，上海：上海人民出版社，2006年。
② 景遐东：《江南文化与唐代文学研究》，北京：人民文学出版社，2005年；王小兰：《晚唐五代江浙隐逸诗人研究》，北京：人民文学出版社，2009年；段双喜：《唐末五代江南西道诗歌研究》，上海：上海古籍出版社，2010年。

异》(2005)等。① 其中郑书因作者的唐史背景而更多梳理唐代江南经济发展,杜书因其历史地理背景而对全国各个地区(虽然大多以现在的省界为梳理范围)都有关注,当然主要还是在南方各地区。

以上相关梳理,主要是想表达,对于中晚唐南方地区的藩镇研究,离不开社会经济史的铺垫。而对于江南/南方社会经济史的研究,则更加深了南方藩镇的财源型形象。于是,真正对于南方藩镇的个案研究,也都围绕社会经济史着手,从而成为了对财源型藩镇类别的一个脚注。比如李翔《中晚唐浙东镇研究》(2017)一书即用过半的篇幅讨论浙东镇的经济发展、幕府府主与文职幕僚的科第与迁转等。②

比较有突破性的是一直未见出版的李志刚《唐代观察使与中晚唐秩序的重建》(2013)这篇博士论文,③作者从职官视角来看观察使对中晚唐秩序重建的贡献。而观察使的设置主要分布在南方的观察使藩镇,故而该文重点是对南方观察使藩镇的研究,并借此肯定了南方藩镇对稳定受到割据藩镇冲击的中晚唐秩序的作用。另一种则是结合地方社会史的蔡帆《朝廷、藩镇、土豪:唐后期江淮地域政治与社会秩序》(2021)一书。④ 该书在朝廷与藩镇关系视角下,进一步将地方土豪势力纳入考察范围,来看南方江淮地区的政治与社会秩序。虽然土豪的概念和范围尚需明确界定方可以继续讨论,但

---

① 郑学檬:《中国古代经济重心南移和唐宋江南经济研究》,长沙:岳麓书社,2003年;杜瑜:《中国经济重心南移:唐宋间经济发展的地区差异》,台北:五南,2005年。其中杜书虽在台湾出版,但作者是复旦大学博士毕业,任职于中国社会科学院。
② 李翔:《中晚唐浙东镇研究》,杭州:浙江大学出版社,2017年。
③ 李志刚:《唐代观察使与中晚唐秩序的重建》,首都师范大学博士论文,2013年。
④ 蔡帆:《朝廷、藩镇、土豪:唐后期江淮地域政治与社会秩序》,杭州:浙江大学出版社,2021年。

土豪兴起的经济背景正是南方地区的经济发展。

二、藩镇分类的突破

以上对于张文所归纳的四类藩镇相关学界接受情况的梳理,已经展示了学界目前中晚唐藩镇史研究的广度。但就深度而言,尚且不足。原因主要在于对藩镇四种类型的被动接受,少有更高层次的反思。因此,许多论著都成为了张氏分类法的脚注。不过,近年来,相关情况已经有所改变。大体而言,对于藩镇分类的突破有两种出路,一是纵向的突破,二是横向的突破,以下分论之。

(一) 纵向突破

藩镇分类的纵向突破,指的是时间上的延长,即将视角从中晚唐一直扩展到唐末五代宋初,甚至整个唐宋变革期。因为根据张文,其四类分法的时间基准为唐宪宗元和年间《元和郡县图志》所列,无论是在数量上还是在藩镇疆界上都无法代表整个中晚唐,更不必说还有开元天宝时期和唐末五代的情况尚未得到整理。因此,虽然大部分学者不加考辨地使用张氏分类法,但还是会有涉及到并非中晚唐时段的情况,难以用此分类法来涵盖。于是,陆续有学者将时间段纵向延长,关注不同时间段的藩镇分类。

对此,首先可以提到何灿浩《唐末政治变化研究》(2001) 一书。该书中有《唐末方镇的类型》一文,梳理了王黄之乱后全国藩镇的基本类型。[①] 其基本依据是藩镇实力和政治目的的不同,故而将藩镇

---

① 何灿浩:《唐末方镇的类型》,氏著:《唐末政治变化研究》,北京:中国文联出版社,2001 年,第 101—120 页。

分为四大类：参与朝政控制权争夺的强藩、无意参与朝政控制权争夺的强藩、强藩的附藩、强藩的属藩。其中，参与政争的强藩有凤翔（李茂贞）、宣武（朱温）、河东（李克用）三镇，无意参与政争的强藩则是西川（王建）、淮南（杨行密）、卢龙（刘仁恭）三镇，其余强藩的附藩是附属于强藩但又保持独立性的藩镇，强藩的属藩则可以算是强藩所直接统治的下辖藩镇。由于何氏未列表格，故笔者据其文意整理如下，可以据此得到对唐末藩镇基本类型的一般认识。

表1 何灿浩唐末藩镇类型表

大 类	强藩	强藩的附藩	强藩的属藩
参与政争的强藩	凤翔		邠宁、天雄、山南、泾原、鄜坊
	宣武		宣义、天平、护国、佑国、河阳、昭义、保义、戎昭、武定、泰宁、平卢、忠武、匡国、镇国、武宁、忠义、荆南
		南方：鄂岳、江西、两浙、湖南、武贞、岭南 北方：魏博、成德、义武	湖南所属：桂管
	河东		
无意参与政争的强藩	西川		东川、山南西道、武定
	淮南		宁国、鄂岳、江西
	卢龙		义昌

何氏的这一分类，特别是对强藩、附藩、属藩的强调，影响了此后许多藩镇史研究，特别是一些强藩的个案研究。王凤翔《晚唐五

代秦岐政权研究》(2009)一书即根据凤翔镇的具体情况,借用何氏的强藩、附藩、属藩概念,改称为主镇、附镇、属镇,详列了以凤翔镇为主镇的逐年附镇、属镇情况。① 闫建飞《走出五代——十世纪藩镇研究》(2023)一书则探讨了朱温、李克用两方的情况,并命名为直辖镇、属镇、附镇。② 只是对于强藩、附藩、属藩的分类,更强调的是以强藩为中心的同心圆结构之存在,特别是强藩如何通过建设这样一个同心圆结构来扩张自己的地盘,甚至在此基础上建国。故而强藩之外的附藩、属藩的身份存在随时变动的可能性,甚至强藩本身也会弱化为附藩或属藩。因此,这样的藩镇分类,已经与王黄之乱以前具有地域性特征且稍稍固定的藩镇分类完全不同。学者使用强藩、附藩、属藩的概念,也更多地用来展示强藩的扩张过程,以及地域范围。

在何氏分类之外,未能为何氏所参考,但与何氏分类原则类似的是海外学者王赓武(1963)和 Robert M. Somers(1978)对于唐末藩镇类型的整理。③ 他们的原则是,大致依据藩帅的任命方式和文武出身之别、汉蕃身份之别,以及藩镇对唐廷顺逆态度的差异等等。于是王赓武有朝廷选任、朝廷除任、自行推任和其他四分法,Somers

---

① 王凤翔:《晚唐五代秦岐政权研究》,西安:三秦出版社,2009 年,第 64—69 页。
② 闫建飞:《走出五代——十世纪藩镇研究》,成都:四川人民出版社,2023 年,第 22 页。
③ Wang Gungwu, *Structure of Power in North China during the Five Dynasties*, Kuala Lumpur: University of Malaya Press, 1963, pp.20-22. 本文参考中译本,王赓武著,胡耀飞、尹承译:《五代时期北方中国的权力结构》,上海:中西书局,2014 年,第 14—16 页。Robert M. Somers, "The end of T'ang", *Cambridge History of China* vol.3, part 1 "Sui and T'ang China, 589-906", ed. Denis Twitchett and John K. Fairbank, Cambridge: Cambridge University Press, p.764. 本文参考中译本,杜希德主编:《剑桥中国隋唐史》,北京:中国社会科学出版社,1990 年,第 776—777 页。

有帝国控制、贵帝国管辖、独立的地方统治者三分法。而后,笔者的《黄巢起义对晚唐藩镇格局的影响》(2017)即综合三人的分类方法,重新对唐末藩镇类型加以梳理。笔者的分类原则整体上"兼顾地域分布、势力强弱、政治目的、任命方式、出身背景乃至蕃汉之别",可分为五大类型:河南型、西部型、河东型、河朔型、南方型。① 基本上,这五种类型,是结合了强藩原则和地域原则,且奠定了日后五代十国时期的全国政治格局。

唐末之后的五代藩镇,中国大陆学界也有更进一步的讨论。但相关研究成书的少,大多分散于一些硕博士论文中。比如刘喆《五代成德镇研究——兼论五代十国时期藩镇的变化及特点》(2016)在研究五代时期河朔三镇之一成德镇的同时,探讨了五代十国时期的藩镇类型。他在张国刚、何灿浩的基础上,将五代十国时期的藩镇类型分为两个阶段来梳理:第一阶段为后梁统治时期,属于唐末到第二阶段的过渡期,依旧为唐末藩镇类型,即"强藩—依附型藩镇—属镇"模式;第二阶段为后唐建立之后至北宋建立之前,他认为随着河北藩镇"半独立化"的消除,"这一阶段的藩镇均成为统一政权统治下的属镇,所不同处仅在于御边型藩镇和内地型藩镇的区别",即可"划分为内地型藩镇和御边型藩镇两大类"。② 当然,刘氏的分类局限于北方地区。将五代藩镇类型扩展到全国范围的则是邓长宇《移镇与更替:五代宋初藩镇空间布局的研究(883—977)》一文,该文按照藩帅出身、封爵和具体政治倾向,将后梁初期的藩镇分为四类:直辖藩镇、元从性藩镇、依附性藩镇、臣属性藩镇,其中南方地区形成"十国"的藩镇为臣属性藩镇,但他

---

① 胡耀飞:《黄巢起义对晚唐藩镇格局的影响》,《文史哲》2017年第4期。
② 刘喆:《五代成德镇研究——兼论五代十国时期藩镇的变化及特点》,陕西师范大学硕士论文,2016年,第47—49页。

并未具体探讨这一类。①

除了将时间向下延伸到唐末五代,对于安史之乱以后藩镇在全国范围内全面铺开时期的藩镇类型,也有学者的研究有所涉及。只是当时藩镇的基本格局尚未定型,故而只能说是一种形成中的探讨。这方面,李碧妍在其博士论文基础上修订而成的《危机与重构——唐帝国及其地方诸侯》(2015)一书即做了很好的尝试。该书主要探讨唐廷如何在平定安史之乱这一目的下,于河南、关中、河北和江淮这四个地方处理政治危机及进行相应的调整。而这四个地方调整的主要内容,就是对藩镇设置的反复实践。② 正好这四个地方,日后分别应对了张国刚所提出的四大藩镇类型,即中原型、边疆型、河朔型和东南型。也就是说,李碧妍进行了张文经典藩镇分类的溯源,从而得以与对唐末五代藩镇类型加以研究的成果互相呼应。

(二) 横向突破

藩镇分类的横向突破,指的是空间范围内的晚唐藩镇类型重新组合,即对张文四分法的补充纠正,或者另起炉灶。正如前文所述,早在张文发表之后,即有王援朝未具名地加以修订,从而在具体的细节方面,藩镇分类已经趋于定谳。不过依然有学者试图继续突破,从而建立能够自圆其说的分类法。

其中最早尝试突破的是朱德军,他在其前揭博士论文《唐代中原藩镇研究》(2009)以及在博论基础上发表的《唐代中原藩镇与地

---

① 邓长宇:《移镇与更替:五代宋初藩镇空间布局的研究(883—977)》,华东师范大学硕士论文,2017 年,第 20—24 页。
② 李碧妍:《危机与重构——唐帝国及其地方诸侯》,北京:北京师范大学出版社,2015 年。

域社会》(2010)、《略论唐代中原藩镇的演变及其表现》(2010)等单篇论文中，①都阐述了以地域范围来确定其所研究的中原藩镇的想法。虽然研究范围局限于一个区域的藩镇，但中原地区的藩镇与河北地区的藩镇一样复杂，故而朱氏进一步区分中原藩镇的不同类型。根据其阐述，朱氏所探讨的中原藩镇是指中原地区的藩镇，并非张文所界定的"中原型藩镇"。因此，在中原这一地区内，存在着不同类型的藩镇，具体为割据型、跋扈型、顺服型三类。且在朱氏看来，这种划分并非一成不变，始终如一。② 此外，朱氏还在其博士论文第四章探讨了中原藩镇与南方藩镇、河北藩镇、边疆藩镇的关系，这明显是在张文的基础上，就张氏所谓四种藩镇类型的地域原型进行了互相之间的比较。③

由此可知，朱氏的分类依旧是在张文的基础上进行，但稍稍改变观察视角，至少有所突破。其主要的突破是设立了"跋扈型""顺服型"这两种类型表述，而非张氏所使用的专门加诸中原型藩镇之上的"防遏型"。其中跋扈型具体包括宣武镇、武宁镇，其特点是"在对中央态度上，它们往往桀骜不驯；在政治取向上，它们常常不奉朝纲，但这只是在特定的历史时期内存在的问题，并非始终如此"。④ 顺服型则包括陕虢、都畿、忠武、义成、河阳，且其中尚有"以都畿、陕虢为代表的观察区与以忠武、义成、河阳为代表的节度区的差异"，"前者具有两税上供的'南方化'、兵力配置的'薄弱化'、藩帅设置的'文职化'特征；而后者具有军力雄

---

① 朱德军：《唐代中原藩镇与地域社会》，《唐都学刊》2010年第5期；朱德军：《略论唐代中原藩镇的演变及其表现》，《洛阳师范学院学报》2010年第4期。
② 朱德军：《唐代中原藩镇研究》，第38—39页。
③ 朱德军：《唐代中原藩镇研究》，第157—214页。
④ 朱德军：《唐代中原藩镇研究》，第49页。

劲、藩帅设置的'武职化'(特征),故经常性作为国家的武力中坚,屡屡出征四方,成为捍卫王权的重要支柱"。[①] 与张文一样的则是割据型,具体即淄青、淮西,且主要指这两镇的"河朔化"阶段。

根据朱氏的讨论,可以用表格列出其中原藩镇类型表如下:

表 2 朱德军中原藩镇类型表

类　型	藩　镇	阶　段
中原割据型	淄青、淮西	尽忠唐室阶段→"河朔化"阶段→"去河朔化"阶段
中原跋扈型	宣武	跋扈自雄阶段→回归忠顺阶段
	武宁	平和稳定阶段→喧嚣动荡阶段
中原顺服型	观察区:都畿、陕虢	
	节度区:忠武、义成、河阳	

大体而言,中原割据型即张文所谓河朔割据型的一部分;中原跋扈型的宣武、武宁属于张文所谓中原防遏型,但在此处应当指割据和防遏之间的类型,双方特征兼而有之;中原顺服型可等同于中原防遏型,即顺服于唐王朝并助唐王朝防遏割据藩镇。

朱德军的尝试虽然局限于中原藩镇,但对全国范围内藩镇类型之重新认识也有不少帮助。特别是在方法上,一是重视割据与顺服之间的跋扈这一中间形态,二是重视根据不同时间段来分阶段认定其形态。此后,笔者《黄巢起义对晚唐藩镇格局的影响》(2017)也是

[①] 朱德军:《唐代中原藩镇研究》,第 64 页。

根据不同程度,在张文、王文基础上进一步细分晚唐藩镇类型为七大类:①

表 3　胡耀飞晚唐藩镇类型表

类　　型	藩　　镇
河朔长期割据型	魏博、成德、卢龙(幽州)
河朔一度割据型	义武、义昌
中原一度割据(防遏)型	淮西、平卢淄青、昭义、宣武、武宁(感化)
中原长期防遏型	忠武、河阳、河中、义成、河东、大同、陕虢、山南东、东都畿汝、天平、兖海(泰宁)
西北长期御边型	凤翔、邠宁、鄜延(鄜坊)、泾原、振武、银夏(夏州)、天德、朔方(灵武)、天雄(秦州)
西南一度御边(财源)型	山南西、西川、东川、黔中、桂管、容管、邕管、安南
东南长期财源型	淮南、鄂岳、宣歙、浙东、浙西、江西、湖南、福建、岭南、荆南

笔者分类的基本原则是综合张氏、王氏之长,弥合二家分歧,不过由于未能就每个藩镇的具体情况逐一梳理,故而粗疏之处在所难免。

以上朱德军和笔者对晚唐藩镇的分类,已经十分细致,但由于藩镇分类的问题对于一般研究而言,其重要性不断下降。或者说已有的张氏藩镇分类法已足够大致认识各类藩镇形态,以及搁置藩镇类型问题和搁置已有藩镇分类法之间细部差别问题不害对藩镇其他方面问题的研究。故而,目前学界对于藩镇分类已不再

---

① 胡耀飞:《黄巢起义对晚唐藩镇格局的影响》,《文史哲》2017 年第 4 期。

热衷。

正如仇鹿鸣所指出的:"这种分类研究的方法仍多停留在静态描述的层面,未能勾勒出藩镇的动态演变。"①因此,学者多强调藩镇类型的动态化演变过程,不再直接将某一个藩镇在某一阶段的突出特征涵盖到整个发展阶段。具体的实践方面,朱德军的分阶段梳理每一类型的藩镇已有较好注意和示范,仇鹿鸣《刘广之乱与晚唐昭义军——兼论唐代藩镇变乱模式的演化》(2017)也从藩镇军队的动乱类型视角予以观察。②

仇文所讨论的昭义军,根据刘广之乱所体现的经济诉求,仇氏将此动乱定性为一场"经济性骚乱",从而与中唐时期河朔藩镇寻求自立的那种"政治性反叛"相区别。在仇氏看来,"政治性反叛"追求藩镇割据自立、节帅之位不受代乃至自相承袭,且这一类叛乱"基本上发生在代宗、德宗、宪宗三朝";而"经济性骚乱"则"虽然是分散而偶发的事件,频率在晚唐日渐提高……范围则集中于本镇之内,基本的骚乱形式是驱逐原节度使,拥立新帅,并不直接挑战唐廷的权威"。③ 这一观察,不仅是对藩镇军队动乱类型的动态把握,也认识到藩镇类型不再固定于一时一地。特别是就仇氏所讨论的昭义镇来说,张文定义其为中原防遏型藩镇,笔者称之为中原一度割据(防遏)型,但都不必绝对化,需要具体时间段的具体分析。即通过仇氏论断可知,昭义镇经历了从防遏到寻求割据的转变,很难说能够定于一个类型。

---

① 仇鹿鸣:《长安与河北之间:中晚唐的政治与文化》,第333页。
② 仇鹿鸣:《刘广之乱与晚唐昭义军——兼论唐代藩镇变乱模式的演化》,《中华文史论丛》2017年第3期;收入氏著《长安与河北之间:中晚唐的政治与文化》,第219—260页。
③ 仇鹿鸣:《长安与河北之间:中晚唐的政治与文化》,第258页。

结　语

　　通过上文的梳理,基本可以得到1990年代以来的三十多年里,藩镇时代研究中的藩镇分类问题之基本情况。但藩镇分类依然只是一个小话题,属于藩镇时代研究中目前已经溅不起水花的方向。也正如李碧妍所说,张国刚"从藩镇的地理位置与作用出发,将唐代的藩镇分为河朔割据型、中原防遏型、边疆御边型、东南财源型四种,其实这仍是基于朝藩关系视角的一种论述"。① 因此,大多数藩镇个案研究往往都会在讨论该藩镇与中央关系时,谈及其所属的藩镇类型问题,并简单引用张氏分类法,而无具体深入。由此,许多对于河朔、中原、边疆、东南的藩镇个案研究,仅仅是不同程度上丰富了张氏的论断。

　　真正的突破在于近二十年的一些尝试,即从纵向、横向两个方面。纵向而言,何灿浩将观察视角延伸到唐末(王黄之乱到唐亡)的藩镇类型,主要用强藩、附藩、属藩三大类型,已经很好地展示了当时藩镇的基本情况。此后,王凤翔、闫建飞大体沿用了何氏分类并稍作变通,笔者则基于王赓武和Robert M. Somers等海外学者的认识,结合地域,对唐末藩镇重新予以划分并借此导向五代十国的割据局面。刘喆则就五代时期北方藩镇的情况,简单区分了御边型和内地型。邓长宇则将讨论范围扩展到全国,按照控制程度分为直辖藩镇、元从藩镇、依附藩镇和臣属藩镇。横向而言,朱德军就中原地区藩镇的不同类型,提出了自己的看法,即区分为割据型、跋扈型和顺服型,并予以分阶段探讨其特征;笔者也在张国刚、王援朝两人基

---

① 李碧妍:《危机与重构——唐帝国及其地方诸侯》,第12页。

础上进一步细分了不同藩镇的类型。但正如仇鹿鸣通过昭义镇的例子所揭示的,藩镇类型与藩镇动乱一样不可一概而论,且对藩镇类型的认知会受到藩镇动乱变化的影响。

  作者单位:陕西师范大学唐文明研究院、历史文化学院
 (原刊于佐竹靖彦主编:《中国史学》第32卷,京都:朋友书店,2022年,第31—40页)

晚唐五代的商人、军将与藩镇回图务

周 鼎

摘 要：作为一种与民众日常生活紧密相关的地方治理体系，唐五代藩镇呈现出复杂的社会经济面相。以筹措军饷为名，中唐以降，各地藩镇普遍设立回图务等职能机构，从事以邸店贸易为代表的商业活动。回图务任职者大多拥有军将职衔，其组织形态也接近于同期藩镇其他差遣类职务。但另一方面，回图务与"行商坐贾"的民间商业经营方式并无二致，且任职者呈家族亲缘性特征。以此为契机，大批民间商人拾级而上，挂籍军府，获得军将职衔，甚至准官僚身份。部分商人进而与军将发生了社会面貌的交融，身份界线趋于模糊。除作为国家机器的官僚制属性，藩镇也是一种对不同阶层、职业人群起到整合作用的社会机制。

关键词：藩镇　回图务　商人　军将

一、藩镇社会史：视角与议题

藩镇问题是唐五代史研究中的传统课题。所谓藩镇，不同主体眼中,不同历史语境之下,呈现的意象不尽相同。① 站在中央政府立场,藩镇至少有以下两个面向:它首先是承载军事防御、赋税征收等公共职能,维系王朝统治的地方治理层级;时移势易,也可能蜕变为拥兵自重的军事集团,乃至敌对政治实体。基于此二重性,长期以来,藩镇研究中形成了两种常见路径:其一主要对应前者,着眼于藩镇内部权力构造,围绕统兵体制、文武僚佐职掌与选任机制、与辖下州县关系等议题,进行职官制度、历史地理层面的实证研究;其二对应后者,是以中央与藩镇权力博弈为主轴的政治史研究,往往围绕人物、事件、地域等维度展开。② 近年来,藩镇研究续有力作问世,整体看来,也可归入以上两种取径,即广义的政治史脉络。值得注意的是,基于政治、军事向度研究而形成的认知框架,可能也在某种程度上制约了对藩镇体制更为立体、纵深的体察。对此,研究者已有所反思。③

回顾二十世纪以降的藩镇研究史,其实也不乏对社会经济类议题的关照,甚至可以说,社会史的取向虽时隐时显,却始终贯穿其间。这一点在唐五代藩镇研究的先驱——日野开三郎相关论著中即有体现。④

---

① 关于藩镇、方镇等概念的内涵与外延,近年学界有不少讨论与反思,参山根直生:《藩镇再考》,《七隈史学》第16卷,2014年;罗凯:《何为方镇——方镇的特指、泛指与常指》,《学术月刊》2018年第8期。
② 详见胡戟等主编:《二十世纪唐研究》,北京:中国社会科学出版社,2002年,第50—58页;高濑奈津子:《第二次大戦後の唐代藩鎮研究》,堀敏一:《唐末五代変革期の政治と経済》,东京:汲古书院,2002年,第225—253页;张天虹:《唐代藩镇研究模式的总结和再思考——以河朔藩镇为中心》,《清华大学学报(哲学社会科学版)》2011年第6期。
③ 参张天虹:《唐代藩镇研究模式的总结和再思考——以河朔藩镇为中心》,《清华大学学报(哲学社会科学版)》2011年第6期;仇鹿鸣:《长安与河北之间——中晚唐的政治与文化》,北京:北京师范大学出版社,2018年,第327—335页。
④ 按,日野氏平生治学深受经济史专家加藤繁影响,自身在唐宋社会经济史领域亦建树颇丰。其藩镇研究的社会经济史取向,在开山之作《唐河阳三城镇遏使考》(《日野開三郎東洋史学論集》第1卷,东京:三一书房,1980年,第258页)一文中即有体现。另可参山根直生:《藩镇再考》。

二十世纪中期以后,我国学者所关注的藩镇与土地所有制形态变迁、藩镇士兵的社会来源等问题,日本学者对藩镇内部人际结合的形态、藩镇与新兴土豪阶层之关系等议题的探讨,都可以归入广义社会史脉络下的研究。然而,诚如学者所指出的,这类论说大多与唐宋变革论、经济基础决定论等宏大叙事紧密挂钩,①实证环节不无跳脱史料语境之嫌,因此多数议题已逐渐淡出研究者视野。

倘若能克服宏大叙事之失,社会史的视角仍不失为当下藩镇研究重要的学术增长点。对此,首先应明确一点,即传统中国的官僚体制并非单纯的政治制度,借用当代社会学家的观察,更像是一个"人际关系交错相连的社会制度"。② 这在地方层级体现得尤为显著:代表国家意志的官僚体制,固然对社会秩序产生规约乃至形塑之力,但与此同时,它与地方各阶层的利益诉求往往又是错杂相生的,彼此边界并不清晰。作为与地方人群紧密相关的治理体系,藩镇自应有其复杂的社会经济面相。

如所周知,藩镇体制下,地方政府获得了相对独立的权力运作空间。这在既往研究中多被视为武人跋扈、地方离心之根源。但值得注意的是,独立的权力运作空间不仅赋予了"割据"的政治资本,站在地方的立场,也意味着更多社会资源及新型分配机制的出现,而既有社会秩序也很可能因之重塑。因此,自下而上地观察藩镇权力运作所推动的社会"再秩序化"进程,以及不同人群的因应方式,实为重绘晚唐五代社会图景的一条重要线索。对此,前人研究中也不乏有益尝试。以人事制度为例,渡边孝的研究表明,藩镇辟召制不仅是一套选官机制,更带有某种社会分层的意味:使府僚佐中,高

---

① 仇鹿鸣:《长安与河北之间——中晚唐的政治与文化》,第 330—332 页。
② 周雪光:《运动型治理机制:中国国家治理的制度逻辑再思考》,《开放时代》2012年第 9 期。

级幕职多为具有中央背景的官僚士族所占据；而土著居民中的"新兴阶层"则通过出任低级幕职、军职，获得进身阶梯，进而实现了向上的社会流动。[1] 受此启发，笔者在对藩镇差摄州县官现象的考察中，发现这一看似侵夺吏部职权的人事惯例，实则因应了士人家族侨寓地方州县的社会情势，是某种维系士人家族"再生产"的社会机制。[2]

接续以上思路，本文将目光转向藩镇的商业经营活动。对此，前人研究虽有关注，[3]但随着视角的转换、新史料的不断刊布，相关课题仍有很大的推进空间。具体而言，本文将聚焦以下两个相关联的问题：藩镇体制为自身商业经营活动塑造了怎样的制度空间？商人家族的生存境况又呈现出哪些时代特征？

二、回图务：藩镇商业经营的组织形态与运作机制

在唐前期地方行政体系中，工商业管理归属仓曹（司仓）参军职

---

[1] 渡边孝：《唐後半期の藩鎮辟召制についての再検討—淮南・浙西藩鎮における幕職官の人的構成などを手がかり—》，《東洋史研究》第60卷，第1号，2001年；《唐代藩鎮における下級幕職官について》，《中国史学》第11卷，2001年。
[2] 拙文：《侨寓与仕宦：社会史视野下的唐代州县摄官》，《文史哲》2020年第3期。
[3] 魏承思：《略论唐五代商人和割据势力的关系》（《学术月刊》1984年第5期）、张剑光：《唐代藩镇割据与商业》（《文史哲》1997年第4期）对藩镇的商业经营活动，以及商人在其中扮演的角色做了初步考察。此外，李锦绣：《唐代财政史稿》（第5册，北京：社会科学文献出版社，2007年，第416—422页）、贾志刚：《唐代军市问题研究——兼析传统军市的终结》（杜文玉主编：《唐史论丛》第10辑，西安：三秦出版社，2008年）、《唐代藩镇供军案例解析——以〈夏侯昇墓志〉为中心》（《中国社会经济史研究》2011年第4期）则从地方财政收支的角度探讨了这一问题。

掌,其下又置有市令、市丞等,"掌市廛交易,禁斥非违之事"。① 除了监管,唐前期州县政府也直接参与商业经营活动,主要形式是以公廨本钱、宴设本钱等从事放贷。② 但在严整的律令体制之下,市廛交易受到严格限制,州县政府相应的机构设置并不发达,商业税在国家财政收入中占比微乎其微。各类官本钱等则是废置不常,且基于传统儒家伦理,舆论对之多有抨击。总之,唐前期政府商业经营活动是相当有限的,参与形式往往是间接的。

中唐以降,伴随商品经济的迅猛发展,官方工商业管理与经营活动出现了若干新动向。就藩镇层级而言,首先体现为商税收入在地方财政中地位日趋重要,③而更引人注目的则是邸店贸易的兴盛。据研究,作为商业经营场所的邸店,应起源于六朝时期,《唐律疏议》称:"邸店者,居物之处为邸,沽卖之所为店。"④这是就其早期含义而言,中唐以降,邸店逐渐发展为兼营商贸、仓储、旅店乃至金融放贷的复合型经营场所。⑤

自南北朝以降,邸店的经营主体往往带有半官方色彩,达官显贵列置邸店、兴贩射利的事例史不绝书。⑥ 中晚唐时期,随着藩镇势力的崛起,迅速成为这类产业经营中的翘楚。《册府元龟》卷五○四

---

① 《唐六典》卷30《三府都护州县官吏》,北京:中华书局,1992年,第750页。
② 《唐会要》卷93《诸司诸色本钱上》,上海:上海古籍出版社,2006年,第1985页。代表性研究参罗彤华:《唐代官方放贷之研究》,桂林:广西师范大学出版社,2013年。
③ 日野开三郎:《唐代商税考》,刘俊文主编,夏日新等译:《日本学者研究中国史论著选译》第4卷,北京:中华书局,1992年,第405—444页。
④ 《唐律疏议》卷4《名例》,北京:中华书局,1983年,第92页。
⑤ 关于唐代邸店的经营门类,参日野开三郎:《唐代邸店の研究》,东京:三一书房,1992年,第31—258页。
⑥ 唐长孺:《南朝的屯、邸、别墅及山泽占领》,唐长孺:《山居存稿》,北京:中华书局,2011年,第5—8页。

《邦计部·关市》：

> （大历）十四年七月，令王公百官及天下长吏，无得与人争利。先于扬州置邸肆（《旧唐书》卷一二《德宗本纪》作"回易邸"。——引者）贸易者，罢之。先是，诸道节度、观察使以广陵当南北大冲，百货所集，多以军储贸贩，别置邸肆，名托军用，实私其利焉。至是乃绝。①

这是研究唐代商业经济时常被征引的一则史料。从中可见，中唐时期藩镇在扬州等商业都市列置邸店已成为一种常态。虽然诏令对此严加禁绝，但终唐一代，以迄五代诸政权，藩镇经营的邸店屡见不鲜，且呈愈演愈烈之势。值得注意的是，虽然史料中将邸店贸易斥为藩帅"名托军用，实私其利"的个人行为，但在藩镇体制下，各地军饷钱粮依例自行筹措，"名托军用"实则赋予了藩镇商业经营正当性。揆诸史实，藩镇军费中确有很大一部分来源于商业经营。②

正是在上述背景下，藩镇内部便出现了相应的职能机构——回图务。按，"回图"又作"回易"，指交易、买卖等商业行为，回图务、回易务则是负责相应事务的差遣职名。前人研究于此虽有涉及，③但囿于史料，其制度源流与运作机制尚不甚明晰。为便讨论，在前人所见史料基础上，今补入新见碑志资料，将相关事例列为表1。

---

① 《册府元龟》卷504《邦计部·关市》，北京：中华书局，1960年，第6050页。
② 参贾志刚：《唐代藩镇供军案例解析——以〈夏侯昇墓志〉为中心》，《中国社会经济史研究》2011年第4期。
③ 日野开三郎：《〈续〉唐代邸店の研究》，私家自印，1970年，第591—602页；李锦绣：《唐代财政史稿》第4册，第502—504页。

表1 唐五代藩镇(国)回图类机构及任职者情况

编号	时代	姓名	职衔/职掌	出　处	备注
1	唐大历	梁璨	鄂州回易小将	《太平广记》卷280，北京：中华书局，1961年，第2232页	
2	唐长庆	田某	蔡州军将"知回易"	段成式：《酉阳杂俎·前集》卷6，《唐五代笔记小说大观》（上），上海：上海古籍出版社，2000年，第605—606页	
3	唐大中	青陟霞	昭义军节度衙前十将、云麾将军、试殿中监"用之回弈〔易〕"	《青陟霞及妻万氏墓志》，赵力光主编：《西安碑林博物馆新藏墓志汇编》，北京：线装书局，2007年，第865页	
4	唐乾宁	郭宗	昌普渝合四州节度散兵马使、兼军事押衙"专知回易务"	《韦君靖碑》，《金石续编》卷12，《石刻史料新编》第1辑第5册，台北：新文丰出版公司，1984年，第3252—3253页	
5	唐末		青州节度"回图军将"	《金华子杂编》卷下，北京：中华书局，2014年，第289页	
6	唐末	孟文德	成德军节度都回图·钱谷都知官	《孟弘敏及妻李氏墓志》，周阿根：《五代墓志汇考》，合肥：黄山书社，2012年，第95—98页	
7	唐末	任涛	金紫光禄大夫、检校刑部尚书、知郑州榷税·回图·茶盐都院事、守别驾兼御史大夫、上柱国	《任元贞(贞？)墓志》，周阿根：《五代墓志汇考》，第183—184页	

续　表

编号	时代	姓名	职衔/职掌	出　处	备注
8	后梁		汴、荆、唐、郢、复等州境内回图务	《资治通鉴》卷266，后梁开平二年六月条，北京：中华书局，1956年，第8702页	马楚于后梁境内所置
9	后唐	任钧	绛州司马、知省司回图务	《任元页（贞？）墓志》，周阿根：《五代墓志汇考》，第183—184页	任涛之子
10	后唐	李某	成德军亲从左厢都押衙、都回图·商税使、检校尚书右仆射、侍御史、上柱国	《孟弘敏及妻李氏墓志》，周阿根：《五代墓志汇考》，第95—98页	孟文德姻亲
11	后唐	白全周	定难军节度兵马使、押衙、知回图务	《白全周墓志》，杜建录：《党项西夏碑石整理研究》，上海：上海古籍出版社，2015年，第88页	
12	后唐	白友琅	定难军"主持回易"		白全周之子
13	晋汉之际	曹从晖	（吴越国）专知回图·酒务	楼钥：《跋赵振文经幢碑》，《全宋文》卷5956，上海辞书出版社、安徽教育出版社，2006年，第264册，第227页	
14	后汉		青州节度境内两浙（吴越国）回易务	《册府元龟》卷690《牧守部·强明》，第8232页	吴越于后汉境内所置
15	后周	俞仁祚	（吴越国）台州军事押衙、充当直都队将、知省回图库务、银青光禄大夫、检校太子宾客兼监察御史、上柱国	《俞让墓志》，周阿根：《五代墓志汇考》，第526—528页	
16	后周	盛某	（吴越国）台州知省回图库务		俞仁祚姑父

（一）成立背景与制度源流

首先来看藩镇回图务出现的时间。表1所见事例中,最早为代宗大历年间(766—779)的"鄂州回易小将",这与前述藩镇邸店的出现时间大体相符,但并未提及其制度渊源。对此,出土文书中透露了更为重要的信息。吐鲁番出土《唐上元元年(760)十月西州高昌县周思温等纳布·钱抄》,由大谷5800号、5801号两件文书缀合而成,兹引录如下:

1　周思温、曾大忠、阴善保等,付细绁直钱
2　贰阡肆伯五拾文。上元元年十月六日
3　李泰抄。先有壹阡六百钱抄,不在用限。
4　泰。

1　周思温等参户,共纳瀚海
2　军赊放绁布^{次细,让}壹匹。上元元
3　年十月六日。典刘让抄。①

又《唐宝应元年(762)西州高昌县周氏纳布抄》,由大谷5832号、5833号两件文书组成:

1　周思恩纳宝应元年瀚海等军预放绁
2　布壹段。其年八月十四日,里正苏孝臣抄。

1　周祝子纳瀚海军预放绁布

---

① 池田温著,龚泽铣译:《中国古代籍帐研究》,北京:中华书局,2007年,第298页;另参小田义久:《大谷文书集成》第三卷,京都:法藏馆,2003年,第199页。

2　壹段。宝应元年八月廿九日

3　☐☐抄。①

(后略)

以上两件文书均与北庭节度辖下瀚海军有关。唐前期屯驻于西域地区的边军,主要依靠内地转输的物资,以维系日常军饷开销。安史之乱爆发后,中原战事频仍,供应难以为继,当地驻军不得另觅渠道,自筹军饷,这在出土文书中屡有反映。② 在上述背景下,我们看到瀚海军先后于上元元年(760)、宝应元年(762)向高昌县民户周思温、周祝子等"赊放""预放"绁布,收取利息。以上文书则是民户缴纳本息后留存的收据。③ 由此可见,安史之乱中,地处西陲的瀚海军为纾解财政困境,已着手经营高利贷业务。

这并非孤立存在的现象。敦煌出土的P.2942文书,经学者定名为《大历元年(766)河西节度观察使判牒集》,其中收有一道判文:

39　　豆卢军兵健共卅九人无赐

40　　沙州兵健,军合支持。既欲优怜,复称无物。空申文牒,从事

41　　往来。不可因循,终须与夺。使司有布,准状支充。如至冬装,

---

① 池田温:《中国古代籍帐研究》,第299页;小田义久:《大谷文书集成》第三卷,第205—206页。
② 参孟宪实:《安史之乱后四镇管理体制问题——从〈建中四年孔目司帖〉谈起》,王振芬、荣新江主编:《丝绸之路与新疆出土文献——旅顺博物馆百年纪念国际学术研讨会论文集》,北京:中华书局,2019年,第552—568页。
③ 按,以上文书均属"抄文",对其性质的讨论,参陈国灿《关于〈唐建中五年(784)安西大都护府孔目司帖〉释读中的几个问题》,《陈国灿吐鲁番敦煌出土文献史事论集》,上海:上海古籍出版社,2012年,第584页。

42　任自回易。①

安史之乱中,留守河西的唐军同样面临军饷筹措的难题。在上件文书中,针对河西节度辖下豆卢军士卒冬装配给问题,因物资匮乏("既欲优怜,复称无物"),使司判文明确允许其自行"回易",亦即通过贸易的方式筹措。

以上几件文书透露出安史之乱期间边疆藩镇的商业活动,其具体方式或为出举放贷,或为市廛贩易,恰都是唐前期州县公廨本钱的主要盈利模式。② 据此可以得出两点认识:藩镇商贸类事务的涌现,应与安史之乱爆发后的特殊局势有关;在具体实践环节,这类事务可能借鉴了唐前期官本钱的经营模式。③ 至于当时瀚海军、豆卢军中是否已设置专掌机构负责商贸,文书并未透露。

(二) 组织形态与运作机制

中唐以后,随着藩镇体制在各地确立,原先推行于西北边军中的一系列做法也被移植到内地州县。由此,藩镇中的商贸类事务逐渐普及开来,相关职掌也最终制度化。回图务主事者一般被称为"知回图务""专知回易务""知回易"等,从职衔来看,这属于差遣性质的"专知官"。类似职务在唐后期行政体系中颇为常见,尤以财经

---

① 池田温:《中国古代籍帐研究》,第350页。关于此件文书的定名、断代,学者观点不尽相同,此从金滢坤意见,参氏文:《敦煌本〈唐大历元年河西节度观察使判牒集〉研究》,《南京师范大学学报(社会科学版)》2011年第5期。
② 参罗彤华:《唐代官方放贷之研究》,第293—299页。
③ 敦煌地区晚近出土的两件墓葬文书表明,沙州豆卢军曾仿效州县宴设本钱,置"军宴设本"钱,从事放贷活动。文书无纪年,陈国灿推定为开元年间,参《莫高窟北区47窟新出唐贷钱折粮还纳帐的性质》,《陈国灿吐鲁番敦煌出土文献史事论集》,第528—539页。如果这一推测不误,则西北边军中的高利贷经营或可追溯至开元年间。

类政务为然。① 需要说明的是，回图务的设置应不限于藩府，在州一级亦有设立，表1中蔡州军将知回易（编号2）、任涛知郑州榷税·回图·茶盐都院事（编号7），皆为其例。个中原因在于，唐后期诸州置有"军事院"，支州刺史例以"使持节诸军事"的名义辟署军事判官、军事押衙等僚属。② 因此，州级政府也有一套拟藩镇建制。

随着时代推移，尤其到了唐末五代，回图务的组织形态又历经若干分化和重组。首先，在部分藩镇中，回图事务已与商税征收、茶盐专卖等其他财经政务归并。表1中，孟文德任成德军都回图·钱谷都知官（编号6），任涛知郑州榷税·回图·茶盐都院（编号7），李某任成德军都回图·商税使（编号10）。这类差遣职务是与"专知官"相对的"都知官"，同样是晚唐五代常见的差遣类型。

回图务的机构分化，表现为如表1中"知省司回图务""知省回图库务"（编号9、15、16）等差遣职名的出现。对此，前人研究中鲜有触及，需稍作辨析。我们知道，安史之乱后，中央为与藩镇争夺地方收入，除两税上供的份额外，还划定了诸色杂项收入，同样需收归中央财政。这类收入名目众多，作为总称，从唐中期归属户部司的户部钱、送省钱，发展到唐末五代泛指三司财政的省司钱物（又作属省钱、系省钱）等。虽然这类钱物收贮于地方，日常也由地方政府管理，但性质都是中央财政，有别于留州、留使的份额。③ 因此，这里的

---

① 李锦绣：《唐后期官制：行政模式与行政手段的变革》，黄正建主编：《中晚唐社会与政治研究》，北京：中国社会科学出版社，2006年，第46—48页。
② 陈志坚：《唐代州郡制度研究》，上海：上海古籍出版社，2005年，第105—124页。
③ 关于户部钱的起源与类别，参吴丽娱：《唐后期的户部司与户部钱》，中国唐史学会编：《中国唐史学会论文集》，西安：三秦出版社，1989年，第107—123页；何汝泉：《唐财政三司使研究》，北京：中华书局，2013年，第271—347页。省省钱等名目在唐末、五代、宋的流变，参陈明光：《从唐后期的"省司钱物"到五代的"系省钱物"——五代财政的管理体制演变探微》，《寸薪集——陈明光中国古代史（转下页）

"省""省司"指的都是中央层级的财政三司。

这类省司钱物与"回易生利"的商业化经营有何关联呢?这应该渊源于唐中后期送省钱的输纳惯例。在上缴此类钱物时,中央往往要求地方政府以贸易的方式,将其转卖为绫罗细软("轻货"),以便运输、贮藏以及盈利。相关例证为数甚夥,如大历二年,以筹措防秋军饷的名义,诏令:"委本道节度观察使、都团练等使,每年当使诸色杂钱及回易利酒〔润?〕、赃赎钱物……市轻货送上都左藏库贮纳。"①元和年间(806—819),户部侍郎李绛上疏中提到:"今天下州县,皆有户部阙官俸料、职田……旧例……准时价枭货,市绫绢送纳户部。"②某些场合,甚至连两税上供也通过"回易轻货"的形式。③类似做法显然是相承已久的,④在唐代,负责"市轻货"送省的应该正是藩镇回图务。

及至五代诸政权,在中央财政三司(租庸司)的主导下,正式出现了利用省司钱物"回图生利"的财政收入名目——"省司回图钱"。⑤ 不难想见,在这一背景下,连带的相关事务便从藩镇回图务分析而出,而"知省司回图务""知省回图库务"作为一种正式的差遣职名,便在各地应运而生。简言之,省司回图务渊源于藩镇回图务,

---

(接上页)论集》,厦门:厦门大学出版社,2017 年;陈志坚:《唐代州郡制度研究》,第 213—221 页;王曾瑜:《宋朝系省、封桩与无额上供钱物述略》,《中国经济史研究》2018 年第 6 期。

① 《册府元龟》卷 484《邦计部·经费》,第 5787 页。
② 《全唐文》卷 645《论户部阙官斛斗疏》,北京:中华书局,1983 年,第 6536 页。
③ 《册府元龟》卷 488《邦计部·赋税》,第 5838 页。
④ 如果进一步追溯,这在唐前期租米"回造纳布"之制中已可见端倪,两者均反映出商品经济发展对国家赋税输纳方式的影响。参李锦绣:《唐代财政史稿》第 2 册,第 30—33 页。
⑤ 日野开三郎:《五代·後唐の回図錢について》,《日野開三郎東洋史學論集》第五卷,东京:三一书房,1982 年,第 500—511 页。

是中央与藩镇围绕地方财政收入长期博弈的产物。值得注意的是，省司回图虽然统属于财政三司，但任职者当为地方军将，如后唐长兴二年（931）诏书中提到"省司主持回图败阙军将"，[1]表1中俞仁祚职级为"台州军事押衙、充当直都队将"。由此观之，各地的省司回图务应接受财政三司与地方政府的双重管理。

以上分析了回图务顶层组织形态的演进，下面来看其基层运作方式。在某些交通要冲、商品集散地，回图务往往设有分支机构以作为固定经营场所。如马楚政权在后梁境内汴、荆、唐、郢、复等州设立回图务，吴越国在山东半岛滨海郡县设立回易务。马楚、吴越政权均脱胎于唐末藩镇，上述在本国（藩）回图务之外派驻分支机构的做法，应属承袭旧制。

当然，回图务派出机构更为常见的名称还是前文提到的邸店，又称"回易邸"。关于邸店的经营形态，前人论列已详，这里重点关注其与回图务之关系。对此，表1的事例值得重视。《金华子杂编》卷下：

> 刘鄩本事贩鬻，王氏（师范）既承昭皇密诏，会诸道将伐朱氏（全忠），乃遣鄩偷取兖州。鄩乃诈为回图军将，于兖州置邸院，日雇佣夫数百，谒青州，潜遣健卒，伪白衣，逐晨就役，夜即留匿于密室。如是数月间，得敢死之士千余人。又于大竹内藏兵仗入，监门皆不留意。[2]

刘鄩是唐末青州节度使王师范部将，受命攻打朱全忠控制下的兖州。他首先"诈为（青州）回图军将"，在兖州城内设立"邸院"，随后招募佣夫，将商品贩运回青州。在返程途中，刘鄩暗中将佣夫替

---

[1]《册府元龟》卷93《帝王部·赦宥》，第1111页。
[2] 刘崇远：《金华子杂编》卷下，第289页。

换为青州健卒,"又于大竹内藏兵仗",埋伏于兖州城内,最终兵不血刃攻下兖州。这一计策所以能奏效,与刘鄩"本事贩鬻"的出身密不可分,他显然熟谙藩镇"回图务—邸店"的经营方式,一连串伪装环环相扣,丝毫未引起敌方觉察。作为笔记小说的叙事,某些细节或与史传不尽相符,①但无碍其"通性之真实",以上记载正是展现藩镇"回图务—邸店"运作实态的珍贵史料。

三、军商之间:身份界线的模糊

从表1所见事例来看,回图务长官例带押衙、兵马使等军将职级,除此之外,往往还带检校官、试官、散官、宪衔、勋官等加官,这构成了晚唐五代藩镇军将常见的职衔类型,属于所谓"散试官"。② 由此可见,作为藩镇差遣职务之一,回图务任职者依例拥有军将身份及相应职衔。

长官之下,实际负责境外商贸活动以及邸店经营的,是一些低级军将,即所谓"回易小将""回图军将"等,他们也拥有相应的职衔。在回图务长官指挥下,他们逐利而动,足迹遍布辖境内外。如青陟霞,大中年间被昭义军(泽潞)使府委任,先后负责淮南、两浙、剑南等道贸易。回图军将在晚唐五代社会中颇为活跃,《太平广记》

---

① 按,《旧五代史》卷23《梁书二十三·列传十三》称:"鄩遣细人诈为鬻油者,觇兖城虚实及出入之所。"(北京:中华书局,2015年,第354页)另孙光宪《北梦琐言》卷17《琐言》作:"诈为茶商,苞苴铠甲,大起店肆,剖巨木藏兵仗而入。"(北京:中华书局,2002年,第324页)所记互有异同。

② 参冯培红:《归义军官吏的选任与迁转——唐五代藩镇选官制度之个案》,《敦煌学与五凉史论稿》,杭州:浙江大学出版社,2017年,第56—68页;李锦绣:《唐代制度史略论稿》,北京:中国政法大学出版社,1998年,第198—208页。

卷一四九"柳及"条引《前定录》："有长沙小将姓周者,部本郡钱帛,货殖于广州。"①《太平广记》卷四三七"范翊"条引《集异记》："范翊者,河东人也。以武艺授裨将……翊有亲知陈福,亦署裨将。翊差往淮南充使,收市绵绮,时福充副焉。"②又《稽神录》卷三"宋氏"条："江西军吏宋氏尝市木至星子。"③这些"小将""裨将""军吏",史料虽未明言回图军将,但身份应相去不远,正可与表1事例相参证。

就官方层面而言,回图务任职者都是藩镇中的军将。另外,相关墓志对志主检校官、试官、散官等职衔不厌其烦地罗列,也表明他们自身或其家族很看重这类官方身份。作为军将,自应受到相应管理体制的约束。从某些事例来看,藩府对回图军将的监管堪称严厉。《太平广记》卷二五二"司马都"条引《玉堂闲话》：

前进士司马都居于青丘,尝以钱二万托戎帅王师范下军将市丝。经年,丝与金并为所没。都因月旦趋府,谒王公,偶见此人,问之。……王公知之,毙军将于枯木。④

唐末青州节度回图务的经营情况,上文已有涉及。这则史料中,接受司马都钱财、为其经营牟利的军将,显然隶属回图务。因贪没他人钱财,这名回图军将被节度使处死。又如,表1中的蔡州军将田某,因经营不善亏空数百万钱,还未返回本州,便遭到拘捕。此外,史料表明回图军将用于经营的本钱多是"公钱""本郡财帛",他们的商业活动属于官方行为。

但是也应看到,回图务终究是以盈利为目的,市场机制在其中

---

① 《太平广记》卷149,北京：中华书局,1961年,第1076页。
② 《太平广记》卷437,第3557页。
③ 徐铉：《稽神录》卷3,北京：中华书局,2006年,第54页。
④ 《太平广记》卷252,第1962页。

发挥了主导作用,这一点与民间商业经营并无本质区别。因此,供职其间的回图军将首先须具备基本的经商技能。从社会面貌来看,他们与行伍出身者区别显然,如任元贞,墓志称其自幼"聪惠过人,弘计经度,靡不通济"。① 供职于禁军系统的回图军将也可资参照,如大和八年(834)去世的贾温,"以能默纪群货,心计百利,俾之总双廛贾贸,未几裨军实十五万贯",②显然具备高超的经商才能。另外,部分回图务军将在入职前很可能便是市廛商贾,如表1中昭义军回图军将青陟霞,墓志记其"谢人世于……市东壁坊之私第",宅第毗邻市场东壁,暗示志主曾是一名市籍商人。③ 综合这些迹象来看,回图军将群体在社会面貌上又显露出商人的底色,甚至不乏商人出身者厕身其间。

不唯如是,藩镇回图务在经营中还存在家族化倾向。研究表明,在唐五代藩镇中,军将以及低级幕职官群体的身份背景相近,大多出身地方土豪阶层,彼此间形成了以亲缘关系为依托的人际网络。④ 这一"社会化"的特征在回图军将群体中尤为引人注目。以表1中诸人为例,任涛,唐末任知郑州榷税·回图·茶盐都院事,其子任钧,后唐时期任知省司回图务。另一子任元贞,据墓志

---

① 周阿根:《五代墓志汇考》,第183页。按,史料虽然并未明言,但志主应供职于回图务,详参下文。
② 《大唐故银青光禄大夫检校太子宾客上柱国阳武县开国子充右神策军衙前正将专知两市回易武威贾公墓志铭》,周绍良、赵超主编:《唐代墓志汇编续集》,上海:上海古籍出版社,2001年,第920页。
③ 按唐制,州县市场皆有东、西、南、北四壁,沿壁列置店肆,其管理者称"市壁师"。参王永兴:《敦煌唐代差科簿考释》,王永兴:《陈门问学丛稿》,南昌:江西人民出版社,1993年,第32页。市籍商人往往聚居于市壁侧近,如扬州出土的《邓瑫墓志》载志主卒于"江都县市东北壁私第"(参周绍良主编:《唐代墓志汇编》,上海:上海古籍出版社,1992年,第2412页)。
④ 渡边孝:《唐代藩鎮における下級幕職官について》,《中国史学》第11卷。

记载:"自前唐天复二年入仕,相次主张系省、咸醝、泉货赡国,经费利润。"①所谓"系省",显然是指系省钱,据前文研究,例由省司回图务经营、贸易,"泉货赡国"即谓此。如果这一推断不误,则任氏父子三人,历唐、后梁、后唐三朝,均任职于郑州(省司)回图务。此外,又如孟文德,唐末任成德军节度都回图·钱谷都知官,其姻亲李某,曾任成德军都回图·商税使;白全周,后唐时期任定难军知回图务,其子白友琅承袭父业,"主持回易";俞仁祚任吴越国台州知省回图库务,其姑父盛某亦曾任知省回图库务。

表1中具有亲缘关系的回图军将计有8例(任元贞未计入),在总数13例(编号5、8、14不计)中过半,比例之高,应远超同期其他藩镇差遣职务。之所以出现这一现象,应与回图务所需专业经商技能有关,尤其是境外长途贩运中所必备的人脉资源、市场情报,亲族间私下传承显然更为可靠。于此也可窥见,晚唐五代藩镇回图务虽为官方机构,但实际运作中又出现了家族化经营的倾向,这与民间商人的产业经营形态已是高度趋同。

上述情形又为更多民间商人跻身藩府拓宽了道路。我们注意到,另有一类军将,其商人的身份底色更为浓厚。这方面的典型例证是刘从谏治下的泽潞镇,史称:"大商皆假以牙职,使通好诸道,因为贩易。商人倚从谏势,所至多陵轹将吏,诸道皆恶之。"②另据《夏侯昇墓志》,志主任职徐州期间,建议节帅"募市人善贾者,署以显职,俾之贸迁贿货,交易有无"。③ 以上两例都是藩帅直接招募、署任

---

① 周阿根:《五代墓志汇考》,第183页。按,此处原录文标点似不确,今重新调整如上。
② 《资治通鉴》卷247,会昌三年四月条,第7979页。
③ 赵君平:《河洛墓刻拾零》,北京:北京图书馆出版社,2007年,第520页。参贾志刚:《唐代藩镇供军案例解析——以〈夏侯昇墓志〉为中心》,《中国社会经济史研究》2011年第4期。

商人,从事贸易活动。这类带军职的商人往往拥有自家产业,与回图务并没有严格的隶属关系。《稽神录》卷三"徐彦成"条:

> 军吏徐彦成,恒业市木,丁亥岁(后唐天成二年,927),往信州汭口场。……彦成回,始至秦淮,会吴帅殂,纳杉板为棺,以求材之尤异者。获钱数十万。彦成广市珍玩,复往汭口以酬少年,更与交易于市。三往返,获其厚利。①

在这则史料中,身为军吏的徐彦成,其实自有产业,即"恒业市木"。他外出采买木材,看不出与回图务有什么关系。而公开将木材高价转卖于官家,这更是受制于藩镇的回图军将所无法想象的。由此可见,他们在身份属性上是有别于回图军将的。对这类带有军将职衔,而又独立经营自家产业的群体,我们姑且称之为"军职商人"。

相比回图军将,在晚唐五代社会中,军职商人应该是一个更为庞大的群体。对此还可以举出一些例证。如扬州商人李彦崇,"历任五郡押衙……或权变于货殖,则无损于人",②此人宅第在扬州,卒后也葬于扬州,所谓"历任五郡押衙",显然并未真正赴任,只是挂名而已。又如新罗人金清,唐末活动于青州、登州等地新罗侨民社区,经商致富,获押衙职衔,"赍游鄞水",频繁往来于浙东一带,从事贸易活动。③ 显然,他也是寄名使府的职业商人。

此外,有些商人虽无军职,但自身或其家族又与藩镇存在密切关系。

---

① 徐铉:《稽神录》卷3,第39—40页。
② 《唐故京兆府押衙云麾将军试光禄卿上柱国李府君墓志铭并序》,周绍良主编:《唐代墓志汇编》,第2170页。
③ 《光绪增修登州府志》卷65《唐无染院碑》,收入《中国地方志集成·山东府县志辑》第49册,南京:凤凰出版社、上海:上海书店、成都:巴蜀书社,2004年,第327—328页。另参王慧、曲金良:《唐代崑嵛山无染院碑及相关问题》,《中国海洋大学学报》2007年第5期。

如殷季昌,早年从军,后"不乐拘检",故脱军籍从商,在此之际,"流辈……厚与财帛,因贸香药于都市,不四三年,家道甚丰"。① 类似经历的还有张公佐,曾任淄州军事押衙,后"厌于军旅,退身罢职,性好经营,或优游梁汴,或□历惟扬……未逾一纪,骡马匹帛成七八百千矣"。② 赵琮,其父"从军地远,徙居青州",本人"南北贸贾,利有攸往,广涉大川"。③ 虽然墓志称他们"不乐拘检""厌于军旅",但在军中积累的人脉资源,对经商应大有助益,甚至如殷季昌,从商的本钱即为同袍(流辈)所资助。对这类商人,也可归入广义的军职商人行列。

通过上文考察不难发现:藩镇回图务中的军将,其履职方式近似于商人,且经营上呈家族化倾向;另一方面,大批商人则挂籍军府,获得军将职衔。如果将武职军将与市廛商贾作为界定人群身份的尺度与典型,置于光谱两极,则介于其间的是回图军将与军职商人。由此可见,晚唐五代藩镇体制下,起码部分商人与军将的身份界线已日趋模糊,难分彼此。

在上述身份序列中,军职商人是社会面貌最难作出清晰界定的人群,同时可能也是藩镇体制最大的受益者。整体而言,他们与藩镇之间是一种互惠共生关系,这体现为:节帅利用商人,或兴贩生利,或代购物资;与此同时,商人也依托体制,获得诸般利好。例如,挂名军籍意味着可规避部分赋税、徭役。④ 此外,某些军职商人在获

---

① 《唐故汝南殷氏瑞卿墓志》,周绍良、赵超主编:《唐代墓志汇编续集》,第1095—1096页。
② 《有唐故淄州军事押衙清河张公墓志铭并序》,周绍良、赵超主编:《唐代墓志汇编续集》,第2262页。
③ 《唐故居士天水赵府君墓志铭并序》,《山东石刻分类全集》第5卷《历代墓志》,青岛:青岛出版社,2013年,第216页。
④ 唐后期史料提及这类商人时,称其"占军籍而蔽其家"(参《楚州修城南门记》,《全唐文》卷763,第7933页),或"于诸军诸使假职……广置资产,输税全轻,便免诸色差役"(参《加尊号后郊天赦文》,《全唐文》卷78,第820页)。

得散试官职衔后,还通过贿赂的方式出任州县摄职官,获得实际政治权力,为入仕开辟了通道。①

四、海商徐公直:军职商人产业经营的一则个案

　　基于以上论述,我们对晚唐五代军职商人的活动样态已可窥见一二。不过传世文献中对这类人的记载多是碎片化的,相关碑志对其爵里、生平虽有详细记叙,但又是高度程式化的,于产业经营的具体细节鲜有透露。值得庆幸的是,我们在近年陆续刊布的域外文献中,发现了唐后期军职商人的第一手资料,正可弥补上述缺憾。下文将聚焦晚唐商人徐公直家族的个案,以期能从微观层面深化对军职商人生存策略的认知。

　　徐公直,又作徐直,因与九世纪日本入唐僧圆珍交往,名见于《行历抄》《圆珍传》等文献。据载,圆珍在唐期间,曾于大中九年(855)因病滞留苏州,"寄衙前同十将徐公直宅",得到徐公直一家人的悉心照料。次年五月,圆珍自长安东归,也曾在徐宅短暂停留。在圆珍的记叙中,某些场合徐公直又被称作"苏州徐押衙",②押衙与同十将应该是此人先后获得的军职。

---

① 《乾符二年南郊赦》(《唐大诏令集》卷72,北京:中华书局,2008年,第405页)载:"刺史、县令,如是本州百姓及商人等,准元敕不令任当处官。……近年此色至多,各仰本道递相检察,当日勒停。"这类充任州县官的"本州百姓及商人",大多具有军将职衔或散试官,属于所谓"土豪阶层"。参渡边孝:《唐代藩镇における下级幕職官について》,《中国史学》第11卷。
② 以上分见《天台宗延历寺座主圆珍传》大中九年二月条,《行历抄》大中九年四月条、大中十年五月条,白化文、李鼎霞校注:《行历抄校注》,石家庄:花山文艺出版社,2004年,第37、51、140页。

徐公直事迹更多地保存在《高野杂笔集》一书中。《高野杂笔集》本为收录日本真言宗高僧空海大师往来书信的文集，计有上下两卷，约成书于平安时代末期。经高木訷元最早揭出，卷下所收最后18件文书，实为晚唐赴日禅僧义空的书信，编者不察，将其混入《高野杂笔集》中。① 但也正因此，这批弥足珍贵的唐人书简才得以保存下来。围绕这18件文书，近年相关研究续有发表，但大多属于日本古代对外关系史、佛教史的范畴。② 其实这批书简对研究晚唐军职商人家族同样意义非凡。

这批书信中，半数都是发自徐公直及其弟公祐。首先引起笔者注意的是徐公直的职衔，这与《行历抄》所记不尽相同。大中三年五月二十七日《徐公直上义空状》、大中六年五月二十二日《徐公直上义空状》，文末分别题衔"婺州衙前散将"和"苏州衙前散将"。③ 对比《行历抄》等文献的记载，从大中三年至大中九年，徐公直先从婺

---

① 高木訷元：《唐僧義空の来朝をめぐる諸問題》，《空海思想の書誌的研究》，京都：法藏館，1990年，第357—409页。
② 代表性论著如大槻畅子：《唐僧義空についての初步的考察—唐商徐公祐から義空への書簡—》，《東アジア文化交渉研究》第1卷，2008年；山崎覚士：《九世紀における東アジア海域と海商：徐公直と徐公祐》，《中国五代国家論》，京都：思文阁，2010年；田中史生：《唐人の対日交易—〈高野雑筆集〉下卷所収〈唐人書簡〉の分析から—》，《国際貿易と古代日本》，东京：吉川宏文馆，2012年。国内方面，吴玲曾择要介绍过其内容与史料价值，参《〈高野杂笔集〉所收唐商徐公祐书简》，《文献》2012年第3期。
③ 本文所引《高野杂笔集》，据大谷大学藏平安时代抄本（神田喜一郎旧藏，原件图片见：http://web.otani.ac.jp/museum/kurashina/syoseki_index.html，2019年10月8日），同时参考了高木訷元：《唐僧義空の来朝をめぐる諸問題》一文（《空海思想の書誌的研究》，第357—409页）所附录文。关于书信的系年，诸家看法不尽相同，今从山崎覚士：《九世紀における東アジア海域と海商：徐公直と徐公祐》一文（《中国五代国家論》，第173—180页）意见。另外，"散将"与同十将、散兵马使等类似，例不统兵马，属于阶官化的军将职衔。参张国刚：《唐代藩镇研究》，北京：中国人民大学出版社，2010年，第98页。

州衙前散将,转为苏州散将,进而又升至同十将、押衙,家族也从原籍地婺州迁居毗邻贸易港口的苏州。① 家族迁徙与职级晋升,反映出徐氏社会地位的提升,背后助力自当是家族财富的积累与人脉资源的拓展。而这一切都与僧人义空存在莫大关联。

义空原为杭州灵池院高僧齐安弟子,"室中推为上首"。大中元年前后,应日本入唐僧慧萼之邀东渡,日本国内"敕营空馆于京师东寺之西院,皇帝(仁明天皇)赉锡甚渥,太后创禅林寺居焉,时时问道,官僚得指授者多"。② 因获上层统治者尊崇,义空在当时日本朝野颇具影响力。

徐公直家族应该在此之前便与义空结识,义空赴日后,因其弟公祐往来贸易之便,徐公直与之频通书信,互有馈赠。如大中三年五月书信称:"自去年舍弟所往贵土,每蒙周厚,兼惠土物,愧荷实增。"大中六年五月书信:"不顶谒来累经数岁,自舍弟回日,忽奉芳音,顿解思心。"此外,同封书信还记载:"又儿子胡婆,自小童来,心常好道,阻于大唐佛法襄(衰)否,遂慕兴邦。伏惟和尚不弃痴愚,特赐驱使。"据此,其子胡婆也被派往日本,充任侍童,服侍义空。③ 徐氏一族之所以对义空礼敬有加、倾心交结,除了信仰因素外,也是基于现实利益的考量,义空给予了他们在日商业活动极大便利。徐公直书信中对此屡有称述:"相烦颇深,仁眷之诚,难当陈谢。"(大中三年五月《徐公直上义空状》)又称:"自往年舍弟……达于彼国,每蒙恩煦,眷念之深,愧佩在心。"(大中六年五月《徐公直上义空状》)

---

① 徐公直兄弟原籍应在婺州,参山崎觉士:《九世紀における東アジア海域と海商:徐公直と徐公祐》,《中国五代国家論》,第189—201页。
② 《元亨释书》卷6唐国義空,《国史大系》第14卷,东京:经济杂志社,1901年,第729页。
③ 胡婆赴日应在大中三年八月前后,参山崎觉士:《九世紀における東アジア海域と海商:徐公直と徐公祐》,《中国五代国家論》,第179页。

这在其弟徐公祐寄给义空的书信中透露了更多细节。据大中六年六月三十日《徐公祐上义空状》：

> 公祐从六月五日发明州,至廿日到此馆中,且蒙平善。……公祐苏州田稻三二年全不收,用本至多,因此困乏。前度所将货物来,由和尚与将入京,不免有损折。今度又将得少许货物来,不审胡婆京中有相识投托引用处否？望与发遣来镇西府取之。

史料首先透露出,除经商外,徐氏一族还在苏州置有田产。但他们似乎并不擅长土地经营,"田稻三二年全不收,用本至多",因此希望扩大海外贸易来填补亏空。而这又离不开义空的襄助。按当时日本律令规定,外国商客登陆后,只能停留在位于九州博多湾附近的太宰府鸿胪馆,货物由政府优先采买,不得随意流通。[①] 信中说"前度所将货物来,由和尚与将入京",看来此前徐氏的货物主要是托义空带入京中贩卖。但是随着胡婆赴日,徐氏一族在日本便有了自家人手。信中徐公祐向义空请求："今度又将得少许货物来,不审胡婆京中有相识投托引用处否？望与发遣来镇西府取之。"胡婆是义空的侍童,当有往来京中与鸿胪馆之间的便利。类似安排也见于大中六年十月《徐公祐上义空状》等书信中。

从上文分析可知,徐公直家族与义空的交往是夹杂着商业利益的。以此类推,他在大中九年前后与日僧圆珍结交,也是有意积累人脉资源。史料表明,圆珍回国后,二人确实还有书信往来。此前披露的日本《园城寺文书》中,恰好留存了一件他寄给圆珍的书信,今引录如下：

[①] 参田中史生：《唐人の対日交易—〈高野雑筆集〉下卷所収〈唐人書簡〉の分析から—》。

晚唐五代的商人、军将与藩镇回图务

>（前略）窃以此月十日得书，十一日便言告发，念遽更不备别物，献上此缣素并叠子，粗充微意。不空。不责轻寡。伏垂特赐容纳。恩々幸々。谨状。
>
>徐直状①

这封信具体发出时间不详，要之，当在大中十二年圆珍归国后。信中说"十日得书，十一日便言告发"，因此匆匆备下礼品便托人寄往日本。透过这一细节不难想见，徐氏一族在日贸易也得到了圆珍的关照。

此外，因义空等高僧的关系，徐公直家族也间接攀附上了更多高官显贵，大中三年五月《徐公直上义空状》：

>自田三郎至于此土，公直忝为主人。然虽寂寥州郡，每事相奉。淮南崔仆射、太原王司徒皆荷远献之恩，具事文奏。尘俗惟忻跃，共谈善焉。

这段文字尚有若干不明之处。但可以确定其中崔仆射、王司徒应指大中三年在任的淮南节度使崔郸与河东节度使王宰。② 大意似乎是说，义空在日友人田三郎入唐后由徐公直负责接待，③陪同游历（可能是受义空之托），田三郎在唐期间拜会了崔郸、王宰等藩镇节帅，他们接受了田三郎的馈赠，并对义空的佛法修为钦慕有加。由此看来，徐公直在陪同田三郎期间可能也借机结交了崔郸、王宰等高官。在此之后，徐公直军职屡有迁转，很可能便与此番结托有关。更重

---

① 《圜城寺文書》第1卷，东京：讲谈社，1998年，第116页。另参石晓军：《日本园城寺（三井寺）藏唐人诗文尺牍校释》，荣新江主编：《唐研究》第8卷，北京：北京大学出版社，2002年，第135页。
② 参郁贤皓：《唐刺史考全编》，合肥：安徽大学出版社，2000年，第1306、1681页。
③ 田三郎应为田口朝臣虫麻吕之子，系仁明天皇太后外戚。参高木訷元：《唐僧義空の来朝をめぐる諸問題》，《空海思想の書誌的研究》，第364页。

205

要的是,他们在国内的商业活动也将因此得到更多庇护。

综上所考,徐氏一族的产业经营方式大体如下:徐公直是一家之长,居中调度,一方面依托藩镇体制内的资源,负责国内贸易与土地经营,同时与往来其间的高僧大德倾心结交,构筑人脉网络,进而攀附高官显贵;其弟公祐频繁往还于中日之间,其子胡婆则常住日本,依托高僧义空、圆珍等人在上流社会的影响力,开展对日贸易。

九世纪以降的晚唐五代,是东亚海域民间贸易走向兴盛的起步阶段。以对日贸易为例,来自唐朝、朝鲜半岛的商客纷至沓来,频见于日本史料记载。[1] 本文特予关注的是军职商人在其中扮演的角色。有迹象表明,东南沿海地区像徐氏这样从事海外贸易的军职商人绝非个例。如"平卢节度同十将兼登州诸军事押衙"张咏,前徐州军将张保皋等人,均曾亲赴日本从事贸易活动,事迹见于《入唐求法巡礼行记》等文献。[2] 除此以外,还可举出与圆珍相识的另一名商人蔡辅。此人同样名见于《园城寺文书》收录的唐人诗文尺牍,题衔作"大唐容管道衙前散将"。据石晓军考证,蔡辅应于大中十二年随同圆珍东渡,此后与同期赴日的其他唐商共同滞留在太宰府鸿胪馆。圆珍从太宰府回京都之际,此人曾作诗四首相送。[3] 研究者或不解,身为岭南军将的蔡辅如何结识圆珍,并远赴日本?考虑到上述时代背景,这一看似费解的现象就迎刃而解了。东亚海商群体集中出现

---

[1] 黄约瑟:《"大唐商人"李延孝与九世纪中日关系》,《历史研究》1993年第4期;吴玲:《九世纪唐日贸易中的东亚商人群》,《西北工业大学学报(社会科学版)》2004年第3期。
[2] 参近藤浩一:《登州赤山法花院の創建と平盧軍節度使・押衙張詠—張保皋の海上ネットワーク再考—》,《京都産業大学論集》第44卷,2011年。
[3] 石晓军:《日本园城寺(三井寺)藏唐人诗文尺牍校释》,荣新江主编:《唐研究》第8卷,第117—118页。

在藩镇体制臻于成熟的九世纪,且其产业经营的策略高度趋同,这无疑折射出强烈的时代性。①

结　　语

本文以回图务的运作以及军职商人的活动为线索,在前人研究基础上,进一步揭示了晚唐五代藩镇体制的若干面向。研究结论如下:

为筹措军费,唐五代藩镇大多涉足商业经营活动。负责相应事务的部门为回图务,正式设立于安史之乱后的中唐时期。晚唐五代,回图务的组织形态历经若干分化、重组,既有与藩镇其他财经类政务的归并,也从自身职能分离出省司回图务等机构。回图务的经营者多具有军将身份,其组织形态也与藩镇其他差遣类职务相似。在具体经营中,回图军将或逐利而动,足迹遍布辖境内外,或于商品集散地经营邸店业务,这与"坐贾行商"的民间商业经营方式并无二致。

上述情形为民间商人进入藩镇体制开辟了门径,部分商人与军将发生了社会面貌的交融。这具体表现为:回图务军将的履职方式近似于商人,且经营上呈家族化倾向;另一方面,大批商人则主动挂籍军府,获得军将身份。依托藩镇体制,部分商人家族获得规避赋税、徭役的特权,甚至准官僚身份,这又为其扩大经营创造了有利条件。

唐五代藩镇中,牵涉商贸事务的部门并不限于回图务,史料所

---

① 这方面的新近研究,另参新见まどか:《唐後半期における平盧節度使と海商・山地民の狩猟活動》,《東洋学報》第95卷,2013年。

见，起码还有"商税使""知市""知使宅市买"等职名。[①] 另外，在使职差遣制度"因事而设"的原则下，为因应各类社会经济类事务，各地藩镇还陆续创置了一系列与军政脱钩的职能部门，如茶、酒务等专卖机构，五花八门的手工业作坊，乃至医院、画院等服务性机构。就此而言，晚唐五代地方政府对各项社会事业的渗透与掌控应远超前代。但另一方面，随着这类机构的广泛设置，可以想见附丽其间的人群也更形庞杂、多元。除了商人、胥吏、工匠、医卜、画师等为传统观念所摈斥的"三教九流"，亦不乏跻身藩府进而获得准官僚身份者。[②] 可以认为，除作为国家机器的军事、政治属性，藩镇也是一种对不同阶层、职业人群起到整合作用的社会机制。

如果囿于央、地权力博弈的视角，甚至仅从制度运作的内在逻辑出发，上述现象都是不易解释的。将藩镇体制下诸机构的运作，及其与不同阶层、职业人群间的互动，置于唐宋之际社会转型的脉络下予以通盘把握，进而透视国家与社会的关系样态，应是今后研究中一项颇具潜力的课题。

作者单位：扬州大学社会发展学院
（原刊于《中国经济史研究》2020 年第 3 期）

[①]《金石续编》卷12《韦君靖建永昌寨记》，《石刻史料新编》第 1 辑第 5 册，第 3253 页；孙光宪：《北梦琐言》卷4，"蔡京尚书拔顾氏昆弟"条，第 77 页。
[②] 学界对此已有一些探讨，其中胥吏的军事化现象最为引人注目，参陈志坚：《唐代州郡制度研究》，第 115—124 页；李锦绣：《唐后期的官制：行政模式与行政手段的变革》，黄正建主编：《中晚唐社会与政治研究》，第 91—94 页。藩镇手工业作坊及其任职者身份，参李锦绣：《唐代财政史稿》第 4 册，第 501—508 页；孙继民、王丽敏：《唐后期手工业管理重要史料的发现及其意义——〈唐恒岳故禅师影堂纪德之碑〉碑阴题记试析》，《中国经济史研究》2011 年第 3 期。画院，参姜伯勤：《敦煌艺术宗教与礼乐文明》，北京：中国社会科学出版社，1996 年，第 13—29 页。医院，未见专门研究，例证见《唐故张府君墓志》，周阿根：《五代墓志汇考》，第 51 页。

京藩之间：张全义的洛阳经营与社会关系网络的展开[*]

闫建飞

摘　要：兼具京师与藩镇二重底色，是洛阳区别于其他藩镇的最大特征，这对唐末五代洛阳城兴建、节度使张全义的社会关系网络和联姻等影响深远。就洛阳城兴建而言，都洛期间建设重点是宫城，其他时期以南市附近为重点；主导者也从张全义转变为朝廷。随着张全义发迹，其家族成员普遍出仕，婚姻对象也经历了从平民之家到高官显贵和士人的转变。张全义通过联姻、辟署、推荐等方式，强化与河南府僚佐的私人关系，形成以张全义为核心，包括家族、亲属、僚佐、门吏、交游等在内的关系网。同时，洛阳都城的地利优势，使张全义在吸纳衣冠清流方面，有其他藩镇无可比拟的优势。总之，京藩二重底色给张全义的洛阳经营带来多方面影响，使其成为唐末五代

---

[*] 本文系国家社科基金项目"宋夏对峙格局下的陕西军政研究"（20CZS028）阶段性成果。资料搜集过程中，得到郭鹏、仇鹿鸣、耿朔等师友的帮助，并承谢一峰、陈希丰、尹航、尹承、孙庆娟等师友及匿名评审专家惠赐修改意见，谨致谢忱！

历史的独特存在。京藩交错也可以成为我们观察中国古代都城史的有益视角。

关键词：张全义　洛阳　社会关系网络　京藩　墓志

藩镇问题是唐宋史核心问题之一，既有成果丰硕，学界有不少总结，[①]对其研究模式也有反思。[②] 总的来说，既有研究以朝藩关系为主。就朝藩关系而言，唐后期五代的洛阳是个值得注意的案例。学者早已指出，安史之乱后东都留守已幕府化，形同藩镇使府，[③]东都与藩镇二重身份，构成唐后期洛阳的底色。唐末五代张全义（852—926）在洛阳经营四十年（887—926年），其间洛阳先是置佑国军节度（888—904年），又三次建都（904—907、909—913、924—938年），朝藩处于同一时空，藩镇与京师底色交错，为观察朝藩关系的张力提供了绝佳案例，也使张全义的洛阳经营成为唐末五代历史的独特存在。

张全义，字国维，濮州临濮人，原名张言，自黄巢军归降唐廷后被唐昭宗"赐名全义，梁祖改为宗奭，庄宗定河南，复名全义"。[④] 一

[①] 如胡戟等主编：《二十世纪唐研究》，北京：中国社会科学出版社，2002年，第50—58、61—62、101—103、136页；高濑奈津子：《第二次大戦後の唐代藩鎮研究》，收入堀敏一撰：《唐末五代変革期の政治と経済》，东京：汲古書院，2002年，第225—253页等。

[②] 张天虹认为唐代藩镇研究经历了跋扈说、藩镇与中央关系论、社会基础论、河朔藩镇胡化说等几种模式，当前如要激活藩镇研究，则需要利用墓志等材料，从社会流动的视角进行观察。参《唐代藩镇研究模式的总结和再思考——以河朔藩镇为中心》，《清华大学学报》2011年第6期。

[③] 石云涛：《唐代幕府制度研究》，北京：中国社会科学出版社，2003年，第233—237页。

[④] 张全义本名，"新、旧《唐书》作张言，《薛史·李罕之传》亦作张言"，只有《旧五代史·张全义传》作张居után。今从众。薛居正：《旧五代史》卷63《张全义传》引《旧五代史考异》，北京：中华书局，2015年，第973页。

生"历守太师、太傅、太尉、中书令,封王,邑万三千户。凡领方镇洛、郓、陕、滑、宋,三莅河阳,再领许州,内外官历二十九任,尹正河洛凡四十年",①是唐末五代历史重要人物。就学界研究而言,除了考察张全义的农业思想、洛阳城兴建及个人评价外,②山根直生、罗亮利用新出张氏家族墓志分别讨论了张全义的洛阳经营和家族情况。不过二人搜讨的墓志有限,讨论重点亦与本文不同,罗亮重在五代政权更迭下张氏家族的发展问题,山根直生则是为了回应森部丰提出的"沙陀系王朝"论。③ 结合其他新出墓志,张全义的洛阳经营仍有继续深化的空间和必要。

兼具京师与藩镇二重底色,是洛阳区别于其他藩镇的最大特征。唐后期洛阳设有东都留守府、分司官,属于京师系统;亦有防御使府,属于藩镇系统。④ 黄巢乱后,洛阳先是在诸葛爽、秦宗权、韩简等藩镇之间易手,之后被张全义占据,唐廷彻底失去对洛阳控制,这是洛阳京师色彩最淡、藩镇色彩最重的时期,其间的标志性事件是文德元年(888)洛阳建为佑国军节度使。天祐元年(904)昭宗东迁,洛阳去佑国军额,长安改佑国军,司马

---

① 《旧五代史》卷63《张全义传》,第979页。
② 诸葛计:《张全义略论》,《史学月刊》1983年第4期;刘连香:《张全义与五代洛阳城》,《洛阳工学院学报》2002年第2期;霍宏伟:《隋唐东都城空间布局之嬗变》,四川大学博士论文,2009年,第298—303、363—367页;胡安徽:《张全义农业思想初探》,《农业考古》2013年第1期等。
③ 山根直生:《五代洛陽の張全義について——「沙陀系王朝」論への応答として——》,《集刊東洋学》第114号,2016年,第48—66页。罗亮:《五代张全义家族与政权更替——以张氏家族墓志为中心的考察》,《魏晋南北朝隋唐史资料》第37辑,上海:上海古籍出版社,2018年,第166—187页。
④ 王苗:《唐代东都职官制度研究》对唐后期东都留守府、防御使府、分司官系统职官进行了细致考辨。北京:经济管理出版社,2021年。分司官另参勾利军:《唐代东都分司官研究》,上海:上海古籍出版社,2007年。

光《考异》云:"盖车驾既在河南,则无用军额,故移其名于京兆耳。"①这标志着洛阳藩镇色彩开始淡化,京师色彩增重。控制朝政的朱温对洛阳影响加深,张全义则退居次要,甚至被迫于天祐元年四月离开洛阳,赴任天平军。同年十月,昭宗被杀,朱温篡权障碍尽去,才又以张全义尹洛。后梁建立后,朱温先都汴州,开平三年(909)迁都洛阳,乾化三年(913)朱友贞在汴州即位,再次都汴。后梁都汴期间,洛阳虽为藩镇,但由于太庙、郊祀等"神圣性"建筑均在洛阳,②洛阳的京师底色依然浓厚。后唐灭梁后,庄宗都洛,朝廷对洛阳控制更趋强化,京师底色再次增强。可以看出,张全义尹洛期间,洛阳的京师与藩镇底色多次交错,这不仅影响到洛阳的城市建设,也与张全义个人权势、社会关系网络、联姻等关涉甚大,值得细致追索。

一、张全义家族材料

作为当时举足轻重的人物,与张全义相关的文献资料颇为丰富,除了两《唐书》、两《五代史》、《资治通鉴》,张齐贤所撰《齐王张令公外传》(简称《外传》)对了解张全义的洛阳经营有重要价值。近年来又先后发现张氏家族墓志9方,亲属墓志2方,僚佐墓志4方。这些墓志包含着丰富的历史信息,对于探讨张全义的洛阳经营与社会关系网络,理解包括藩镇权力结构在内的唐末五代历史有重

---

① 司马光:《资治通鉴》卷264,天祐元年三月乙卯条,北京:中华书局,1956年,第8629页。
② 久保田和男撰,郭万平译:《宋代开封研究》,上海:上海古籍出版社,2010年,第21—26页。

要意义。今罗列如下，以备讨论。

表1 张全义家族、亲属、僚佐出土墓志表

题　　名	撰者、篆盖者、书者	简称	与全义关系
1. 梁故天水郡夫人姜氏墓志铭(849—916)◎☆①	门吏将仕郎前守孟州济源县令崔希举撰；孙银青光禄大夫检校左散骑常侍右武卫将军同正兼御史大夫上柱国季澄书；门吏朝散大夫检校尚书工部员外郎前河南府寿安县令柱国王郁篆盖	姜氏墓志	全义第一任妻
2. 唐故河阳留后检校太保清河张公(继业)墓志铭并序(872—924)②	将仕郎前尚书屯田郎中充河南府推官赐紫金鱼带唐鸿撰；外甥女婿左藏库副使朝散大夫守太府少卿柱国赐紫金鱼袋王郁篆盖；河南府随使押衙兼表奏孔目官银青光禄大夫检校国子祭酒兼御史大夫上柱国赵荣书	张继业墓志	全义嫡长子，姜氏生

---

① 拓片见赵文成、赵君平编：《秦晋豫新出墓志蒐佚续编》964，北京：国家图书馆出版社，2015年，第1338—1339页；录文见谢光林编：《洛阳北邙古代家族墓》下篇43(一)，郑州：中州古籍出版社，2015年，第621页。
② 拓片见李献奇、郭引强编：《洛阳新获墓志》126，北京：文物出版社，1996年，第132页；录文见周阿根：《五代墓志汇考》63，合肥：黄山书社，2012年，第157—161页。张继业葬于同光三年(925)二月十一日，去世时间不详。据《左环墓志》，左环第三子庭训为张全义僚佐，"继主重难，令掌丧事"，继主即张继业。《左环墓志》迁葬于同光二年十一月二十六日，结合文献材料，知张继业去世于同光二年。《左环墓志》拓片见赵君平、赵文成编：《河洛墓刻拾零》482，北京：北京图书馆出版社，2007年，第657—658页；录文见周阿根：《五代墓志汇考》58，第140—143页。

续 表

题 名	撰者、篆盖者、书者	简称	与全义关系
3. 唐故金紫光禄大夫检校户部尚书前守右威卫大将军兼御史大夫上柱国清河县开国男食邑三百户张公(季澄)墓志铭并序(898—935)①	门吏中大夫尚书兵部侍郎柱国赐紫金鱼袋弘农杨凝式撰；弟季鸾篆盖；前河阳随使押衙银青光禄大夫检校国子祭酒兼监察御史柱国郭兴书	张季澄墓志	全义孙，继业嫡长子
4. 大晋故陇西李氏夫人墓志铭(？—940)②	文林郎前守怀州获嘉县主簿胡熙载撰	李氏墓志	全义孙季宣妻
5. 唐银青光禄大夫检校尚书右仆射兼御史大夫上柱国清河张公故夫人武功苏氏墓志铭并序(876—925)③	将仕郎检校尚书屯田员外郎守河南府司录参军赐绯鱼袋王禹撰	苏氏墓志	全义弟全恩长子妻
6. 晋故光禄大夫检校司空兼御史大夫张公(继昇)墓志铭并序(896—939)④	门吏太中大夫守礼部尚书柱国赐紫金鱼袋致仕弘农杨凝式撰；将仕郎前守妫州录事参军刘琪书	张继昇墓志	全义弟全恩第三子
7. 梁将仕郎守太子舍人赐绯鱼袋张公故夫人鲁国储氏墓志铭并序(900—920)◎☆⑤	朝散大夫前河南府司录参军兼殿中侍御史柱国伏琛撰；第四十四侄将仕郎守秘书省秘书郎赐绯鱼袋张季从书并篆	储氏墓志	全义侄继昇妻

① 拓片见李献奇、郭引强编：《洛阳新获墓志》129，第135页；录文见周阿根：《五代墓志汇考》101，第272—277页。
② 录文见陈尚君：《全唐文补编》卷100，北京：中华书局，2005年，第1249—1250页；未见拓片。
③ 吴钢编：《全唐文补遗·千唐志斋新藏专辑》，西安：三秦出版社，2006年，第422—423页；未见拓片。
④ 拓片见陈长安主编：《隋唐五代墓志汇编·洛阳卷》第15册，天津：天津古籍出版社，1991年，第150页；录文见周阿根：《五代墓志汇考》115，第309—311页。
⑤ 洛阳古代艺术博物馆藏石。

续　表

题　　名	撰者、篆盖者、书者	简称	与全义关系
8. 唐故金紫光禄大夫检校司空知河阳军州事兼御史大夫上柱国清河郡张府君（继美）墓志铭并序（890—930）◎☆①	门吏登仕郎前守河南新安县■撰；孤子牙牙书并篆盖	张继美墓志	全义弟敬儒长子
9. 唐故金紫光禄大夫检校司空右骁卫大将军兼御史大夫上柱国清河县开国子食邑五百户张公（继达）墓志铭并序（897—933）◎☆②	乡贡进士申光逊撰；门吏摄左金吾卫长史徐守素书	张继达墓志	全义弟敬儒次子
10. 梁故检校刑部尚书兼御史大夫鲁国储府君（德充）墓志铭并序（874—920）☆③	朝散大夫河南府司录参军兼殿中侍御史柱国伏琛撰；将仕郎前守河南府福昌县主簿吴仲举并篆	储德充墓志	全义第二任妻储氏外甥
11. 唐故朝议郎检校尚书屯田员外郎前河南府长水县令赐绯鱼袋琅琊王君（禹）墓志铭并序（882—933）④	前摄河南府长水县主簿将仕郎试秘书省校书郎李鸾撰并书	王禹墓志	全义弟全恩女婿
12. 唐故金紫光禄大夫检校司空左骁卫大将军兼御史大夫柱国太原郡王公（璠）墓志铭并序（844—924）◎☆⑤	乡贡进士李瑶撰	王璠墓志	全义僚佐

① 拓片及录文见谢光林编：《洛阳北邙古代家族墓》下篇43（五）及图版450，第628—630、1128页。

② 拓片见《书法丛刊》2006年第2期，第54页；录文见吴钢编：《全唐文补遗》第9辑，西安：三秦出版社，2007年，第423—425页。

③ 石藏美国洛杉矶艺术博物馆 https://collections.lacma.org/node/184448；录文见周阿根：《五代墓志汇考》41，第90—92页。

④ 拓片见陈长安主编：《隋唐五代墓志汇编·洛阳卷》第15册，第143页；录文见周阿根：《五代墓志汇考》92，第242—244页。录文志题漏"检校"二字。

⑤ 拓片见陈长安主编：《隋唐五代墓志汇编·洛阳卷》第15册，第132页；录文见周阿根：《五代墓志汇考》57，第138—139页。

续　表

题　　名	撰者、篆盖者、书者	简称	与全义关系
13. 梁故金紫光禄大夫检校尚书右仆射前守柳州刺史兼御史大夫上柱国张府君(濛)墓志铭并序(856—916)①	朝议郎前行左武卫长史任光嗣撰;孤子纬书	张濛墓志	全义僚佐
14. 检校尚书左仆射乐安郡公孙氏(璠)墓铭(859—939)◎☆②		孙璠墓铭	全义僚佐
15. 大梁故佑国军节度押衙银青光禄大夫检校国子祭酒兼御史大夫上柱国徐州下邳郡国礥志铭◎☆③		国礥墓志	全义僚佐

说明:◎表示山根直生未利用墓志,☆表示罗亮未利用墓志。下文引用仅列简称,不再出注。

二、张全义的洛阳经营

张全义原为黄巢将领,黄巢败亡后降于河阳三城节度使诸葛爽。因屡有战功,被任命为泽州刺史。光启二年(886),诸葛爽病死。几经波折,次年张全义占据东都,开始在洛阳的经营。当时摆

---

① 拓片见陈长安主编:《隋唐五代墓志汇编·洛阳卷》第15册,第121页;录文见周阿根:《五代墓志汇考》27,第58—61页。
② 拓片及录文见四川大学历史文化学院考古系、洛阳市第二文物工作队:《洛阳伊川后晋孙璠墓发掘简报》,《文物》2007年第6期。
③ 拓片见北京图书馆金石组编:《北京图书馆藏中国历代石刻拓本汇编》第36册,郑州:中州古籍出版社,1989年,第9页;录文见周阿根:《五代墓志汇考》24,第54—55页。

在张全义面前的主要问题,一是恢复洛阳的社会经济,二是兴建洛阳城。

(一)洛阳社会经济的恢复

洛阳为隋唐两京之一,社会经济繁盛。但唐末大乱,洛阳迭遭破坏,"兵乱之余,县邑荒废,悉为榛莽,白骨蔽野,外绝居人,洛城之中,悉遭焚毁"。张全义占据洛阳后,开始着手恢复其社会经济,相关记载以《外传》为详:

> 王始至洛,于麾下百人中,选可使者一十八人,命之曰屯将。每人给旗一口,榜一道,于旧十八县中令招农户,令自耕种,流民渐归。王于百人中,又选可使者十八人,命之曰屯副。民之来者绥抚之,除杀人者死,余但加杖而已。无重刑,无租税,流民之归渐众。王又麾下选书计一十八人,命之曰屯判官。不一二年,十八屯申每屯户至数千。王命农隙每选丁夫,教以弓矢枪剑,为起坐进退之法。行之一二年,每屯增户大者六七千,次者四千,下之三二千,共得丁夫闲弓矢枪剑者二万余人,有贼盗即时擒捕之。关市人赋,贻于无藉,刑宽事简,远近归之如市。五年之内,号为富庶,于是奏每县除令、簿主之。①

张全义为河南尹时,洛阳有二十县,其中河南、洛阳二县为附郭县,在洛阳城内;其外为偃师、巩、缑氏等十八县。② 十八县初不置令、主簿,而置屯将、屯副、屯判官各一员,以军将治县,军政、民政合一。

---

① 张齐贤:《洛阳缙绅旧闻记》卷2《齐王张令公外传》,朱易安、傅璇琮等主编:《全宋笔记》第1编第2册,郑州:大象出版社,2003年,第160页。
②《新唐书》卷38《地理志二》,北京:中华书局,1975年,第982—984页。

这一制度设计,一是基于当时河南府户口凋敝、必须精简行政人员的现实;二是考虑到当时战乱频仍、兵匪横行,以军将领县有利于增强洛阳军事实力,外御强敌,内安百姓。屯将等的主要任务,一是招徕流民,鼓励农耕,二是农闲时教习百姓,训练屯兵,行兵农合一之制。经过训练,一二年间"共得丁夫闲弓矢枪剑者二万余人"。为使流民安居,张全义规定"除杀人者死,余但加杖而已","无重刑,无租税",商旅不征,"刑宽事简",流民归附者日增。洛阳地区社会经济逐渐恢复,"每屯增户大者六七千,次者四千,下之三二千",这与《旧五代史》"数年之间,京畿无闲田,编户五六万"[1]的记载吻合。张全义高度重视农业生产,通过奖罚、道德劝诫、邻里互助等方式鼓励耕织,"田夫田妇相劝,以力耕桑为务,是以家家有蓄积,水旱无饥民"。[2] 由此洛阳地区社会经济逐渐恢复,各县亦恢复县令、主簿设置。

(二)洛阳城的兴建

唐末"蔡贼孙儒、诸葛爽争据洛阳,迭相攻伐,七八年间,都城灰烬,满目荆榛",[3]洛阳城遭受毁灭性破坏。洛阳作为隋唐都城,有郭城、皇城、宫城三重。唐末战乱之下,城中人无力保有全城,遂在郭城内"筑三小州城,保聚居民,以防寇盗"。张全义"初至洛,率麾下百余人,与州中所存者仅百户,共保中州一城",[4]随后开始对洛阳城的建设。

洛阳城以洛水为界,分为南北两部分,分别以南市、北市为核

---

[1]《旧五代史》卷63《张全义传》,第976页。
[2] 张齐贤:《洛阳缙绅旧闻记》卷2《齐王张令公外传》,第161页。
[3]《旧五代史》卷63《张全义传》,第975页。
[4] 张齐贤:《洛阳缙绅旧闻记》卷2《齐王张令公外传》,第159页。

心。南市为张全义筑垒自固之处,周围的福善坊有张全义保南州时所筑垒垣福善坡,嘉善坊为张全义所筑南城,会节坊、临阛坊、绥福坊分别为张全义住宅、河南府廨、河南县廨、张全义祠堂所在地。① 可见南市周围是张全义势力聚集地,也是洛阳最早恢复的地区。

天复三年(903),朱温从凤翔节度使李茂贞手中夺回唐昭宗。为迫昭宗东迁,"命全义缮治洛阳宫城"。② 天祐元年(904)正月,迁都已定,洛阳宫室建设陡然加快。朱温"令长安居人按籍迁居,彻屋木,自渭浮河而下",③即拆除长安宫室、民居,将建材沿渭水、黄河运至洛阳,修建宫室。同时朱温"发河南、北诸镇丁匠数万,令张全义治东都宫室。江、浙、湖、岭诸镇附全忠者,皆输货财以助之"。④ 二月,因宫室未成,昭宗滞留陕州,朱温遂"辞赴洛阳,亲督工作"。⑤ 经过赶工,四月朱温奏"洛阳宫室已成",⑥昭宗东迁。洛阳宫室的修复,虽有朱温及诸道协助,但总体而言,"缮理宫阙、府廨、仓库,皆全义之力也"。⑦

不过张全义所修复之洛阳,只是唐盛时之部分,宫城集中在中轴线以西、以贞观殿为正殿的西路部分,坊市集中在南市附近,⑧城内其他地区很多被辟为农田。天祐二年十月丁亥敕言:

---

① 南城据王钦若编:《册府元龟》卷14《帝王部·都邑二》,北京:中华书局,1960年影印刊本,第164页;其他据徐松辑、高敏点校:《河南志》,北京:中华书局,1994年,第12—20页。
② 《旧五代史》卷63《张全义传》,第976页。
③ 刘昫:《旧唐书》卷20上《昭宗纪》,北京:中华书局,1975年,第778页。
④ 《资治通鉴》卷264,天祐元年正月,第8626—8627页。
⑤ 《旧唐书》卷20上《昭宗纪》,第778页。
⑥ 《资治通鉴》卷264,天祐元年四月辛巳条,第8630页。
⑦ 欧阳修:《新五代史》卷45《张全义传》,北京:中华书局,2015年,第558页。
⑧ 霍宏伟:《隋唐东都城空间布局之嬗变》,第298—301、363—367页。

> 洛城坊曲内,旧有朝臣诸司宅舍,经乱荒榛。张全义葺理已来,皆已耕垦,既供军赋,即系公田。或恐每有披论,认为世业,须烦按验,遂启幸门。其都内坊曲及畿内已耕植田土,诸色人并不得论认。如要业田,一任买置。凡论认者,不在给还之限。如有本主元自差人勾当,不在此限。如荒田无主,即许识认。付河南府。①

敕令指出,洛阳城内旧有朝臣诸司宅舍,不少被辟为农田,供应军赋。为防止原主追讨,敕令规定已经开垦的区域,所有人均不得论认。可见洛阳城内建筑与农田交错分布。这一点,久保田和男已有比较详细的讨论,②此不赘述。

开平元年(907)后梁建立后,为了迁都,洛阳城兴建仍在继续。开平二年三月,"魏博、镇、定助修西都,宫内工役方兴",③可见修复区域集中在宫城。兴修完工后,朱温于次年都洛。同光元年(923),庄宗灭梁入洛,洛阳城兴建大规模展开。同光三年九月中书门下奏:

> 右补阙杨途先奏毁废京内南、北城。臣简到同光二年八月二十七日河南尹张全义奏:"臣自僖宗朝叨蒙委寄,节制洛京。临莅之初,须置城垒。臣乃取南市曹界分,兼展一两坊地,修筑两城,以立府衙廨署。今区宇一平,理合毁废。其城濠如一时平治,即计功不少,百姓忙时,难为差使。今欲且平女墙及拥门,余候农隙别取进止者。"

为此庄宗下敕:

---

① 《旧唐书》卷20下《哀帝纪》,第800页。
② 久保田和男撰,郭万平译:《宋代开封研究》,第49—52页。
③ 《册府元龟》卷193《闰位部·崇祀》,第2330页。

>　　京都之内,古无郡城。本朝多事以来,诸侯握兵自保。张全义土功斯毁,李罕之塞地犹存。时既朗清,故宜除划。若时差夫役,又恐扰人。宜令河南府先分擘出旧日街巷,其城壕许人占射平填,便任盖造屋宇。其城基内旧有巷道处,便为巷道,不得因循,妄有侵占。仍请限一月。如无力平划,许有力人户占射平填。①

张全义唐末所筑南、北城,此时要求毁废,平填城壕,说明南市周围展开了大规模建设。从敕令要求河南府"分擘出旧日街巷"来看,庄宗有意恢复盛唐时洛阳规模。只是这一想法随着洛下兵变、庄宗被杀,并未完全实现。

自黄巢乱后至天祐元年唐室东迁,是洛阳京师色彩最淡、藩镇色彩最重的时期。这一时期唐廷彻底失去对洛阳控制,洛阳社会经济的恢复和洛阳城兴建完全是在张全义主导下进行,当时兴建的重点是南市周围。天祐元年唐室东迁,给洛阳和张全义都带来了很大影响。颓毁的宫城开始修复,昭宗甚至一度将洛阳宫城名物改为长安宫城旧名,以象征正统仍在李唐,②洛阳的藩镇色彩开始淡化,京师色彩增重。朱温也深度参与其中,对洛阳影响加深。朱温都洛期间,洛阳城修复的重点亦在宫城。不过,朱梁大本营始终在汴州,张全义在多数时期尤其是朱梁都汴期间,仍然是洛阳日常行政的掌控者,史载"梁时张全义专制京畿,河南、洛阳僚佐皆由其门下,事全义如厮仆",③可兹为证。但唐庄宗都洛后,情况大不相同,张全义对洛阳的控制明显减弱,城市兴建完全由朝廷来主导。南、北城的被毁

---

① 《册府元龟》卷14《帝王部·都邑二》,第164页。
② 贾鸿源:《再造长安:唐末洛阳宫城更名史事发微》,《唐史论丛》第30辑,西安:三秦出版社,2020年,第396—416页。
③ 《旧五代史》卷71《罗贯传》,第1099页。

最具象征意义,标志着藩镇底色的基本退场,洛阳再度成为完整意义的京师。可见,京师与藩镇二重底色的进退,对洛阳城建设有明显影响:都洛期间建设重点是宫城,其他时期则以南市附近为重点;主导者也从张全义转变为朝廷。

三、张全义家族仕宦与婚姻网络的变化

张全义家族仕宦和婚姻网络同样受到藩镇与京师二重底色的影响。随着张全义经营洛阳的成功,其官位日隆,家族成员仕途亦发展良好,婚姻对象发生巨大变化。在这一问题上,已出土的张氏家族、亲属墓志提供了非常有价值的信息。根据史籍和墓志记载,张全义父张诚至少有张某、全义、全武、全恩、敬儒五个儿子,其仕宦及婚姻关系如下。

(一)张全义一支仕宦与婚姻情况

张全义妻,《旧五代史·张全义传》和《外传》均为储氏,《姜氏墓志》《张继业墓志》《张季澄墓志》均为姜氏。据《姜氏墓志》,姜氏为濮州临濮人,三代无官,与全义籍贯、家世相同,生于大中三年(849),比全义大三岁。姜氏当为全义第一任妻,育有独子昌业(即继业)。

储氏(?—936)为张全义第二任妻。关于储氏,史籍记载有二,一是曾指斥朱温,保全全义:

> 全义妻储氏,明敏有才略。梁祖自柏乡失律后,连年亲征河朔,心疑全义,或左右谗间,储氏每入宫,委曲伸理。有时怒

不可测,急召全义,储氏谒见梁祖,厉声言曰:"宗奭种田叟耳,三十余年,洛城四面,开荒斸棘,招聚军赋,资陛下创业。今年齿衰朽,指景待尽,而大家疑之,何也?"梁祖遽笑而谓曰:"我无恶心,妪勿多言。"

朱温晚年,对张全义颇为猜忌,乾化元年柏乡之战梁军大败后疑心更重。不过储氏之力争并非全义无恙的主要原因,主要原因在于"全义卑身曲事,悉以家财贡奉。洎梁祖河朔丧师之后,月献铠马,以补其军,又以服勤尽瘁,无以加诸,故竟免于祸"。① 二是储氏生而有谥。《五代会要》言:

> 封赠之制,妇人有国邑之号,死乃有谥。近梁朝赐张全义妻储氏为贤懿夫人,又改庄惠。盖当时特恩,非旧典也。②

储氏敢于面斥朱温,且生而有谥,足见其非同寻常。③

有意思的是,张全义妻姜氏卒于贞明二年(916),但此前储氏质问朱温时,《旧五代史》《外传》已言其为正妻,而姜氏在史籍中完全未留下记载。一个可能的解释是,张全义同时有姜氏、储氏两位夫人,而非前后相继。考虑到当时礼崩乐坏的时局,这种不合礼制的做法并非罕见,如后晋成德军节度使安重荣有刘氏、韩氏"二嫡妻",同时被朝廷封为鲁国夫人和陈国夫人。④ 张全义二妻中,由于储氏"明敏有才略",在张氏家族中地位突出,故时人知有储氏而不知姜

---

① 《旧五代史》卷63《张全义传》,第977页。
② 王溥:《五代会要》卷11《封建》,上海:上海古籍出版社,1978年,第191页。
③ 不过山根直生据此推测储氏原为朱温帐内之人,则属无稽之谈。見山根直生:《五代洛陽の張全義について——「沙陀系王朝」論への応答として——》,《集刊東洋学》第114号,第60—63頁。
④ 李昉等编:《太平御览》卷202《封建部五·夫人》,北京:中华书局,1960年,第973页。

氏。清泰末(936),张继祚丁母忧,[1]储氏当卒于此时。

储氏原为宋州砀山人,张全义尹洛后,举族迁洛。《储德充墓志》言"适会姑魏国庄惠夫人从夫抚宁京洛,徙家郏鄏",郏鄏即洛阳,可兹为证。之后,储氏家族受到全义大力提携。储氏之兄储赏,出任全义兼镇的孟州司马;外甥德雍,出任六军诸卫左亲事都将,成为判六军诸卫事张全义的僚佐;德源出任内园使,遥领贵州刺史;德充职位不详(《储德充墓志》)。在不长时间内,储氏从三代无官的布衣之家转变为满门官宦的官僚家族,完全仰赖张全义的提携。在储氏主持下,储德雍与张敬儒之女联姻(《张继美墓志》),储赏之女嫁张全恩第三子继昇,[2]加强了张、储两家的关系。

张全义子侄辈皆联"继"字,但这并非其初名。《张继达墓志》言:"公讳继达,字正臣。入仕之始,梁季帝赐名昌远。后庄宗皇帝即位,公以名与庙讳同,遂改斯名耳。"可见张氏第二代曾被梁末帝赐联"昌"字,《姜氏墓志》言其独子为"昌业",继昇原名昌耀,均为梁末帝所赐之名。联"昌"既然是梁末帝之赐,此前全义子侄当另有初名。张全义有侄名张衍,说明张氏第二代最初可能均为单名,不过这一点尚无法确认。后唐灭梁后,避李国昌讳,方改联"继"字。庄宗诸子及假子均联"继"字,张氏子弟联"继",当为庄宗笼络全义之举。

张全义子女中,可知者有继业、继祚、继孙及四女。继业为嫡长

---

[1] 《旧五代史》卷96《张继祚传》,第1488页。
[2] 《储氏墓志》言其夫为全义侄昌耀,《张继昇墓志》言其娶储氏,且昌耀与继昇初任官均为太子舍人、赐绯。两相结合,知昌耀即继昇。另外,《张继昇墓志》言其妻为清河储氏,《储氏墓志》自言郡望为鲁国,二者似乎有差,这是由于当时郡望多是时人根据姓氏书随意填写,一姓之内出现几个郡望并非罕见,归义军节度使张淮深兄弟郡望就有南阳、清河之别。参唐长孺:《魏晋南北朝隋唐史三论》,北京:中华书局,2011年,第376—377页。

子,初任官不详,昭宗迁洛后,"累迁环卫将军、六宅使,相继兼左右仆射,寻转统军、英武天威军使。俄拜司徒、右卫上将军、大内皇墙使"。后来又改郑州防御使,天平、宣武留后。贞明二年姜氏去世,继业丁忧,不久夺情被授予六军副使,成为判六军诸卫事张全义副手。稍后出为淄州、沂州刺史。在沂州任职三年,改亳州团练使、河阳留后。当时张全义"已三镇怀孟矣",因善于治理,久得河阳百姓之心,故当继业为河阳留后时,据称河阳百姓咸曰:"我王之令子也,我境之福星也。"不久,后唐代梁,张继业留任。同光二年(924)张全义四镇河阳,张继业"不易专留之务,俾分共理之权",一直任职至去世。张继业婚解氏,封雁门郡夫人,墓志未载其家世,应非高门(《张继业墓志》)。

继祚,"始为河南府衙内指挥使,全义卒,除金吾将军,旋授蔡州刺史,累官至检校太保"。[①] 天福二年(937),因参与张从宾之乱被杀。继孙,本姓郝,"全义养为假子,令(官)〔管〕衙内兵士",后来出任洛京留守支郡汝州防御使。同光二年六月因"私藏兵甲,招置部曲,欲图不轨,兼私家淫纵,无别无义",被"勒复本姓",赐死于汝州。[②]

张全义四女中,二嫁李肃,《洛阳缙绅旧闻记》言:

> 太子少师李公讳肃,国史有传。唐末西京留守齐王贵盛,兼镇河阳。李公自雍之梁,齐王见之,爱其俊异,以女妻之,即贤懿夫人所生,王之適也。数岁而亡,又以他姬所生之女妻之。虽非贤懿所出,以其聪敏多技艺,齐王与贤懿怜惜之,过

---

① 《旧五代史》卷96《张继祚传》,第1488页。
② 《册府元龟》卷934《总录部·告讦》,第11015页。张继孙死亡时间《册府元龟》误为同光三年,据《旧五代史》卷32《唐庄宗纪六》改,第499页。

于其姊。①

李肃出自簪缨世家,与全义联姻后,遂留居洛阳,居于思顺坊。② 一女嫁泰宁节度使刘鄩长子刘遂凝。③ 另一女嫁朱温第五子朱友璋。《外传》言:

> 及北丧师,梁祖猜忌王,虑为后患,前后欲杀之者数四。虽夫人储氏面讦梁祖获免,亦由齐王忠直无贰,有勋名于天下,不能倾动之故也。梁祖遂以子福王纳齐王之女为亲。④

"北丧师"指乾化元年初柏乡之败,由此推算,朱张联姻当在乾化元年初至二年六月朱温被杀之间。当时全义颇受朱温猜忌,联姻利于自保。

张全义家第三代仕宦明显衰落。张继业有六子:"长子曰季澄,今任右威卫大将军。第二子曰季荣,太子舍人;第三曰季昇,国子太学博士:并银印朱绂,皆先公而逝。第四子曰季苟,著作佐郎。第五子曰季鸾,度支巡官、大理评事。第六子曰季宣,千牛备身。"(《张继业墓志》)六子中,季荣、季昇早卒。季鸾之职在《张季澄墓志》中亦记作度支巡官,很可能为季鸾终官。季宣妻《李氏墓志》大篇幅记载了张全义、继业事迹,对季宣则一笔带过,季宣仕宦当不显。季澄"累居环卫","唯事燕居",并未任过重要职位,以右威卫大将军终老(《张季澄墓志》)。这主要是由于同光四年张全义去世后,家族失

---

① 张齐贤:《洛阳缙绅旧闻记》卷2《李少师贤妻》,第163页。洛阳为唐东都、宋西京,张齐贤宋人,故误作"唐末西京留守"。
② 徐松辑:《河南志》,第12页。
③ 此刘鄩神道碑,该碑录文及拓片见仇鹿鸣:《傅斯年图书馆藏刘鄩碑拓本跋》,《域外汉籍研究集刊》第23辑,北京:中华书局,2022年,第419—432页。
④ 张齐贤:《洛阳缙绅旧闻记》卷2《齐王张令公外传》,第162页。

去庇护所致。

第三代仕宦虽不显,但婚姻对象仍多为显贵。据《张季澄墓志》,季澄婚左神武统军、检校太保高允贞之女。高允贞曾任华州、凤翔节度留后,之后累迁环卫,清泰元年(934)八月改左神武统军。①季宣妻为检校太傅、守右骁卫上将军李某第三女。《李氏墓志》言:"太傅以曩岁故交,有金兰不渝之分;先王以昔年际会,保松柏后凋之心。"先王即张全义,早年与李罕之(842—899)结盟同好,知李氏当为李罕之孙女。墓志又言李父"抱公忠而历佐数朝,处重难而久参环卫。曾临剧郡,饮泉之誉弥清;衔命遐方,专对之才首出"。案,李罕之有子顾、颢,其中李顾两《五代史》均有传,曾在李唐、后梁、后唐、后晋为官,多次担任刺史及环卫官,与墓志"历佐数朝"、"久参环卫"、"曾临剧郡"等吻合,知李父当为李顾。李罕之在李克用麾下时,曾以李顾为人质于太原。光化元年(898),李罕之叛变,以泽潞降朱温。当时李克用想要杀掉李顾,但李存勖与李顾交好,赠其骏马,助其逃脱,得朱温重用。②后唐灭梁后,李顾或因早年与庄宗交好,仕途前景良好,故张全义家族与其联姻。③季澄、季宣之外,其他人婚姻不详。

---

① 《旧五代史》卷30《唐庄宗纪四》、卷38《唐明宗纪四》、卷46《唐末帝纪上》,第478、604、733页。
② 《旧五代史》卷15《李罕之传》、卷91《李顼传》,第238、1405—1406页;《新五代史》卷42《李罕之传附子顾传》,第520页;《资治通鉴》卷257,文德元年四月条,第8378页。按,李顾之名,《旧五代史》诸处均作李顼,《新五代史》《资治通鉴》作李顾。未知孰是,暂从后者。
③ 张庭瑀:《冤家聚头文武合:张全义家族及姻亲、李罕之家族及姻亲、杨凝式》,收入山口智哉等编:《世变下的五代女性》,桂林:广西师范大学出版社,2021年,第106—113页。张庭瑀怀疑李顾、李颢均可能是张季宣岳父,不过李颢缺乏文献记载,李顾事迹与墓志又吻合,李氏应为李顾之女。

(二) 张全义兄弟家仕宦与婚姻情况

张某为张衍之父,"死于兵间"。张衍"乐读书为儒"。唐宰相郑綮之侄、谏议大夫郑徽以女妻之,"遂令应辞科,不数上登第。唐昭宗东迁,以宗奭勋力隆峻,衍由校书郎拜左拾遗,旋召为翰林学士"。后梁官考功郎中、右谏议大夫。乾化二年二月,因随驾途中"应召稽晚",被朱温格杀于白马顿。①

张全武,文德元年李克用、李罕之连兵攻河阳时,"全武及其家属为晋兵所得",②此后一直居于太原,后唐建立方与全义相见,婚姻不详。

张全恩曾任怀州刺史,在李绰《升仙庙兴功记》中系衔为"河阳行军、怀州刺史、仆射清河张公"。③当时张全义兼镇河阳,故全恩得以出任支郡怀州刺史。妻冯氏,家世不详。全恩长子名不详,娶孟州录事参军苏潛卿之女。苏潛卿后改河南府密县令。据《苏氏墓志》,其"祖弘靖,皇任天雄军节度使"。案,唐末秦州、魏州均置天雄军,魏州节度使任职者嬗代有序,并无苏弘靖,④苏弘靖所任当为秦州天雄军节度。全恩次子无考,第三子继昇屡任环卫,仕宦不显,"先娶清河郡储氏……不幸早亡,人皆追叹。后婚宋城郡葛氏,封县君"(《张继昇墓志》)。储氏即全义妻族,已见前述;葛氏情况不详。

全恩有女一人,嫁王禹。《王禹墓志》言:"府君夫人清河张氏,即故齐王亲弟讳全恩之女也,故齐王之亲犹女也。"王禹曾祖、祖父

---

① 《旧五代史》卷24《张衍传》,第374页。
② 《新五代史》卷45《张全义传》,第559页。
③ 董诰等编:《全唐文》卷821,北京:中华书局,1983年,第8650页。
④ 吴廷燮:《唐方镇年表》卷4《魏博》,北京:中华书局,1980年,第599—621页。

无官,父王庾为州府僚佐,兄王麓官江州长史,知王禹出身基层官僚家庭。王禹"天祐二年起家,以处士征,除授许州扶沟县主簿"。天祐二年张全义兼镇许州忠武军,可见王禹为张全义征辟,时年二十四岁。正是这层关系,张、王两家才得以联姻。

张敬儒在后唐曾任"汝州防御使、右羽林统军使、博州刺史,累赠太尉"(《张继达墓志》)。妻卢氏,家世不详。敬儒之所以不连"全"字,当是因为文德元年(888)张全义得昭宗赐名时,[1]敬儒尚未弱冠,故不及之。张氏子孙中,继美四子只有成年的季康联"季"字,其余三人均为小名,可证赐名须待成年后。

张敬儒有二子一女,长子继美,"以伯父太尉齐王位极勋高,事殷权重,选之心腹,领以爪牙,遂改补右职,管衙内亲军"。后除右金吾卫将军、右卫大将军兼左藏库使。后唐同光二年,继美"准宣授河南府衙内都指挥使"。同年张全义"再兼孟门之节制,求之共理,期在得人,制敕除(继美)检校司空、知河阳军州事。"接替去世的张继业主持河阳节镇事务,是为其终官。继美"先婚长乐冯氏,即故许帅中令习之孙女也;再娶濮阳吴氏,即故工部尚书蔼之女也"(《张继美墓志》)。许帅中令即冯行袭,"累官至兼中书令",[2]天祐三年至开平四年镇许州忠武军,[3]卒于任。吴蔼贞明三年十月自尚书左丞改工部尚书,充两浙官告使。[4] 继美两娶,均为高门。敬儒次子继达,年二十(916年),张全义令其"补充军职,总领衙内亲军",次年充河南诸县游弈使。贞明六年后,五转皆为环卫

---

[1] 张全义得昭宗赐名时间据罗亮:《五代张全义家族与政权更替——以张氏家族墓志为中心的考察》,《魏晋南北朝隋唐史资料》第37辑,第173—176页。
[2]《旧五代史》卷15《冯行袭传》,第240页。
[3] 朱玉龙:《五代十国方镇年表》,北京:中华书局,1997年,第77页。
[4]《旧五代史》卷9《梁末帝纪中》,第151页。

官,终右骁卫大将军。继达"娶崔氏,封博陵县君,即故陇牧太保第三女也"(《张继达墓志》)。陇牧太保不详。敬儒之女为继美之妹,继达之姊,在张全义妻储氏主持下,嫁储氏外甥、前龙武将军储德雍。

综上可知,张全义在洛阳、兼镇的不少重要职位由家族成员出任。比如河南府牙军指挥使要职,一直由张氏子弟继祚、继孙、继美、继达充任;东都留守支郡汝州防御使,亦由家族成员继孙、敬儒为之。兼领他镇时,家族成员也往往参与其间,如兼领河阳时,全恩出任支郡怀州刺史;继业、继美相继为河阳留后,主持镇务。这与其他藩镇多以家族成员出任本镇要职,并无不同。但张继业所任六宅使、大内皇墙使、六军诸卫副使,张继美兼左藏库使,储德雍出任六军诸卫左亲事都将,则与洛阳的京师底色密不可分。

就婚姻对象而言,张氏第一代,即张全义兄弟妻家均无官,全义妻储氏家族也是其尹洛后、从砀山迁至洛阳才获得官职的。到了第二代,随着张全义官位日隆,其家族婚姻对象发生巨大变化。全义两女分嫁朱温第五子友璋、泰宁节度使刘鄩之子遂凝,全恩长子娶秦州天雄军节度使苏弘靖孙女,张衍娶昭宗宰相郑綮侄孙女,继美先娶忠武军节度使冯行袭孙女,续娶工部尚书吴蔼之女,继达娶陇州防御使崔某之女。第三代尽管官位多不显,季澄依然与延州高氏联姻,季宣娶右骁卫上将军李顾之女。唐末五代节度使与他镇节度、本镇将吏等联姻颇为常见,张全义家族并不特殊,与皇室联姻则是少数节帅的荣耀。值得注意的是,出身武将的张全义,非常重视与士人的联姻,这在当时并不多见。其中既有出自簪缨世家的郑徽、李肃,这同样得益于洛阳京师底色的地缘便利,也有普通士人王禹。史言张全义"尊儒业而乐善道,家非士族而奖爱衣冠。开幕府辟士,必求望实,属邑补奏,不任吏人",乃"人以为难"之事,[①]正表明辟署士族、与士人联姻结交,乃张全义不同于其他节度使、值得称道之处。在当时"天街踏尽公卿骨"[②]的时代背景下,士人与张全义联姻、结交,除了受庇护外,对其个人仕宦乃至家族发展亦助益良多。王禹与张氏联姻后,所任权理河南府缑氏县、守河南府渑池县令、权摄河南府司录参军、守河南府长水县令,均为张全义差摄官,缑氏县令和河南府司录参军后改正授(《王禹墓志》)。郑徽与张氏联姻后,对其子郑珏的仕途产生了很大帮助。《新五代史·郑珏传》言:

> 珏少依全义,居河南,举进士数不中,全义以珏属有司,乃得及第。昭宗时,为监察御史。梁太祖即位,拜左补阙。梁诸大臣以全义故数荐之,累拜中书舍人、翰林学士奉旨。末帝时,拜中书侍郎、同中书门下平章事。

郑珏得以登第是因"全义以珏属有司",在后梁快速升迁是因"梁诸大臣以全义故数荐之"。后唐灭梁,郑珏被贬莱州司户参军,后来"张全义为言于郭崇韬,复召为太子宾客"。[③] 可见郑珏终身受惠于张全义。除了郑珏出身士族因素外,联姻也起了重要作用。

综上,可据以生成《张全义家族、亲属关系图》。

[①]《旧五代史》卷63《张全义传》,第979页。
[②] 韦庄:《秦妇吟》,见孙光宪撰,贾二强点校:《北梦琐言》卷6《以歌词自娱》,北京:中华书局,2002年,第134页。《秦妇吟》全文早佚,今见敦煌文书P.3381,上海古籍出版社、法国国家图书馆编:《法国国家图书馆藏敦煌西域文献》第24册,上海:上海古籍出版社,2002年,第40—42页。
[③]《新五代史》卷54《郑珏传》,第699—700页。

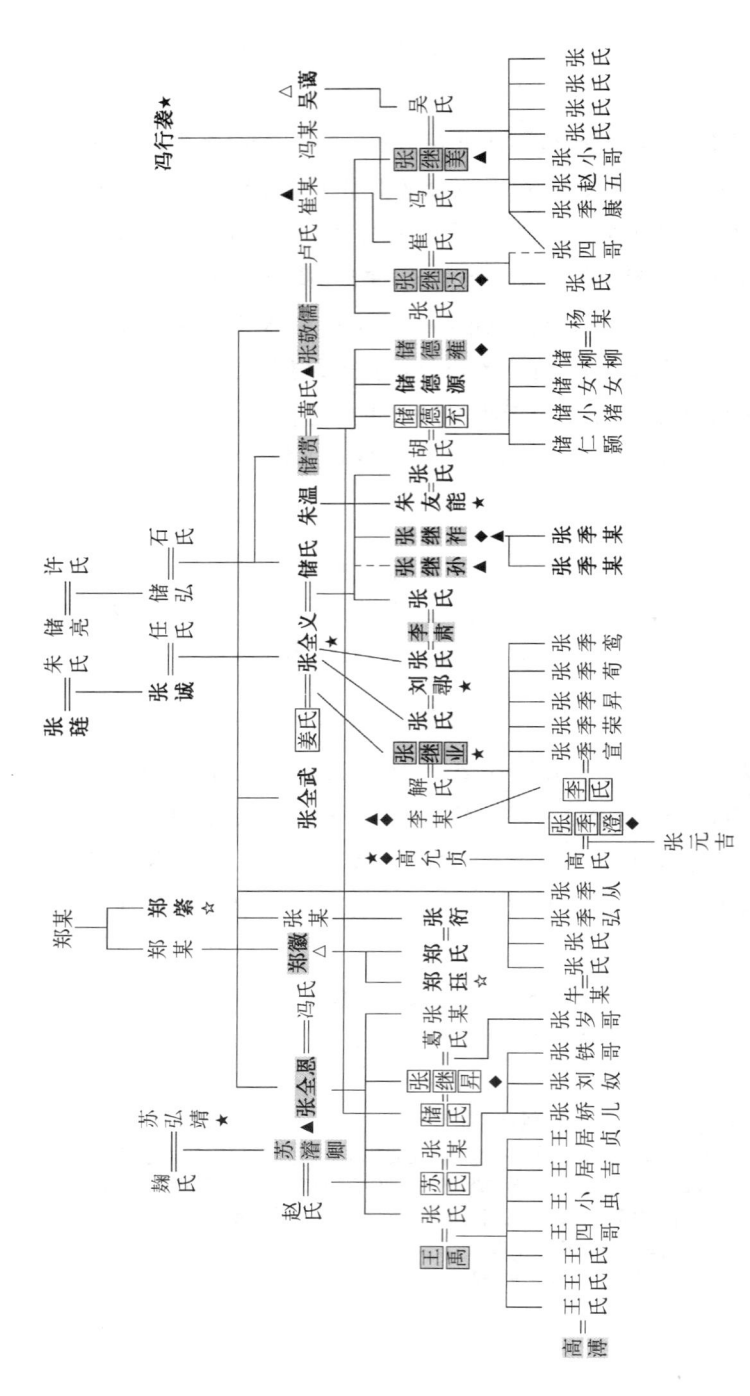

图 1 张全义家族、亲属关系图

说明：张季从见于《储氏墓志》，为其侄；张季弘、两张氏见于《张继昇墓志》，为其任。四人不知其父为谁，今附于张诚曾孙下。

图例：公宰相；☆节度使，留后；公文官五品以上；▲武官剌史、团练、防御使；◆环卫官；■有墓志出土者；郑徽：仕官在洛阳及张全义兼镇内者。张全义：见于文献记载者。姜氏：表示直接亲属关系；------表示收养关系。

四、张全义社会关系网络的构建

藩镇与京师双重底色的交错,对张全义社会关系网络也有明显影响。占据洛阳前,张全义已聚集起一些人才,其中比较重要的是王璠和张濛。据《王璠墓志》,知其出身中下层官僚家庭。墓志言:

> 值中原丧乱,四海沸腾,黄巾窃犯于京城,白马专乎于氛浸。英雄奋起,仕族吞声。父子相认于七星,夫妻唯藏于半镜。公见机而作,顺命承时,遽脱儒冠,俄就武略。始与河南尹清河公一时相遇,共话丕图。寻破枭巢,依归凤诏。

"黄巾窃犯于京城"指广明元年(880)黄巢陷洛阳、长安。此年王璠由文转武,加入黄巢军,结识张全义。黄巢败亡后,"依归凤诏",投奔旧相识张全义,成为其僚佐。全义占据洛阳后,王璠在洛阳城恢复中发挥了重要作用。墓志言:"况洛汭伤残,久罹兵革,坊肆悉成于瓦砾,宫闱尽变于荆榛。公密副钧情,广开心匠,运工力役,完葺如初。"知王璠实为洛阳兴建的具体负责人之一。同光二年王璠去世时,其子延锴为河南府偃师县主簿,亦为全义僚佐。[①]

与王璠相同,孙璠亦出自黄巢军。据《孙璠墓铭》,孙璠亳州人,"曾、祖、父皆历辕门",出自地方军将家族。追随张全义到达洛阳,为河南府衙前军将,当时洛阳"都国荆榛,瓦砾坊街",孙璠亦当参与了洛阳城的营建。

张濛为张全义重要文职僚佐。据《张濛墓志》,知其出身中下层官僚家庭。墓志言:"今居守魏王,昔在怀覃,将建勋业,而切于求

[①] 黄巢有大将王璠,中和元年曾与尚让攻凤翔,为节度使郑畋所败(《旧唐书》卷178《郑畋传》,第4634页)。不知其与全义僚佐是否为同一人,存疑待考。

士,乃早知其名,即召居麾下,乃授以右职,掌其要司。"可见张濛是光启二年全义任怀州刺史(怀覃)时招致麾下、补以军职的。不久全义占据洛阳,张濛转为文职。墓志言:

> 及保厘洛邑,得询其旧贯,或创以新规,咸合庙谋,待遇日厚。魏王握六军兵符,移八镇旄钺,不离尹正大任,尝兼国计剧司。余三十载间,军书要妙,民籍殷繁,皆悉委之,无不通济。洎太祖(朱温)奄有寰区,魏王首为推戴,创宫闱以萧制,备法驾于汉仪,咸自魏王独济其事。既支用益广而案牍尤繁,仗其勾稽,甚省浮费。

可见张濛在张全义尹洛初期,对洛阳经营规制有重要贡献,甚得全义信任。之后三十年,全义幕府军政、民政文书多由其处理,是全义重要文职僚佐。开平四年张全义录张濛之功上奏,朱温以其为柳州刺史。当时柳州在湖南马殷治下,朱温所委当为遥领,主要是为了提升张濛的身份待遇。①

张全义尹洛后,洛阳地区社会经济逐渐恢复,成为唐末难得的安定之区,吸引了各色人才迁居,其中不少被全义辟署。如国礥,孟州温县人,祖、父无官,因遭逢乱离,居于洛阳。文德元年,"河南府创建佑国军节,礥因兹縻职",其弟国碆乾化五年为守河南府押衙(《国礥墓志》)。又后晋宰相桑维翰之父桑珙,曾为河南府客将,同光三年桑维翰登第,正是由于全义推荐。② 又郑廷规,曾任河南府伊阙县令,祖父郑播终于丹州防御使,父郑璪历任丹州防御使、沂

---

① 唐末五代帝王常以武将遥领境外刺史、节度使,以提高其身份待遇。参闫建飞:《从遥领到遥郡:试论宋代遥郡序列的形成》,《国学研究》第38卷,2016年,第120—126页。
② 张齐贤:《洛阳缙绅旧闻记》卷2《齐王张令公外传》,第162—163页。

州、磁州、剑州刺史等。① 可见廷规出身中高层官僚家庭。又王郁，贞明二年《姜氏墓志》篆盖者，自称门吏、前河南府寿安县令，同光三年又为《张继业墓志》篆盖，时为左藏库副使。王郁为张继业外甥女婿，惜其家族情况不详。又伏琛，贞明六年《储氏墓志》和《储德充墓志》撰写者，时任河南府司录参军。又吴仲举，贞明六年《储德充墓志》篆及书者，前守河南府福昌县主簿。又左庭训，朱温从龙功臣左环第三子，同光二年"事于今河南齐王令公，累迁剧职，继主（张继业）重难，令掌丧事"。② 又唐鸿，同光三年《张继业墓志》撰写者，时任充河南府推官。唐鸿后撰张全义行状，称赞全义"于瓦砾邱墟之内化出都城"。③ 又赵荣，同光三年《张继业墓志》书者，时为河南府随使押衙、兼表奏孔目官。

以上僚佐大多出身中下层官僚家庭或布衣之家，承担着洛阳和辖县的日常公务，是张全义经营洛阳依赖的主要力量，其中王璠、张濛作用尤其突出。但除了桑珙、唐鸿在史籍中有一鳞半爪的记载外，其他人仅见于墓志。相比之下，张全义吸纳的另一类人——衣冠清流的史籍记载明显多很多。

衣冠清流即唐后期的士族。与唐前期主要强调门第、仕宦不同，衣冠清流主要指科举入仕或应试的家族。④ 他们构成唐后期朝廷官员主体，是张全义主动结交的对象。如谏议大夫郑徽退居洛

---

① 裴殷裕：《郑璩墓志》，拓片见赵君平、赵文成编：《河洛墓刻拾零》479，第652页；录文见周阿根：《五代墓志汇考》2，第4—7页。
② 张枢：《左环墓志》，拓片见赵君平、赵文成编：《河洛墓刻拾零》482，第657—658页；录文见周阿根：《五代墓志汇考》58，第140—143页。录文误"继主"为"继王"。
③ 张齐贤：《洛阳缙绅旧闻记》卷2《齐王张令公外传》，第159页。
④ 吴宗国：《唐代科举制度研究》，北京：北京大学出版社，2010年，第256—260页。

阳,"为河南尹张全义判官"。① 其子郑珏应进士十九年不第,光化三年(900),"寓居洛都,素为全义所礼"的李渥为礼部侍郎知贡举,"全义以书荐托,珏方擢第"。② 又李愚,家世业儒,天复元年"避难东归洛阳",天祐三年"登进士第,又登宏词科,授河南府参军,遂卜居洛表白沙之别墅",③成为全义僚佐。

天祐元年昭宗东迁,官僚百姓皆迁洛阳,为张全义吸纳衣冠清流提供了更有利的条件,收入幕僚者明显增多。如孔崇弼,出自曲阜孔氏,原为僖宗昭宗宰相孔纬之侄,因孔纬无子入继。④ 唐末"登进士第,为弘文校理。从昭宗幸洛阳,河南尹张宗奭以崇弼名家子,署为幕宾"。⑤ 又裴羽,僖宗宰相裴贽之子,昭宗迁洛,裴贽家族随之东迁,张全义遂以裴羽为河南寿安尉。⑥

后梁建立后,张全义依然积极吸纳衣冠清流。如杨凝式,唐后梁宰相杨涉之子,"梁开平中,为殿中侍御史、礼部员外郎。去从西都,张全义辟为留守巡官"。⑦ 杨凝式与张全义家族关系比较密切,清泰三年《张季澄墓志》、天福四年《张继昇墓志》均由杨凝式撰写。墓志中凝式自称"门吏",显是感念张全义之提携。又李专美,出自陇西李氏姑臧大房,"伪梁贞明中,河南尹张全义以专美名族之后,奏为陆浑尉,秩满,改舞阳令。专美性廉谨,大著政声。后唐天成中,安邑榷盐使李肃辟为推官"。⑧ 陆浑为河南府属县,李肃为全义

---

① 《新五代史》卷54《郑珏传》,第699页。
② 《宋本册府元龟》卷828《总录部·论荐》,北京:中华书局,1988年,第3086页。
③ 《旧五代史》卷67《李愚传》,第1038页。
④ 《宋本册府元龟》卷863《总录部·为人后》,第3342页。
⑤ 《宋本册府元龟》卷729《幕府部·辟署四》,第2560页。
⑥ 《旧五代史》卷128《裴羽传》,第1966页。
⑦ 张世南撰,张茂鹏点校:《游宦纪闻》卷10,北京:中华书局,1981年,第88页。
⑧ 《旧五代史》卷93《李专美传》,第1432、1431页。

女婿,可见专美仕宦始终与全义密切相关。

除了辟署,张全义还通过各种方式加强与清流士大夫的联系。如李敬义,为唐宰相李德裕之孙。唐末"退归洛南平泉旧业。为河南尹张全义所知,岁时给遗特厚,出入其门,欲署幕职,坚辞不就"。敬义虽拒绝辟署,全义对其依然十分礼遇。昭宗迁洛后,"李敬义三度除官,养望不至",惹怒朱温,被贬卫尉寺主簿。"时全义既不能庇护,乃密托杨师厚,令敬义潜往依之,因挈族客居卫州者累年,师厚给遗周厚。"①又李肃,全义两次嫁女,已见前述。

综上,张全义尹洛前,其僚佐均为中下层官僚,他们构成张氏集团的核心力量。尹洛后也有不少中下层官僚和军将加入,但更值得注意的是衣冠清流的明显增加。洛阳作为东都,本就是衣冠清流聚集之地,唐末天下大乱,他们四散逃亡。全义占据洛阳后,洛阳社会经济恢复,成为当时难得的安定富庶之区,吸引不少衣冠清流回迁,郑徽、李渥、李敬义等由此受到张全义笼络和庇护。昭宗迁洛后,长安的衣冠清流随之东迁,张全义又趁机将孔崇弼、裴羽、李愚、李肃等纳入自己的关系网。后梁时期,杨凝式、李专美等亦被全义辟署。可以看出,占据洛阳尤其是昭宗迁洛后,张全义有意通过辟署、联姻、推荐等方式,强化与衣冠清流的联系。全义出身黄巢军,对此讳莫如深,②而衣冠清流是唐末朝臣主体,因此全义礼遇、提携这一群体,首先是为了改善自身政治形象,并加强与唐廷的关系。其次,不少衣冠清流家族长期居洛,经营岁久,对洛阳当地影响很大,李敬义家族就是如此。他们是张全义洛阳经营需要借重的政治力量,对衣

---

① 《旧五代史》卷60《李敬义传》,第934—936页。可见张全义与杨师厚亦颇有交情。
② 张全义曾代李敬义向监军索求李德裕醒酒石,监军语及黄巢,全义就"以为诟己,大怒曰:'吾今为唐臣,非巢贼也。'"乃至于奏杀监军,足见全义之忌讳。《旧五代史》卷60《李敬义传》,第935页。

冠清流的吸纳，也使全义与洛阳的结合更加紧密。再次，衣冠清流在唐末依然保持着很高的社会地位，是普通官僚百姓"伪冒士籍"的对象，①布衣出身的张全义，本身也有与他们结交的强烈意愿。洛阳京师色彩的增重，又使张全义在吸纳衣冠清流方面，有其他藩镇无可比拟的优势。

张全义尹洛期间，京师与藩镇底色多次交错，成为唐末五代历史的独特存在，给张全义的洛阳经营带来多方面影响。首先，就洛阳城兴建而言，张全义刚刚占据洛阳时，仅以南市为中心，筑垒自固，其他区域仍多为荒榛之地；天祐元年唐室东迁，宫城的兴建才提上日程，洛阳的都市景观经历了藩镇治州向京师的转变。后梁、后唐都洛期间，城市建设同样以宫城为中心。其次，就社会关系网络而言，张全义经营期间，洛阳先后为唐、后梁、后唐都城，都城是衣冠清流聚集地，这使张全义在吸纳衣冠清流方面，有其他节镇无可比拟的优势，这是张氏集团中衣冠清流众多的重要原因。再次，就藩镇权力结构而言，张全义在洛阳经营四十年，唐末五代罕有其比，这是他能够吸纳不同政治势力、构建稳定权力结构的重要条件。但洛阳京师的底色，又使朱梁、后唐朝廷始终对洛阳有比较强的影响力。如果说朱梁大本营在汴州，对张全义尚比较放任的话，后唐则大不相同。不论是洛阳城建设，还是官员选任上，张全义的影响均不断下降；租庸使孔谦亦"侵削其权，中官各领内司使务，或豪夺其田园居第，全义乃悉录进纳"。同光四年，张全义"落河南尹，授忠武军节度使、检校太师、尚书令"，②同年去世。至此，其洛阳权力结构最终瓦解。

---

① 仇鹿鸣：《"攀附先世"与"伪冒士籍"——以渤海高氏为中心的研究》，《历史研究》2008年第2期。
② 《旧五代史》卷63《张全义传》，第978页。

除了藩镇与京师底色交错带来的特殊之处,张全义的洛阳经营也有与其他藩镇相似之处。张全义一方面以家族成员出任洛阳要职,比如河南府牙军一直由张氏子侄统领;另一方面以联姻、辟署、推荐等方式,强化与河南府僚佐的私人关系,同时尽量吸纳居于洛阳的衣冠清流加入张氏集团,形成了一个以张全义为核心,包括家族、亲属、僚佐、门吏、交游等在内的"关系丛"。① 在这个"关系丛"中,不同关系是重叠的,比如张全义与郑珏父子,就有辟署、联姻、推荐等多种关系;"关系丛"内部的其他成员,也存在各种复杂关系,如李渥受到张全义礼遇,同时又是郑珏座主。以这种多元关系为基础,"关系丛"内部成员亦会形成共同体,最终成为张全义增强洛阳和兼镇控制的有效助力。这种节帅与地方结合的模式,在唐末五代是普遍存在的。总体而言,节帅们均倾向与僚佐构建拟制家人关系,增强在彼此社会关系网络中的影响,在此基础上构建相对封闭的地方权力结构。

问题在于,衣冠清流、僚佐等与张全义联姻或被辟署后,是否就属于张氏集团、为张全义驱使呢? 我们可以借用社会网络的研究进行理解。在一个相对封闭的组织内,成员从事类似的活动,并屈从于类似的信息类压力(包括声誉、口碑、流行等)和规范类压力(包括风俗、道德、法律、制度等)。这些信息和规范并不一定直接作用于行动者身上,而是通过其身边的关系及社会网络发生作用。一个人周围大多数人接受某一信息,会使此人也相信此一信息;大多数人服从某一规范,就会使其具有强制力。② 换言之,假如张全义要获取

---

① "关系丛"的讨论,参项飙:《跨越边界的社区:北京"浙江村"的生活史(修订版)》,北京:生活·读书·新知三联书店,2018年,第394—431页。
② 罗家德:《社会网分析讲义(第二版)》,北京:社会科学文献出版社,2010年,第60—61页。

僚佐、衣冠清流的追随和服从，并不一定是通过政治权力这种"硬权力"，更可能是日常生活中的姻亲、人情等"软权力"，催动人际关系网络来实现自己的政治目的。后者看似"温情脉脉"，实际上同样由权力内核支撑，是僚佐、衣冠清流等不得不服从的"规矩"。其他藩镇内部也与此类似。唐末五代藩镇是一个个相对封闭的组织体，组织成员与外界的仕宦流动、信息交流较少，对府主个人的人身依附性强，门生一座主关系的约束力较大，组织内成员对组织内压力的服从程度也较高。因此，我们注意到，尽管五代中央已经确立了对地方的军事优势，节度使僚佐也有不少中央除授者，但当节度使起兵叛乱时，即使胜算不大，其僚佐、军将也基本追随（当然其中很多是被迫的）。叛乱尚且无法拒绝，日常行政中僚佐等服从府主自然更容易理解，所谓"梁时张全义专制京畿，河南、洛阳僚佐皆由其门下，事全义如厮仆"，正是这种情况的真实反映。

节帅努力构建的这种相对封闭的地方权力结构，恰恰是五代宋初朝廷加强中央集权过程中要打破的对象。随着五代中央军事优势的重建，洛阳和其他节镇以节帅为核心的权力结构最终必然会走向瓦解。由于洛阳的京师底色，天祐元年后朱梁、后唐对洛阳的影响始终较大，亦有众多朝廷军队驻扎，张全义根本无力与之抗衡。因此，尽管张全义经营岁久，但当后唐朝廷有意消除其对洛阳的影响甚至免去其河南尹之职时，他只能展露恭顺姿态。从某种程度上说，张全义洛阳权力结构的终结，也昭示了唐末五代其他藩镇权力结构的最终命运。

不独洛阳，随着五代十国诸政权"方镇为国"，[①]汴州、昇州、成都

[①] "方镇为国"，参阁建飞：《方镇为国：后梁建国史研究》，《中山大学学报》2019年第6期；《方镇为国：后唐建国史研究》，收入邓小南、方诚峰主编：《宋史研究诸层面》，北京：北京大学出版社，2020年，第251—270页。

等城市也由藩而京。唐后期藩镇军事力量多集中于治州,以保证对支郡的武力优势。方镇为国过程中,由治州发展而来的都城,往往成为全国军事力量的最重要屯驻地,军人及其家属的大量增加导致都城的城市布局、居民结构、粮食供给、都市景观等呈现出与汉唐都城明显不同的特点。[①] 这种从普通城市升格为都城,或由都城降格为陪都乃至普通城市,在中国历史上反复出现,洛阳、开封、北京、南京、成都等均多次经历这一转变。因此,京藩交错也可以成为我们观察中国古代都城史的有益视角。

作者单位:湖南大学岳麓书院

(原刊于《中山大学学报[社会科学版]》2021年第5期,收入本书时做了较大幅度增补修改)

---

① 军队及其家属聚集给五代北宋开封、洛阳带来的影响,参久保田和男撰,郭万平译:《宋代开封研究》;闫建飞:《后唐洛阳城的粮食供给》,《唐研究》第25卷,北京:北京大学出版社,2020年,第665—679页。

观望与赴难:"奉天之难"中的京西北诸镇

许超雄

摘 要:在"奉天之难"中,凤翔、泾原及朔方等镇内部存在不同势力的角逐,导致各镇表现出观望与赴难的不同态度。这跟代宗至德宗建中初期京西北藩镇"多元交叉"的权力结构有关,其特点是在朔方、泽潞(后期幽州)、四镇北庭行营三大势力各自防区内,不同背景的人员交叉分布,呈现犬牙交错的格局。这一权力结构从内部有效牵制了凤翔、泾原、邠宁等镇,为德宗平叛赢得了机会。"奉天之难"后,京西北权力结构经历了重新洗牌,"军镇林立,势多分散"成了关内藩镇新的特点,这种通过分化权力以控制地方的方式,与大历以来一脉相承。

关键词:京西北藩镇 "奉天之难" 唐德宗 多元交叉

建中二年(781),成德节度使李宝臣死,其子李惟岳欲袭父位,被唐德宗果断拒绝。于是李惟岳与魏博田悦、淄青李正己连兵拒命,山南东道的梁崇义也与之勾结呼应。四年十月,德宗征发泾原军前往襄城救援,泾原军至长安时,因赏赐太薄发动叛乱,德宗仓皇出逃至奉天,叛军拥立被朝廷猜忌而闲置的原幽州节度使朱泚。在关东战场的邠宁节度使李怀光及神策将李晟等急忙回军,赖李怀光的援军,朱泚退兵,奉天围解。但李怀光长途奔袭救驾却遭到朝廷冷落,因受到猜忌而拥兵抗命,迫使德宗逃至梁州。德宗依靠李晟的神策军,收复长安,平定朱泚,而李怀光则逃至河中,最终兵败被杀。上述事件史称"奉天之难"。在这次事件中,京西北诸镇除了参与叛乱的一部外,其他各部表现出观望与赴难两种态度。而德宗能够在叛军进逼奉天之下挺过危机,最终平定叛乱也实与京西北诸镇的动向有关。

关于泾原兵变及与之相关的朱泚、李怀光叛乱,学界在事件的过程、原因及性质等问题上都有探讨,主要侧重于考察京西北的朔方、神策军或朝廷与京西北诸镇之间的矛盾。[1] 值得一提的是,黄永年深入京西北诸镇及神策军的内部权力结构变化来分析事变中的各方矛盾。[2] 在黄先生研究基础上,李碧妍考察了朱泚幽州军的动向及其对朱泚称帝的影响,涉及对泾原、邠宁等藩镇人员结构的考证。[3] 这些研究揭示了京西北地区复杂的权力结构,有助于理解京西北诸镇在"奉天之难"中的动向,但仍有微观层面上深入的空间。

---

[1] 相关研究主要有彭铁翔:《唐代建中时期的"泾原兵变"性质考辨》,《武汉师范学院学报(哲学社会科学版)》1982年第6期;陈衍德、杨际平:《试论唐代"泾原兵变"的性质——与彭铁翔同志商榷》,《历史教学问题》1989年第3期;李鸿宾:《李怀光之叛与中唐政局——兼论朔方军的变化》,《民大史学》第2辑,北京:民族出版社,1998年,第14—36页;陈寅恪:《论李怀光之叛》,《金明馆丛稿二编》,北京:生活·读书·新知三联书店,2001年,第317—319页;王效锋:《唐德宗"奉天之难"探析》,《陕西师范大学学报(哲学社会科学版)》2011年第6期。
[2] 黄永年:《泾师之变》,《六至九世纪中国政治史》,上海:上海书店,2004年,第401—431页。
[3] 李碧妍:《危机与重构:唐帝国及其地方诸侯》,北京:北京师范大学出版社,2015年,第148—194页。

因此，我将视角集中于动乱之下的朔方、泾原、凤翔等镇的内部动向，考察代宗以来京西北地区的权力结构，回答德宗在出逃后何以能够稳定关内其他诸镇并最终平定叛乱，从而对代宗至德宗建中时期朝廷的京西北政策有进一步的理解。

一

德宗出逃至奉天后，认为奉天地方狭隘，欲幸凤翔。当时户部尚书萧复就指出，"凤翔将卒皆朱泚故部曲，其中必有与之同恶者"，甚至担心凤翔节度使张镒控制不住本镇兵士。朱泚曾任凤翔节度使，带领幽州兵进入凤翔，成为大历后期主导凤翔的军事力量。于是德宗决定迟一天出发，果然第二天就听闻凤翔兵乱，张镒被杀。[①]

关于凤翔兵乱，《旧唐书·张镒传》记载道：

> 德宗将幸奉天，镒窃知之，将迎銮驾，具财货服用献行在。李楚琳者，尝事朱泚，得其心。军司马齐映等密谋曰："楚琳不去，必为乱。"乃遣楚琳屯于陇州。楚琳知其谋，乃托故不时发。镒始以迎驾心忧惑，以楚琳承命去矣，殊不促其行。镒修饰边幅，不为军士所悦。是夜，楚琳遂与其党王汾、李卓、牛僧伽等作乱。镒夜缒而走，判官齐映自水窦出，齐抗为佣保负荷而逃，皆获免。镒出凤翔三十里，及二子皆为候骑所得，楚琳俱杀之；判官王沼、张元度、柳遇、李溆被杀。[②]

[①] 司马光：《资治通鉴》卷228，唐德宗建中四年十月条，北京：中华书局，2011年，第7479页。

[②] 刘昫等：《旧唐书》卷125《张镒传》，北京：中华书局，1975年，第3548—3549页。

张镒与幽州士卒出于文化上的冲突可能是其被杀的一方面原因,但直接原因是没有控制住李楚琳为首的幽州势力。李楚琳通过军变,控制了凤翔府,但陇州却被亲朝廷的韦皋所控制。听闻凤翔军变后,陇州刺史郝通准备投奔李楚琳。据赵元一《奉天录》,投奔李楚琳的郝通曾率军突破陇州境内的汧阳县,陇州义宁军使李旻以兵会之。① 当时陇州留有五百幽州兵,由朱泚旧将牛云光统领。牛云光企图发动军变,阴谋外泄,被陇州行营留后韦皋所破。韦皋用计诛杀了牛云光及朱泚派来招降的家僮刘海广。韦皋一面向吐蕃求援(当时唐蕃关系缓和),一面派出使者往奉天面见德宗。朝廷以韦皋为陇州刺史,并特置奉义军以表彰韦皋。② 同时,新、兴二州将王震举镇归附韦皋,"皋军容益壮"。③

于是,凤翔镇分别出现了凤翔府的李楚琳与陇州的韦皋两股力量。李楚琳实际控制的,大概只有会府所在的凤翔府,而韦皋至少控制了兴凤陇岐四州中的二州,从西面对李楚琳形成了威胁,故李楚琳"外奉朝廷而阴事朱泚",④游走于两方之间。

除德宗与朱泚双方形势不明朗及背后有陇州韦皋的威胁外,凤翔内部也存在不同的声音。关于张镒被杀,李肇《唐国史补》记载稍有不同,今列如下:

张凤翔闻难,尽出所有衣服,并其家人钿钗枕镜,列于小厅,将献行在。俄顷后院火起,妻女出而投镒,镒遂与判官由水

---

① 赵元一撰,夏婧点校:《奉天录》卷2,北京:中华书局,2014年,第43页。
② 《旧唐书》卷140《韦皋传》,第3821—3822页。
③ 《奉天录》卷2,第43页。该处原文有脱文,王震为二州州将,但兴州附近没有新州,故此处新州存疑。但凤翔一镇所辖的兴凤陇岐四州中,兴州归于陇州的韦皋,当无疑问。我怀疑,这里的归附二州可能是兴州和凤州,但目前找不到佐证材料。
④ 《资治通鉴》卷230,唐德宗兴元元年三月条胡三省注,第7539页。

窦得出，匿村舍中。数日稍定，会锰家僮先知之，走告军中，军中计议迎锰，遂遇害也。①

《唐国史补》中张锰是与判官齐映一道从地下水道中逃出来的，与上文趁夜色由吊绳从城上逃出不同，不知孰是，但齐映出逃方式当无疑问。齐映得以成功出逃，还有一个原因是"军中多为映指道（导）"，②即齐映受到了部分军士的庇护而得以逃脱。结合相关记载，我认为这个"指道（导）"应该指指示逃跑的道路，估计就是从水窦逃出了。

《唐国史补》中提到张锰躲到村舍中几天后，家僮走告军中，军中讨论准备迎接张锰回到凤翔府，不久张锰却突然遇害了。合理的解释应该是李楚琳先是偷偷放了一把火，想烧死张锰，但张锰逃了出来，当得知军中商议把张锰迎回来，李楚琳觉得形势对自己不利，果断派人杀了张锰。这就说明军中有部分人应该没有站在李楚琳一边，否则军中不至于商量迎回节度使，李楚琳最初也只是暗中放火而不敢直接公开为乱。

《唐国史补》的作者李肇生卒年不详，大约生活在宪宗至文宗时期，曾在元和（806—820）末任翰林学士，穆宗即位后与翰林学士段文昌、杜元颖、沈传师同召对于思政殿。③ 张锰与李肇生活的年代相近，相关的经历者多还在世上，再加之身为翰林学士，召对于思政殿的工作也要求李肇对前朝历史有所了解。那么，李肇《唐国史补》的

---

① 李肇：《唐国史补》卷上，《唐五代笔记小说大观》，上海：上海古籍出版社，2000年，第171页。
② 《旧唐书》卷136《齐映传》，第3750页。《册府元龟》卷721《幕府部·谋画》作"指导"（南京：凤凰出版社，2006年，第8316页）。
③ 李德辉：《全唐文作者小传正补》卷721《李肇》，沈阳：辽海出版社，2011年，第797页。

记载就多了一分可信度。

从齐映逃跑时"军中多为映指道(导)"看,《唐国史补》反映的凤翔内部军士态度应该是可信的。齐映在叛乱之前就认为李楚琳有问题,以后必为乱,请求张镒除去之。这样的人必定是李楚琳想要重点报复的对象。士兵能够帮助齐映逃跑,说明这部分士兵不站在李楚琳一边。因此,我们可以做出如下分析:真正发动叛乱的是以李楚琳为首的部分军人,李楚琳所能依赖的只有以王汾、李卓、牛僧伽等为核心的成员,至于凤翔府的其余军士,能否为之所用,与之一起站在朝廷对立面,这是需要打个问号的。

《程惟诚墓志》指出,志主随张镒镇凤翔,为其下属,李楚琳杀张镒后,"公(程惟诚)独明逆顺,抗志不从。密封上陈,间使行在。潜奉诏旨,委之讥(机)宜。加左散骑常侍,仍疏实封",暗中与奉天沟通消息。据墓志,程惟诚出身于四镇北庭行营系统,原在泾原,建中元年刘文喜叛乱后入朝,后镇凤翔。程惟诚在兴元元年(784)七月扈从德宗还都,此后一直任职禁军,[1]但七月正好是德宗车驾至凤翔,李楚琳罢节度使入朝的时间,[2]这个时间点入朝且程惟诚此后并没有受到重用,就不得不让人怀疑墓志记载的真实性。

但《西门珍墓志》证明朝廷势力确实打入了凤翔内部,且牵制了李楚琳。该墓志记载道:

> 建中四年,王室多故,泾原叛卒,昼入犯门,銮舆西巡,以避封豕。艰虞之际,尤尚通才,除内府局丞充凤翔、陇右节度监军判官。时怀光不臣,潜与泚合,翠华于是更幸梁洋,节使楚琳有

---

[1] 胡戟、荣新江主编:《大唐西市博物馆藏墓志》342《唐故开府仪同三司检校工部尚书兼右羽林军大将军御史大夫上柱国安定郡王食邑三千户食实封一百户程府君墓志铭并序》,北京:北京大学出版社,2012年,第739页。
[2] 《资治通鉴》卷231,唐德宗兴元元年七月条,第7560、7564页。

疑贰,公每于衙府,辄肆直言,谕其将士,徵以祸福。国家靡汧陇之忧,州县免诛夷之弊,微公之力,殆不及此。①

西门珍应该是跟随德宗出逃的宦官之一,被任命为凤翔、陇右节度监军判官的时间点,应该是在德宗听闻凤翔兵乱后且奉天保卫战还没有开始之前,大概在建中四年(783)十月底至十一月左右。李怀光暗自与朱泚勾结,逼迫德宗幸梁洋,在兴元元年(784)二月左右。西门珍在这个时间点临危受命前往凤翔,明显是为了稳住凤翔的李楚琳,以防止其与朱泚合流。西门珍在凤翔将士中间做了大量思想工作,在一定程度上稳住了凤翔一镇。

因此,我认为凤翔的李楚琳在朱泚、李怀光叛乱的背景下游走于朝廷与叛军之间,但并没有明显公开的越界行为,除当时关内形势不明朗,凤翔府背后有陇州韦皋的威胁外,凤翔内部势力及西门珍的游说也在一定程度上对李楚琳的行动造成了掣肘。

我们再来看凤翔北部的泾原。建中四年,姚令言率泾原兵东进,以兵马使冯河清知留后,判官姚况知泾州事。当泾原兵变,德宗出逃奉天的消息传来时,冯河清等人"集将士大哭,激以忠义,发甲兵、器械百余车,通夕输行在",给了情势危急的奉天行在很大支持,"城中方苦无甲兵,得之,士气大振",朝廷立马任命冯河清为"四镇、北庭行营、泾原节度使,(姚)况为行军司马"。② 冯河清原先隶属于郭子仪的朔方军,后来隶泾原节度使马璘。③ 考虑到冯河清的这层背景,应该多少能够解释冯河清在德宗出逃后所选择的立场。

---

① 周绍良主编:《唐代墓志汇编》元和119《大唐故朝议郎行宫闱令充威远军监军上柱国赐紫金鱼袋西门大夫墓志铭并序》,上海:上海古籍出版社,1992年,第2032页。
② 《资治通鉴》卷228,唐德宗建中四年十月条,第7480页。
③ 《旧唐书》卷125《冯河清传》,第3549页。

朱泚、姚令言"数遣人诱泾原节度使冯河清",但都被冯河清拒绝,"皆斩其使者",①朱泚转而勾结泾州大将田希鉴。关于冯河清被杀,《新唐书·姚况传》记载道:

> 兴元元年,浑瑊以吐蕃兵败贼韩旻等,泾人妄传吐蕃有功,将以叛卒孥与赀归之,众大恐,且言:"不杀冯公,吾等无类矣。"田希鉴遂害河清,况挺身还乡里。②

田希鉴杀冯河清与吐蕃兵败韩旻一事有关。吐蕃破韩旻后,泾州人群中谣传朝廷将把反叛士卒的妻子儿女及财产都赏给吐蕃,因而引起了泾原士兵的惶恐。发动泾原兵变,拥立朱泚造反的那批泾原士兵与冯河清所领的泾州一部本就是一体,甚至很多叛军的家属及财产仍在泾州。更直接说,韩旻部中也有泾原兵。因而,对于泾州部士兵而言,他们很难与叛军划清界限。冯河清支持朝廷,只有杀了他并投靠朱泚才能换取不被吐蕃奴役的命运。正因为有了这样的舆论氛围,田希鉴便乘机杀害冯河清,投靠朱泚。

但是田希鉴上位后并没有完全倒向朱泚,仍采取首鼠两端的态度。与凤翔李楚琳不同,田希鉴兵变上位时关内的形势已经发生了很大变化。田希鉴杀冯河清在兴元元年三月,③奉天之围已解,李怀光拥兵不进,与朱泚联结,逼迫德宗南下梁州,但李晟等军已经集合,李怀光兵势局促,逃往了河中,就连在凤翔观望的李楚琳也在奉天解围后,遣使进贡。当时关内形势已经向有利于朝廷发展。在这样的背景下,田希鉴就需要考虑下投靠谁的问题。所以我们看到,

---

① 《资治通鉴》卷230,唐德宗兴元元年四月条,第7543页。
② 欧阳修等:《新唐书》卷147《姚况传》,北京:中华书局,1975年,第4755页。
③ 《旧唐书》卷12《德宗纪上》,第341页。

田希鉴除了代表朱泚厚以金帛贿赂吐蕃外,更多采取观望态度。①兴元元年六月,朱泚溃败,欲逃亡吐蕃,路经泾州,田希鉴闭门不出,并献姚令言首。②

另外,泾原镇中仍有不与田希鉴合作的势力。《邠志》记载田希鉴在杀害冯河清,投靠朱泚后,"疏泾将之不与己者以告朱泚,请杀之。泚曰'我曲彼直',不许"。③

应该说,从建中四年十月至兴元元年三月,在泾原兵变后最为关键的几个月,冯河清的坚守稳定了泾州这支军队,田希鉴上位后,由于关内形势大变,他已经无力作为。如果说,凤翔李楚琳的最大威胁来自韦皋及内部,那么泾原的田希鉴则受制于形势的变化。这应该就是在奉天之乱中田希鉴游走两端的原因。

再来看关内的朔方军。早在建中二年(781)七月李怀光以邠宁节度使"兼灵州大都督、单于镇北大都护、朔方节度使",④朔方军的辖区涵盖邠宁、灵武、振武及河中。建中四年十月,德宗逃出长安到达奉天后,一方面加强奉天城防,另一方面迅速向关内诸镇调兵。当时的邠宁留后韩游瓌最近入援,苦战奉天,兵力大约有三千多。⑤此后诸军入援,李怀光从关东回兵,败朱泚军于澧泉,朱泚撤回进攻奉天的军队,奉天之围解除。

但奉天解围后,李怀光又与朝廷产生嫌隙,最终走上反叛之路。李怀光长途奔袭却受到朝廷冷落,于是屯咸阳累月,逗留不进,又密

---

① 《资治通鉴》卷231,唐德宗兴元元年五月条,第7549页。
② 《资治通鉴》卷231,唐德宗兴元元年六月条,第7557页。
③ 《资治通鉴》卷230,唐德宗兴元元年四月条《考异》引《邠志》,第7543页。
④ 《旧唐书》卷12《德宗纪上》,第330页。
⑤ 《资治通鉴》卷228,唐德宗建中四年十月条提到兵力三千(第7482页),不过《奉天录》卷1却说有三千八百人(第34—35页)。

通朱泚,逼迫德宗前往梁州,又吞并了李建徽、阳惠元的军队,导致李建徽逃,阳惠元被杀。李怀光又召邠宁韩游瓌,但韩向德宗表明忠心,提出了"各以其地及其众授之,尊怀光之官,罢其权,则行营诸将各受本府指麾矣",①在德宗前往梁州时并未跟随,而是回到了邠宁,联合邠宁大将高固等,杀李怀光派遣的留后张昕,控制了邠宁镇。而德宗也不久就以"浑瑊检校左仆射、同平章事、灵州大都督,充朔方节度使、邠宁振武永平奉天行营副元帅",又"诏授李怀光太子太保,其余官职并罢",②罢除了李怀光的兵权。

在李怀光叛乱背景下,灵武、振武等地的朔方军被支持朝廷的将领所控制。灵武守将甯景璇因为李怀光置办府邸,被别将李如暹所杀。③ 振武杜从政情况不详,但他任职振武是宰相杨炎所奏署,且派振武兵前往奉天勤王护驾,直到贞元二年(786)被唐朝臣所取代,杜从政应该跟李怀光没有很深渊源,是站在朝廷一方。

鄜坊主帅李建徽的军队虽被李怀光吞并,但驻守鄜坊的窦觎仍在加强当地守卫,抵抗李怀光叛军。窦觎自代宗时期就跟随鄜坊节度使臧希让,兴元初任坊州刺史。④ 韩游瓌向德宗分析形势时提到"渭北有窦觎",⑤说明窦觎掌握了鄜坊的军事力量。窦觎"征召百姓防城,拟充行役。管内铁钟,铸为戎器",⑥后又以坊州兵七百人屯同州郃阳,与李怀光对峙,⑦也是起到了守将的职责。

---

① 《资治通鉴》卷230,唐德宗兴元元年二月条,第7528—7529页。
② 《旧唐书》卷12《德宗纪上》,第341页。
③ 《资治通鉴》卷230,唐德宗兴元元年三月条,第7541页。
④ 《旧唐书》卷183《窦觎传》,第4749页。《册府元龟》卷302《外戚部・立功》作"房州刺史"(第3418页),误。
⑤ 《资治通鉴》卷230,唐德宗兴元元年二月条,第7529页。
⑥ 《奉天录》卷3,第57页。
⑦ 《旧唐书》卷183《窦觎传》,第4749页。

在李怀光叛乱背景下,邠宁、灵盐、振武等朔方军的辖区及鄜坊被倾向朝廷的将领所控制。李怀光只能自泾阳向河中东进,占据河中。兴元元年八月,在收复京城,平定朱泚叛乱后,德宗以河东节度使马燧为奉诚军晋绛慈隰节度行营兵马副元帅,以灵盐节度使浑瑊为河中尹、晋绛节度使、河中同陕虢等州及管内行营兵马副元帅,讨伐河中的李怀光。① 贞元元年(785)八月,在强大攻势下,李怀光众叛亲离,最终被杀。此后,浑瑊镇河中,"尽得李怀光之众,朔方军自分居邠、蒲矣"。胡三省注曰:"自郭子仪以来,朔方军亦分屯邠、蒲而统于一帅。今居邠者韩游瓌帅之,居蒲者浑瑊帅之,不相统属,故史言其始分。"②邠宁和河中分理,朔方军的肢解最终完成。

在"奉天之难"中,京西北诸镇的动向大致可以分为两类:(1)凤翔、泾原游走于朝廷与叛军之间,部分成员参与了叛乱;(2)邠宁、灵盐、鄜坊、振武等,参与护驾平乱,站在朝廷一边。

二

从上述分析可知,在"奉天之难"中,京西北藩镇,尤其是位于京西的朔方、泾原、凤翔三大主力内部存在不同势力的较量,因而表现出观望与赴难的不同态度。那么,这些藩镇内部的不同势力如何形成?这就需要从代宗时期的藩镇格局开始说起。

京西北地区原属朔方军的防区。但代宗即位以后,吐蕃大举东进,席卷关内,关内诸镇或被吐蕃攻陷,或仅能闭城自保。为了抵挡吐蕃的攻势,并收复被占领的失地,代宗急调各地军队入关勤王。

---

① 《旧唐书》卷12《德宗纪上》,第346页。
② 《资治通鉴》卷232,唐德宗贞元元年八月条,第7587页。

观望与赴难:"奉天之难"中的京西北诸镇

朝廷在朔方以外,逐渐设置了凤翔、邠宁、泾原等镇,又引入外镇军队进入京西北,诸镇内部的权力结构在此背景下逐步发展。

在广德元年(763)稍前,来自四镇北庭的白孝德军队在史朝义被平定后,屯驻到了鄜坊,并被任命为鄜坊节度使。吐蕃攻入关内,代宗逃亡陕州,白孝德听从节度判官段秀实建议,南下与"邠宁节度使张蕴琦将兵屯畿县",①广德二年就代张为邠宁节度,四镇北庭行营从鄜坊转移至邠宁。

四镇北庭行营本是由李嗣业从安西带入关内勤王,②随肃宗收复长安,后又征战河南、河北。这支军队最初的人马大概有一万二千人,③后饱经血战,人员也有补充和变动。乾元中(758—760),李嗣业为怀州刺史,与史思明对峙,"时师老财匮",李嗣业的判官兼怀州长史段秀实"督馈系道,募士市马以助军"。宝应元年(762),河中兵变,四镇北庭行营节度使荔非元礼"为麾下所杀,将佐多死"。④ 可见,四镇北庭行营因东征西讨及内部兵变,原先从四镇北庭而来的人员恐怕所剩不多,移镇邠宁时的成分多数为在平定安史叛乱中招募的内地人员,原先从西北边境而来的元老成员如段秀实、白孝德等则担任该军的节度使或高级军将。

---

① 《资治通鉴》卷223,唐代宗广德元年十一月条,第7276页。
② 《资治通鉴》卷218,唐肃宗至德元载七月条记为"河西"(第7106页),误。
③ 李嗣业带了五千步骑,李栖筠从北庭带了七千精卒。《旧唐书》卷128《段秀实传》,第3584页;《新唐书》卷146《李栖筠传》,第4735页。关于李嗣业与李栖筠所带兵马是否为同一批及数量问题,薛宗正认为封常清入朝前兼任安西和北庭两镇,其常驻地为北庭而非安西,入朝后朝廷也并未派专人继任其节度使,故作为封常清行军司马的李栖筠所帅七千为北庭兵,而刘子凡认为李栖筠入援与李嗣业发兵五千同为一事,李栖筠只是随李嗣业所帅之安西兵入援(薛宗正:《安西与北庭——唐代西陲边政研究》,哈尔滨:黑龙江教育出版社,1998年,第270页;刘子凡:《瀚海天山——唐代伊、西、庭三州军政体制研究》,上海:中西书局,2016年,第316页)。今从薛宗正之说。
④ 《新唐书》卷153《段秀实传》,第4848页。

大历元年（766），白孝德因服丧去职，①马璘继任邠宁节度使。马璘也是从安西率军而来，但属于第二批赴援部队。②马璘在大历元年前的头衔是"四镇行营节度使"，③而从李嗣业到白孝德一系，都是"四镇（或镇西、安西）北庭行营节度使"。《旧唐书·马璘传》记载道："至德初，王室多难，璘统甲士三千，自二庭赴于凤翔。肃宗奇之，委以东讨。殄寇陕郊，破贼河阳，皆立殊效。"马璘也跟李嗣业系的军队一样东进讨贼，其军队构成也多有后来招募者。后来马璘又赴河西抗击吐蕃，在广德初（763）回到关内，又遇上吐蕃攻进长安，代宗幸陕。代宗还京后，"永泰初，拜四镇行营节度，兼南道和蕃〔副〕使，委之禁旅，俾清残寇"。④我们大概可以看到，永泰初（765），马璘的四镇行营中包含有禁军，⑤其原先的部属应该也有进入到永泰初的四镇行营中。

　　马璘继任邠宁节度使后，两批行营部队合并为四镇北庭行营。大历四年（769），马璘的四镇北庭行营有三万军，⑥是马璘、李嗣业从安西北庭所带军队数的两倍多，即便是这一万五千兵马（李嗣业系统第一批一万二千加马璘第二批的三千）损失很少，也足以说明大

---

① 《旧唐书》卷109《白孝德传》，第3301页。
② 薛宗正：《唐安西、北庭行营建置述略》，《西域研究》1993年第3期；刘玉峰：《论安西北庭行营军》，《陕西师范大学学报（哲学社会科学版）》1997年第1期。
③ 《旧唐书》卷11《代宗纪》，第278页。
④ 《旧唐书》卷152《马璘传》，第4065、4066页。
⑤ 常衮《故四镇北庭行营节度使扶风郡王赠司徒马公神道碑铭》有"历金吾将军、殿中监、太保、御史中丞，迁御史大夫，领北庭行军使、邠州刺史，加工部尚书节制泾原，以郑颖二州隶之。寻拜右仆射知省事，阶至仪同，进封异姓"（《全唐文》卷419，北京：中华书局，1983年，第4281页上）。《旧唐书·马璘传》："代宗还宫，召见慰劳之，授兼御史中丞。"（第4066页）结合马璘不久带着禁军为南道和蕃副使，其任金吾将军应该就在从河西回来以后。
⑥ 宋敏求：《唐大诏令集》卷107《命郭子仪等出师制》，北京：中华书局，2008年，第555页。

历时期的四镇北庭行营是以内地招募为主。

关于四镇行营的情况,《吴令俊墓志》提供给我们一些信息。[1] 此方墓志严重残泐,仅存首题及个别字样。墓志首题曰"唐故邠宁□□□□行□都□□副将节□督庆州诸军事行庆州刺史兼押蕃落使四镇兵马使兼御史中丞□乐郡王吴府君墓志铭"。从庆州刺史兼四镇兵马使看,吴令俊任此职在大历四年四镇北庭行营移镇泾原前。

不过吴令俊称四镇兵马使,而不是四镇北庭兵马使。广德二年(764),仆固怀恩入寇,郭晞领朔方军驰援邠州,与马璘合势,大破蕃军,[2]则此时马璘军队在邠宁庆一带是有可能的。又马璘在永泰初任南道副和蕃使,正使是凤翔节度使李抱玉,其区域是凤翔秦陇临洮以东。[3] 北道和蕃使是郭子仪,北道区域为邠宁、泾原、河西(指河套地区)。[4] 庆州当属郭子仪的北道,与马璘的南道无涉,不过马璘副和蕃使的范围未必非要跟四镇行营的驻地等同。从马璘后来任泾原节度使兼凤翔节度副使看(见下文),他的四镇行营军队"俾清残寇"的区域在凤翔及邠宁一带应该没有问题。

有个现象值得注意,四镇北庭行营从李嗣业时期开始就多有兵乱,且节度使多由军中推举产生。马璘却是个例外,尽管马璘也来自四镇,理论上与白孝德行营同属一个系统,但两者仍有区别。大历元年(766),马璘成功代白孝德为邠宁节度使,除四镇北庭行营的段秀实支持外,马璘的四镇行营若没有对邠宁的四镇北庭行营形成制衡,恐不会如此顺利完成交替。若马璘的四镇行营有部分屯驻在

---

[1] 周绍良、赵超主编:《唐代墓志汇编续集》残志010,上海:上海古籍出版社,2001年,第1177页。
[2] 《旧唐书》卷120《郭晞传》,第3468页。
[3] 《旧唐书》卷11《代宗纪》,第276页。
[4] 《资治通鉴》卷223,唐代宗广德二年七月条,第7286页。

邠宁境内，则有助于更好理解《吴令俊墓志》中的内容。

大历三年至四年，马璘的四镇北庭行营与朔方军进行了防区变动，四镇北庭行营移镇泾原，马璘任泾原节度。邠宁庆三州隶属郭子仪的朔方军，并取消邠宁节度。《旧唐书·马璘传》提到马璘任泾原节度使时还有"权知凤翔陇右节度副使"的头衔，①表明四镇北庭行营在凤翔可能有驻军，其地点应该在凤翔府北部，靠近泾州的地方。又大历九年九月，"命郭子仪、李抱玉、马璘、朱泚分统诸道防秋之兵"。② 马璘统"淮西凤翔兵"，③中华书局标点本《旧唐书·朱泚传》中间无断开，而《新唐书·朱泚传》为"淮西、凤翔兵"，则淮西与凤翔为两部分兵。我认为当以《旧唐书·朱泚传》为是，"淮西凤翔兵"指在凤翔境内的淮西防秋兵。大历九年四月，淮西行营由节度使李忠臣率领驻于泾州，④据代宗的备边敕书，李忠臣"屯于回中"，⑤此处回中应该南起汧水河谷，北出萧关的回中道，即从萧关南下，经泾州可至凤翔。又据《李良墓志》，差不多同时，凤翔北部与泾州相邻的普润成为了淮西行营的防秋地点。⑥ 大历九年九月，李忠

---

① 《旧唐书》卷152《马璘传》，第4066页。
② 《资治通鉴》卷225，唐代宗大历九年九月条，第7347页。
③ 《旧唐书》卷200下《朱泚传》，第5386页。
④ 《新唐书》卷216下《吐蕃传下》，第6092页。
⑤ 《唐大诏令集》卷107《命郭子仪等出师制》，第555页。
⑥ 《李良墓志》提到志主李良跟随李忠臣入关防秋，驻扎凤翔的普润："属西戎犯边，征戍关右，选师命将，必俟全材，擢授淮西行营兵马使，拜右金吾卫大将军，兼太常卿，移屯普润。公以为防边珍寇，莫先积谷，首谋定策，帝命不违。务充国之屯田，省弘羊之经费。属连岁丰稔，储蓄巨万，又为节度使李希烈改署都虞候。"（《唐代墓志汇编》贞元101《唐故兴元从云麾将军右神威军将军知军事兼御史中丞上柱国顺政郡王食邑三千户实封五十户赠夔州都督李公墓志铭并序》，第1910页）从墓志看，李良入关防秋待了好几年，李希烈任淮西节度使在大历十四年（779），墓志还提到建中二年（781）李良参与了李希烈讨伐梁崇义的行动，从时间看他在普润的时间应该在大历年间。

臣可能已经返回淮西,因为在大历十年三月,李忠臣正好入朝经过陕州。① 李忠臣返回淮西后,驻扎在凤翔的淮西行营由马璘节制。泾原正好处在回中道上,这样的安排便于统一指挥。这也在一定程度上说明,马璘的"权知凤翔陇右节度副使"符合当时的情势。另外,大历五年马璘兼郑颍二州后,二州兵马也属泾原节制。故大历九年备边敕中提到马璘统领二州兵。② 不过德宗即位后,二州与泾原分理,③二州兵马也不再由泾原节度使指挥。

另一方面,马璘任职泾原后,四镇北庭行营依然进行了兵员招募及流动。据《程惟诚墓志》,安史之乱爆发后,程惟诚西进去防御吐蕃对河湟、北庭地区的进攻,"大历初,黠虏入塞,侵掠安西,公以骁骑五千,破擒数万",后来就进入泾原军中。④ 此处颇不可解,因为吐蕃在永泰以前就已经占据陇右,唐与安西之间的联系中断,直到建中年间才通过回鹘道通安西消息。程惟诚在大历年间能从安西到达泾原就很耐人寻味。马璘在广德前曾赴援河西,⑤程惟诚不知是否此时进入四镇系统? 但有一点可以肯定,程惟诚进入泾原较晚,应该在四镇北庭行营从鄜坊移至京西以后。

李晟少时跟随河西节度使王忠嗣击吐蕃,自上元年间(760—761)起,因凤翔节度使高昇之请,"召补列将",大历四年(769)仍在时任凤翔节度使李抱玉麾下。"无几,兼左金吾卫大将军、泾原四镇北庭都知兵马使,并总游兵",李晟兼左金吾卫大将军,

---

① 《资治通鉴》卷225,唐代宗大历十年三月条,第7349页。
② 《唐大诏令集》卷107《命郭子仪等出师制》,第555页。
③ 《新唐书》卷64《方镇一》,第1771页;《旧唐书》卷12《德宗纪上》,第327—328页。
④ 《大唐西市博物馆藏墓志》342《唐故开府仪同三司检校工部尚书兼右羽林军大将军御史大夫上柱国安定郡王食邑三千户食实封一百户程府君墓志铭并序》,第739页。
⑤ 《旧唐书》卷152《马璘传》,第4066页。

可能曾由凤翔入朝,后出为泾原四镇北庭都知兵马使。由于李晟善战,"璘忌晟威名,又遇之不以礼,令朝京师,代宗留居宿卫,为右神策都将"。① 马璘排挤李晟,当然可以理解为马璘的妒忌防范心理,在一定程度上我们也可以理解为是对外系出身的排斥。

《陈守礼墓志》为我们提供了一个禁军高级将领进入泾原的例证:

> 大历八禩,袄贼海藏徒伴二百余人,恣为幻化,扇惑闾阎。承制追捕,罔有遗逸,京邑清。转本军大将军知军事。麾下颁赏有差,常以执法守官,画一从政,乃为吏所害,谗毁生焉。中搆上闻,遂留徽纆,帝知无状,本军元从将军王罗俊等一千余人诣阙自剄,理大将军功,乃出于泾陲,会刘文喜□□军□枭首。是策也,先君画焉。②

陈守礼是扈从肃宗灵武登基,并拥立代宗的禁军功勋将领,因受到朝中排挤而被外放至泾原。

建中时期的泾原节度使冯河清,是从朔方军转入泾原,"初以武艺从军,隶朔方节度郭子仪,以战功授左卫大将军同正;隶泾原节度马璘,频以偏师御吐蕃,甚有杀获之功。历试太子詹事、兼御史中丞,充兵马使"。③ 冯河清前任姚令言,"少应募,起于卒伍,隶泾原节度马璘。以战功累授金吾大将军同正,为衙前兵马使,改试太常卿、兼御史中丞"。④ 姚令言不同于白孝德、马璘等从四镇北庭而来的元

---

① 《旧唐书》卷133《李晟传》,第3661—3662页。
② 《大唐西市博物馆藏墓志》308《大唐陈氏先君元从宝应功臣奉天定难功臣开府仪同三司试太子宾客前左龙武军大将军知军事淮阳郡开国公墓志铭并序》,第668页。
③ 《旧唐书》卷125《冯河清传》,第3549页。
④ 《旧唐书》卷127《姚令言传》,第3571页。

老,他是稍晚通过招募进入四镇北庭系统,具体时间不好确定,既然称从卒伍开始,隶属于马璘,则当在大历三年或之后的时间。

此外,泾原镇还有来自幽州的军士。参与朱泚叛乱者中有一个名为韩旻的将领,关于他的身份,一说是"幽州军士",[①]一说是"泾原兵马使"。泾原兵变后,朱泚派遣泾原兵马使韩旻将兵三千,"声言迎大驾,实袭奉天"。司农卿段秀实本想盗用姚令言的印符,未果,便用司农卿印符调回了韩旻。[②]当时朱泚还未称帝,也未分封姚令言等人,段秀实使用姚令言的印符就是利用他的泾原节度使身份。如此解释,则韩旻为泾原将。又凤翔、泾原将张廷芝、段诚谏前往襄城救援,未出潼关,听闻朱泚据长安后,杀陇右兵马使戴兰,反戈归附朱泚。张廷芝是凤翔将,"所统士皆幽、蓟、河、陇人",是朱泚嫡系无疑。[③]段诚谏为泾原将,《册府元龟》有"德宗发(豳)〔幽〕陇戴兰、段诚谏等数将兵东讨李希烈,逦迤进发,相次出关",则段也属于幽陇一系。[④]那么,泾原一镇有幽州一系的兵士,韩旻为"幽州军士"与"泾原兵马使"并不矛盾。

我们大致可以勾勒出大历年间泾原的四镇北庭行营的人员结构。以最初来自四镇北庭赴难元老为骨干(这部分数量不多,但多

---

① 《旧唐书》卷12《德宗纪上》,第343页。
② 《资治通鉴》卷228,唐德宗建中四年十月条,第7477页。赵元一《奉天录》卷1记载段秀实"诈为贼帅姚令言帖,用司农寺之印也",以姚令言的名义召回韩旻的三千兵(第27页)。
③ 《资治通鉴》卷228,唐德宗建中四年十月条,页7475;《新唐书》卷136《陈利贞传》,第4595页。
④ 《册府元龟》卷705《令长部·明察》,第8133页。"豳"同"邠",戴兰为陇右兵马使,再加上戴兰被害记载中未提到邠宁人马,故"豳"当为"幽"的讹误。又《资治通鉴》提到张廷芝、段诚谏的数万人未出潼关,但《册府元龟》却说段诚谏部已经出关了。据李碧妍考证,张廷芝部是从襄城溃败的三千众,而段诚谏、戴兰是刚离开长安,赶赴襄城的另一部。见《危机与重构:唐帝国及其地方诸侯》,第173—177页。

掌握军中要职），在平乱及防御吐蕃过程中招募的新军为基础（此部分数量最多但成分比较复杂），其中有转自朔方军、中央禁军及凤翔的军将，甚至后期还出现了来自幽州的军士。显然，这时期的四镇北庭行营就不能仅从名称上来看待，更需要注意名称背后的成分。

从节度使会府与外镇的对比看，大历时期的泾原镇会府泾州军事力量远大于外镇。上文提到，大历九年（774），泾原兵力有三万，建中初年（780），刘文喜据泾州叛时，城内有精兵二万。① 大历九年与建中初年相差六年，局势当不会相差太大，泾州城在九年有两万兵应该接近当时的实际情况，那么节度使所在的会府州占泾原一镇总兵力的三分之二。

大历十一年，马璘卒，军中都虞候史廷幹、兵马使崔珍、十将张景华阴谋作乱，段秀实果断稳定局势，"奏廷幹入宿卫，徙珍屯灵台，补景华外职，不戮一人，军府晏然"，②《旧唐书·段秀实传》提到"徙珍及景华外镇"。③ 灵台是泾原的外镇，那么张景华也应该被外放到泾原的外镇。崔、张二人都是泾原的高级军将，徙至外镇避免了军乱的发生，则说明外镇的实力弱于会府，控制了泾州基本上就控制了泾原一镇。

当然，泾原具有这种结构是因为辖下仅两州，其中的原州当时为吐蕃所占据，泾原实际被压缩在泾州一线。建中四年（783）清水之盟规定"泾州西至弹筝峡西口"为唐界，④弹筝峡在原州东南部，已经非常靠近泾州。泾州一带的防御沿泾水河谷分布，大历时期泾原的防御主要集中于泾州及以南，真正向西北沿泾水上游推进则要等

---

① 《旧唐书》卷118《杨炎传》，第3423页。
② 《资治通鉴》卷225，唐代宗大历十一年十二月条，第7359页。
③ 《旧唐书》卷128《段秀实传》，第3586页。
④ 《旧唐书》卷196下《吐蕃传下》，第5247页。

到贞元时期(785—804)。此时泾州是防御吐蕃南下的重要据点,再加之是会府所在地,重兵驻扎也就顺理成章了。

我们再把目光转到南边的凤翔。广德年间,为应对吐蕃的进攻,李抱玉率泽潞军入关。永泰元年(765),李抱玉因平定五谷群盗被授予凤翔、陇右节度使,兼南道通和吐蕃、凤翔秦陇临洮以东观察处置等使,①泽潞军正式成为凤翔的主导力量。关于凤翔的权力结构,一般认为在京西诸镇中是最为多元的,其来源不一。②

李抱玉任凤翔节度使后,受高昇补授的李晟仍留在凤翔军中,③原先的凤翔军队仍然留在本镇,只不过从广德(763—764)中难以有效抵抗吐蕃进攻来看,这部分兵力比较薄弱。同时李抱玉的泽潞军也进驻凤翔。《新唐书·马燧传》:"抱玉守凤翔,表燧陇州刺史。西山直吐蕃,其上有通道,虏常所出入者。燧聚石种树障之,设二门为谯橹,八日而毕,虏不能暴。"马燧曾任郑、怀两州刺史,皆属泽潞,其任陇州刺史,可见陇州地区进驻了泽潞兵。不过马燧后来跟随李抱玉入朝,受到代宗欣赏,转授"商州刺史,兼水陆转运使",④泽潞军队应该不会因为马燧的转任而离开陇州。

另一泽潞将领曲环,"随李抱玉移军京西。大历中,领兵陇州,频破吐蕃,加特进、太常卿"。大历十四年(779),吐蕃寇西川,曲环率领"邠、陇兵五千驰往",后又参与平定刘文喜之乱,"充邠、陇两军都知兵马使",又带兵救援被李纳围困的徐州,建中三年(782)十月"加检校左常侍,充邠、陇行营节度使"。⑤从曲环的事迹可见,大历

---

① 《旧唐书》卷11《代宗纪》,第278页。
② 李碧妍:《危机与重构:唐帝国及其地方诸侯》,第141—142页。
③ 《旧唐书》卷133《李晟传》,第3661—3662页。
④ 《新唐书》卷155《马燧传》,第4884页。
⑤ 《旧唐书》卷122《曲环传》,第3501—3502页。

十二年李抱玉死后泽潞系军队应该有部分一直留在了凤翔。德宗即位后,京西出现了邠宁和陇右混合编制的军队,战时需要比较容易理解,但在刘文喜乱后还存在,则值得注意。

　　李抱玉在凤翔节度使外还兼有陇右节度使。当时陇右已经被吐蕃占领,从陇右撤退的唐军进入了凤翔辖区。大历九年的备边敕中"抱玉以晋之高都,韩之上党,河湟义从,汧陇少年,凡三万众,横绝高壁,斜界连营",所统可分泽潞防秋兵、从河西陇右退回的义从兵及凤翔本地力量三部分。①

　　大历时期凤翔境内还有神策军的身影。据《段晏墓志》,②志主头衔为"凤翔观察使神策行营兵马上都留后",同时兼颍州别驾,死于大历七年(772)。"上都留后"指藩镇位于长安的进奏院官,③段晏应该是凤翔的神策行营在长安的进奏院长官。段晏头衔中有"观察使",观察使一般由节度使兼任,又墓志有"在幕掌记,判曹入奏,献敷军务。官从累任,自致云霄。主辅□三朝,位兼半刺。顷使主交河郡王兼御史中丞李公尹府凤翔。公乃上都留后",只提到他作为幕府的重要幕僚,并未提到担任过观察使。故段晏的头衔应该解读为"凤翔观察使兼管的神策行营兵马的上都留后"。

　　段晏任上都留后与"使主交河郡王兼御史中丞李公"有关,李公

---

① 李碧妍认为"河湟义从"包括河西、陇右、北庭、安西退屯凤翔的义从兵(《危机与重构:唐帝国及其地方诸侯》,第141页),从上文《程惟诚墓志》看,安西、北庭应该有部分进入了泾原。
② 《唐代墓志汇编续集》大历020《唐故凤翔观察使神策行营兵马上都留后段府君墓志铭》,第705页。
③ 胡三省注引宋白曰:"大历十二年正月,敕诸道先置上都留后便宜,并改充诸道都知进奏官。"(《资治通鉴》卷244,唐文宗大和七年二月条胡三省注,第8005页)可见,大历十二年前的上都留后相当于诸道的进奏官。

时任凤翔尹。凤翔尹一般由节度使担任。① 大历七年左右任凤翔的李姓节度使只有李忠诚及李抱玉。李忠诚任职凤翔在大历五年,时间很短,②不过相关记载把淮西节度使李忠臣跟禁军将领李忠诚相混淆。③ 凤翔节度使李忠诚任前身份为京西兵马使,据《李过折墓志》,永泰二年有"神策军行营都知兵马使、鏊厔□来都防御使、开府仪同三司、试太常卿、兼右武卫大将军、交河郡王忠诚",④神策军中确有李忠诚,且在代宗时期就屯驻在京西。那么,段晏的使主"交河郡王"就是李忠诚。

但段晏还任过颍州别驾,颍州在大历五年隶属于泾原节度使,大历五年以前属于泽潞节度使李抱玉管辖。上引段晏在上都留后前任幕僚功绩时,说他"位兼半刺",相当于半个刺史,这与别驾的功能相符合。结合颍州归属变动,段晏在大历五年前就已经是李抱玉所属的颍州别驾,他所在的幕府应该就是李抱玉幕府。所以,段晏经历了两任李姓使主。

---

① 如大历五年"以陕州节度使皇甫温判凤翔尹,充凤翔、河陇节度使"。同年,"以京西兵马使李忠臣为凤翔尹,代皇甫温"。大历十二年,"三月乙卯,河西陇右副元帅、凤翔怀泽潞秦陇等州节度观察等使、兵部尚书、同中书门下平章事、潞州大都督府长史、知凤翔府事、上柱国、凉国公李抱玉卒"(《旧唐书》卷11《代宗纪》,第294、296、311页)。
② 吴廷燮:《唐方镇年表》,北京:中华书局,1980年,第4—5页。
③ 大历九年有"子仪屯邠州,李抱玉屯高壁,马璘屯原州,李忠臣屯泾州,李忠诚屯凤翔,臧希让屯渭北,备虏之入"(《新唐书》卷216下《吐蕃传下》,第6092页),此又见于《唐大诏令集》卷107《命郭子仪等出师制》(第555页)。两《唐书》的《韦伦传》把淮西的"李忠臣"作"李忠诚"(《旧唐书》卷138,第3782页;《新唐书》卷143,第4688页),可见"忠诚"与"忠臣"混淆很有可能。又《新唐书》卷207《鱼朝恩传》:"仆固玚攻绛州,使姚良据温,诱回纥陷河阳。朝恩遣李忠诚讨玚,以霍文场监之;王景岑讨良,王希迁监之。"(第5863页)这里的李忠诚显然是鱼朝恩下属的神策军。
④ 吴钢主编:《唐故特进松漠府都督兼同幽州节度副使北平郡王李府君(过折)墓志铭》,《全唐文补遗》第8辑,西安:三秦出版社,2005年,第76页。

从《段晏墓志》反映的信息看,段晏因为李忠诚的缘故,兼有神策军系统的使职。凤翔节度使兼管了神策行营兵马,这就需要讨论凤翔境内神策军的情况。神策军进入凤翔,是在大历四年,当年二月,"以京兆之好畤、凤翔之麟游、普润隶神策军,从鱼朝恩之请也"。① 大历五年,代宗为迷惑鱼朝恩以达到消灭鱼氏的目的,以鄜、虢、宝鸡、鄠、盩厔隶属于李抱玉,京兆府的盩厔成为李抱玉的会府所在地,而兴平、武功、天兴、扶风隶属于神策军。② 鱼朝恩死后,凤翔境内仍有神策军镇。③ 段晏属于神策军行营系统却称李忠诚为"使主",则与李有隶属关系。段晏任上都留后在大历五年,李忠诚代皇甫温节度使后,彼时鱼朝恩已死,合理的解释是,鱼朝恩死后,京西的神策行营转归凤翔节度使节制。至于李忠诚后,凤翔节度使是否统领神策军,目前不太清楚,但恐怕短期内不会一下子消失。

除神策军外,凤翔还有来自荆南的势力。大历九年(774)三月,杨猷为洮州刺史、陇右节度兵马使。④ 洮州已被吐蕃所占,杨猷的刺史应为象征性遥领。杨猷在进入凤翔前是澧朗两州镇遏使、澧州刺史,大历九年正月擅自离开驻地,"浮江而下,至鄂州。诏许赴汝州,遂沂汉而上,复、郢、襄等州皆闭城拒之"。⑤ 关于杨猷为何离开驻地,暂不清楚。但大历九年三月他就被任命为洮州刺史,至五月到达京城,九月代宗命郭子仪等分统诸道防秋之兵,⑥李抱玉即统"决胜军杨猷兵"。中华本两《唐书》在"决胜"与"杨猷兵"间或用顿号

---

① 《资治通鉴》卷224,唐代宗大历四年二月条,第7326页。
② 《资治通鉴》卷224,唐代宗大历五年正月条,第7330页。
③ 黄楼:《神策军与中晚唐宦官政治》,北京:中华书局,2019年,第87页。
④ 《资治通鉴》卷225,唐代宗大历九年三月条,第7345页。
⑤ 《旧唐书》卷11《代宗纪》,第304页。
⑥ 《资治通鉴》卷225,唐代宗大历九年五月、九月条,第7345、7346页。

断开,或不断。① 如果按照上文提及的"淮西凤翔兵"看,"决胜杨猷兵"就是一支部队,但仍需要分析。

贞元时期有决胜军使唐良臣。朱泚叛乱时,李晟派遣"决胜军使唐良臣、兵马使赵光铣、杨万荣、孟日华等步骑齐进,贼军阵成而屡北"。② 贞元三年(787),吐蕃大举进攻关中,德宗"遣决胜军使唐良臣以众六百人戍潘原堡,神策副将苏太平率其众五百人戍陇州"。③ 兴元中,李怀光反状已明,李晟"请以裨将赵光铣为洋州刺史,唐良臣为利州刺史,晟子塔张或为剑州刺史,各将兵五百以防未然"。④ 考虑到李晟是禁军将领出身,结合上述记载,我认为决胜军当为李晟手下的禁军。当然,唐末仍有决胜军,当作他论。

因此我认为此处"决胜"应该是中央派出的禁军,与杨猷从澧州带来的兵马不是同一系统。不过,杨猷为陇右兵马使,其兵又是防秋性质,他虽然成为了陇右系统的军将,但其下属军士可能还是澧朗行营编制。

大历十二年,李抱玉死于任上,来自幽州的朱泚进入凤翔,凤翔镇的结构又发生了变化。从朱泚的头衔看,他最初并没有继承李抱玉的凤翔之号。吴廷燮及郁贤皓皆认为朱泚在大历十二年就成为凤翔节度使。⑤ 但德宗即位后的大历十四年六月,朱泚加凤翔尹。⑥

---

① 《旧唐书》卷200下《朱泚传》,第5386页;《新唐书》卷225中《朱泚传》,第6441—6442页。
② 《旧唐书》卷133《李晟传》,第3669页。
③ 《旧唐书》卷196下《吐蕃传下》,第5254页。
④ 《旧唐书》卷133《李晟传》,第3665页。
⑤ 《唐方镇年表》,第5页;郁贤皓:《唐刺史考全编》,合肥:安徽大学出版社,2000年,第161页。
⑥ 《资治通鉴》卷225,唐代宗大历十四年六月条,第7381页。

据《张道昇墓志》,大历十二年朱泚所任确为陇右节度,但没有凤翔节度号。①《新唐书·朱泚传》也说"德宗立,改镇凤翔",②亦可佐证朱泚在德宗即位后才成为凤翔节度使。

据《张道昇墓志》,朱泚在节度陇右后,以张道昇为陇州刺史,而张道昇手下的两万兵马也进入了陇州。同时朱泚又节制河西、泽潞行营。泽潞行营驻地以盩厔为核心,横跨凤翔和京兆府。李抱玉死后,泽潞行营中有带陇右号,如大历十三年有陇右节度判官、御史裴昕,裴昕在李抱玉死后掌留务于盩厔。③ 那么,朱泚应该继承了李抱玉在凤翔的使命。在李抱玉死后,朱泚的幽州军进入陇州,取代泽潞兵的作用当无疑问。不过,幽州系最初应该驻于陇州,德宗即位后,朱泚镇凤翔,幽州系兵马方进入凤翔府境内,陇州仍有五百幽州兵,由牛云光统领。④ 从"奉天之难"中不见泽潞兵看,泽潞兵大概在大历末就逐步退出了凤翔。

与泾原不同,凤翔所属的岐、陇二州均拥有相当的实力。朱泚以陇右节度使身份屯陇州,进入关中的幽州兵至少在万人以上,甚至高达两万。⑤ 大历九年李抱玉统辖的泽潞、凤翔、陇右蕃汉共三万,万人多的幽州兵进入陇州,足见陇州的军事实力。即便是幽州兵进入凤翔府及泾州后,陇州也还有一定的军事力量。《奉天录》卷二记载了朱泚叛乱后,留守陇州的凤翔节度判官韦皋凭借陇州与李楚琳对峙的情况:

---

① 《唐代墓志汇编》永贞007《唐故开府仪同三司使持节陇州诸军事行陇州刺史上柱国南阳县开国伯张府君墓志铭并序》,第1945—1946页。
② 《新唐书》卷225中《朱泚传》,第6442页。
③ 《册府元龟》卷152《帝王部·明罚》,第1705页。
④ 《旧唐书》卷140《韦皋传》,第3821页。
⑤ 黄永年:《泾师之变》,《六至九世纪中国政治史》,第404、408页;李碧妍:《危机与重构:唐帝国及其地方诸侯》,第152页。

观望与赴难:"奉天之难"中的京西北诸镇

贼泚初至奉天,凤翔节度判官、殿中侍御史韦皋领陇州留后,时所在阻绝,未知适从。皋密谋将帅,励以忠诚。览其雄心,皆愿效死。贼将王文奖赍伪牒诱皋,皋欲斩之,虑其速祸,乃礼而遣之,因令其将高光仪往观形势。既还,具扬奸计。郝通等寻破汧阳县,义宁军使李旻以兵会之。(当有脱文。)新、兴二州将王震举镇归皋,皋军容益壮。①

义宁军是李抱玉大历八年在陇州华亭县所置,②是防御吐蕃从萧关道南下进入陇州的重要据点,屯有相当兵力。王震所属的"新、兴二州"中当有兴州,但新州不详。韦皋能够集结陇州及兴州的军事力量对抗凤翔府的李楚琳,在西面牵制李楚琳的行动,足以说明陇州的军事力量并不弱。陇州西临陇道,北接萧关道,是吐蕃从陇右东进的前哨,也是由灵州南下的西线。从陇右经陇州往东,通过凤翔府可进入京兆地区。由灵州南下经陇州的华亭或凤翔的普润,再往东也可进入京兆地区。从军事地理角度来看,陇州及凤翔府都扼守吐蕃进攻关中的要道,军事力量不至于相差太大。

综合上述分析,在大历至建中初期的凤翔镇中,岐陇二州都拥有相当的军事力量。从内部军镇看,凤翔境内穿插了神策军镇(主要集中在凤翔府),与凤翔镇相互牵制。同时,凤翔镇的军事结构十分复杂,先期以泽潞兵为主导,大历十二年后被幽州系取代。凤翔军士的来源除肃代时期招募的关中力量外,还有幽州兵、留在凤翔的泽潞兵,源自中央的禁军、从陇右河西退屯的河湟义从、由荆南而来的杨猷兵、淮西的防秋兵等。③

---

① 《奉天录》卷2,第43页。
② 《旧唐书》卷11《代宗纪》,第302页。
③ 由于杨猷的陇右兵马使身份,其中当有部分转任陇右系统。

267

当然，相比于泾原和凤翔两镇，朔方军所控制的京北地区及邠宁则不那么复杂。另外，由于此时的鄜坊受到朔方军的深刻影响，故本文在此一起讨论。

郭子仪担任关内副元帅时代的朔方军驻地不仅包括玄宗时期的辖区，还包括河中及邠宁、泾原等地。这支军队参与平定安史之乱，功勋卓著，因此朔方军相比于另外两镇的最大不同就是宿将众多，且各自拥有重兵。郭子仪在《请孙守亮代男行营事状》中推辞让儿子郭晞统领灵武的朔方军，而推荐大将孙守亮，提到"伏以朔方军幕，宿将颇多，任以兵权，合先勋旧。非独藉其时望，亦以厌伏众心"，①永泰元年，路嗣恭在郭子仪推荐下镇灵武，孙守亮"握重兵，倔强不受制"，②可见郭子仪提到朔方军的宿将问题确实存在。裴洎在《旧唐书·郭子仪传》"史臣曰"中给予了郭子仪很高评价，指出郭子仪"临下宽厚"，"得人过之"，作为"中兴第一"的功臣，"麾下老将若李怀光辈数十人，皆王侯重贵"，"权倾天下"。③ 郭子仪之所以临下宽厚，除个人原因外，手下的宿将林立，不易节制也是重要原因。

郭子仪副元帅时代的朔方军，其核心仍然是李怀光、浑瑊等出身于朔方的宿将，由此我们看到，朔方军内部以宿将矛盾为核心而产生的派系斗争，是大历以来这支军队存在的最大问题。

从军事力量分布看，仆固怀恩叛乱后，朔方军的主力先是驻扎在河中，后因吐蕃内侵，常年奔赴京西防秋，大历三年至四年（768—769）河中的朔方军主力移镇邠宁。朔方原先驻扎的灵武，从

---

① 李昉等：《文苑英华》卷644于邵《请孙守亮代男行营事状》，北京：中华书局，1966年，第3306下页。
② 《旧唐书》卷122《路嗣恭传》，第3500页。
③ 《旧唐书》卷120《郭子仪传》，第3466、3467页。

安史之乱爆发,又经仆固怀恩之乱,遭到了巨大的破坏。在怀恩叛乱后,路嗣恭治理灵武,"披荆棘,立军府,威令大行",①但朔方的重心已经南移至京西。德宗即位后,果断利用李怀光与史抗等宿将的矛盾,②将朔方军一分为三,其时朔方的主力仍在邠宁。

鄜坊于上元元年(760)置镇,当时郭子仪遥领节度使,实际负责的是鄜州刺史杜冕。后因杜冕与同州节度使周智光的矛盾,朝廷将杜冕调离鄜坊,改由李光进镇鄜坊。大历四年,臧希让继任,九年,郭子晤为节度使。这些节度使都与郭子仪和朔方军有或多或少的渊源。上元元年,郭子仪为邠宁、鄜坊两镇节度,杜冕即鄜坊节度副使,为郭子仪属下。李光进是朔方节度使李光弼之弟,上元初,郭子仪为朔方节度使,以李光进为都知兵马使,参与平定安史之乱。③ 李光进后在朝中掌禁军,因李光弼之故出为渭北节度使。④ 臧希让曾任郭子仪关内副元帅麾下的都虞候,上元二年邠州刺史臧希让接任郭子仪的节度使之任。⑤ 那么,臧希让也是郭子仪的下属。郭子晤则是郭子仪的弟弟。

此外,永泰元年(765)的丹延都团练使辛德谦在转任前的身份是"前朔方留后左厢兵马使、同节度副使、开府仪同三司、试太常卿、兼御史中丞、单于副都护、充振武军使",属朔方军序列,恐怕丹延二州的军队也主要来自于朔方军。

---

① 《资治通鉴》卷224,唐代宗永泰元年闰十月条,第7305页。
② 《资治通鉴》卷226,唐代宗大历十四年八月条,第7387—7388页。
③ 《旧唐书》卷161《李光进传》,第4217页。李光进稍后有同名武将,出自阿跌氏。《旧唐书·李光进传》将李光弼之弟的事迹混于阿跌光进的事迹中,此已为司马光《考异》所指出,马驰亦对此有所探讨,见《资治通鉴》卷237,唐宪宗元和元年三月条《考异》,第7751页;《李光弼》,西安:陕西师范大学出版社,1996年,第85页。
④ 《新唐书》卷136《李光进传》,第4591页。
⑤ 《唐方镇年表》,第29页。

德宗即位后，朔方军各部经分化整合，实力已经有所削弱。再加上德宗利用另一个朔方系大将浑瑊来分化和控制朔方各部，明显削弱了李怀光的势力。鄜坊尽管与朔方颇有渊源，但基本上是独立的建置，故其独立于朔方的倾向是比较明显的。

三

大历至建中时期京西北藩镇内部的权力结构，我概括为多元交叉结构。其主要特点是，朔方、泽潞（后期幽州）、四镇北庭行营三方势力为主干，再加之神策军、防秋兵等各方为辅助力量，在人员结构及驻地上交叉分布于京西北地域之中，呈现出犬牙交错、你中有我、我中有你的格局。到了德宗即位后，甚至出现了部分邠州朔方军与幽陇军统一行营编制，幽州军分散于陇州、凤翔府及泾原等地的局面，其分散交叉更加明显。

理解于此，我们再看在建中至兴元年间的关内大动乱中，凤翔、泾原及邠宁内部都存在相互制约的势力，在一定程度上牵制了李楚琳、田希鉴，使其难以一面倒向叛军。《陈守礼墓志》在刘文喜被枭首后提到陈守礼从禁军外迁到泾原，"是策也，先君画焉"，尽管未必真有先见之明，但时人也承认，在藩镇内插入多种势力，有利于弱化地方的军事凝聚力，从而加强中央的控制。

以"奉天之难"为契机，关内的藩镇格局进行了新一轮的洗牌。凤翔的幽州、泾原的四镇北庭及邠宁的朔方军都遭受了重大损失，前二者在关内的势力被抹杀一空，朔方军也实现了河中与邠宁的分理，其军号为灵州所继承。德宗巧妙利用时机，瓦解幽州、朔方、四镇北庭行营等力量，强化了对京西北藩镇的控制。"军镇林立，势多分散"成为了"奉天之难"后关内藩镇新的特点。①

如果我们回看贞元以前的京西北藩镇,诸镇内部的军士来源不一,多元交叉,再加之神策军镇进入京西,防秋兵参与防务,尽管程度上并不像贞元时期表现出明显的权力分立,但中央对京西北的控制方式是一脉相承的,只是"奉天之难"加速了这一进程。

作者单位：上海师范大学人文学院

（原刊于《中华文史论丛》2022 年第 2 期）

---

① 贞元年间,陆贽针对京西北边防指出,"今者散征士卒,分戍边陲,更代往来,以为守备","自顷边军去就,裁断多出宸衷,选置戎臣,先求易制,多其部以分其力,轻其任以弱其心"（陆贽撰,王素点校：《陆贽集》卷 19《论缘边守备事宜状》,北京：中华书局,2006 年,第 614、624 页）。

河朔割据与举族归附

论中晚唐河朔藩镇割据与联姻的关系
——以义武军节度使陈君赏墓志铭为中心

金滢坤

摘　要：中晚唐藩镇内部、藩镇之间及藩镇与中央之间有着错综复杂的联姻关系。以陈君赏墓志铭为例来探讨藩镇割据与藩镇联姻问题，可以看出联姻本质上不是藩镇联盟的终极目的和最有效的手段，但是联姻在特定的军事基础之上和历史背景下，对促进藩镇内部和藩镇之间的某种连衡、或者说联盟起到了积极有效的作用，是反映藩镇之间、藩镇与中央政局关系的晴雨表。

关键词：中晚唐　藩镇　联姻

2002 年发现的《唐故义武军节度使检校尚书右仆射赠太子太保陈公(君赏)墓志铭》是研究唐代义武军及河朔藩镇的重要资料，[1]对中晚唐诸多政治问题的研究均有很大的学术价值。该墓志赵振华、何汉儒已经进行了初步的研究，着重对陈君赏事迹进行了考证，

---

[1] 赵振华、何汉儒：《唐陈君赏墓志研究》，见杨作龙等编：《洛阳新出土墓志释录》，北京：北京图书馆出版社，2004 年，第 199—210 页。

但对墓志中所反映的深层次问题未能论及。墓志中有关陈君赏世袭和家族婚姻的记载尤为重要,它集中反映了中晚唐义武军与河朔藩镇的联姻情况,在藩镇割据与藩镇联姻方面具有时代的典型意义。① 关于藩镇联姻的问题,学者很少提及,仅有贾艳红《略论唐代的政治婚姻及其作用》一文论及了藩镇联姻的现象,②但对这个问题亦未能展开深入探讨,对传统典籍和新近墓志中的相关材料利用都不足。因此,本文在此基础上,从藩镇联姻的角度来探讨中晚唐河朔藩镇的割据及其与中央的关系。

在探讨这个问题之前,先以《唐故义武军节度使检校尚书右仆射赠太子太保陈公墓志铭》所记载的易定军的藩镇联姻情况为例,进行探讨。现将该墓志有关义武军联姻的记载节录如下:

> 会昌二年五月四日检校尚书右仆射义武军节度使陈公薨于易定,赠太子太保。讳君赏……开成五年易定韩威不能军……遂拜其军节度使……公之祢,讳楚,以武略显,为易定节度使,辽阳冀方,迭欲不利,居间六岁,晏然自处。公之祖讳恒,以军功,累官至检校工部尚书、御史大夫、易州刺史。公之曾讳璋,平州司马。至公三世将家矣。公之祢出张氏,谓茂昭为舅,易定节度使,有功归朝,母夫人张氏封清河郡太君,公家洎大外,凡五世于义武矣。前夫人陇西辛氏,定州别驾兼御史大夫少诚之女也;祖云景镇州司马,太原节度使云京,盖其兄也;曾

---

① 学术界关于唐代藩镇的研究成果有不少,如韩国磐:《唐末五代的藩镇割据》、《唐宪宗平定方镇之乱的经济条件》、《关于魏博镇影响唐末五代政权递嬗的社会经济分析》,王寿南:《唐代藩镇与中央关系之研究》、张国刚:《唐代藩镇研究》、大泽正昭:《唐末的藩镇和中央权利——以德宗、宪宗朝为例》,等等。
② 贾艳红:《略论唐代的政治婚姻及其作用》,《齐鲁学刊》2003 年第 4 期。

祖赞,左卫翊府中郎将。男三人,曰诲,曰谕,其官皆为兼殿中侍御史;曰諴,试太子正字。后夫人太原王氏,成德军节度使太尉忠烈公武俊之曾孙也;祖士清检校刑部尚书冀州刺史;父承荣丹王府司马赠鸿胪卿。

该墓志并没有交代本人的郡望、祖籍,可能是其祖不显,《唐故权知沂州长史陈谕墓志》云郡望为颍川郡人,[①]籍贯为定州人。君赏的曾祖平州司马璋、祖易州刺史愃,史籍均未见记载。君赏之父易定节度使楚,史籍记载颇丰,墓志所记基本与相关史籍记载相符,[②]而且赵振华、何汉儒《唐陈君赏墓志研究》已经进行过探讨,这里不再赘述。

从墓志记载情况来看,张、陈二氏统治义武军期间不仅在本镇内部高级将领之间存在紧密的联姻,还与拥有成德、河东二镇旌节的家族进行了联姻。墓主之父陈楚也是通过姻亲取得了义武军的旌节,并得以世袭。此类联姻情况,并不是偶然的,在河朔割据藩镇内部及其之间,乃至中央与藩镇之间普遍存在这种非常微妙的联姻关系。下面我主要探讨一下中晚唐藩镇内、藩镇之间及藩镇与中央的联姻关系,及其历史原因。

一、藩镇内部的联姻

从墓志反映的情况来看,义武军节度使陈君赏的生母为张氏,是

[①] 陈长安:《隋唐五代墓志汇编·洛阳卷》第14册,天津:天津古籍出版社,1991年,第73页。
[②] 刘昫等:《旧唐书》卷141《张孝忠传附陈楚传》,北京:中华书局,1975年,第3862—3863页;欧阳修、宋祁:《新唐书》卷148《张孝忠传附陈楚传》,北京:中华书局,1975年,第4772页。

首任义武军节度使张孝忠之孙女。贞元七年张孝忠卒后，陈君赏之外祖张茂昭从贞元七年(791)九月至元和五年(810)的十七年间出任义武军留后、节度使。① 张孝忠成为易定节度使后，便以女妻陈恒，陈恒也因此官至易州刺史。张茂昭为义武军节度使后，更是倍加重用外甥陈楚，令其参加元和五年平定王承宗的反叛战斗，陈楚也因此得以建立功勋。② 张茂昭"每出征伐，必令（陈楚）典精卒"，后来陈楚随张茂昭入朝，授诸卫大将军。元和十一年(816)十二月，"义武军节度使浑镐丧师，定州兵乱，乃除楚易定节度"。③ 义武军从张孝忠建立到陈君赏接任，其姻亲圈内连续五人出任节度使，即"公家洎大外，凡五世于义武"，足以说明藩镇内部的联姻对稳定和巩固藩镇内部统治具有重要意义。这也是藩镇联姻最为常见的藩镇内高级将领之间的联姻。此外，陈君赏先夫人辛氏为定州别驾兼御史大夫少诚之女。

像义武军内部的高级将校之间错综复杂的藩镇内部联姻现象由来已久。安史之乱后，中央对割据藩镇官吏的任命权逐渐丧失，兵力强盛的藩镇往往是父死子代，或者是藩镇将士自己拥戴。代宗以后，跋扈藩镇往往自署所辖刺史及僚佐，节帅往往安插亲信子弟、姻亲出任所属州县之刺史、县令。虽然，大历十二年(777)五月一日敕曾对这种情况加以限制："刺史有故及缺，使司不得差摄，但令上佐依次知州事。"④但实际上，中央对藩镇内部的人事任命权非常有限。

---

① 《旧唐书》卷141《张孝忠传附子茂昭传》，第3858—3860页；《旧唐书》卷15《宪宗下》，第434页；《新唐书》卷148《张孝忠传附子茂昭传》，第4770—4771页。
② 董诰等编：《全唐文·唐故河中晋绛慈隰等州节度使支度营田观察处置等使开府仪同三司检校太尉兼中书令河中尹上柱国延德郡王食邑三千户赠太师张公墓志铭并序》，北京：中华书局，1983年，第5140页。
③ 《旧唐书》卷141《张孝忠传附陈楚传》，第3862—3863页。
④ 王溥：《唐会要·刺史上》，北京：中华书局，1955年，第1204页。

由于藩镇主帅更替时,藩镇将士往往刻意制造事端,杀帅自立、逐帅自立,中晚唐藩镇动辄为乱的情况时常发生。[1] 因此,藩镇不得不重视安抚、厚待将士,倍加姑息将士。藩镇将校之间通过姻亲关系自相结党,培植势力,是维系各自子孙,保持地位不衰的重要方式。镇帅除了畜养所谓的义子、假子之外,联姻便成为笼络将校最好的方式,更何况姻亲也是本家之外,最为可信的家族力量。中晚唐割据藩镇内部,像成德、义武军那样,"父子世袭,姻党盘互"的现象很普遍。[2] 如成德节度使李宝臣,就"以(张)孝忠谨重骁勇,甚委信之,以妻妹昧谷氏妻焉,仍悉以易州诸镇兵马令其统制"。[3] 李宝臣因喜欢裨将王武俊之子士真"沈悍有断",便令王士真"出入帐中,以女妻之"。[4] 这些都说明,李宝臣很善于用联姻的方式笼络当时的英雄豪杰之士,并将其纳入幕府之下。而张孝忠和王武俊均因与镇帅的联姻关系,得以起家,后来都出任节度使。成德军沧州刺史李固烈,"与惟岳姻属",[5]"惟岳妻兄"。[6] 又如长庆元年,卢龙节度使刘总归附中央,奏请所属分为三道,其中就请其妻族之亲权知京兆尹卢士玫担任瀛、莫观察使。[7] 虽然,刘总已归附中央,但仍认为姻亲更为可靠,最为信赖,所以请亲族留任本州节度使,以留后路。又

---

[1] 参阅王寿南:《唐代藩镇与中央关系之研究》,第201—227页。
[2] 《新唐书》卷210《藩镇魏博·罗弘信传》,第5942页。
[3] 《旧唐书》卷141《张孝忠传》,第3854—3855页。《新唐书》卷148《张孝忠传》云:"宝臣以其(张孝忠)沈毅谨详,遂为姻家,易州诸屯委以统制,十余年,威惠流闻。"(第4767页)
[4] 《新唐书》卷211《藩镇镇冀·王武俊传》,第5951页。
[5] 《新唐书》卷213《藩镇淄青横海·程日华传》,第5995页。
[6] 《旧唐书》卷141《张孝忠传》,第3857页。
[7] 司马光编著:《资治通鉴》卷241,长庆元年六月条,北京:中华书局,1956年,第7792页。

如淮西牙将董重质,是吴少诚之子婿,也是吴元济的谋主。① 此类情况,在中晚唐为数不少,不一一赘述。

虽然藩镇内部联姻的目的是为了加强内部的团结,但依靠联姻建立起来的局面,在利益面前也很脆弱,联姻也往往被藩镇内部分裂力量所利用。卢龙节度使刘济为了笼络本镇涿州刺史张皋,以次子刘总娶张皋之女。但是,刘济万万没想到正是这桩婚姻使其命丧黄泉。元和五年,刘总借刘济恃讨王承宗有功希望中央给予嘉奖的心态,故意假借中央的名义,挑拨其父刘济与长兄卢龙副大使刘绲之间的矛盾,致使刘济猜忌刘绲,"愤怒不知所为,杀大将素与绲厚者数十人,追绲诣行营"。刘济在慌忙间将节度大印交给了其亲家公(即刘总的岳丈、同谋)张皋代知留务,于是刘总乘机毒死其父刘济、杀死其兄刘绲,窃得了卢龙军大权。在这次军变中,不能不说刘总依靠其妻族的力量,即岳丈及岳丈之弟节度判官张玘等。对刘济来说,却因为这桩姻亲,而遭不测。②

藩镇内部镇帅与将校之间的联姻,目的本来就在笼络将士,一旦出现形势变化,联姻中的镇帅与将校便会反目成仇,联姻的当事人,自然就变成了牺牲品。如张孝忠兄弟在建中二年前与本镇恒州诸将存在亲密的联姻关系,"其弟孝义及孝忠三女已适人在恒州者",③在李宝臣死后,其子李维岳自立,与张孝忠在政治上走上对立,这三女儿后来便成为了张孝忠与李维岳反目的牺牲品。(见"示意图")

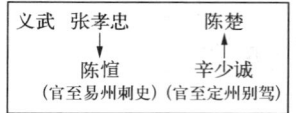

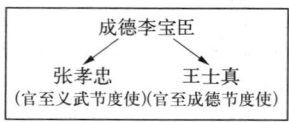

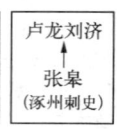

义武 张孝忠	陈楚	成德李宝臣		卢龙刘济
↓	↓	↓	↓	↓
陈恒	辛少诚	张孝忠	王士真	张皋
(官至易州刺史)	(官至定州别驾)	(官至义武节度使)	(官至成德节度使)	(涿州刺史)

---

① 《旧唐书》卷161《董重质传》,第 4227 页。
② 《资治通鉴》卷238,元和五年七月条,第 7678 页。
③ 《旧唐书》卷141《张孝忠传附陈楚传》,第 3856 页。

图 1　中晚唐若干藩镇内部联姻示意图①

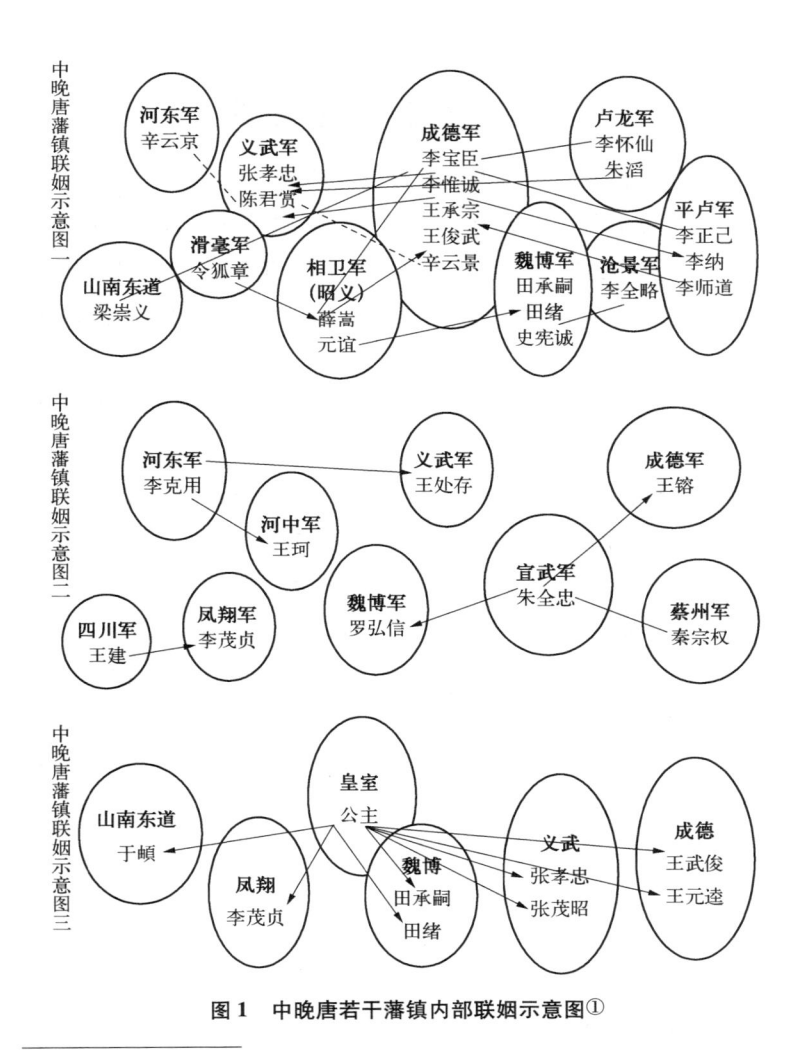

① 在制作以上四个中晚唐藩镇联姻示意图中,为了制图示意清晰明了,藩镇联姻不以当事人之名作说明,而是以当事人的主帅和父祖之名列表。藩镇联姻本质上反映的是主帅的意图,因而这样制表更能体现藩镇之间的联姻关系,反映政局与藩镇联姻的目的。其中"——"表示有联姻,但嫁娶关系不明;"⟶"表示嫁女方向;"---"表示间接姻亲关系。

二、强藩之间的联姻

据墓志云陈君赏先夫人辛氏为"定州别驾兼御史大夫少诚之女也;祖云景镇州司马,太原节度使云京"。① 君赏前夫人是兰州金城辛氏,客籍京兆,世为将家,曾祖赞,左卫翊府中郎将,史书未见记载。其祖云景以入幕镇州,为镇州司马;其从祖云京曾为太原节度使,新旧《唐书》均有传。② 辛氏在中晚唐是河朔地区很有影响的家族。辛云京之从弟京杲、弟京旻,信安王祎节度朔方时知名于朔方,京杲后从李光弼出井陉,肃宗召为英武军使,代宗历湖南观察使。京旻跟从李光弼定恒、赵,后署太原三城使。③ 辛云景为镇州司马之事,应该发生在宝应元年(762)伪恒阳节度李宝臣降河东节度使辛云京之后,④辛云景应该是借这层特殊的关系到镇州为官的。陈君赏与本镇定州别驾兼御史大夫少诚的女儿结婚,为本镇内部联姻,这层姻亲后面则隐藏着河东军与成德军在政治和军事上的千丝万缕的联系。

君赏后夫人为太原王氏,曾祖为成德军节度使王武俊,祖冀州刺史王士清;⑤父丹王府司马王承荣。⑥ 说明义武军与成德军存在很

---

① 参见《旧唐书》卷110《辛云京传》,第3314—3315页。
② 《旧唐书》卷110《辛云京传》(第3314—3315页)、《新唐书》卷147《辛云京传》(第4750—4751页)。
③ 《新唐书》卷147《辛云京传附旻传》,第4754页。
④ 《旧唐书》卷121《仆固怀恩传》,第3481页。
⑤ 《旧唐书》卷142《王武俊传》载:"王武俊……子士真、士清、士平、士则……士真佐父立功,备历艰苦,得位之后,恬然守善,虽自补属吏,赋不上供,然岁贡货财,名为进奉者,亦数十万,比幽、魏二镇,最为承顺。元和元年,就加同中书门下平章事。四年三月卒。子承宗、承元、承通、承迪、承荣。士清,以父勋累加官至殿中少监同正。元和初,为冀州刺史、御史大夫,封北海郡王,早卒。"(第3871—3877页)《新唐书》卷211《王武俊传》载:"王武俊字元英……士真,其长子也。少佐父立功,更患难。既得节度,息兵善守……四年死,赠司徒,谥曰景襄。军中推其子承宗为留后。(元和)七年……诏乃绝承宗朝贡,窜其弟承系、承迪、承荣于远方。"(转下页)

深的藩镇联姻关系。中晚唐像义武、成德镇相互联姻的情况很有普遍意义。

中晚唐强藩之间的联姻大致可以按黄巢起义分为前后两个阶段,两个阶段中藩镇联姻的集团和地域均有所不同。前期,藩镇联姻主要是在中央和成德、卢龙、魏博三镇为了争取义武军等半割据型藩镇,通过联姻达成某种军事和政治联盟,以对抗其他各方的情况下进行的。① 这一时期中央尚能主动利用姻亲关系来笼络半割据藩镇,积极拉拢具有战略地位的藩镇,遏制割据藩镇;强藩之间为了对抗中央,也相互联姻,以达到长期共存的目的。后期,出现了以宣武、河东、凤翔等强藩为中心的联姻集团,具有战略地位的魏博、义武、河中等割据、半割据的藩镇纷纷依附于某个强藩,结成联姻集团,对抗另一个藩镇联姻集团,这里的藩镇联姻集团准确地说应该是军事集团,联姻仅仅是手段和军事联盟的外在表现。由于唐末各强藩已不听命于中央,相互吞并趋势已经势不可当,半割据的藩镇往往转而和强藩进行联姻,其结果往往是被强藩所吞并,形成了新的相对稳固的军事集团,此时的联姻逐渐变成强藩加强军事控制其他藩镇的重要手段。② 下文主要以义武军所出现的与其他藩镇联姻

(接上页)(第5955—5998页)按:新旧《唐书》均以承荣为士真子,墓志作士清子,《唐故定州节度使检校尚书右仆射赠太子太保陈公(君赏)夫人王氏墓志铭并叙》(《隋唐五代墓志汇编·洛阳卷》第14册,第131页)也作士清子,故新旧《唐书》误。

⑥《旧唐书》卷15《宪宗本纪下》载元和十年七月甲戌诏:"驸马都尉王承系、太子赞善王承迪、丹王府司马王承荣等,并宜远郡安置。"(第454页)《全唐文》卷61宪宗《绝王承宗朝贡敕》云:"敕:……朝请郎守太子左赞善大夫赐紫金鱼袋王承迪、朝请郎守丹王府司马上柱国赐紫金鱼袋王承荣,国有彝章,亦宜从坐。承迪宜于归州安置,承荣宜于通州安置;仍并驰驿发遣,各委本道具到州府月日奏闻。"(第657—658页)

① 详见《中晚唐藩镇联姻示意图一》。
② 详见《中晚唐藩镇联姻示意图二》。

的几种现象,结合史实进行如下分析。

藩镇联姻是随着藩镇割据势力的产生逐渐形成的。由于成德军地理位置的特殊性,地处卢龙、魏博之间,又与魏博、卢龙形成环卫淄青镇的屏障。因此,其周边的藩镇争相与其联姻,以期达到在军事和政治上的同盟。具体来讲,如安史降将张志忠,因平叛有功,宝应元年授成德节度使,后赐名李宝臣,"遂有恒、定、易、赵、深、冀六州地,马五千,步卒五万,财用丰衍,益招来亡命,雄冠山东。与薛嵩、田承嗣、李正己、梁崇义相姻嫁,急热为表里"。① 如《通鉴》所记永泰元年(765)七月,代宗以李怀玉为平卢、淄青节度大使留后,赐名正己,此后李正己与临近诸镇多有联姻。"时成德节度使李宝臣,魏博节度使田承嗣,相卫节度使薛嵩,卢龙节度使李怀仙……与山南东道节度使梁崇义及正己皆结为婚姻,互相表里。朝廷专事姑息,不能复制,虽名藩臣,羁縻而已。"②如大历中,成德镇李宝臣以弟宝正为田承嗣的女婿,并往魏博依田承嗣。③ 成德军王承宗与昭义军薛嵩也有联姻。李宝臣之子惟岳、惟诚为异母兄弟,两人不合,因李惟诚"妹妻李纳,故宝臣请惟诚复故姓,而仕诸郓,为纳营田副使,四为州刺史"。④ 李纳为淄青节度使时,宝臣之子到淄青为刺史,足见其姻亲关系之紧密,一定程度上反映了两镇军事同盟的稳固。元和中,淄青节度使李师道"以兄女妻"成德节度使承宗之弟承庆。⑤后来,随着元和十一年(816)义武军从成德军中分离出易定二州,于是易定遂成为幽州和镇州二镇交通往来的"咽喉"。因此,幽州节度

---

① 《新唐书》卷211《藩镇镇冀·李宝臣传》,第5946页。
② 《资治通鉴》卷223,永泰元年七月条,第7175页。
③ 《新唐书》卷211《藩镇镇冀·李宝臣传》,第5946页。
④ 《新唐书》卷211《藩镇镇冀·李宝臣传附惟岳传》,第5950页。
⑤ 《新唐书》卷213《藩镇淄青横海·李正己传附李师道传》,第5995页。

使朱滔和成德军节度使王武俊都不得不争相与其联姻,以期求得各自在战略上的相对稳固。可见成德军与当时河朔地区最主要的割据强藩都进行了联姻,"相互表里",达到抗衡中央的目的,说明藩镇联姻是建立在强藩武装对抗中央的基础之上,强藩出于政局、战略要地等各种因素的考量,彼此通过联姻建立更大的、松散的军事联盟,以对抗其他各方。

魏博镇与其他强藩联姻情况也比较突出。魏博在与淄青、成德联姻外,还与昭义、仓景等镇也存在联姻。魏博节度使田绪之子季安娶昭义军洺州刺史元谊女,生子怀谏,后为节度副使。① 长庆元年史宪诚获魏博节度使之命后,"外诧王命,而阴结幽、镇,依以自固",还与沧景节度使李全略"为婚家",②相互连衡阻抗中央。魏博藩镇与周边藩镇的联姻,主要原因是魏博镇处在河朔三叛镇与中央辖区接壤的前哨,中央平藩,魏博首当其冲。因此,魏博通过与周边藩镇间的联姻巩固对抗中央的联盟就尤为重要。

其他藩镇间的联姻现象也比较普遍,如李泳在大和元年(827)至八年担任振武军节度使,于大和九年至开成二年(837)为河阳节度使,先后将"长女适镇州节度推官、儒林郎、试大理评事王可立;次女适振武节度推官、朝散大夫、殿中侍御史内供奉薛元舒"。③ 这些跨藩镇的婚姻,虽然不是府主的直系亲属,也是藩镇中的重要僚佐,其目的自然在于交织藩镇连衡势力。

影响藩镇之间联姻的最主要因素是具体的政局和藩镇的战略

---

① 《资治通鉴》卷238,元和七年八月条,第7692页。
② 《新唐书》卷210《藩镇魏博·史宪诚传》,第5935—5936页。
③ 见杜文玉:《唐李泳妻太原郡君王氏墓志铭浅释》,《唐研究》第6卷,北京:北京大学出版社,2000年,第407—412页。按:其夫人卒于开成三年,享年五十三岁,其子女多以婚配。按通常唐人婚聘和入仕的时间来算,其子女婚聘基本上在其夫出任三城节度使期间。

地位。以义武军易定二州来说，由于易定处在卢龙和成德两镇之间，因此易定便成为河朔三镇、中央各大势力拉拢的对象。可以说中央与河朔藩镇谁控制了易定，谁就在交锋中获得头筹。如长庆元年幽州、镇州军乱，朱克融和王廷凑"合从拒王师"，企图瓜分易定，消除中央制衡其安全的心腹之患。正如剑南东川节度使王涯所说："范阳乱非宿谋，可先事镇州，又有魏博之怨，济以晋阳、沧德，掎角而进。夫用兵若斗然，先扼喉领。今瀛莫、易定实贼咽喉，宜屯重兵，俾死生不得相闻，间谍不入，此莫胜之策。"[1]正好说明易定是遏制幽州和镇州军乱的"咽喉"之地。于是穆宗诏义武节度使陈楚闭境，对幽州和镇州之乱军进行分割，孤立其联系，各个击破。此项战略分析应该是上策，但是由于诸道将领未能齐心协力，最终中央与成德、卢龙二镇达成妥协。[2] 因此，易定乃是控制河北的兵家必争之地，晚唐乾符四年（877）至乾宁二年（895），王处存为义武节度使，适逢"幽、镇兵悍马强，其地势也，而易定介于其间，侵轶岁至"，李匡威继任幽州节度使后，便竭力，"谋并取之"。王处存"善修邻欢，内抚民有恩，痛折节下贤，协穆太原以自助，远近同心。岁时讲兵，与诸镇抗，无能侵轧者"。[3] 此时，中央已经自顾不暇，义武军只能凭借其战略地位，借助其他强藩，以求得自存。当时河朔地区拥有最大势力的河东节度使李克用，便成为其依托的最佳选择。作为河东镇在利用义武军成功地制衡了幽州、镇州两个劲敌，取得了战略上的优势。

　　藩镇之间联姻的根本是为政治服务的，因此，藩镇之间跟谁联姻，完全根据时局的需要。藩镇之间的联姻，直接冲击了中央的统治，中央对强藩之间的联姻往往进行干预和分化，借以削夺藩镇的

---

[1]《新唐书》卷211《藩镇镇冀·王廷凑传》，第5959页。
[2]《新唐书》卷211《藩镇镇冀·王廷凑传》，第5959—5960页。
[3]《新唐书》卷186《王处存传》，第5419页。

权利。建中二年(781),李宝臣死后,李惟岳袭位,与张孝忠发生冲突,张孝忠转而与幽州节度使朱滔联姻,以抗拒李惟岳。德宗也及时利用了两人的矛盾,擢张孝忠检校工部尚书、成德军节度使,令与朱滔合力对付李惟岳,同时防止了幽州吞并义武军。张孝忠"甚德滔之保荐,以其子茂和聘滔之女,契约甚密,遂合兵破惟岳之师于束鹿,惟岳遁归恒州"。① 可以说德宗通过撮合幽州与定州的联姻,破坏了定州与镇州之间旧的联姻,后来李惟岳被杀,张孝忠被授予义武军节度使,达到了分化成德军的目的。此后,成德军节度使王武俊与昭义军节度使薛嵩与结为姻亲,大历八年薛嵩死后,其子薛昌朝便投靠了成德军节度使王士真。元和四年四月,王士真卒,其子承宗自为留后,宪宗担心成德军王承宗难制,想另派人接替,命宰辅议论。李绛认为"成德军自武俊以来,父子相承四十余年,人情贯习,不以为非。况承宗已总军务,一旦易之,恐未即奉诏。又范阳、魏博、易定、淄青以地相传,与成德同体,彼闻成德除人,必内不自安,阴相党助,虽茂昭有请,亦恐非诚"。② 七月宪宗密问诸学士曰:"今欲用王承宗为成德留后,割其德、棣二州更为一镇以离其势?"八月适逢王承宗久未得到中央授节,颇畏,"请献德、棣二州以明恳款",于是宪宗最后决定割成德军二州之地,给德州刺史薛昌朝(昌朝,薛嵩之子,婚于王氏),另设保信军节度,兼德、棣二州观察使,企图制造成德军内部矛盾,分化成德军内部的联姻关系。据《新唐书·藩镇镇冀·王武俊传附承宗传》载:"昌朝,嵩子也,与承宗故姻家,帝因欲离其亲将,故命之。"(第5956页)结果,王承宗中计,"以兵房昌朝归镇州",③宪宗因此达到了分化成德内部联姻关系的目

---

① 《旧唐书》卷141《张孝忠传》,第3856页。
② 《资治通鉴》卷237,元和四年四月条,第7659页。
③ 《旧唐书》卷14《宪宗本纪上》,第428页。

的。此后,虽然宪宗派兵讨伐王承宗,但成德军与魏博、昭义军等镇相胶固,诸军停滞不前,最终还是授给王承宗成德军节度使,奉还德、棣二州。

中央还根据形势的需要,利用相关藩镇之间相互联姻,以达到制约或控制区域内藩镇势力的目的。《太平广记·豪侠三·红线》云:"至德之后,两河未宁,以滏阳为镇,命嵩固守,控压山东。杀伤之余,军府草创。朝廷命嵩遣女嫁魏博节度使田承嗣男,又遣嵩男娶滑亳节度使令狐彰女。三镇交为姻娅,使使日浃往来。"①此事发生在广德二年前后,②广德元年闰正月,"以史朝义降将薛嵩为相、卫、邢、洺、贝、磁六州节度使,田承嗣为魏、博、德、沧、瀛五州都防御使";同年六月"以魏博都防御使田承嗣为节度使"。但是田承嗣,"举管内户口,壮者皆籍为兵,惟使老弱者耕稼,数年间有众十万;又选其骁健者万人自卫,谓之牙兵"。③面对魏博的反状,安史之乱的降将各怀端倪,加之西北吐蕃、回纥不断骚扰,仆固怀恩的反状日渐明显,代宗只好委曲求全,想一方面通过利用泽潞与魏博东面的滑亳节度进行联姻,对魏博形成东西夹击之势,借以牵制魏博的反叛;同时通过指使泽潞与魏博进行婚聘,对魏博进行拉拢与制约。这一措施,虽然是在依靠泽潞的军事力量和军事战略地位的基础上跟魏博军妥协的,但在一定程度上也牵制了田承嗣,直到大历十年(775)

---

① 李昉等编:《太平广记》,北京:中华书局,1961年,第1460页。
② 《唐方镇年表》卷4《昭义》云:薛嵩广德元年始为泽潞节度使,广德二年至大历元年泽潞节度使为李抱玉,大历元年泽潞节度使该为昭义节度使(北京:中华书局,1980年,第473页)。《唐方镇年表》卷4《魏博》云,广德元年始置魏博防御使,广德二年始置魏博节度使(第599—600页)。此事发生在"军府草创"之际,因此,应该发生在"广德二年"。
③ 《资治通鉴》卷222,广德元年六月条,第7144页。

田承嗣才公开反叛。①

安史之乱至唐末河朔方镇往往相互勾结,以增强对抗中央的力量,特别是幽州、魏博、成德三镇最为明显。建中三年(782),魏博节度使田悦反叛,派王侑前去劝说幽州节度使朱滔助战,云:"今日破魏,则取燕、赵如牵辕下马耳。夫魏博全则燕、赵安,鄙州尚书(田悦)必以死报德。且合从连衡,救灾恤患,不朽之业也。"②这段话如实描述了当时三镇之间互为唇亡齿寒的关系。在这种情况下,虽然晚唐三镇主帅不断变易,但三镇在连衡对抗中央问题上立场始终一致。即使在宪宗倾力讨伐成德王承宗时,也因三镇的连衡对抗无果而终,最终只好赦免。宰相李绛分析当时的形势说:河北诸镇"邻道平居或相猜恨,及闻代易,必合为一心,盖各为子孙之谋,亦虑他日及此故也。万一余道或相表里,兵连祸结,财尽力竭,西戎、北狄乘间窥窬,其为忧患可胜道哉"!③ 因此,这一时期藩镇之间的联姻集团,也围绕着三镇连衡割据策略而展开。

黄巢起义之后,原来以河朔三镇为主的藩镇割据局面已经被打破。在镇压黄巢起义的过程中,出现了新的军事割据集团,整个北方地区出现了以河东、宣武、凤翔为中心的三大军事集团。以前依附于河朔三镇的联姻圈随之解体,取而代之的是以河东、宣武、凤翔三大军事集团为中心的新联姻圈。

唐末群雄纷争,逐渐形成了以宣武为中心的军事集团的联姻圈。唐末宣武节度使朱全忠为了加强对付幽州刘仁恭、河东李克用联盟的势力,逐步通过联姻等手段先后与蔡州节度和魏博节度建立

---

① 《旧唐书》卷36《天文志下》,第1328页。
② 《新唐书》卷210《藩镇魏博·田承嗣传》,第5929页。
③ 《资治通鉴》卷238,元和四年七月条,第7664页。

了联姻圈,以巩固自己的势力。光启元年(885)蔡州节度使秦宗权攻陈州,"刺史赵犨日与宗权战,宗权不能屈","犨德朱全忠之援,与全忠结婚,凡全忠所调发,无不立至"。① 由此,朱全忠得到宣武军南面稳固军事同盟,但是这一局面的出现是建立在对魏博的军事斗争的基础之上。大顺二年(891)正月,宣武节度使朱全忠与魏博节度使罗弘信进行了殊死激战,结果五战皆捷。罗弘信惧,"遣使厚币请和","魏博自是服于汴"。② 不过,魏博镇归附问题并不是一个简单的问题,此时罗弘信尚未诚心归顺朱全忠,暗地里仍与河东李克用联合。史载:"乾宁中,朱全忠急攻兖郓,朱瑄求援于太原。太原发军,假道于魏,令大将李存信屯莘县。存信御军无法,侵魏之刍牧,弘信不平之。全忠复遣人谓之曰:'太原志吞河朔,回戈之日,贵道堪忧。'弘信乃托好于汴,出师三万攻存信,败之。太原怒,举兵攻魏。"③此事,《旧五代史·唐书·武皇纪下》载:"乾宁三年(896)正月,汴人大举以攻兖、郓,朱瑄、朱瑾再乞师于武皇,假道于魏州,罗弘信许之。"④河东李克用向罗弘信借道,前去救朱瑾兄弟,足以说明罗弘信与河东关系密切。但是,朱全忠利用罗弘信与李克用之间的矛盾,成功地离间了两镇的关系,进而通过联姻,来巩固自己与魏博的亲密关系。建立了自己与魏博镇的军事同盟,进而为吞并魏博奠定了基础。魏博罗弘信是否真心归顺,对唐末政局的变化有决定性的作用。因此,朱全忠在这个问题上非常谨慎,采取了怀柔与武力打击并行的策略。一方面,"朱全忠方事兖郓,惧弘信离贰,每岁时赂遗,必卑辞厚礼答贶。全忠对魏使北面拜而受之,曰:'六兄(罗弘

---

① 《资治通鉴》卷256,光启元年八月条,第8324页。
② 《资治通鉴》卷258,大顺二年正月条,第8411页。
③ 《旧唐书》卷181《罗弘信传》,第4691页。
④ 薛居正等:《旧五代史》卷26《唐武皇本纪》,北京:中华书局,1976年,第353页。

信)比予倍年已上,兄弟之国,安得以常邻遇之。'弘信以为厚己,亦推心焉"。① 由于当时藩镇内兵强则叛帅,帅强则叛主的情况非常普遍,更何况朱全忠尚未称帝,二镇之间更无君臣名分,各称节度使,名位相垺。因此,为了进一步加强对魏博镇的控制和笼络,朱全忠又将女儿嫁给罗弘信之孙廷规,巩固了两镇的关系,在战略上得到了魏博的全力支持。② 朱全忠虽然通过怀柔控制了罗弘信、罗绍威父子,但是当时魏博镇牙兵"不胜骄宠",常常"变易主帅,有同儿戏",③使朱全忠深感不安。虽然罗绍威继任后仍归顺朱全忠,但为了确保魏博安定,防止牙兵生变,朱全忠便联合罗绍威消灭魏博牙兵。天祐三年(906)正月恰逢朱全忠嫁给罗绍威之子延规的女儿去世,朱全忠借助葬之机潜入魏博,与罗绍威联合杀魏博牙兵,"凡八千家,皆破其族"。④ 在铲除魏博牙兵之后,罗绍威方才醒悟过来,但魏军悉叛,魏博镇已经失去了赖以割据的武装基础,罗绍威日渐孤立,不得不完全臣服朱全忠,从而使朱全忠进一步控制了魏博镇。

时值朱全忠杀昭宗后,河东李克用、凤翔李茂贞、四川王建,以"同奖王室"之名,共同讨伐朱全忠。当时的情况非常紧急,罗绍威归顺朱全忠,直接改变了唐末的政治格局,故史书云:"全忠自弑昭宗之后,岐、蜀、太原,连兵牵制,关西日削。幸罗绍威杀牙军,全获魏博六州。"⑤朱全忠之所以不惜牺牲女儿来联姻魏博,正是因为控制魏博镇的军事地位极为重要,不仅可以阻止河东李克用的东下,又可北控成德镇王镕,进而制服幽州刘仁恭、刘守光,又可借幽燕兵

---

① 《旧唐书》卷181《罗弘信传》,第4691页。
② 《旧唐书》卷181《罗弘信传》,第4692页。按:朱全忠将女儿嫁给罗弘信的孙子,贾艳红《略论唐代的政治婚姻及其作用》误作儿子。
③ 《旧唐书》卷181《罗弘信传》,第4692页。
④ 《旧唐书》卷181《罗弘信传》,第4692页。
⑤ 《旧唐书》卷20下《哀帝本纪》,第809页。

力,牵制李克用,以成霸业。① 可见宣武镇与魏博镇联姻,只不过是在军事打击和政治压迫的基础上,进而利用姻亲关系进一步稳固两者的军事联盟。

宣武镇与成德镇联姻的建立。光化中,朱全忠讨伐幽州刘仁恭时,成德节度使王镕曾进行了支援,刘仁恭失败。朱全忠又借口王镕亲善河东李克用,引军进攻王镕。王镕遂遣使"议修好","遣子昭祚质仕全忠府,全忠因妻之",结成婚姻联盟。② 宣武镇与成德镇联姻的建立,直接形成了对河东李克用的南北夹击,朱全忠因此取得了战略上的先机。虽然王镕解决了燃眉之急,但这也招致了河东节度使李克用的仇恨,加之成德东面的义武军与河东军来往甚密,成德军处在东西夹击之中。于是王镕判官张泽谋曰:"失火之家,不可恃远救。今定密迩,与太原亲,宜使全忠图之。"王镕遂遣周式出使朱全忠,朱全忠决定攻打定州,义武节度使王郜不得已,遂奔太原。③ 朱全忠在与成德建立联姻之后,为了进一步巩固其军事联盟,破坏河东军与义武军的联姻及其军事同盟自然是大势所趋。在义武军节度使王郜弃城奔晋阳时,军中推王处直为留后。朱全忠派张存敬进围定州,朱全忠至城下,曰:"何故附河东?"对曰:"吾兄与晋王同时立勋,封疆密迩,且婚姻也,修好往来,乃常理耳,请从此改图。"全忠许之。定州被围之后,幽州节度使刘仁恭遣其子守光将兵救定州,军于易水之上。朱全忠遣大将张存敬袭之,杀六万余人,由是河北诸镇皆服于全忠,④从而粉碎了河东军与成德、义武两军通过联姻

---
① 参见韩国磐:《关于魏博镇影响唐末五代政权递嬗的社会经济分析》。
② 《新唐书》卷211《藩镇镇冀·王廷凑传附王镕传》,第5965页;《资治通鉴》卷262,光化三年十月条,第8534页,略同。
③ 《新唐书》卷211《藩镇镇冀·王廷凑传附王镕传》,第5965页。
④ 《资治通鉴》卷262,光化三年十月条,第8537页。

建立起的军事联盟。

朱全忠之所以与魏博、成德二镇建立联姻的关系,是出于政治和形势需要。在军事进攻的基础上,进而通过与魏博、成德二镇联姻,成功地笼络和控制了二镇,巩固了三镇的军事联盟。这对分化河东李克用、幽州刘仁恭和刘守光连衡对抗宣武镇的军事同盟,实现对其各个击破的战略起了重要作用,并在后来的兼并战争中消灭此二镇,初步实现了北方的统一,为建立后梁奠定了基础。

晚唐时期,作为宣武军主要对手的河东军,也积极地与相关藩镇建立了联姻。不过,河东与其他藩镇的联姻是由其地理位置和所面对的主要竞争对手决定的。由于唐末河东军面对的最强大的对手为其东面的宣武军和北方的幽州军。① 但是河东军与幽州军之间还隔着成德军和义武军,于是地处两军之间义武军的立场就成为决定两军胜负的重要筹码。据《旧唐书·李可举传》云:"中和末,以太原李克用兵势方盛,与定州王处存密相缔结。可举(卢龙节度使)虑其窥伺山东,终为己患,遂遣使搆云中赫连铎乘其背,则与镇州合谋举兵,兼言易、定是燕、赵之余,云得其地则正其疆理而分之。"(第4681页)因此,河东李克用与义武结成联姻的战略意义不言而喻,也是形势所迫。光启元年(885),由于卢龙节度使李可举、成德节度使王镕仇视河东李克用之强大,李克用为了牵制卢龙、成德二镇,便与义武联姻,故史云"义武节度使王处存与克用亲善,为侄郅娶克用女"。② 此后,王处存"素善李克用,又故婚好",卒共平京师,驱逐了黄巢。③ 僖宗朝河东节度使李克用与河中节度使王重盈关系

---

① 幽州节度使刘仁恭曾一度受河东李克用节制,后来走上对立。
② 《资治通鉴》卷256,光启元年三月条,第8321页。
③ 《新唐书》卷186《王处存传》,第5419页。《旧唐书》卷182《王处存传》云:王处存"前后遣使十辈迎李克用,既奕世姻好,特相款昵",第4700页。

甚密,曾共同拒命于中央,一度兵临京师,害得僖宗出逃。① 乾宁二年(895),河中节度使王重盈死,其子王珙与从子王珂与争节钺,② "珙厚结王行瑜、李茂贞、韩建为援,三镇互相表荐",次年五月三镇率兵入觐,强迫昭宗以河中节度授王珙。于是李克用大怒,"出师讨三镇","天子以珂为河中节度",李克用遂"以女妻之"。河中和河东联姻后,王珂"亲至太原,太原令李嗣昭将兵助珂攻珙,珙每战频败",③进一步巩固了河东李克用的势力。李克用通过与河中节度使联姻,壮大了军事实力,进而形成了与宣武节度朱全忠的对抗局面,可见义武军节度使王处存、河中节度使王珂与河东节度使的联姻,均出于形势所迫,依附河东军以图自存。

但是,王珂与李克用的联姻对朱全忠形成了威胁,王珂"恃太原之势,侮慢邻封"。④ 天复元年(901)春,朱全忠"既服河北,欲先取河中以制河东",派张存敬大军逼河中,王珂妻书太原求救,李克用却不能及时相救,王珂遂被朱全忠诱杀。⑤ 河东与河中二大镇之间的联姻随之破灭,李克用"自是不复能援京师,霸业由是中否",⑥不得不"以重币请修好于全忠"。⑦

唐末凤翔镇联姻圈的形成。天祐元年(904)六月,李茂贞、王建、李继徽传檄合兵以讨朱全忠,西川诸将劝王建乘李茂贞之衰,攻取凤翔。西川节度判官冯涓认为:"今梁、晋虎争,势不两立,若并而为一,举兵向蜀,虽诸葛亮复生,不能敌矣。凤翔,蜀之藩蔽,不若与

---

① 《旧唐书》卷179《萧遘传》,第4665页。
② 《新唐书》卷224下《王行瑜传》(第6405页)云:王珂为王重荣之子。
③ 《旧唐书》卷182《王重荣传附王珂传》,第4697页。
④ 《旧五代史》卷14《梁书·王珂传》,第199页。
⑤ 《资治通鉴》卷262,天复元年正月、二月条,第8548—8549页。
⑥ 《旧五代史》卷26《唐武皇本纪》,第357页。
⑦ 《资治通鉴》卷262,天复元年二月条,第8549页。

之和亲,结为婚姻,无事则务农训兵。"于是王建乃与李茂贞修好,李茂贞也派人入西川,"为其侄天雄节度使继崇求婚,建以女妻之。茂贞数求货及甲兵于建,建皆与之"。① 当然,此时朱全忠已经控制了昭宗及朝政,李克用、李茂贞以及王建均已不敌朱全忠。李茂贞通过与西川王建的联姻,只不过是各方联合抗拒宣武军兼并的趋势。但无论如何此次联姻,不仅巩固了李茂贞的后方,而且获得了王建的军事和物资援助,延缓了宣武军的兼并过程。

三、中央与藩镇的联姻

如果稍微探究一下墓志记载义武军张陈两家的婚姻谱系,就会发现张氏还与皇室有密切的联姻关系。贞元二十年(804),张茂昭入朝,德宗还尚其子克让晋康公主,②为中央与藩镇联姻的典型实例。张氏一族为义武军的开创者,而且连续两代出任节度使,为易定地区的豪门大族。

中央与藩镇联姻主要表现在皇室公主与藩镇子弟的联姻,主要是由中晚唐的政治局势决定的。中晚唐以宰相为代表的朝官已受制于内朝宦官,因此,藩镇与中央高官的联姻也就失去了意义,仅剩尚有权威的皇室公主的联姻。皇室与藩镇的联姻,本质上是中央与藩镇的联姻。

中央与藩镇联姻的目的是通过联姻,来笼络或控制藩镇,防止其割据;或通过与归附镇联姻来防遏其他藩镇的割据。中央与藩镇的联姻,往往是受形势所迫,不得已才用联姻方式笼络藩镇。如广

---

① 《资治通鉴》卷265,天祐元年七月条,第8634页。
② 《新唐书》卷148《张孝忠传附茂昭传》,第4770页。

德初,仆固怀恩以功高,"亦恐贼平则任不重",遂扶植史朝义降将田承嗣为贝、博、沧、瀛等州节度使。田承嗣"既得志","厉兵缮甲","有众十万",非常跋扈,"又求兼宰相,代宗以寇乱甫平,多所含宥,因就加同中书门下平章事,封雁门郡王,宠其军曰天雄,以魏州为大都督府"。在这种情况下,大历九年,代宗采取了对魏博田承嗣的联姻招抚政策,诏其子华"尚永乐公主,冀结其心",①"再尚新都公主"。② 但是,代宗的联姻并没有取得预想的效果,田承嗣反而"性著凶诡,愈不逊"。③ 田绪代田悦自立为魏博节度使后,德宗于贞元元年又"以嘉诚公主降绪,拜驸马都尉"。④ 代德两朝对魏博田氏父子的联姻方式,一开始就是在不能控制魏博镇的前提下,采取的笼络、妥协政策;实际上一旦失去武力约束,联姻也就失去了意义。代德二帝之所以这样做,是因为魏博镇为距离京畿地区最近的河朔叛镇,安抚魏博镇意义重大。因此,代德二帝想通过安抚来引导其归顺,以缓和冲突。代德两朝与魏博镇联姻的结果虽然不是很明显,魏博镇始终处在割据状态,甚至出现反叛的情况;但是即便如此,中央与割据藩镇的联姻也有一定的作用。如田绪死后,其子季安,为公主之养子,被军中推为留后,因授节度使。因季安"畏主之严,颇循礼法。及主薨,始自恣,击鞠从禽,酣嗜欲,军中事率意轻重,官属进谏皆不纳"。⑤ 可见公主联姻对藩镇还是起到了笼络和牵制的作用。而认为公主下嫁割据魏博藩镇是白白葬送公主幸福生活的说法,恐失妥当。⑥

中央与藩镇之间的联姻,在特定的情况下也不失为中央笼络、安

---

① 《新唐书》卷210《藩镇魏博·田承嗣传》,第5924页。
② 《旧唐书》卷141《田承嗣传附田悦传》,第3840页。
③ 《新唐书》卷210《藩镇魏博·田承嗣传》,第5924页。
④ 《新唐书》卷210《藩镇魏博·田承嗣传附田绪传》,第5933页。
⑤ 《新唐书》卷210《藩镇魏博·田承嗣传附田季安传》,第5933页。
⑥ 贾艳红:《略论唐代的政治婚姻及其作用》。

抚有叛逆倾向藩镇的上策。德宗朝担心成德军王武俊势力过于壮大，在给予各种职官、封号的同时，也希望用中央和藩镇联姻的方式控制王武俊，将虢国公主下嫁王武俊之子王承系，①授驸马都尉。其实，王承系授驸马都尉，与诸兄王承迪、王承荣同时入京为官，充当了藩镇在中央的质子。因此，王武俊始终未敢反叛中央，但王武俊死后。其子王承宗在元和四年擅自袭立，始有叛乱，于是"诏捕其弟驸马都尉承系"；②元和七年（812）又发生宰相武元衡被藩镇刺客所杀，宪宗怀疑王承宗所为，将"驸马都尉王承系、太子赞善王承迪、丹王府司马王承荣等，并宜远郡安置"。③ 这些充分反映了公主下嫁藩镇的真实意图是以藩镇将帅之子（即驸马）变相入质，并借此控制藩镇。

中晚唐中央利用与藩镇的联姻也成功地解决了几次藩镇割据的隐患。如贞元十四年（798），山南东道节度观察于頔，曾参与平定吴少诚之叛，攻城略地，"广军籍，募战士，器甲犀利，偶然专有汉南之地"之意。在对所属州县官吏的选用、军法处置方面多与中央抗衡，德宗均纵之。"及宪宗即位，威肃四方，頔稍戒惧，以第四子季友求尚主。"④但是，于頔所请，随之遭到翰林学士李绛等人的劝阻，宪宗仍从大局出发，以长女永昌公主降，"頔出望外，大喜"。⑤ 可见宪宗利用尚公主的方式成功地笼络、安抚了于頔对中央的猜忌，解决了其割据叛乱的隐患。

中央还利用联姻成功地控制了义武军，牵制了成德和幽州二镇的扩张和反叛。义武军由于地处卢龙、成德二强藩之间，只有依靠

---

① 《新唐书》卷83《顺宗十一女传》，第3666页。
② 《旧唐书》卷160《宇文籍传》，第4209页。
③ 《旧唐书》卷15《宪宗本纪》，第453页。
④ 《旧唐书》卷156《于頔传》，第4130页。
⑤ 《资治通鉴》卷237，元和二年十二月条，第7647页。

中央,周旋于列强和中央之间,以求得最大利益,因此义武军便成为中央制衡成德、卢龙两镇的最为重要的战略资本。对于中央来讲,义武军则是楔入成德、卢龙、魏博三镇之间的一个楔子,在打击和限制三镇的军事和政治活动中则起了重要的作用。因此,中晚唐对义武军的联姻非常重视。德宗通过与义武军联姻,拉拢义武军张孝忠的主要目的是钳制成德、卢龙二镇。贞元三年(787),加张孝忠检校司空,"仍以其子茂宗尚义章公主。孝忠遣其妻邓国夫人昧谷氏入朝,执亲迎之礼。上嘉之,赏赉隆厚"。[1] 贞元二十年十月,张茂昭入朝,"累陈奏河北及西北边事,词情忠切,德宗耸听,叹曰:'恨见卿之晚!'锡宴于麟德殿,赐良马、甲第、器用、珍币甚厚,仍以其第三男克礼尚晋康郡主。德宗方欲委之以边任,明年晏驾,茂昭入临于太极殿,每朝晡预列,声哀气咽,人皆奖其忠恳"。[2] 德宗对义武军的联姻政策十分成功,张茂昭在顺、宪两朝跟中央的关系也都十分密切。元和四年,王承宗叛,"诏河东、河中、振武三镇之师,合义武军,为恒州北道招讨……茂昭亲擐甲胄,为诸军前锋,累献戎捷,几覆承宗"。[3] 大和八年王廷凑死,中央听王元逵袭节度。由于王元逵"识礼法,岁时贡献如职",开成二年(837)文宗以王元逵尚绛王悟女寿安公主。"元逵遣人纳聘阙下,进千盘食、良马、主妆泽衣具、奴婢,议者嘉其恭。"这次文宗尚主也非常成功,后来刘稹叛,武宗诏元逵为北面招讨使,最终在王元逵的力战下,平定了刘稹之乱。[4]

  唐末随着唐王朝的衰落,中央与藩镇之间联姻的主动权已从中央转移到藩镇的手中。中央与藩镇的联姻不再是中央笼络割据藩镇的

---

[1] 《旧唐书》卷141《张孝忠传》,第3857页。
[2] 《旧唐书》卷141《张孝忠传附张茂昭传》,第3858页。
[3] 《旧唐书》卷141《张孝忠传附张茂昭传》,第3859页。
[4] 《新唐书》卷211《藩镇镇冀·王廷凑传附王元逵传》,第5961页。

工具,反而成为割据藩镇提高自己政治地位的工具,一定程度上反映了皇权的没落。天复三年(903)正月,凤翔陇右节度使李茂贞在与朱全忠军事对抗失利的情况下,企图通过挟持皇帝与其联姻来提高士气。于是,李茂贞"请以其子侃尚平原公主,又欲以苏检女为景王秘妃以自固。平原公主,何后之女也,后意难之。上曰:'且令我得出,何忧尔女!'后乃从之。壬戌,平原公主嫁宋侃。纳景王妃苏氏"。①

此外,不乏有藩镇与中央将领联姻。朱滔、王武俊谋叛,"易定居二凶之间,四面受敌",在这种情况下,德宗诏神策兵马使李晟、中官窦文场率师援之。张孝忠"以女妻晟子凭,与晟戮力同心,整训士众,竟全易定,贼不敢深入"。②

总之,中晚唐藩镇在复杂的背景下,随着政局变化的需要,相互进行了各种形式的联姻活动,稳固了藩镇之间的军事和政治联盟,在对抗中央与其他藩镇的过程中起了积极的作用。虽然,联姻本质上不是藩镇联盟的根本目的和最有效的手段,但是联姻在特定的军事基础之上和历史背景下,对促进藩镇内部和藩镇之间的某种连衡、或者说联盟起到了积极有效的作用,是反映藩镇之间、藩镇与中央政局关系的晴雨表。中央政府在处理藩镇问题时,一是积极通过与藩镇联姻、干预藩镇之间的联姻,以达到拉拢、遏制割据,或使反叛的藩镇归附和延缓形势恶化的目的;二是通过拉拢归附中央的藩镇来配合中央遏制、牵制割据藩镇。

作者单位:北京师范大学教育与历史文化研究院

(原刊于《学术月刊》2006 年第 12 期)

---

① 《资治通鉴》卷 263,天复三年正月条,第 8593 页。因同姓不婚,故复其原姓"宋"。
② 《旧唐书》卷 141《张孝忠传附陈楚传》,第 3856—3857 页。

也释唐幽州卢龙节度使刘济的"最务恭顺"

张天虹

摘 要：刘济墓的发掘将唐史学界的目光聚焦于幽州。唐幽州卢龙节度使刘济的"最务恭顺"有复杂的历史背景。刘济的"恭顺"只是确认了幽州镇对唐廷的臣属关系，尚未触及到幽州镇以及节度使的基本利益，但其背后包含了贞元时期唐廷和藩镇之间的良性互动；刘济之死的原因之一可能在于唐廷与幽州之间良好关系的破坏。宪宗即位以来，唐廷步步收紧的削藩政策已经让刘济失去了对谣言进行冷静思考和做出正确判断的空间。归根结底，"河朔故事"才是刘济对唐廷"最务恭顺"的基本前提。

关键词：唐代　幽州卢龙节度使　刘济

2012—2013 年北京房山大墓（唐幽州卢龙节度使刘济墓）的发掘，将唐史学界的目光再次聚焦于唐帝国的东北边疆——幽州。孙继民先生较早地解释了刘济对唐廷"最务恭顺"的原因；[①]蒋爱花先

---

① 孙继民：《北京新发现唐刘济墓的几个问题》，《光明日报》2013 年 7 月 31 日，第 11 版。

生则更加详细地解读了有关刘济生平的资料,并同样将视线集中于解释刘济的"恭顺"之举。① 然而,仍有一些刘济的资料并未得到分析,刘济"最务恭顺"背后的复杂历史背景尚未得到充分揭示。

一、刘济"最务恭顺"再认识

《旧唐书·刘济传》载:

> 贞元中,朝廷优容藩镇方甚,两河擅自继袭者,尤骄蹇不奉法。惟济最务恭顺,朝献相继,德宗亦以恩礼接之。②

对唐幽州卢龙节度使刘济(以下径称"刘济")"最务恭顺"的历史评价实来源于此。刘济恭顺朝廷的具体表现则是"朝献相继",对此孙继民先生已有解释。再有,从后来的史事看,应该还包括刘济在元和四年讨伐成德军节度使王承宗时的表现:"诸军未进,济独率先前军击破之,生擒三百余人,斩首千余级,献逆将于阙,优诏褒之。又为诗四韵上献,以表忠愤之志。"③对于刘济的"最务恭顺",孙继民先生指出这是参照河朔三镇中的其他两镇而言的,并分析了刘济恭顺朝廷的原因有二,一是受其父刘怦的影响,二是其进士出身使然。④ 此前,孙继民先生还曾经对《涿州范阳县文宣王庙之碑》进行考证:建中三年(782)闰正月之后不久、幽州节度使朱滔南下叛唐之

---

① 蒋爱花:《张弛于割据和恭顺之间——唐代幽州卢龙节度使刘济考释》,《亚洲研究》(韩国)第 20 辑,2015 年,第 73—90 页。
② 《旧唐书》卷 143《刘怦传附子济传》,北京:中华书局,1975 年,第 3900 页。
③ 《旧唐书》卷 143《刘怦传附子济传》,第 3900 页。
④ 孙继民:《北京新发现唐刘济墓的几个问题》,《光明日报》2013 年 7 月 31 日,第 11 版。

前,时为范阳县令的刘济兴建了范阳县学,与其父刘怦上书劝阻朱滔南下之举形成呼应,这段经历是刘济任幽州卢龙节度使后对朝廷"最务恭顺"的渊源所在。① 这些看法都颇具启发意义,同时也有继续探讨的空间。

关于幽州镇在唐朝后期"恭顺"的特点和缘由,学界已有了非常深入的研究。② 但对于刘济恭顺朝廷的行为的确值得进一步分析。首先,我们应该看到,关于刘济的"最务恭顺",还是存在着不同的认识。在朝廷颁发给刘济的诏书中充满了很多盛赞其忠诚之辞。但是,元和四年至五年间(809—810),就在刘济率先出师讨伐王承宗之时,白居易在《请罢恒州兵马事宜》称"刘济大奸过于群辈,外虽似顺,中不可知,有功无功,进退获利,初闻罢讨,或可有词,见雪恒州,必私怀喜。何则?与承宗本末之势同也"。③ 这是时人给予刘济的最为负面的一个评价。然而考察白居易上书的动机主要在于劝说宪宗退兵,"大奸"或为过激之辞,倒是"与承宗本末之势同也"道出了问题的要害:他们与魏博镇一起,并称"河朔三镇",可谓"休戚事同"。④ 与《旧唐书》相比,欧阳修、宋祁的《新唐书》在编纂人物列传时,要讲究得多。比如"还之朝廷,悉除河北故事"⑤的魏博节度使田

---

① 孙继民:《复出〈涿州范阳县文宣王庙之碑〉跋》,陈锋、张建民主编:《中国古代社会经济史论——黄惠贤先生八十华诞纪念论文集》,武汉:湖北人民出版社,2010年,第488—495页。
② 冯金忠先生较早地提出了这一看法。其观点后来被李碧妍接受并进一步发挥阐释。参见冯金忠:《幽州镇与唐代后期政治探析》,《中国边疆史地研究》2006年第3期;李碧妍:《危机与重构:唐帝国及其地方诸侯》,北京:北京师范大学出版社,2015年,第335—355页。
③ 白居易著,朱金城笺校:《白居易集笺校》卷59《请罢兵第三状(六月十五日进):请罢恒州兵马事宜》,上海:上海古籍出版社,1988年,第3368—3369页。
④ 《旧唐书》卷19下《僖宗纪》,第722页。
⑤ 韩愈撰,马其昶校注,马茂元整理:《韩昌黎文集校注》卷6《魏博节度观察使沂国公先庙碑铭》,上海:上海古籍出版社,1986年,第403—404页。

弘正,在《旧唐书》中与曾经"谋乱河朔"①的田承嗣编在一传,编入此传的还有先后归朝的义武军节度使张孝忠、张茂昭以及陈楚一家。而《新唐书》则明确表达了"今取擅兴若世嗣者,为《藩镇传》。若田弘正、张孝忠等,暴忠纳诚,以屏王室,自如别传云"。② 田弘正、张孝忠、张茂昭、陈楚等归顺朝廷的河朔将帅的传记与忠于朝廷的"两河"将帅如令狐彰、牛元翼等人单独成卷。③ 但是刘怦、刘济、刘总三代,则仍然与拒命称王的朱滔同被编在了《藩镇卢龙传》里,④唯一的例外则是刘济的弟弟刘澭。⑤ 而且,《新唐书·藩镇卢龙传》省去了《旧唐书》评价刘怦"忠义"和刘济"最务恭顺"的文字。所以,按照欧阳修的标准,刘济的行为,还不够称得上真正的"恭顺"。毕竟连《旧唐书·刘济传》也承认,刘济"在镇二十余年,虽输忠款,竟不入觐"。⑥

那么,刘济的这些"恭顺"之举,究竟是什么性质的行为? 下面试一一分析。河朔藩镇"户版不籍于天府,税赋不入于朝廷"。⑦ 在此前提下,向朝廷贡献方物,是河朔藩帅履行地方政权对朝廷的财政义务的其他形式。⑧ 从实质上看,这只是河朔诸镇节度使和中央之间保持的一种非常松散的以下奉上的财政联系,也并非是刘济所独有的行为。与刘济约略同时的成德军节度使王士真"岁贡货财,

---

① 《旧唐书》卷 116《睦王述传》,第 3391 页。
② 《新唐书》卷 210《藩镇魏博传·序》,北京:中华书局,1975 年,第 5923 页。
③ 《新唐书》卷 148,第 4765—4792 页。
④ 参见《新唐书》卷 212《藩镇卢龙传》,第 5967—5988 页。
⑤ 参见《新唐书》卷 148,第 4780—4781 页。
⑥ 《旧唐书》卷 143《刘怦传附子济传》,第 3900 页。
⑦ 《旧唐书》卷 141《田承嗣附田悦传》,第 3838 页。
⑧ 参见王义康:《唐河北藩镇时期的社会经济》,南开大学历史学院博士学位论文,1999 年,第 43 页。

名为进奉者,亦数十万"。① 事实上,这些行为并未触碰"河朔故事"的底线。② 而刘济对于成德军节度使王承宗的积极讨伐,则有更加深刻的原因。自幽州节度使朱滔以来,幽州镇与成德镇长期交恶,所谓"燕、赵为怨,天下无不知"。③ 而即便如此,刘济在出兵成德之前,还尚且犹豫,认为:"天子知我怨赵,今命我伐之,赵亦必大备我。伐与不伐孰利?"④在牙将谭忠的讽喻下,刘济方才决心出兵讨伐成德王承宗。蒋爱花先生指出,在"割据"与"恭顺"之间做出选择时,刘济首先考虑的一定是自己的利益。⑤ 这是必然的。不过,刘济和朝廷的利益完全一致和高度对立是两种极端情况,所以这个选择在很多时候处于一个灰色地带,而不一定就都是非此即彼的决策。至于刘济"竟不入觐",在当时整个河朔地区仍是一种比较普遍的现象。与刘济约略同时的魏博节度使田绪、田季安未曾入朝,成德节度使王武俊、王士真亦如此。贞元初年,"刘玄佐在汴,习邻道故事,久未入朝"。⑥ 虽然刘玄佐在韩滉的劝谕下最终入朝,但所谓"邻道故事"则揭示了当时河朔地区甚至河南一带,节度使不入朝的现象非常普遍。所以,"入朝"对于身为河朔藩帅的刘济而言,已经是一个更高的要求了。

---

① 《旧唐书》卷142《王武俊传附士真传》第3877页。
② 参见拙文:《"河朔故事"再认识:社会流动视野下的考察——以中晚唐五代初期为中心》,收于严耀中主编:《唐代国家与地域社会研究——中国唐史学会第十届年会论文集》,上海:上海古籍出版社,2008年,第194—241页。
③ 《资治通鉴》卷238,唐宪宗元和四年十一月条,北京:中华书局,1956年,第7670页。冯金忠先生分析河朔诸藩镇的防御体系时详细梳理了幽州与成德之间的冲突,参阅冯金忠:《唐代河北藩镇研究》,北京:科学出版社,2012年,第91—92页。
④ 《资治通鉴》卷238,唐宪宗元和四年十一月条,第7670页。
⑤ 蒋爱花:《张弛于割据和恭顺之间——唐代幽州卢龙节度使刘济考释》,第73—90页。
⑥ 《资治通鉴》卷232,唐德宗贞元二年十一月条,第7474页。

打开"最务恭顺"的包装,我们应该看到,刘济所做的只是确认了幽州镇对唐廷的臣属关系,尚未触及到幽州镇以及节度使的基本利益。那么这种"恭顺"的行为是如何产生的?在当时的历史条件下其真实的意义是什么?为什么对朝廷"恭顺"的刘济晚年会有那么悲惨的结局?

二、贞元时期幽州镇与唐廷的良性互动

应该看到,刘济的"最务恭顺"并不是他单方面的一种行为。其行为的背后包含了唐廷和藩镇之间的互动与博弈。贞元元年(785)九月,刘济的父亲刘怦重病在身,"军人习河朔旧事,请济代父为帅",①刘济从此成为幽州卢龙节度使。那么,唐廷的态度则是"姑务便安,因而从之"。② 由此表明,经过建中之乱,父死子继意义上的"河朔故事"已经成为朝廷与河朔强藩达成的一种共识。"事多姑息"实际上成为了建中之乱以后德宗对待藩镇的基本态度,被杜黄裳批评为"贞元故事"。③ 然而"贞元故事"确实也有其特定的历史背景。贞元元年则是一个重要的时间节点。对唐廷而言,就在刘济接任节度使之前的八月,李怀光河中之乱方才平定。④ 而淮西的李希烈之乱仍在继续。陆贽认为,朝中一定会有"请乘胜讨淮西者",而这必然引起李希烈乘机以"奉天息兵之旨,乃因窘而言,朝廷稍

---

① 《旧唐书》卷143《刘怦传附子济传》,第3900页。
② 《旧唐书》卷143《刘怦传附子济传》,第3900页。
③ 《旧唐书》卷147《杜黄裳传》,第3974页。
④ 《资治通鉴》卷232,唐德宗贞元元年八月条,第7463页。

安,必复诛伐"为号召,进而导致河朔、青齐强藩的响应。① 因此,他立即向德宗上了《收河中后请罢兵状》,以"建中之难,其事可征"提醒德宗不要轻举妄动。② 八月丁卯,德宗发布《诛李怀光后原宥河中将吏并招谕淮西诏》(以下简称《平李怀光诏》),特别强调与淮西李希烈接境者,"宜各守封境,非彼侵轶,不须进讨。仍委所在长吏明加招谕,宣布朕怀。李希烈若能归降,待之不死,其余将士官吏百姓等一切洗涤,与之更新"。③ 此诏发表不过半月,幽州节度使刘怦病危,军人推立其长子刘济,倒也符合"父死子继"意义上的"河朔故事",因此朝廷的"姑务便安""因而从之"完全可以理解为《平李怀光诏》的要旨在河朔地区的具体落实。唐廷当时最要紧的问题就是最大限度地孤立僭越称王的淮西李希烈,这是唐廷对刘济接任幽州卢龙节度使所采取的态度的一个重要背景。早在贞元元年三月李希烈攻陷邓州时,德宗就以代宗女嘉诚公主妻魏博节度使田绪,④意在笼络河朔藩镇。然而,针对东北边疆的幽州,尽管在刘济继立节度使这件事上唐廷表示认可,但是双方似乎并没有建立起足够的信任。史载:

> 时李希烈方悖,侵寇藩邻,屡陷郡邑。天下城镇恃兵者,从而动摇,多逐主帅,自立留后,邀求节钺。德宗患之,以范阳刘济方输忠款,但未能尽达朝廷倚赖之意,乃密诏建封选特达识略之士往喻之。建封乃强署造节度参谋,使于幽州。造与语未讫,济俯伏流涕曰:"济僻在遐裔,不知天子神圣,大臣忠荩。愿

---

① 《资治通鉴》卷232,唐德宗贞元元年八月条,第7463—7464页。
② 陆贽:《陆贽集》卷16《收河中后请罢兵状》,北京:中华书局,2006年,第521页。
③ 宋敏求:《唐大诏令集》卷121《诛李怀光后原宥河中将吏并招谕淮西诏》,北京:商务印书馆,1959年,第647页。
④ 《资治通鉴》卷231,唐德宗贞元元年三月条,第7451页。

得率先诸侯,效以死节。"①

李希烈的攻势咄咄逼人,而且建中之乱期间,幽州节度使朱滔曾遣使至李希烈,"希烈亦僭称建兴王、天下都元帅"。② 李希烈和幽州之间曾经的联系,很让德宗放心不下。但是通过温造的这次幽州之行,刘济明确地表示出了"忠顺"的态度。温造和刘济说了些什么,史无记载。会昌三年(843)平定昭义军刘稹之乱的一条史料或许可以提供一个参照。李德裕明确地向魏博节度使何弘敬(即何重顺)表示:"泽潞一镇,与卿事体不同,勿为子孙之谋,欲存辅车之势。但能显立功效,自然福及后昆。"③这显然是重申了"河朔故事"对魏博的适用性,而魏博军在讨伐昭义叛乱时十分积极。所以,贞元元年的情形与会昌三年的形势,或有类似之处。认可"河朔故事"无疑明确了朝廷和河朔强藩之间的天下共主与"诸侯"之间的关系,对于河朔强藩的节度使来说,是一种强大的激励机制。而人们通常都会对"激励"做出反应。所以,我们也必须看到刘济的恭顺行为,很可能也是幽州镇和朝廷之间相互沟通和确认的结果,也是"河朔故事"这一激励机制下的产物。而双方在某些时期里也应该有了一种可能为非制度化的沟通机制。④ 这时,我们或许就可以把刘济的"朝献相继"与唐德宗奉天之乱以后"尤专意聚敛,藩镇多以进奉市恩,皆云'税外方圆'"⑤这类史料建立起联系。而且受到"河朔故事"激励的

---

① 《旧唐书》卷165《温造传》,第4314页。
② 《旧唐书》卷145《李希烈传》,第3944页。
③ 李德裕著,傅璇琮、周建国校笺:《李德裕文集校笺》文集卷6《赐何重顺诏》,石家庄:河北教育出版社,2000年,第101页。
④ 参见拙文:《唐朝藩镇与中央的博弈中介:进奏院》,《人民论坛》2015年第18期。该文主要讨论的是幽州的事例。
⑤ 《资治通鉴》卷235,贞元十二年六月条,第7572页。

刘济,转而注重对北部边疆的积极防御:"时乌桓、鲜卑数寇边,济率军击走之,深入千余里,虏获不可胜纪,东北晏然。"①唐代,契丹、奚等部落逐渐强大。安史之乱以前,唐朝多次出击,但败多胜少,使得幽州地区不断受到侵扰。② 安史之乱以后,"自至德后,藩镇擅地务自安,鄣戍斥候益谨,不生事于边,奚、契丹亦鲜入寇,岁选酋豪数十入长安朝会……其下率数百皆驻馆幽州"。③"河朔故事"所带来的激励在于如何实现一家一姓在地方上的长治久安,所以刘济才会采取这种既不生事而又积极防御的方针,反而使得东北边疆得以安定。

从幽州的地方情况来看,"最务恭顺"在某种程度上也是刘济稳定其统治的必由之路。贞元元年在幽州历史上也是不同寻常的一年。这一年,幽州先后换了三个主人。六月,在兴元元年(784)从贝州大败而归的朱滔病死,幽州军人推刘怦权抚军府事,"怦为众所服,卒有其地"。④ 朝廷也顺水推舟,以刘怦执掌幽州节钺。但刘怦居位仅三月,于当年九月便重病在身,"请以子济权知军州事,从之"。⑤ 此时的刘济面临的是怎样的一种局面?

刘济接任幽州节帅以前,幽州与朝廷之间的对抗,给幽州带来巨大的损失。高度军事化的幽州,在刚刚的建中之乱,尤其是兴元元年南下贝州之役中,其军事力量遭受了重创。此役,朱滔投入的总兵力达到6.3万人。⑥ 朱滔部下常侍杨布、将军蔡雄劝其出战王武

---

① 《旧唐书》卷143《刘怦传附子济传》,第3900页。
② 参见王滨生:《关于唐五代幽州割据的几个问题》,《首都博物馆丛刊》第2辑,1983年,第25—32页。
③ 《新唐书》卷219《北狄·契丹传》,第6172页。
④ 《旧唐书》卷143《刘怦传》,第3899页。
⑤ 《旧唐书》卷12《德宗纪上》,第351页。
⑥ 参见日野開三郎:《支那中世の军阀》,東京:三省堂,1942年,第66页。

俊、李抱真时说,"大王英略盖世,举燕、蓟全军,将扫河南"。① 说明此次朱滔乃是动员了幽州卢龙镇的绝大部分军队。然而"(朱)滔引三万人出战,死者万余人,逃溃者亦万余人,滔才与数千人入营坚守",②并最终狼狈退回幽州。遭受重大损失的幽州,需要的是一个相对稳定、和平的外部环境以休养生息,恢复元气。刘济对朝廷的"最务恭顺",给幽州带来了有利的外部环境。十年之后,幽州的军事实力已然恢复,所以,能够在贞元十一年大破奚王啜剌等六万余众。③

与破败的政治和军事力量相比,更为复杂的则是幽州镇动荡的人心、军心和统治秩序。幽州作为安史之乱的策源地,在社会文化方面一直存在着某些特色,甚至在有些学者看来,与河朔其他地区也存在很大差别。④ 自安史之乱结束后,至少到九世纪时,幽州仍然"俗谓禄山、思明为'二圣'"。⑤ 刘氏之前的朱滔任幽州节度使时期,尤其是在唐廷与幽州发生冲突的背景下,幽州镇的某些士人甚至公开表达出了自治和割据一方的情绪。这里面尤其值得注意的是两方墓志。《刘如泉墓志》中有这样一段话:"伊唐季复兴,大君雍王立。礼乐伐自诸侯出。"⑥这显然是公开打出了"称雄割据"的旗帜。墓主刘如泉是幽州节度使朱滔麾下的"随使将",建中三年

---

① 《资治通鉴》卷231,唐德宗兴元元年五月乙亥条,第7432页。
② 《资治通鉴》卷231,唐德宗兴元元年五月丙子条,第7432页。
③ 《旧唐书》卷13《德宗纪下》,第381页。
④ 毛汉光:《论安史乱后河北地区之社会与文化——举在籍大士族为例》,见淡江大学中文系编:《晚唐的社会与文化》,台北:学生书局,1990年,第99—111页。
⑤ 《新唐书》卷127《张嘉贞传附弘靖传》,第4448页。
⑥ 中国文物研究所、北京石刻艺术博物馆编:《新中国出土墓志·北京卷壹》第12号,北京:文物出版社,2004年,下册,第8页。原释文为"伊唐季复兴,大君雍王立礼乐,征伐自诸侯出",但笔者以为应当标点为:"伊唐季复兴,大君雍王立。礼乐征伐自诸侯出。"雍王李适即唐德宗。"礼乐"显然后属更为合适。

(782)六月三十日卒于魏博的峡山之战。此战实为幽州节度使朱滔、成德节度使王武俊、魏博节度使田悦和淄青节度使李纳联兵对抗唐廷的一次大战,本是幽州的不义之举,但是在其墓志中竟然被盛赞为"除恶务本,辑宁邦家,匡卫社稷,削平天下"。① 同日卒于此战的还有幽州将领宋俨。《宋俨墓志》中称幽州卢龙军为"燕师",而马燧和李怀光的军队竟然被称为"秦兵"!② 而且该墓志的作者还指出,幽州军队南下,名正言顺,因为"何期国家负德,不与功勋,反祸燕师"。③ 仇鹿鸣先生曾就《罗让碑》入手剖析了魏博镇忠义意识的传播与藩镇的半独立状态,也即他所说的政治文化"表达"与"实践"之间的张力。④ 就上述两方墓志来看,政治文化的表达和实践竟然是一致的。两位墓主都为"礼乐征伐自诸侯出"付出了生命的代价。因此,至少就幽州地区而言,其政治文化是很复杂的,应该说在不同时期,因不同形势,而且又是通过不同的文本载体而呈现出不同的面貌。在刘济接任节度使前后的幽州,存在着这种带有明显称雄割据意图的倾向。这种思想倾向固然在一定时期内起到了团结幽州军民、为幽州节度使割据一方张本的作用。但它也容易使得幽州节度使反受其害。因为正是被称为"二圣"的安禄山、史思明,竟然都是死于自己的儿子之手。安史之乱以后,为争夺节度使之位,幽州地区自李怀仙开始"以暴乱为事业,以专杀为雄豪,或父子弟兄,或将帅卒伍,迭相屠灭,以成风俗"。⑤ 幽州节度使朱滔每次出征时,必

---

① 中国文物研究所,北京石刻艺术博物馆编:《新中国出土墓志·北京卷壹》第 12 号,第 8 页。
② 参见周绍良主编:《唐代墓志汇编》建中 018,上海:上海古籍出版社,1992 年,第 1833 页。
③ 参见周绍良主编:《唐代墓志汇编》建中 018,第 1833 页。
④ 仇鹿鸣:《从〈罗让碑〉看唐末魏博的政治与社会》,《历史研究》2012 年第 2 期。
⑤ 《旧唐书》卷 143《史臣曰》,第 3908 页。

以其姑之子刘怦(即刘济的父亲)总留后事。① 但是兴元元年,朱滔大败而归时,却担心刘怦"因败图己"。② 频繁的反叛,挑战唐廷权威的同时,也淡化了藩镇内部的尊卑等级观念,削弱了幽州将帅之间的信任。这种"淡化"显然已经威胁到了节度使的统治地位了。赵翼就曾一针见血地总结道:唐中叶以后方镇兵变,很大程度上在于"盖藩帅既不守臣节,毋怪乎其下从而效之"。③

显然,对于刘济而言,其上任幽州节度使之后,最重要的是整顿藩镇的统治秩序。在幽州历任的节度使中,刘济的"进士出身"尤为炫目,可谓独一无二。但军人推举他为帅,除了遵循"河朔故事"外,倒不一定与他的这一背景有太多的关联。"幽州俗本凶悍,尤不乐文儒为主帅",④陈寅恪对河朔藩镇的军将有一段精辟的总结:"要而言之,家世或本身曾留居河朔及长于骑射二事则大抵相类。"⑤刘济家族亦属这种情况。从刘济墓的壁画上,我们也能多少感受到墓主人生前的戎马倥偬。换言之,"进士"出身的确是刘济"最务恭顺"的思想基础,⑥但其更主要的意义在于,让他更加懂得儒家思想对于稳定统治秩序的重要意义。刘济坐镇幽州期间,在招揽人才、兴办学校等方面表现得特别积极。中唐诗人王建、李益等都曾入刘济幕府。立于贞元五年的《涿州范阳县文宣王庙之碑》明确提到,"学,所

---

① 参见《旧唐书》卷143《刘怦传》,第3899页。
② 《资治通鉴》卷231,唐德宗兴元元年五月条,第7432页。
③ 赵翼著,王树民校证:《廿二史札记校证》卷20《方镇骄兵》,北京:中华书局,1984年,第431页。
④ 《旧唐书》卷193《列女传·韦雍妻兰陵县君萧氏传》,第5150页。
⑤ 陈寅恪:《隋唐制度渊源略论稿(外二种)》,石家庄:河北教育出版社,2002年,第204页。
⑥ 孙继民:《北京新发现唐刘济墓的几个问题》,《光明日报》2013年7月31日,第11版。

以知君臣父子之义者"。① 至少从字面来看,这是对"礼乐征伐自诸侯出"的全面检讨。权德舆撰写的《刘济墓志铭》中特别提到,"公乃修先师祠堂,选幼壮孝弟之伦,春秋二仲,行释菜、乡饮酒之礼"。② 乡饮酒礼,在唐代已成为一种国家礼制,并日益与科举制结合。其在唐代仍然有宣扬儒家伦理,强调等级秩序的功能。③ 行乡饮酒礼,显然有利于刘济在幽州地区稳固其统治、推行教化。重建尊卑秩序,是当时很多藩帅想做的事情。易定节度使张孝忠,早在大历十年(775)至建中二年(781)任易州刺史期间,④修建池亭,并表达了此亭意在"高视可以临人……使文武毕会,尊卑有序"。⑤ 在进行这种表达的同时,节度使似乎也该有相应的作为,方能在军人集团中起到更好的作用。贞元十三年,淮西节度使吴少诚,擅开刁河灌溉,唐廷派能言善辩的卢群往蔡州诘之。卢群对吴少诚说,"且人臣须以恭恪为事,若事君不尽恭恪,即责下吏恭恪,固亦难矣。"⑥吴少诚终于停工。显然,节度使的一言一行,都在其军民的眼睛里。因此,在朝廷已然承认刘氏家族对幽州的统治的前提下,刘济制造出对唐廷的"恭顺"形象,试图给幽州将士树立一个典范,这显然也是稳定、

---

① 杨卫东主编:《涿州贞石录》,北京:北京燕山出版社,2005年,第26—27页。
② 权德舆:《权德舆诗文集》卷21《唐故幽州卢龙节度副大使知节度事管内支度营田观察处置押奚契丹两番经略卢龙军等使开府仪同三司检校司徒兼中书令幽州大都督府长史上柱国彭城郡王赠太师刘公墓志铭并序》,上海:上海古籍出版社,2008年,第319页。
③ 游自勇:《汉唐时期"乡饮酒"礼制化考论》,《汉学研究》2004年第2期;游自勇:《唐代乡饮酒礼与地方社会》,《首都师范大学学报》2015年第2期。
④ 参见郁贤皓:《唐刺史考全编》卷113《易州》,合肥:安徽大学出版社,2000年,第1570—1571页。
⑤ 王璿:《大唐光禄大夫试太子宾客使持节易州诸军事兼易州刺史充高阳军使兼御史中丞符阳郡王张公再葺池亭记》,收于陈尚君编:《全唐文补编》卷51,北京:中华书局,2005年,第616页。
⑥ 《旧唐书》卷140《卢群传》,第3834页。

巩固其内部统治秩序的必由之路。

安史之乱结束以后,朝廷致力于振兴儒学和礼制,将其看作是重整大唐帝国的威仪,恢复子孝臣忠局面所必须的举措。尤其是唐德宗贞元时期,对此更是用心良苦,甚至将《开元礼》正式列为举选科目,[1]其目的仍是提高唐廷权威、规范尊卑秩序。而在安史之乱以后,经历了与中央激烈的多次冲突之后的幽州也同样需要整顿秩序,作为地方最高军政长官的幽州节度使刘济同样需要在藩镇里塑造尊卑有序的等级关系。兴办学校、行乡饮酒礼等一系列行为既是对唐廷举措的一种积极回应,当然,也可看作是又一种"恭顺"之举,同时也是安抚和教化幽州军民之举,可谓"上下相安"之计。刘济在镇约二十六年(785—810)之久,是安史之乱以后幽州历任节度使中任期最长的。综合贞元时期的各种历史条件,以"河朔故事"为规则,唐廷和幽州之间实现了良性的相互作用,这或许是刘济"最务恭顺"的最积极的意义吧。

三、刘济死因之谜的再分析

"最务恭顺"的刘济,在元和五年(810)却迎来了他的英雄末路。孙继民先生认为刘济对储帅选择意向的清晰和次子刘总的阴谋篡夺导致了刘济的杀身之祸。[2] 这个看法是非常正确的。同时,似乎还有一个问题需要解决:新旧《唐书》和《资治通鉴》在叙述刘济之

---

[1] 参见吴丽娱:《礼制变革与中晚唐社会政治》,黄正建主编:《中晚唐社会与政治研究》,北京:中国社会科学出版社,2006年,第211—215页。
[2] 孙继民:《北京新发现唐刘济墓的几个问题》,《光明日报》2013年7月31日,第11版。

死时,几乎都指向了一件事,那就是刘济讨伐成德军节度使王承宗的大军屯驻饶阳时,其子刘总造谣朝廷要以其子刘绲取代刘济为节度使,而刘济"不知所为,因杀主兵大将数十人及与绲素厚者,乃追绲"。① 这似乎并不能仅仅归结为"刘济易怒且武断的性格使然",②而还应该从更广阔的历史背景中寻找解释。

在现有的史料中,除此之外,几乎见不到刘济处置文武僚佐的记载。刘济的反应如此激烈,原因显然在于:刘济认为朝廷介入了幽州的内部权力的交替,破坏了唐廷不干涉河朔内部权力这一意义上的"河朔故事"。在接班人的安排方面,刘济已经因为反复而造成过冲突。其父刘怦病将卒,"(刘)滩在父侧。即以父命召兄济自漠州至,竟得授节度使。济常感滩奉己,滩为瀛州刺史,亦许以滩代己任,其后济乃以其子为副大使",③从而引发了矛盾。刘济与兄弟刘滩、刘源先后都发生了冲突,④结果刘滩和刘源两人先后于贞元十年和贞元十六年出奔长安,⑤唐廷予以接纳,但同时亦未对刘济有所责备。双方再次达成默契,似也未见彼此产生什么芥蒂。

然而,唐宪宗即位以后,对于藩镇的用兵十分积极。而朝廷与河朔藩镇关系发生微妙的变化,则是在元和四年四月成德节度使王士真去世以后。史载,"上欲革河北诸镇世袭之弊,乘王士真死,欲自朝廷除人,不从则兴师讨之"。⑥ 唐宪宗显然已经对"河朔故事"

---

① 《旧唐书》卷143《刘怦传附济子总传》,第3902页。《新唐书》《资治通鉴》所记略同,不赘。
② 蒋爱花:《张弛于割据和恭顺之间——唐代幽州卢龙节度使刘济考释》,第76页。
③ 《旧唐书》卷143《刘怦传附子滩传》,第3901页。
④ 参见《旧唐书》卷143《刘怦传附子滩、源传》,第3898—3901页。学界对此亦有提及和分析,参见冯金忠:《唐代河北藩镇研究》,第217页。
⑤ 参见《资治通鉴》卷234,唐德宗贞元十年二月丙午条,第7550—7551页;同书卷235,唐德宗贞元十六年七月条,第7590页。
⑥ 《资治通鉴》卷237,唐宪宗元和四年三月条,第7659页。

不满了,意欲废除。李绛等人则说,成德镇已经习惯了"河朔故事",而且"与成德同体"的幽州、魏博、淄青也会"内不自安,阴相党助"。① 但宪宗不为所动,在他的战略中,成德只是一个突破口,尽除"河朔故事"才是他的终极目的所在。他又进一步提出:"今刘济、田季安皆有疾,若其物故,岂可尽如成德付授其子,天下何时当平!"② 唐宪宗对刘济的身体状况都搞得一清二楚。刘济身后的幽州该如何处置的问题已经在宪宗对"河朔"的通盘考虑之中了。对于这些情况,远在河朔的刘济是否有所察觉,不得而知。但下面这件事,对于参加讨伐成德军节度使王承宗的诸镇节度使都有所震动:昭义军节度使卢从史,首建伐王承宗之谋,但是到唐廷兴师讨伐时,他却"逗留不进,阴与承宗通谋"。③ 诸镇行营兵马招讨使吐突承璀设计诱捕了卢从史,结果,"从史营中士卒闻之,皆甲以出,操兵趋哗。(泽潞牙将)乌重胤当军门叱之曰:'天子有诏,从者赏,敢违者斩!'士卒皆敛兵还部伍。"④宪宗为了表彰乌重胤之功,准备依从吐突承璀的推荐,要立即任命乌重胤为昭义节度使。李绛立刻上书反对:

> 昨国家诱执从史,虽为长策,已失大体。今承璀又以文牒差人为重镇留后,为之求旌节,无君之心,孰甚于此! 陛下昨日得昭义,人神同庆,威令再立;今日忽以授本军牙将,物情顿沮,纪纲大紊。校计利害,更不若从史为之。何则? 从史虽蓄奸谋,已是朝廷牧伯。重胤出于列校,以承璀一牒代之,窃恐河南、北诸侯闻之,无不愤怒,耻与为伍;且谓承璀诱重胤使逐从

---

① 《资治通鉴》卷237,唐宪宗元和四年三月条,第7659页。
② 《资治通鉴》卷238,唐宪宗元和四年七月条,第7663页。
③ 《资治通鉴》卷238,唐宪宗元和五年三月条,第7673页。
④ 《资治通鉴》卷238,唐宪宗元和五年三月条,第7674页。

> 史而代其位，彼人人麾下各有将校，能无自危乎！傥刘济、(张)茂昭、(田)季安、(程)执恭、韩弘、(李)师道继有章表陈其情状，并指承璀专命之罪，不知陛下何以处之？①

李绛的分析可谓入木三分，其上言中已经提到刘济可能"继有章表陈其情状"。而且按照昭义节度使卢从史曾"内与王士真、刘济潜通"②的记载，卢从史被诱捕的事件，身在讨伐成德军前线的刘济应该知情。朝廷"失大体"的行为，不能不引起他的警惕。贞元时期幽州和唐廷之间的良好关系，或许在此时已经出现了裂痕，这可能是刘济能够听信刘总谣言的一个很重要的背景。此外，朝廷颁给在讨伐成德军节度使王承宗前线的刘济的嘉奖诏书，大部分篇幅都在称赞刘济父子率军讨伐成德军时的忠勇。然而在篇末却透露出这样一个细节：

> 宋常春卿所密奏，具委事情，且宜叶和，以体朕意。故令宣慰，想当知悉。③

这里提到的"宋常春"是谁呢？《元稹集》中的《宋常春等内仆局令》提到："近制选内臣之善于其职者，监视诸镇，盖所以将我腹心之命，达于爪牙之士也。宣义郎、行内侍宋常春等皆以谨信多才，得参侍从，更掌上府，尤见吏能。"④显然，宋常春的身份应该是宦官，担任的应属监军使一类的差遣，想来应该是与节度使刘济产生了冲突，故而才有刘济的密奏上闻。宪宗虽然在诏书中对刘济予以安抚，但监

---

① 《资治通鉴》卷238，唐宪宗元和五年三月条，第7675页。
② 《资治通鉴》卷237，唐宪宗元和二年十一月条，第7644页。
③ 白居易著，朱金城笺校：《白居易集笺校》卷56《与刘济诏》，第3214页。
④ 元稹：《元稹集》卷49《宋常春等内仆局令》，北京：中华书局，1982年，第532页。

军组织自成一统,始终代表皇权,并不隶属节度使府,①监军使与节度使的关系好坏,恰恰是河朔强藩与中央关系的晴雨表。从《房山石经题记》来看,贞元五年,刘济刻印《妙法莲花经》,本年一同参与刻印此经的还有监军使骆明玟、监军判官张秀璋等人。② 两则刻经时间虽有先后(刘济刻印的时间是在二月八日,骆明玟等人刻印的时间是在七月十五日),但或有可能是刘济的安排(在骆明玟后面署名的是"检校官节度子弟朝散大夫太子洗马翟光粥",当是幽州节度使府体系中的官员);这也从另外一个方面说明,贞元时期,幽州节度使刘济与监军使的关系可能还不错。而元和时期,由于宪宗的积极削藩政策,可能间接地导致了幽州节度使刘济与幽州卢龙监军使之间的一些摩擦。宪宗对刘济的密奏除了加以宣慰之外,没有做任何实质的处理。这很难不让刘济对朝廷的用意生疑。在这种情况下,朝廷改命节度使的谣言便很可能成为"压垮"刘济和朝廷关系的最后一根稻草。

面对这个未经证实的谣言,刘济对长子刘绲所采取的措施,只是召其来军前问话。故推测刘济最担心的还是身边的主兵将领趁机谋乱。一般而言,监军使权力的存在,原本就可能会对藩帅与文武僚佐之间紧密关系构成一种弱化。③ 恰恰他身边又是一个与己不和的监军使,不知身上肩负怎样的朝命,可谓如芒在背。刘济尽管"不知所为",却十分清楚幽州镇的权力结构,也明白幽州的基本社会群体仍是世袭的军人集团,所以惊慌之下,便做出了诛杀主兵大将的决定。所以,刘济之死不仅仅在于刘总的阴谋,还有一个更重

---

① 张国刚:《唐代监军制度考论》,《中国史研究》1981年第2期。
② 《房山石经题记汇编》第三部分《诸经题记(唐)》,北京:书目文献出版社,1987年,第213页。
③ 张国刚:《唐代监军制度考论》,《中国史研究》1981年第2期。

要的背景：朝廷步步收紧、甚至"有失大体"的削藩政策已经让刘济失去了进行冷静思考和判断的空间。

余　　论

刘济之死，并没有给唐廷带来"收复"幽州的机会。长庆二年（822）以后，经历了"河朔再叛"的长安君臣，已经意识到"范阳得失，不系国家休戚……假以节旄，必自陈力，不足以逆顺治之"，[①]对那里的节度使立废之事，不再试图强加干预。从安史之乱以后的百年历史来看，刘济的"最务恭顺"和晚年的悲剧，都只不过是幽州镇与唐廷关系调整过程中的一个浪花。孙继民先生曾指出，刘怦、刘济父子所代表的是幽州藩镇内部的"亲朝廷"的势力，[②]建中三年，朱滔欲领兵南下救魏博节度使田悦，但诸将士以"幽州之人，自安、史之反，从而南者无一人得还"为由不愿南下。刘怦劝谏朱滔的理由则是"但以忠顺自持，则事无不济……不顾成败而家灭身屠者，安、史是也"。[③]刘济家族的政治倾向确实不同于朱滔等积极的反叛派，但从刘怦的上述言论来看，其"忠顺"的目的在于"自持"，与不愿南下的诸将心理倒是颇为接近；刘济的"最务恭顺"显然是受到了"河朔故事"的激励，其"恭顺"的限度同样也受制于"河朔故事"。因此，称他们为趋于保守的幽州地方势力，是否更为合适？

陈寅恪先生从民族—文化的角度来理解安史之乱以后的河朔

[①] 《旧唐书》卷172《牛僧孺传》，第4471页。
[②] 孙继民：《复出〈涿州范阳县文宣王庙之碑〉跋》，陈锋、张建民主编：《中国古代社会经济史论——黄惠贤先生八十华诞纪念论文集》，第488—495页。
[③] 《资治通鉴》卷227，唐德宗建中三年四月，第7322、7323页。

藩镇问题,尽管已非学界定论,①但是他敏锐地捕捉到了包括幽州在内的河朔藩镇区别于唐朝其他地方的不同特质。贞元—元和时期的削藩与反削藩斗争直至中晚唐的大部分时间里(黄巢之乱以前)"河朔故事"已被证明是处理唐廷与河朔藩镇关系的稳定器。而刘济的经历,也同样表明"河朔故事"才是其对唐廷"最务恭顺"的基本前提。

作者单位:首都师范大学历史学院

(原刊于《北京社会科学》2017年第6期,中国人民大学复印报刊资料《魏晋南北朝隋唐史》2017年第6期全文转载。收入本文集时对文字进行了略微调整,基本保持了发表时的原貌)

---

① 张天虹:《唐代藩镇研究模式的总结和再思考——以河朔藩镇为中心》,《清华大学学报》2011年第6期。

议兵之争所见唐宪宗朝藩镇政策的形成

李 殷

摘 要：宪宗元和年间,议兵的意义在于君臣之间不断形塑的政治共识。宪宗主张以最直观的战争形式征讨逆地藩镇,而何时开启用兵、如何选择用兵的对象,以及以怎样的形式罢兵能最大程度维系君主的权威与恩信,是百僚应对藩镇问题的要义,由此政治招抚方式得以应用。在经历成德议兵与魏博归朝事件后,宪宗用兵淮西不仅显示朝廷以武力削藩的决心,也向朝中百僚宣示了皇权决策的加强。

关键词：议兵之争　唐宪宗朝　藩镇政策

唐后期的藩镇问题是影响唐代历史走向的重要一环,宪宗时代的大举削藩更促成了元和中兴之业。在既往研究中,学者们从藩镇类型与模式、朝廷藩镇政策的确立及其实施、藩镇性格与内部权力构造,以及朝藩关系形成的政治默契等角度对唐代的藩镇问题及其权力运作展开探索。① 如何将问题放置在更具体的历史语境中,关

---

① 陆扬：《从西川和浙西事件论元和政治格局的形成》,荣新江主编：《唐研（转下页）

注唐代不同时期藩镇政策的形成细节与发展脉络,仍有空间值得挖掘。本文充分利用唐人文集中时人所作奏疏章表,以信息沟通为研究视角,考察宪宗朝历次息兵与用兵方针策略的形成过程,呈现君臣之间对于战事立场与态度的转变历程,进而略探中唐藩镇政策的制定与政治演进关系之一二。

一、成德议兵所见百僚争鸣

元和初,西川刘辟反,宪宗意在用兵。《资治通鉴》宪宗元和元年(806)条记载:"公卿议者亦以为蜀险固难取,杜黄裳独曰:'辟狂戆书生,取之如拾芥耳!臣知神策军使高崇文勇略可用,愿陛下专以军事委之,勿置监军,辟必可擒。'上从之。"[①]这较为明确地表达了臣僚普遍的保守姿态,只有宰相杜黄裳与翰林学士李吉甫对出兵西蜀的决策贡献最大。

西川的成功平复为宪宗增强了削藩的信心,宪宗进一步将视线

(接上页)究》第 8 卷,北京:北京大学出版社,2002 年,第 225—256 页;张国刚:《唐代藩镇研究》,北京:中国人民大学出版社,2010 年;孟彦弘:《"姑息"与"用兵"——朝廷藩镇政策的确立及其实施》,杜文玉主编:《唐史论丛》第 12 辑,西安:三秦出版社,2010 年,第 115—145 页;张达志:《唐代后期藩镇与州之关系研究》,北京:中国社会科学出版社,2011 年;李碧妍:《危机与重构:唐帝国及其地方诸侯》,北京:北京师范大学出版,2015 年;秦中亮、陈勇:《从两次兴兵成德看元和政治规范的形成》,《厦门大学学报》2016 年第 4 期;仇鹿鸣:《长安与河北之间:中晚唐的政治与文化》,北京:北京师范大学出版社,2018 年,第 174—218 页。此外,冯金忠、张天虹、王炳文三人进一步聚焦河朔藩镇,从社会流动视角与民族史维度,对传统藩镇研究议题进行继续深化。参见冯金忠:《唐代河北藩镇研究》,北京:科学出版社,2012 年;王炳文:《从胡地到戎墟——安史之乱与河北胡化问题研究》,北京:北京师范大学出版社,2020 年;张天虹:《中晚唐五代的河朔藩镇与社会流动》,北京:社会科学文献出版社,2021 年。
① 《资治通鉴》卷 237,唐宪宗元和元年正月条,北京:中华书局,1956 年,第 7626 页。

转移到"不沾王化"的河朔三镇。元和四年(809),"上欲革河北诸镇世袭之弊,乘王士真死,欲自朝廷除人;不从则兴师讨之。裴垍曰:'李纳跋扈不恭,王武俊有功于国,陛下前许师道,今夺承宗,沮劝违理,彼必不服。'由是议久不决"。① 宪宗欲借河北三镇之一的成德节度使王士真之死,改变河朔父死子继的传统,如若不从,便兴兵征讨。以裴垍为首的臣僚担心朝廷处置强藩难以公允,反对用兵。"议久不决"即说明中央决策层就出兵成德存在不同意见。时任翰林学士的李绛三论镇州事,②先后上《论镇州事宜》《上镇州事》《又上镇州事》三疏,收录于《李相国论事集》中。③

我们首先来具体分析三份奏疏的关键信息。宪宗就镇州的除授权问题征询李绛的态度,他在《论镇州事宜》中言:"伏以自武俊父子相承,至今四十余年,军镇人情,惯实已久。"④《资治通鉴》以此为史源记为:"上以问诸学士,李绛等对曰:'河北不遵声教……军旅之事,殆未可轻议也。'"⑤以李绛为代表的朝臣对征讨成德较为抵制,加之领兵之人为中使身份的吐突承璀,使得"前后二十余度,上意犹豫未决",⑥这是君臣之间就出兵成德的首次商议。在第二篇《上镇州事》中李绛认为割成德的德、棣两州别为一镇并不可行。该奏文载:"今若别议割棣,承宗不安,军情又阻,忧疑怨望,以此为辞,官爵

---

① 《资治通鉴》卷237,唐宪宗元和四年四月条,第7659页。
② 《旧唐书》卷39《地理志》:"镇州……天宝元年,改为常山郡。乾元元年,复为恒州。兴元元年,升为都督府。元和十五年,改为镇州。"(北京:中华书局,1975年,第1502页)《元和郡县图志》卷17"河北道":"恒州,今为恒冀节度使理所。管州六:恒州、冀州、深州、赵州、德州、棣州。"(北京:中华书局,1983年,第447页)
③ 冶艳杰著:《〈李相国论事集〉校注》卷3《论镇州事宜》《上镇州事》《又上镇州事》,武汉:华中科技大学出版社,2015年,第82—88页。
④ 《〈李相国论事集〉校注》卷3《论镇州事宜》,第82页。
⑤ 《资治通鉴》卷237,唐宪宗元和四年四月条,第7659—7660页。
⑥ 《〈李相国论事集〉校注》卷3《上令宣示邪人事》,第78页。

恩泽,悉为虚弃。"①朝廷若析置镇州领地,便打破与河北强藩之间的平衡,容易引发三镇与中央的对抗。后宪宗以刘济、田季安皆有疾患为由,想改变河朔父死子继的传统,不从则欲行用兵之事。但李绛陈奏《又上镇州事》的观点却均与宪宗相左,核心要义有三:第一,河朔藩镇之人心固结与结连势广,这就使得出兵镇州与讨伐刘辟、李锜之局面完全不同,这也是李绛屡次向宪宗进言的根本。第二,江淮水旱,财力不足是影响出兵的现实因素。唐后期财赋仰仗江淮,必待其充沛渐丰才可加兵。第三,朝廷应继续维系原有的怀柔策略。② 此外,李绛又撰《镇州淮西事宜》希冀将宪宗的注意力从河朔成德转至淮西:

> 臣等前后陈奏,缕尽利害机宜,伏冀圣恩,备赐详览。今闻少诚病甚,计必不起,则淮西事势,与河北不同,须别除人,今正得便。何者?淮西不与诸贼邻接,四面尽是国家镇兵,势力孤危,援助悬绝,重立赏罚,必易指麾。若万一不从,则可议征伐……南北之役俱兴,财力之用不足。倘事不得已,即须赦承宗,则恩德虚施,威令顿废。③

宪宗议兵成德之时,正值淮西节度使吴少阳病重,奏疏再次强调两者在藩镇属性上的根本不同。即"淮西不与诸贼邻接,四面尽是国家镇兵",如果以武力征讨,不如直指把握较大的淮西,力保朝廷与君主的主动权。如若轻易讨伐王承宗,一旦战事被动,朝廷将陷入"恩德虚施,威令顿废"的局面。元和初期臣僚就出兵讨伐成德问题,很多臣僚认为维持自德宗时代起中央对河北藩镇秉持的优容传

---

① 《〈李相国论事集〉校注》卷3《上镇州事》,第86页。
② 《〈李相国论事集〉校注》卷3《又上镇州事》,第88页。
③ 《〈李相国论事集〉校注》卷4《镇州淮西事宜》,第105—106页。

统依然是当时最好的解决办法,但对待其他藩镇不会轻易姑息也是官僚阶层普遍的政治认同。李绛劝说宪宗适时调整征讨对象,主要出发点是防止君主恩威在削藩过程中因战事不利而被损耗。

其次,我们再关注此时藩镇局势发展与朝廷政治舆论的走向。《旧唐书·卢从史传》载:"从史窃献诛承宗计以希上意,用是起授,委其成功。"①以李绛、权德舆为代表之臣僚,均不赞成卢从史出兵山东。② 宪宗迫切希望追讨王承宗,对二人之建议置之不理。王承宗假意献出德、棣二州却出尔反尔。③ 元和四年十月,宪宗命护军中尉吐突承璀会诸道军进讨。④ 我们从权德舆所作的《恒州招讨事宜状》中可以看出百僚对朝廷用兵成德的反应:"臣伏计数日已来,朝官论用兵害者已多……一则神策等兵在城中,多是市井屠沽,庇身军籍,未经战阵,难以成功……一则恐须便除成德及德棣两道节度使,则六州之人,知有所奉,兵交之际,各图自拔……使其四邻,各务攻取,则人人自战,而恩归于朝。"⑤权德舆以为朝廷神策军均为市井之徒,作战实力不济。通过除授成德、德棣两节度使,使其互相攻伐,则恩归于朝,不劳师费。以战争形式的直接攻伐自是皇权重塑的宣示,而何时开启用兵、以怎样的形式罢兵能够最大程度地维系君主威权却是考验群臣谋虑的关键。

成德局面的持续胶着使得宪宗朝君臣又进行了一次新的议兵

---

① 《旧唐书》卷132《卢从史传》,第3652页。
② 《〈李相国论事集〉校注》卷3《论卢从史请用兵事》,第92页;郭广伟点校:《权德舆诗文集》卷46《昭义军事宜状》,上海:上海古籍出版社,2008年,第751—753页。相关研究参见卢向前:《卢从史出兵山东与唐宪宗用兵河朔三镇之关系》,《中华文史论丛》2007年第3期。
③ 《旧唐书》卷142《王承宗传》,第3879页。
④ 《新唐书》卷211《王承宗传》,北京:中华书局,1975年,第5956页。
⑤ 《权德舆诗文集》卷47《恒州招讨事宜状》,第753—754页。

讨论。《资治通鉴》宪宗元和五年(810)条载:"上以河朔方用兵,不能讨吴少阳。三月,己未,以少阳为淮西留后。"①以吴少阳为淮西留后既表明了宪宗专伐成德的圣意,又化解了朝廷两线作战的局面。权德舆再上奏状提出:"若以直赦承宗,诚人心所便……若从史除官及除替,并恩宥承宗,三道制书,同时焕发,则众情感浃成命。"②可见息兵之策深入人心。成德战势使得朝廷处于被动局面,权德舆劝宪宗恩宥王承宗,却并未得到宪宗的同意。③ 因李绛等人始终坚持不应急进河北与宪宗兴兵成德相违背,或为不被宪宗召见的原因。"是时,上每有军国大事,必与诸学士谋之;尝踰月不见学士。"④

诸军讨成德王承宗久无功,翰林学士白居易于元和五年五月先后三上请罢兵疏。其中第二道《请罢恒州兵事宜》记载:"臣伏恐河北诸将,见吴少阳已受制命,必引事例轻重,同词请雪承宗。若章表继来,即议无不许。请而后舍,模样可知。转令承宗胶固同类。如此则与夺皆由邻道,恩信不出朝廷,实恐威权尽归河北。"⑤白居易的政治主张与权德舆如出一辙,"若章表继来,即议无不许",劝宪宗将罢兵的主动权掌握在自己手中,维系君主之恩信与威权是重中之重。即使对强藩持怀柔态度的臣僚也一直将宪宗威权的重塑放在不可动摇的第一位。

《资治通鉴》卷二三八"宪宗元和五年":"秋,七月,庚子,王承宗遣使自陈为卢从史所离间,乞输贡赋,请官吏,许其自新。李师道

---

① 《资治通鉴》卷238,唐宪宗元和五年三月条,第7672页。
② 《权德舆诗文集》卷47《山东行营以臣愚所见条件于后》,第755页。
③ 《新唐书》卷211《王承宗传》,第5957页。
④ 《资治通鉴》卷238,唐宪宗元和五年六月条,第7676页。
⑤ 谢思炜校注:《白居易文集校注》卷22《请罢恒州兵事宜》,北京:中华书局,2011年,第1251页。

等数上表请雪承宗。"①王承宗遣使上疏请罪,白居易趁机再论罢兵,其中重要信息如下:

> 自此动摇,何虑不有?事忽至于此者,则陛下求不罢讨得乎?一种罢兵,何如早罢?必待事不得已然后罢之,只使陛下威权转销,天下模样更恶……臣伏料陛下去年初锐意用兵之时,必谓讨承宗如讨刘辟、李锜,兵合之后,坐见诛擒,岂料迁延经年如此……况今日已前,所惜者威权财用;今日已后,所忧者治乱安危。②

综上分析,提炼白居易奏文的主要内容:第一,强调不宜错过罢兵的契机。"今卢从史已归罪左降,王承宗又乞雪表来,元阳方再整本军,刘济且引兵欲进。因此事势,正可罢兵。赦既有名,罢犹有势。"③第二,再次指明河朔藩镇与西川刘辟、浙西李锜之相异,面对不同的藩镇局势应采取不同的应对策略。第三,劝进宪宗从大局出发,以最小的代价保证朝局的稳定。通读此篇奏文,白居易主张罢兵的态度比以前更为坚定,君臣之间也在商议藩镇对策的过程中形成共识,宪宗终于决定正式息兵。④ 出兵成德,虽然并未取得如浙西、西川之类的决定性胜利,但也一改德宗时代对河朔强藩一味退让的既定策略,帮助宪宗实现了以武力征讨河北强藩的第一步。

白居易代拟了赦免王承宗的诏令,即《与恒州节度下将士书》《与承宗诏》《答王承宗谢洗雪及复官爵表》三份制令,诏书内容也基本是李绛、权德舆所论之主旨。"今已降制书,各从洗雪。承宗仍复

---

① 《资治通鉴》卷238,唐宪宗元和五年七月条,第7677页。
② 《白居易文集校注》卷22《请罢恒州兵马事宜》,第1255—1256页。
③ 《白居易文集校注》卷22《请罢恒州兵马事宜》,第1255页。
④ 《资治通鉴》卷238,唐宪宗元和五年七月条,第7678页。

旧官爵,充恒、冀、深、赵、德、棣六州观察使、成德军节度使,将士等官爵实封,并宜仍旧,待之如初。"①对王承宗本人朝廷也予以宽宥处置,"卿今既陈章疏,恳献衷诚。请进官员,愿修贡赋。誓心以纳款,归罪而责躬。情可哀怜,法存开释"。② 在《白居易文集》中还保留了白居易代宪宗草拟的《批宰相贺赦王承宗表》:"先臣武俊,功不可忘;后嗣承宗,过而能改……与其黩武而取威,不若匿瑕而务德。"③宪宗又以德化感召的安抚策略为权宜之计来应对河北强藩。

元和初期宪宗与臣僚之间并未就出兵成德达成一致。出兵成德,在形式上宣示了宪宗以武力征讨逆地藩镇的决心。以李绛、权德舆、白居易为代表的臣僚继续坚持息兵之策,维系既有的中央与河朔藩镇的政治传统。不过,出兵征伐与罢兵姑息两种截然不同的策略,对君主威权与恩信的维护却是宪宗朝君臣不谋而合的初衷。

二、二李之争与魏博复归

成德息兵后,朝廷暂时采取怀柔举措,但如何应对河北强藩依然是宪宗朝君臣不得不面临的问题。《新唐书·蒋乂传》记载:"初名武,宪宗时因进见,请曰:'陛下今日偃武修文,群臣当顺承上意,请改名乂。'帝悦。时讨王承宗兵方罢,乂恐天子锐于武,亦因以讽。它日,帝见侍御史唐武曰:'命名固多,何必曰武?乂既改之矣。'更曰庆。群臣乃知帝且厌兵云。"④这反映出河北用兵后朝廷整体的政

---

① 《白居易文集校注》卷19《与恒州节度下将士书》,第1059页。
② 《白居易文集校注》卷19《与承宗诏》,第1061页。
③ 《白居易文集校注》卷19《批宰相贺赦王承宗表》,第1062页。
④ 《新唐书》卷132《蒋乂传》,第4534页。

治氛围。宪宗在完成对成德的首次征讨后保持原有传统,后因魏博易主而改变。

《资治通鉴》卷二三八,宪宗元和七年(812)八月条载:"魏博节度使田季安薨……辛亥,以左龙武大将军薛平为郑滑节度使,欲以控制魏博。"①李吉甫认为田季安薨逝之际正是兴兵魏博的有利时机。收录在《李相国论事集》中的《论魏博》详细记载了宪宗、李绛与李吉甫三人处理魏博问题的立场,主要集中在是否对魏博用兵,以及如何推恩收服魏博这两个关键问题上。

关于是否对魏博用兵的问题,李吉甫首献兴兵之策。据《李相国论事集》记载:"吉甫遽进用兵之策,具图画入兵道路,攻讨利病,并载河北土田平易沃壤、桑柘物产繁富之状。若不讨伐,必无变动。"②宪宗的态度史籍无载,不过很快宪宗就召开了一次延英会议,再次征询二人意见。李吉甫继续主张对魏博用兵,他提出的"兴师攻取,以示国威"的措施与宪宗以战争为手段重建皇帝威权的策略完全吻合。宪宗当即表示以讨伐为先,但李绛推断魏博会主动归附,劝宪宗不必兴师征讨,"上曰:'此势恐须如此,不讨伐无复有得理。'李绛奏曰:'以臣愚虑,酌量事势,必不劳兴师动众,魏博当须归国。'"③

在宪宗的问对中,李绛通过详细分析藩镇在权力继承中产生的诸多争端问题,提出朝廷应延续政治招抚策略。李绛《论魏博》奏文言:"今怀谏乳臭童子,领事不得事,须假人权柄,托人性命。即所托者其权必重,所任者其言必行。如此厚薄不同,怨怒必起,向者权均力敌,适足生患,构其祸也。何者?以兵力齐等,不相伏从,自然之

---

① 《资治通鉴》卷238,唐宪宗元和七年八月戊戌条,第7692页。
② 《〈李相国论事集〉校注》卷5《论魏博》,第168页。
③ 《〈李相国论事集〉校注》卷5《论魏博》,第168页。

势也……魏博将若有此变,既惧诸邻攻伐,必须归恳朝廷。若不倚朝廷,即存立不得,此必然之理也。伏望陛下按甲蓄威,以俟其变。"①首先,李绛陈述了河北叛乱诸地的制置传统。田怀谏以少弱之身承副大使之职须假人权柄,这必将引起诸将的怨怒。其次,因军中诸将兵力均等,相互之间难以服从,便会产生新的具有声望的将领掌一方之权。藩镇内部权力更迭易引起局势变动,会使继任者担心诸邻攻伐,进而倚重朝廷。最后,李绛指出朝廷应按兵不动,以伺其变,并积极训练兵士,等待时机。宪宗暂时采纳了李绛的建言,"上曰:'卿所陈贼中事宜,深尽机要,详此事势,亦不用兵。'"②后来宪宗召开的延英会议上,李吉甫又言宜兴兵魏博,宪宗就此议题再次征询李绛。"他日延英,吉甫又盛陈用兵之计,言粮草匹帛,皆有次第。上又顾李绛何如?"③李绛建言最终坚定了宪宗不再对魏博用兵:

> 此事分明,不合疑惑。且兵不可轻易而动者,且讨伐镇州之时,四面兴师近二十万众,并发两神策近远赴河北,道路骚扰,靡费七百余万贯,讫无功,取笑天下。失策之耻,传之至今……若敕命征发,驱之使战,臣恐不乐之患,不止无功,散乱之兵,别有所虑。况魏博事势,不要用兵,伏惟陛下断于圣心,不惑浮论。④

李绛直陈因兴兵成德朝廷所付出的沉重代价,劝宪宗不宜轻易用兵。同时李绛又暗以建中之乱以警示宪宗,"臣恐不乐之患,不止无

---

① 《〈李相国论事集〉校注》卷5《论魏博》,第168—169页。同事亦见《资治通鉴》卷238,唐宪宗元和七年条,第7693页。
② 《〈李相国论事集〉校注》卷5《论魏博》,第169页。
③ 《〈李相国论事集〉校注》卷5《论魏博》,第169页。
④ 《〈李相国论事集〉校注》卷5《论魏博》,第169页。

功,散乱之兵,别有所虑"。①《资治通鉴》生动地记录了宪宗对魏博不以武力征讨的最终决定:"上奋身抚案曰:'朕不用兵决矣。'绛曰:'陛下虽有是言,恐退朝之后,复有荧惑圣听者。'上正色厉声曰:'朕志已决,谁能惑之!'绛乃拜贺曰:'此社稷之福也。'"②

就推恩收服魏博的问题,李吉甫与李绛就是否直接除授田兴节度使再起分歧。"后十余日,果魏博使至,军中已归部将田兴,奏取朝廷处分。使至非时,召宰相对,上具言此事曰:'卿所揣魏博事势,若合符契。'吉甫请且使宣慰,以观其事。李绛言:'不可,敕使到彼,万一妄邀朝廷,事有一蹉跌,即难处置。疑误之间,机宜已失,即追不及矣。今田兴为众所归,坐俟朝命,不于此际便有宠授,他日敕把三军表来,谓与田兴;节制在彼,在此即不得已须与。恩泽不出圣心,是依军中所谓,感荷与特拜岂同?'"③《沂国公魏博德政碑》详赡地记载了田兴被推举为魏博留后的经过。④ 李绛认为应由朝廷掌握主动权,首先降旨,给予田兴宠授,推诚不疑,宪宗还是按照惯例派遣中使宣慰魏博待他日正授。⑤ 李绛继续上奏:

> 今因田兴投诚归国,三军颙俟圣旨,不当时处置,赴其机宜,待敕使将三军表来,请授田兴。则威柄不由于朝廷,恩泽不出于圣意……伏望明日便降白麻,授田兴节度使,即恩泽出于君上,而威柄归于朝廷。利害得失,明若日月,伏乞圣慈不疑。

---

① 《〈李相国论事集〉校注》卷5《论魏博》,第169页。
② 《资治通鉴》卷238,唐宪宗元和七年八月条,第7694页。
③ 《〈李相国论事集〉校注》卷5《论魏博》,第169页。
④ 冀勤点校:《元稹集》卷52《沂国公魏博德政碑》,北京:中华书局,2010年,第651—654页。
⑤ 《〈李相国论事集〉校注》卷5《论魏博》:"上遂令中使张忠顺往宣慰,待回处置。"第170页。

敕使获宣日,且与留后,何如?待其别成效,即与正授。

李绛曰:"若与留后,亦恐不得。且度朝廷气力,坐制魏博得否?不因机会,奖其诚节,恩出不次,感亦殊常。若与留后,忽不受命,即却成凶悖,又须姑息,与旧日何殊也?伏望决于圣断,特赐处分。"①

李绛陈奏仍旧坚持朝廷应直接授予田兴节度使。一方面,李绛的建言强调恩泽出于君上,而威柄归于朝廷,这正称宪宗重建君主与中央王朝威权之意。另一方面,李绛又再次据理力争,既说明了魏博难以强攻的事实,又强调不宜错过推恩的重要时机,打消了宪宗的顾虑。最终,宪宗正式除授田兴节度使。"明日遂出白麻,除田兴为检校工部尚书、魏博节度使。张忠顺制已到,田兴感涕,三军受宣鼓舞"。②"兴感恩流涕,士众无不鼓舞",③这使我们想起德宗时期陆贽替君主撰写的《奉天改元大赦制》,以抚慰人心、稳定局势为先,是陆贽、李绛等对待强藩的迂回之策,也是当时朝廷军事与财政实力之使然。虽然宪宗对李绛的建议始终有所顾虑,但通过先前出兵成德的失力,宪宗也认识到当时无力改变河北整体的政治结构,如能推恩收服魏博也不失为明智之举。

随后,李绛又在奏疏中主张特赐钱帛,彻底收服魏博。"一朝以六州之地,归于朝廷,刳河朔之腹心,倾悖乱之巢穴。不大赏赐,出其所望,军心不感,事势难知。请特赐一百五十万钱帛,制书上以内库为名,充三军赏给。"④魏博归朝,极大改变了河朔藩镇一体化的局面。李绛以为用钱帛厚赏于魏博诸将士,是禁绝其复叛的最好方

---

① 《〈李相国论事集〉校注》卷5《论魏博》,第170页。
② 《〈李相国论事集〉校注》卷5《论魏博》,第170页。
③ 《资治通鉴》卷238,唐宪宗元和七年十月条,第7696页。
④ 《〈李相国论事集〉校注》卷5《论魏博》,第170页。

式,也昭示了朝廷对于归顺藩镇的优容之策。但是,"中人有沮其所请者,上言曰:'所赐太多,那得及此? 后若更有,即又如何?' 李绛奏曰:'……惜一百五十万贯钱物,不收此一道人心? 钱帛用了更来,机会一失难复。假如举十五万众攻取六州,一年而克,岂不称贺,而计费三百万贯,事毕当赏赉,又在此外。'"①李绛再次上书陈奏,以财物计费为代价换取魏博恭顺,成本低于兵戈战事,宪宗最终采用了他的建言。

因《李相国论事集》中保存有《论魏博》一文,这使我们在唐廷招抚魏博的过程中对宪宗朝君臣的政治互动有了更为全面认识。关于李绛与李吉甫二人的政见之争,《李相国论事集》向来对李绛多有回护,贬低李吉甫。《旧唐书·李绛传》记载:"兴卒以六州之地归命。其经始营创,皆绛之谋也。"②这应是较为公允的评价。在收服魏博的过程中,李绛始终以君主威权与人心向背为建言要旨,推进田兴的主动归复。在力保皇权威严重塑这一根本目的上,君臣之间并无二致。对宪宗而言,以武力削藩是皇权振兴最为直观的展示,但第一次征讨成德的草草收场与建中之乱的沉重代价,迫使宪宗最终采取了推恩策略招抚藩镇。

三、淮西平叛与宪宗威权的强化

魏博归朝后,河朔藩镇的格局发生了重要变化,成德、平卢失去屏障,河北三镇已被相当程度地瓦解。如何再次凝结朝廷共识削平不臣骄藩,仍旧是宪宗朝君臣必须面对的政治问题。早在元和初期

---

① 《〈李相国论事集〉校注》卷5《论魏博》,第170页。
② 《旧唐书》卷164《李绛传》,第4289页。

平定西川后,宪宗就已将下个削藩目标定于割据数十年,拥有特殊政治、经济战略地位的淮西。"帝锐意欲取淮西。方吉甫在淮南,闻吴少阳立,上下携弐,自请徙寿州,以天子命招怀之,反间以挠其党,会讨王承宗,未及用。"①李吉甫出镇淮南期间,"在扬州,每有朝廷得失,军国利害,皆密疏论列",②这表明淮西政局成为君臣关注的重点。

元和九年(814)九月,"李吉甫言于上曰:'淮西非如河北,四无党援,国家常宿数十万兵以备之,劳费不可支也。失今不取,后难图矣。'上将讨之,张弘靖请先为少阳辍朝、赠官,遣使吊赠,待其有不顺之迹,然后加兵,上从之,遣工部员外郎李君何吊祭。元济不迎敕使,发兵四出,屠舞阳,焚叶,掠鲁山、襄城,关东震骇。君何不得入而还……(十月)甲子,以严绶为申、光、蔡招抚使,督诸道兵招讨吴元济"。③李吉甫以淮西吴少阳卒逝之机,劝宪宗出兵淮西。而以张弘靖为代表的持保守策略的朝臣建议宪宗先遣使吊赠。面对淮西吴元济的不断挑衅,宪宗于当年十月正式兴兵讨蔡,开启了近四年的平叛淮西之战。

通过时任考功郎中知制诰韩愈的《论淮西事宜状》,我们可以进一步理解宪宗出兵淮西的决策。

> 况以三小州残弊困剧之余,而当天下之全力,其破败可立而待也。然所未可知者,在陛下断与不断耳……陛下持之不坚,半途而罢,伤威损费,为弊必深。所以要先决于心,详度本末,事至不惑,然可图功。为统师者尽力行之于前,而参谋议者

---

① 《新唐书》卷146《李吉甫传》,第4743页。
② 《旧唐书》卷148《李吉甫传》,第3994页。
③ 《资治通鉴》卷239,唐宪宗元和九年九月、十月条,第7706—7707页。

尽心奉之于后。内外相应,其功乃成……比来征讨无功,皆由欲其速捷。有司计算所费,苟务因循。小不如意,即求休罢。河北、淮西等见承前事势,知国家必不与之持久并力苦战。幸其一胜,即希冀恩赦。朝廷无至忠忧国之人,不惜伤损威重。因其有请,便议罢兵。①

奏文首先说明克淮西"在陛下断与不断",这就坚定了宪宗用兵淮西的决心。《新唐书·韩愈传》载:"初,宪宗将平蔡,命御史中丞裴度使诸军按视。及还,且言贼可灭,与宰相议不合。"②裴度以为可行征讨,却与宰相的观点相左,可见宪宗出兵淮西的阻力仍存。韩愈劝谏宪宗如若半途而废,伤威损费,为弊最深。宪宗即位后的一系列政治举措,尤其以战争为手段发兵成德与淮西,出发点均是为改变德宗后期朝廷的保守颓势。魏博归朝成为宪宗讨伐成德失败后重新用兵的契机,唐廷与强藩之间的均势不断被打破。以最直观的征讨形式进行武力削藩又被提上了日程,因而有损君主重塑威权之事,均会遭到宪宗的摒弃。

元和十年(815)六月,淄青节度使李师道与成德节度使王承宗合谋刺杀宰相武元衡。③《旧唐书·许孟容传》:

> 会十年六月,盗杀宰相武元衡,并伤议臣裴度。时淮夷逆命,凶威方炽,王师问罪,未有成功。言事者继上章疏请罢兵。是时盗贼窃发,人情甚惑,独孟容诣中书雪涕而言曰:"昔汉廷有一汲黯,奸臣尚为寝谋。今主上英明,朝廷未有过失,而狂贼

---

① 刘真伦、岳珍校注:《韩愈文集汇校笺注》卷30《论淮西事宜状》,北京:中华书局,2010年,第3011—3013页。
② 《新唐书》卷176《韩愈传》,第5258页。
③ 《资治通鉴》卷239,唐宪宗元和十年六月条,第7712—7715页。

敢尔无状,宁谓国无人乎?然转祸为福,此其时也。莫若上闻,起裴中丞为相,令主兵柄,大索贼党,穷其奸源。"后数日,度果为相,而下诏行诛。①

《旧唐书·裴度传》:

初,元衡遇害,献计者或请罢度官以安二镇之心,宪宗大怒曰:"若罢度官,是奸计得行,朝纲何以振举?吾用度一人,足以破此二贼矣。"度亦以平贼为己任……时群盗干纪,变起都城,朝野恐骇。及度命相制下,人情始安,以为必能殄寇。自是诛贼之计,日闻献替,用军愈急。②

继李吉甫后支持削藩的宰相武元衡惨死于逆藩之手,引起朝野的恐慌。加之朝廷用兵淮西伊始遭遇不利,朝中罢兵声势渐起,甚至有臣子献计罢裴度官职以安抚叛乱藩镇之心。朝臣中,仅少数臣僚如许孟容、白居易主张予以还击,大索贼党。《新唐书·白居易传》记载:"是时,盗杀武元衡,京都震扰。居易首上疏,请亟捕贼,刷朝廷耻,以必得为期。宰相嫌其出位,不悦……中书舍人王涯上言不宜治郡,追贬江州司马。"③积极维系朝廷威严,主张惩治凶逆的白居易却遭到宰臣贬官。朝臣中裴度支持宪宗出兵,他认为:"病在腹心,不时去,且为大患。不然,两河亦将视此为逆顺。"④淮西成为关涉中央与藩镇局面的风向标。因朝廷对淮西的处置将直接决定其他强藩对朝廷是否忠顺,这也是宪宗坚定对淮西用兵的重要原因。

元和十年,成德王承宗再叛,朝廷面临双线作战的局面,君臣之

---

① 《旧唐书》卷154《许孟容传》,第4102—4103页。
② 《旧唐书》卷170《裴度传》,第4415页。
③ 《新唐书》卷119《白居易传》,第4302页。
④ 《新唐书》卷173《裴度传》,第5211页。

间又再起争议。"王承宗纵兵四掠,幽、沧、定三镇皆苦之,争上表请讨承宗。上欲许之,中书侍郎、同平章事张弘靖以为'两役并兴,恐国力所不支,请并力平淮西,乃征恒冀'。上不为之止,弘靖乃求罢。十一年春,正月,己巳,以弘靖同平章事,充河东节度使。"①成德王承宗、淄青李师道欲与淮西吴元济形成南北之势,互为奥援,牵制唐廷兵力。宪宗元和十一年(816),"春,正月……癸未,制削王承宗官爵,命河东、幽州、义武、横海、魏博、昭义六道进讨。韦贯之屡请先取吴元济、后讨承宗,曰:'陛下不见建中之事乎?始于讨魏及齐,而蔡、燕、赵皆应,卒致朱泚之乱,由德宗不能忍数年之愤邑,欲太平之功速成故也。'上不听"。②韦贯之先取吴元济后讨王承宗的用兵策略与李绛、张弘靖一脉相承,并举建中之乱警劝宪宗,依然遭到宪宗的拒绝。先前李绛暗示建中之乱时,宪宗有所顾虑,但这次韦贯之直提建中之乱,却丝毫不能改变宪宗双线作战的决定。在征讨淮西的过程中同时用兵成德,不仅再次向逆地强藩昭示了朝廷不再姑息的决心,更使得朝中臣僚仅能在既定的征讨对象中择其更利于用兵者。

宪宗在淮西用兵久无果后,正式召开了一次百僚集议。"十一年正月,以淮西久宿兵,诏宰臣集百僚议:'今用兵已久,利害相半,不知进兵攻讨,退兵固守。至于赦宥,合有良规。直言可行,不必引古,亦欲观卿士才用,宜各具议状以闻。'"③宪宗鉴于朝廷用兵失利的现实状况,征询百僚建议。值得注意的是,敕文中竟还提示百僚

---

① 《资治通鉴》卷239,唐宪宗元和十年十二月条、唐宪宗元和十一年正月条,第7720—7721页。
② 《资治通鉴》卷239,唐宪宗元和十一年正月条,第7721页。
③ 周勋初等校订:《册府元龟》卷104《帝王部·访问》,南京:凤凰出版社,2006年,第1138页。

可以参考唐廷与藩镇长久以来形成的姑息宽宥的政治传统。"论者以杀伤滋甚,转输不逮,拟议密疏,纷纭交进",①即是此次集议后百僚的反馈,可见息兵政策依旧是大部分官僚群体对付骄藩所秉持的既定方针。"徽上疏言用兵累岁,供馈力殚,宜罢淮西之征,宪宗不悦,罢徽学士之职,守本官。"②翰林学士钱徽成为这场集议结果的牺牲品。也许集议的初衷是汲取百僚的用兵策略,但惊人一致的息兵建言,对于迫切希冀以武力征讨为手段震慑骄藩,重建皇帝权威的宪宗来说,却是不能接受的结果。

元和十一年六月,唐廷将领高霞寓兵败于铁城。③ 宪宗敦促前线将士继续推进淮西战事:"上怒诸将久无功,辛巳,命知枢密梁守谦宣慰,因留监其军,授以空名告身五百通及金帛,以劝死事。庚寅,先加李光颜等检校官,而诏书切责,示以无功必罚。"④宪宗一面对李光颜为首的前线将士恩威并施,督促战事的推进。另一面又在朝中坚决控制舆论走向,《旧唐书·裴度传》记载:"及霞寓败,宰相以上必厌兵,欲以罢兵为对。延英方奏,宪宗曰:'夫一胜一负,兵家常势。若帝王之兵不合败,则自古何难于用兵,累圣不应留此凶贼。今但论此兵合用与否,及朝廷制置当否,卿等唯须要害处置。'……于是宰臣不得措言,朝廷无敢言罢兵者,故度计得行。"⑤在宰相参加的延英奏对会议上,宪宗轻抹淡写地将铁城之败一笔带过,却再次重申了朝廷讨伐淮西的既定方针。面对"时方淮西用兵,国用虚竭,河北诸军多观望不进"⑥的局面,"李逢吉及朝士多言'宜并力先取

---

① 《旧唐书》卷170《裴度传》,第4418页。
② 《旧唐书》卷168《钱徽传》,第4383页。
③ 《资治通鉴》卷239,唐宪宗元和十一年六月条,第7723页。
④ 《资治通鉴》卷239,唐宪宗元和十一年十一月条,第7727页。
⑤ 《旧唐书》卷170《裴度传》,第4415—4416页。
⑥ 《旧唐书》卷142《王承宗传》,第3881页。

淮西,俟淮西平,乘其胜势,回取恒冀,如拾芥耳!'上犹豫,久乃从之。丙子,罢河北行营,各使还镇"。① 第二次兴兵成德的直接原因是武元衡被刺使朝廷失威,因宪宗依赖的讨伐成德的诸道藩镇兵各怀私利,所以河北战事很难有实质性进展。在完成既定目标后,为再次凝聚臣僚共识,避免朝廷损失过重,宪宗听取了李逢吉等人的建言,结束了双线作战,以确保朝廷将用兵目标一致指向淮西。

面对淮西战局的停滞不前,宪宗又通过一系列人事变动确保朝廷武力征讨淮西策略不变。元和十二年(817)三月,在对李吉甫谥号拟定时,臣僚之间产生异议。《旧唐书·宪宗纪》载:"太常定李吉甫谥曰'敬宪',度支郎中张仲方非之。上怒,贬为遂州司马。赐吉甫谥曰忠。"②张仲方以反对李吉甫谥号为由,借机否定用兵淮西,这必然引起宪宗恼怒,立即将其贬谪以儆效尤,并给予李吉甫美谥向百僚传达自己用兵淮西的决心。然而朝臣反对的声音始终不断。同年,"李愬、李光颜屡奏破贼,然国家聚兵淮右四年,度支供饷,不胜其弊,诸将玩寇相视,未有成功,上亦病之。宰相李逢吉、王涯等三人以劳师弊赋,意欲罢兵,见上互陈利害"。③《资治通鉴》卷二四〇记载,宪宗元和十二年,"李逢吉不欲讨蔡,翰林学士令狐楚与逢吉善,度恐其合中外之势以沮军事,乃请改制书数字,且言其草制失辞;壬戌,罢楚为中书舍人"。④ 对于不赞成继续用兵淮西的臣僚,宪宗先后将令狐楚调离出翰林院,罢李逢吉相位。

元和十二年十月,李愬雪夜下蔡州,淮西遂平。⑤ 随着淮西重归

---

① 《资治通鉴》卷240,唐宪宗元和十二年五月条,第7734页。
② 《旧唐书》卷15《宪宗纪》,第459页。
③ 《旧唐书》卷170《裴度传》,第4416页。
④ 《资治通鉴》卷240,唐宪宗元和十二年八月条,第7738页。
⑤ 《资治通鉴》卷240,唐宪宗元和十二年十月条,第7741页。

王化,宪宗皇权威严最终得以重塑。试举元和十三年(818)宪宗召集百僚集议的诏令为例:"李师道潜苞祸心,伪布诚悬。缘自淮西用兵已后,愆衅屡彰,累有疏陈,请舍凶逆,当道租税,频年不送。阴通信使,数致帛书……师道自知罪过,难掩群言,累遣崔承宠、王玄同自将表陈。请令长子入侍,兼献沂、密、海三州。林英续来,又献三州图印,并奏其男发日。国家每务弘贷,屈法招绥。今忽翻然尽变前意,应所陈列,无非妄言。其师道并军将健儿表共三道,词颇悖慢,宜出示百僚,议可征可舍以闻。"①显而易见,此次集议的主旨已经奠定。与前揭元和十一年令百僚集议的诏书相比,宪宗元和十三年诏已呈现完全不同的政治表达与敕命内容。征讨淄青已是不争事实,百僚献策的内容仅局限在如何对淄清进行武力征讨,即见宪宗朝政治生态演变之一斑。宪宗对待藩镇采取武力征服是为向逆地藩镇重新树立君主之威权与朝廷的统治,同时平定淮西的过程以及用兵策略的反复贯彻也向朝中百僚宣示了皇权决策的不断加强。无论是割据藩镇还是朝中百僚,任何有损君主统治效力的行为与立场均会遭到宪宗的坚决摒弃。

结　　语

第一次出兵成德,标志着宪宗以武力征讨河朔强藩的决心。但维系既有中央与河朔藩镇的政治传统仍旧是朝臣的主体策略。李绛在《论魏博》中的建言便指出朝廷应延续招抚对策。该奏疏直陈唐廷出师成德不利的现实因素,又举建中之乱为警,最终被宪宗采

---

① 宋敏求编:《唐大诏令集》卷120《令百僚议征李师道敕》,北京:中华书局,2008年,第634页。

纳。百僚更倾向在不战而屈人之兵的前提下,维系既有的怀柔传统,以迂回的方式确保君主地位与中央统治。宪宗元和之际,通过战争征讨逆地藩镇,加强了君臣之间在议兵过程中的政治共识。武力削藩与息兵姑息两种不同策略曲折往复的过程表明,如何最大化地维系君主的恩信与权威是宪宗朝君臣的根本目标。淮西用兵后,因武元衡事件,朝廷不得不双线作战。在完成武力震慑成德的目标后,为再次凝聚臣僚共识,宪宗一面听取了持姑息立场的李逢吉等人的建言,将用兵目标一致指向淮西;一面又采取了强硬措施,持续推进淮西战事并调整人事安排。魏博的归附与淮西的平定极大地增强了宪宗的皇帝威权,尤其是朝廷平定淮西的过程中宪宗对用兵策略的持续强化,既向藩镇展示了武力征讨成为此后应对割据势力的主要方式,也向朝中百僚宣示了绝不姑息不臣藩镇的要旨,皇权决策不断加强。

作者单位:上海师范大学人文学院

(原刊于《史学集刊》2022年第4期)

权力交接与政治逻辑：重论长庆元年唐廷处置幽州归附事件[*]

黄图川

摘　要： 唐穆宗长庆元年三月幽州节度使刘总归顺中央，元和中兴庶几告成。幽州归附肇始于宪宗晚年，在刘总幕僚、邻镇成德和穆宗君臣的多方作用下实现。在刘总缺席的情况下，归附后的权力交接由以其心腹张玘为代表的幽州本地势力主持进行，监军宦官亦有参与。在销兵政策推行的背景下，穆宗君臣秉持将幽州定位为御边藩镇的政治逻辑，变更了刘总的裂地计划，放归了幽州旧将，忽视了新节度使张弘靖的幕府构建，为幽州复叛埋下伏笔。

关键词： 长庆元年　幽州镇　刘总　权力交接　政治逻辑

长庆元年(821)三月的幽州归顺是唐代藩镇史上的重要事件。

---

[*] 本文的修改还得到北京师范大学陈涛老师、中央民族大学蒋爱花老师、首都师范大学张天虹老师的批评建议，在此一并致谢。

由于归附的时间很短,①过往研究多关注长安与幽州的文化差异②和幽州的分地措施。③ 亦有学者从史料撰写角度考辨张弘靖入幽州,强调幽州复叛的偶然性。④ 幽州是元和中兴中最后一个归顺的藩镇,又是安史集团基地,其归附的内涵应当十分丰富,因此还有更多问题有待阐发,比如幽州归顺时的权力交接怎样进行?⑤ 为什么朝廷没有意识到明显存在的文化差异?如何看待唐廷的诸多失误?对此,本文结合新出土墓志,分析权力交接过程以及唐廷相关举措背后的政治逻辑,以期丰富对该事件的认识,并有助了解宪、穆之际的政局,不妥处敬希方家赐正。

---

① 四个月后幽州爆发叛乱,导致唐廷"再失河朔,迄于唐亡,不能复取"。《资治通鉴》卷242,唐穆宗长庆二年二月条,北京:中华书局,1956年,第7807页。
② 其中以陈寅恪先生的"胡化"说最具代表性(《唐代政治史述论稿》,北京:商务印书馆,2011年,第234页)。王寿南先生名之为"文化脱节",即河北右武风俗与唐中央右文风尚相左(《唐代藩镇与中央关系之研究》,台北:大化书局,1978年,第331—342页)。相近观点又见傅乐成:《唐代夷夏观念之演变》,《汉唐史论集》,台北:联经出版事业公司,1977年,第219—221页;高井康典行:《唐後半期から遼北宋初期の幽州の「文士」》,《史滴》第34卷,2012年,第83页。陆扬先生则概括为长安清流文化与幽州的地方风俗的冲突(《论冯道的生涯——兼谈中古晚期政治文化中的边缘与核心》,《清流文化与唐帝国》,北京:北京大学出版社,2016年,第169页)。
③ 张达志:《唐后期藩镇与州之关系研究》,北京:中国社会科学出版社,2011年,第153—156页;李碧妍:《危机与重构:唐帝国及其地方诸侯》(以下略称《危机与重构》),北京:北京师范大学出版社,2015年,第349—350页。
④ 陈磊:《唐长庆元年幽州的军变:从史料撰写的层面看》,《兴大历史学报》2012年第25期。
⑤ 学者对此已有涉及。吴光华先生认为刘总归顺使刘氏亲党、心腹离镇,幽州的"昌平政权"完全崩解,并且指出幽州本地存在不同势力(《唐代卢龙初期之政局》,《史原》1981年第11期)。卢建荣先生则注意到史料关于刘总归顺的几个不同说法:一是正史代表的官方版本,即刘总自身精神状况的恶化,朝廷削藩制造的压力;二是杜牧《燕将录》记载的谭忠的劝谏;三是李潘墓志记录的李潘的贡献(《飞燕惊龙记:大唐帝国文化工程师与没有历史的人(763—873)》,台北:时英出版社,2007年,第231页)。

一、刘总的抉择

元和后期宪宗接连平定淮西、淄青,不仅使两度与唐廷兵戎相见的成德节度使王承宗屈服,①也对幽州的刘总产生巨大冲击。一般认为,刘总十分自然地归顺了中央,但事情更为复杂。

先看唐中央。从宪宗到穆宗,朝廷对幽州的态度发生过明显变化。宪宗晚年对河北采取保守策略,不谋求幽州的彻底归顺。② 原因一是刘总较恭顺,③二是宪宗平淮西后进取心减退。比如,讨淄青期间宪宗隆重地迎佛骨进宫,淄青平定后又有封禅泰山的想法。④ 元和十五年(820)闰正月穆宗即位后延续了宪宗的政策,直到成德归顺才发生变化。元和十五年十月成德节度使王承宗去世,将校立其弟王承元,承元最终请附,次月田弘正入镇州,大好形势使穆宗萌发底定幽州的心思。长庆元年元稹奉命为田弘正撰德政碑,其中就提到"无忘燕寇"。⑤ 不久穆宗便展开了行动。《新唐书·温造传》称:

---

① 《旧唐书》卷142《王承宗传》,北京:中华书局,1975年,第3881—3883页。
② 也有学者认为宪宗有收回幽州的方针,但没有进一步论述(日野开三郎:《日野開三郎東洋史學論集》第一卷《唐代藩鎮の支配体制》,东京:三一书房,1980年,第103、104页)。
③ 冯金忠:《唐代河北藩镇研究》,北京:科学出版社,2012年,第219—220页;孙继民:《北京新发现唐刘济墓漫议》,《中古史研究汇纂》,天津:天津古籍出版社,2016年,第250—252页;蒋爱花:《张弛于据和恭顺之间——唐代幽州节度使刘济考释》,《亚洲研究》2015年第20期;张天虹:《也释唐幽州卢龙节度使刘济的"最务恭顺"》,《北京社会科学》2017年第6期。
④ 杜玉检:《唐代文学与汉代文化精神研究》,北京:商务印书馆,2012年,第51—53页。但作者将刘禹锡代裴度所作《代裴相公进东封图状》的进呈对象误指为宪宗,应是文宗。
⑤ 周相录校注:《元稹集校注》卷52《沂国公魏博德政碑》,上海:上海古籍出版社,2011年,第1296页。

343

> 长庆初,以京兆司录为太原幽镇宣谕使,召见,辞曰:"臣,府县吏也,不宜行,恐四方易朝廷。"穆宗曰:"朕东宫时闻刘总,比年上书请觐,使问行期,乃不报。卿为我行喻意,毋多让。"因赐绯衣。至范阳,总橐鞬郊迎。造为开示祸福,总惧,蹙然若兵在颈,繇是籍所部九州入朝。还,迁殿中侍御史。①

穆宗一席话暴露了他收复幽州的决心。正月丁巳(19)温造使幽州,②对刘总晓以利害,促其上书请附。这样来看穆宗确实对幽州归顺发挥了作用。③

再将关注点投向幽州。关于元和晚期的情况,杜牧留下了相关记载:

> 元和十四年春,赵人献城十二。冬,诛齐,三分其地。〔谭〕忠因说总曰:"……今天子巨谋纤计,必平章于大臣,铺乐张猎,未尝戴星徘徊,颙玩之臣,颜涩不展,缩衣节口,以赏战士,此志岂须臾忘于天下哉。今国兵骎骎北来,赵人已献城十二,助魏破齐,唯燕未得一日之劳,为子孙寿,后世岂能帖帖无事乎!吾深为君忧之。"总泣且拜曰:"自数月已来,未闻先生之言,今者幸枉大教,吾心定矣。"明年春,刘总出燕,卒于赵,忠护总丧来,

---

① 《新唐书》卷91《温造传》,北京:中华书局,1975年,第3784—3785页。旧传、《册府元龟》、《资治通鉴考异》引《穆宗实录》亦有载,但比较混乱,新传文理最佳。
② 《册府元龟》卷136《帝王部·慰劳》,北京:中华书局,1960年,第1649页。
③ 学者认为,刘总主要因谋杀父兄导致的精神不安以及宪宗的强硬藩镇政策,才选择归附(松井秀一:《盧龍藩鎮攷》,《史學雜誌》第68卷,1959年,第1402—1403页)。按《册府元龟》卷99《帝王部·推诚》:"穆宗长庆元年,刘总为幽州节度,频献表章、请分割当管土地及进征马,以明忠恳。朝廷自宰臣公卿以下,皆疑其诈,帝独推纳之。"(第1181页)穆宗力排众议,朝廷才安然接受刘总归顺。

数日亦卒。①

文章根据谭忠弟宪的口述写成,②作于大和元年(827)春,③展现了元和末年刘总的惶恐情状。但该文记述有不少错误。首先是前后时间不符。按史实比勘,"元和十四年春"应是谭忠与刘总对话的时间,那么文末之"明年春"就是元和十五年春,但刘总出幽州在长庆元年三月。其次,记述内容也有错误。刘总亡地是定州而非成德。④即便如此也不能完全否认谭忠的作用。

但作为靠弑父杀兄登上帅位的狠厉人物,刘总不太可能就此放弃来之不易的权力。他先是如前所述,"比年上书请觐,使问行期,乃不报",与朝廷虚与委蛇,后又在成德易帅纳土时从中作梗。王承元"密疏请帅……邻镇以两河近事讽之,承元不听"。⑤ 揆诸彼时河北情形,"邻镇"极可能是幽州:与成德相邻的藩镇中,西边河东,东边横海,南边昭义、魏博皆是顺藩。北边义武军怂恿王承元的可能性也很低。⑥

王承元的入朝使刘总倚成德为伴的企图落空。王承元去镇之际,还似曾致书刘总,劝其归顺。李潘墓志载:

> 当是时也,自天宝末,两河之风未变者,唯渔阳一镇耳,因请承元,飞檄于范阳节度刘总,洞晓君臣之礼,大开逆顺之端。

---

① 吴在庆校注:《杜牧集系年校注》卷6《燕将录》,北京:中华书局,2008年,第665—666页。《文苑英华》作《燕将传》。《新唐书·刘总传》亦节引此文。
② 《杜牧集系年校注》卷6《燕将录》,第666页。
③ 《杜牧集系年校注》卷6《燕将录》,第670页。
④ 《资治通鉴》卷241,唐穆宗长庆元年三月癸亥条,第7790页。
⑤ 《旧唐书》卷142《王承元传》,第3883页。
⑥ 元和、长庆之际,藩帅陈楚之子陈赏在朝中为质(崔黯:《唐故义武军节度使检校尚书右仆射赠太子太保陈公墓志铭》,吴钢主编:《全唐文补遗》第9辑,西安:三秦出版社,2007年,第405页)。

其明年，刘总尽室来觐，河朔之地，晏然削平，皆公之秘略也。①
考虑到刘总可能鼓动王承元因袭河朔故事，去书应是承元对刘总的回应。

综上，在多方协力之下刘总选择了归顺。史称，"及(吴)元济就擒，李师道枭首，王承宗忧死，田弘正入镇州，总既无党援，怀惧，每谋自安之计。初，总弑逆后，每见父兄为祟，甚惨惧……晚年恐悸尤甚……上表归朝"。② 这背后体现的，正是朝廷穿插运作、刘总幕僚劝谏以及邻镇开示祸福的情况。

二、幽州的权力交接

收到刘总上表后，朝廷循例对幽州进行优恤。③ 刘总家族全部入朝，各得封官，④本人被徙为天平节度使。但他不待朝命节度使张

---

① 李恭仁：《唐故朝议郎使持节光州诸军事守光州刺史赐绯鱼袋李公墓志铭兼序》，周绍良主编：《唐代墓志汇编》开成050，上海：上海古籍出版社，1992年，第2205页。
② 《旧唐书》卷143《刘总传》，第3902页。
③ 《元稹集校注》卷40《处分幽州德音》，第1012—1014页。
④ 《旧唐书》卷143《刘总传》称："总既以土地归国，授其弟约及男等一十一人，领郡符，加命服者五人，升朝班，佐宿卫者六人。"（第3903页）有相关制书、墓志为证（谢思炜校注：《白居易文集校注》卷13《刘总弟约等五人并除刺史赐紫男及侄六人除赞善洗马卫佐赐绯同制》，北京：中华书局，2010年，第632—633页）。刘总从父刘泂的墓志称，泂被"诏宠异之，拜命王府，腰金拖紫"（宗玠：《唐故正议大夫兼侍御史赐紫金鱼袋刘府君墓志铭并序》，赵力光主编：《西安碑林博物馆新藏墓志续编》，西安：陕西师范大学出版社，2014年，第498—499页）。刘总之子刘础为其岳母撰写的墓志也提到："元和之末，穆宗纂位，础自幽州戍倅，作牧南阳。"（刘础：《唐幽州节度衙前兵马使王公夫人故陇西李氏墓志铭（并序）》，郭玉海、方斌主编：《故宫博物院藏历代墓志汇编》，北京：紫禁城出版社，2010年，第344—345页）。

弘靖到来,便匆忙出镇,缺席了权力交接:

> 刘总奏恳乞为僧,且以其私第为佛寺。诏赐总名大觉,寺名报恩,遣中使以紫僧服及天平节钺、侍中告身并赐之,惟其所择。诏未至,总已削发为僧,将士欲遮留之,总杀其唱帅者十余人,夜,以印节授留后张玘,遁去。及明,军中始知之。玘奏总不知所在。癸亥,卒于定州之境。①

处在精神崩溃边缘的刘总出家避祸,将印节交给留后张玘。② 张弘靖在刘总离镇一个多月后方抵幽州。③ 在没有节帅的权力空窗期,张玘维持了幽州过渡局面。他不仅向朝廷上报了刘总的离镇讯息,④还参与了权力交接。其墓志云:

> 公讳玘……王父说,中书令、尚书左丞相、燕国公,赠太师,谥曰文贞。有唐元老,清朝硕臣。儒为文师,行为士表。皇考俶,官至给事中。府君即给事中第四子也……释褐,奏授郓州长寿县主簿……选授潭州湘潭县尉。满秩,会元昆嵰早为蓟门从仕。府君有陟岗之思,不远而觐,至止之日,复为所縻。奏授瀛州录事参军,俄转瀛州束城县令……洎戎帅薨于位,子总绍

---

① 《资治通鉴》卷241,唐穆宗长庆元年三月条,第7790页。有关此条记载,《资治通鉴考异》曰:"新传:'总以节付张皋。皋,玘之兄,为涿州刺史,总之妻父也。'按实录:'幽州留后张玘奏:"总以剃发为僧,不知所在。"'"根据下文《张玘墓志》,"皋"应作"嵰"。张嵰官职,其子张弘宗墓志载为莫州刺史(张孟:《唐故中大夫守汾州别驾柱国张府君墓志铭(并序)》,吴钢主编:《全唐文补遗》第7辑,西安:三秦出版社,2000年,第138页)。
② "玘"字据墓志改(李宗何:《唐故宣德郎持节澧州诸军事守澧州刺史兼御史中丞赐紫金鱼袋范阳张府君墓志铭并序》,毛阳光主编:《洛阳流散唐代墓志汇编续集》,北京:国家图书馆出版社,2018年,第606—607页)。
③ 《册府元龟》107《帝王部·朝会一》载:"长庆元年四月甲午,以张弘靖入幽州,时幽州刘总纳土,诏以弘靖代之。帝御紫宸殿受朝。"(第1282页)加点部分疑为注文。
④ 《资治通鉴》卷241,唐穆宗长庆元年三月条,"考异曰"引《穆宗实录》,第7790页。

> 之，辟府君于宾阶，署以右职，奏监察御史里行，兼锡银艾……谕戎帅以君父之道，佐兵律明得丧之理。俾其罔顾藩壤，叶心朝天。先奏署府君为行军司马，委以兵柄，事与机契，谋由顺成。帅知群心，遽违未可。托以释氏，假以因缘。衷款密驰，全身脱去。追兵莫及，戎垒喧呼。府君挺身辕门，发扬明命。一言气正，万夫心摧。夷悖乱于斯须，安封略于指顾。得以符节，授于新帅。

张彻墓志是有关幽州归附的重要史料，补充了当时权力交接的不少细节。他是刘总心腹，参与了刘总的夺位阴谋，[1] 刘总离镇之际，被命为留后，成为权力更替的关键人物。张彻系出名门，早年辗转中原、湖南等地，因兄张㠐"早为蓟门从仕"而来燕，兄弟俱被刘总之父刘济任用，[2]颇是心膂。张彻兄弟选择从仕幽州，应与父辈张均、张垍投靠安禄山叛军以致自己前途暗淡有关。[3] 刘总倏然遁去后，张彻"得以符节，授于新帅"，促成权力顺利交接。墓志当然不免突出张彻的忠义形象，不过在当时情况下，积极投效朝廷确实是张氏兄弟洗雪家族污迹、回归大唐的最好途径。而就在权力交接前，幽州开始为大唐皇帝造经祈福。长庆元年四月八日，幽州"奉为皇帝敬造上生下生经共一卷送至石经藏"。[4] 刻经恐在幽州主事者首肯下进行，这个人很可能是张彻。[5] 幽州上一次为皇帝刻经，还在与朝

---

[1] 《新唐书》卷212《刘济传》，第5975页。
[2] 《白居易文集校注》卷14《张彻授庐州刺史兼御史中丞制》，第729页。
[3] 《旧唐书》卷97《张说传》，第3058—3059页。
[4] 北京图书馆金石组、中国佛教图书文物馆石经组编：《房山石经题记汇编》，北京：书目文献出版社，1987年，第218页。
[5] 朝廷得知张弘靖到达幽州的时间是四月二十九日，刻经时张弘靖应该尚未抵达幽州。即便刻经发生在张弘靖入幽州后，也当是弘靖稍至未久。那么，刻经的发起者也恐怕是张彻等人。

廷关系融洽的元和四年(809)。①

除了刘总心腹,还有幽州乐人参与权力交接。张渐墓志载:

> 府君……父津,徐州节度衙内兵马使银青光禄大夫检校太子詹事兼监察御史……以将族选授武宁军衙前将。久之,去职游宦,筮仕于燕。燕帅司空刘公授幽州同经略副使。谈笑辩捷,独步一方。长庆初,国相张公出将是府,下车飨军。府君首出乐部,歌咏化源,启口成章,应机由典。相乃竦听称叹,揖之升堂,敬谓之曰:"如子之优,天假奉圣聪者也,非诸侯府所宜淹留。"立表荐闻,旋召引见。②

张渐同时也是职业军人,③在刘总时期来燕,④稍晚于张㢸。大概因为张渐在音乐上的高超造诣,墓志对其武将身份不置一语。张弘靖入幽州犒赏军队时,张渐积极响应,派出乐部,表现得体,很好地配合了张弘靖接收权力,从而被推荐至中央。可以想象,张渐吟咏舞动的,肯定有歌颂皇化、赞激天阙的内容。他有此举动,与其非幽州土著和音乐人的身份不无关系,因为张渐在幽州依靠刘总赏识才获得任用。如今幕主已去,只有投向朝廷才能继续发挥音乐才能。

除了刘总幕府僚佐,监军系统的宦官也在权力交接中显示了存在。一位彭姓宦官的墓志称:

---

① 尤李:《唐代幽州地区的佛教与社会》,北京:中国社会科学出版社,2019年,第132—135页。
② 张元孙:《唐故仗内教坊第一部供奉赐紫金鱼袋清河张府君墓志铭(并序)》,吴钢主编:《新中国出土墓志·陕西贰》,北京:文物出版社,2003年,第204页。
③ 学者将此时的张渐理解为平民乐人(左汉林:《唐"仗内教坊"考辨——兼论中唐教坊"合署"问题》,《汉唐音乐史:第二届国际研讨会论文集》,北京:中央音乐学院出版社,2013年,第247页)。以张渐担任过经略副使的身份看,很难说他是平民。
④ 冯金忠:《唐代河北藩镇研究》第四章《唐代河北藩镇武职僚佐的迁转流动(二)》,第49页。

349

>元和九年秋(下阙)　十　五年二月……仍加内府局令。泊(下阙)渐除河朔故事。而幽州节度使刘总,率先诸侯,揭忠响阙,以蓟门全(下阙)论总之麾下将校四十有九人,其间负不顺之气者凡十余辈。使得(下阙)公取而代也。其精识先见如此。①

志文残泐严重,关键信息多有缺失。根据仅存文意推测,这位彭姓宦官的身份即便不是幽州监军使也应是监军系统宦官。参照史书记载,墓志提到的刘总麾下的49位将校应该被送入朝。② 而赞彭宦官之先见精识,很可能是指他在幽州权力交接中发挥了不小作用。考虑到元和、长庆之交的煊赫朝威,即便墓志有所虚美,也不能否认监军宦官的作用。

综上,幽州的权力交接仍是多方参与的。代表皇帝的宦官占据一席之地。同时,在刘总将桀骜宿将送入朝中后,留燕者多是温顺之辈,其中,非幽州出身幕僚发挥了重要作用。③ 这些人因为与节帅的亲密关系以及个人前途,能够执行刘总意志,使权力交接顺利进行。

三、唐廷的政治逻辑

虽然张弘靖顺利进入幽州,但他的镇抚工作没有得到朝廷的良

---

① 《彭君墓志》,吴钢主编:《全唐文补遗》第8辑,西安:三秦出版社,2005年,第148页。　十　据文意补。
② 《旧唐书》卷143《刘总传》,第3903页。
③ 河北三镇内部存在族群分裂现象,并未高度同质(卢建荣:《飞燕惊龙记》,第376—377页)。具体到幽州,学者指出,刘氏家族掌权时,为了巩固统治,特别是压制实力较强的缘边诸州,喜用血亲、姻党、心腹为刺史,并且用外人充幕僚(吴光华:《唐代卢龙初期之政局》,第154—155页)。

好配合。张彻墓志载：

> 长庆元年,今牛宰相为御史中丞,奏君名迹,中御史选,诏即以为御史。其府惜不敢留,遣之,而密奏："幽州将父子继续,不廷选且久,今新收,臣又始至孤怯,须强佐乃济"。发半道,有诏以君还之,仍迁殿中侍御史,加赐朱衣银鱼。至数日,军乱。①

牛宰相即牛僧孺,他于元和十五年十二月任御史中丞,直到长庆三年(823)三月以户部侍郎身份入相。② 张彻系张弘靖带入幽州的幕僚,被牛僧孺看中,征入朝中。从墓志看,张彻当于七月初重返幽州,则其离开时间似在六月下旬。朝廷霸道地征求张彻,完全不顾及幽州归附未久的事实。以张弘靖地位之崇重,竟"不敢留",这与所谓朝廷"欲重弘靖所授"③颇相抵牾。虽不可遽言张彻的短暂离开与幽州复叛有关,但朝廷此举显然不利治理幽州。或许正因为张彻被征,"始至孤怯,须强佐乃济"的张弘靖征辟了长在魏博任职,致力"湔洗旧染,而纳诸轨度,人之向化,如草偃风"的崔弘礼。④ 可惜崔弘礼尚未到任,幽州兵乱便爆发了。⑤

唐廷的昏招尚不止于此,史称：

> 长庆初,〔刘总〕累疏求入觐,兼请分割所理之地,然后归

---

① 刘真伦、岳珍笺注：《韩愈文集汇校笺注》卷24《唐故幽州节度判官赠给事中清河张君墓志铭》,北京：中华书局,2010年,第2604—2605页。
② 《旧唐书》卷16《穆宗纪》,第484页;《新唐书》卷8《穆宗纪》,第226页。
③ 《旧唐书》卷129《张弘靖传》,第3612页。
④ 王璠：《唐故东都留守东都畿汝州都防御使银青光禄大夫检校尚书左仆射判东都尚书省事兼御史大夫上柱国赠司空崔公墓志铭(并序)》,吴钢主编：《全唐文补遗》第1辑,西安：三秦出版社,1994年,第297页。
⑤ 《旧唐书》卷163《崔弘礼传》,第4265页。

朝。其意欲以幽、涿、营州为一道,请弘靖理之;瀛州、漠州为一道,请卢士玫理之;平、蓟、妫、檀为一道,请薛平理之。仍籍军中宿将尽荐于阙下,因望朝廷升奖,使幽蓟之人皆有希羡爵禄之意。及疏上,穆宗且欲速得范阳,宰臣崔植、杜元颖又不为久大经略,但欲重弘靖所授,而未能省其使局,惟瀛、漠两州许置观察使,其他郡县悉命弘靖统之。时总所荐将校,又俱在京师旅舍中,久而不问。如朱克融辈,仅至假衣丐食,日诣中书求官,不胜其困。及除弘靖,又命悉还本军。克融辈虽得复归,皆深怀觖望,其后果为叛乱。①

穆宗君臣的失误有二:一是更改刘总分地安排;二是放归幽州宿将还本军。两大疏漏直接造成幽州复叛,因此史书对宰臣能力多有指责。

表1　幽州归附时史书对宰相的评价

评　价	对　象	出　处
素不知兵,且无远虑	宰相:崔植、杜元颖	《旧唐书》卷119《崔植传》
不为远大经略		《旧唐书》卷129《张弘靖传》
不知兵,且无远略		《旧唐书》卷180《朱克融传》
不知兵		《新唐书》卷142《崔植传》
无远谋		《新唐书》卷212《刘总传》
无远略,不知安危大体		《资治通鉴》卷241

崔植、杜元颖的确缺少藩镇事务经验,因此史学评价是正确的,但属于撰史者的事后评价。在反思朝廷的相关处置时,应回到历史

---

① 《旧唐书》卷143《刘总传》,第3903页。

权力交接与政治逻辑：重论长庆元年唐廷处置幽州归附事件

现场,在"同情"古人的基础上,①重视"历史意见"。② 抛开这些事后评价,我们不禁要问,为什么唐廷会有上述不智之举？背后是否还有被忽略的线索？须知在穆宗处置幽州的过程中,自始至终没有看到什么反对意见,与成德易帅形成对比。③ 这恐怕不是偶然,说明当时的局势与后来者认知存在一定差别。

先看分地失误。刘总所请三帅诚以张弘靖资历最老、地位最高。弘靖家世显赫,"国朝已来,祖孙三代为相,唯此一家"。④ 除此之外,幽州的特殊地位也是重要的因素。作为安史之乱前已存在的天宝十节度之一,幽州肩负防备东北少数民族的任务,这一功能并未因安史之乱的平定而改变。⑤ 本来平卢、范阳(幽州)两镇一向分置,安禄山时合二为一,⑥因而造就了幽州、卢龙(即平卢)为核心的二元组织体制。⑦ 该体制使幽州镇外御两蕃,内连河朔。⑧ 刘总

---

① 陈寅恪先生曾针对中国古代哲学史研究评论说:"凡著中国古代哲学史者,其对于古人之学说,应具了解之同情,方可下笔。盖古人著书立说,皆有所为而发。故其所处之环境,所受之背景,非完全明了,则其学说不易评论,而古代哲学家去今数千年,其时代之真相,极难推知。"(《冯友兰中国哲学史上册审查报告》,《金明馆丛稿二编》,北京:生活·读书·新知三联书店,2001年,第279页)。
② 钱穆先生将当时人的意见称为"历史意见",将后人对前事的评价称为"时代意见",强调"历史意见"是评价一项制度的重要依据(《中国历代政治得失》"前言",《钱宾四先生全集》第31册,台北:联经出版事业公司,1998年,第3页)。
③ 《旧唐书》卷161《杨元卿传》,第4228—4229页。
④ 李肇:《唐国史补》卷中,上海:上海古籍出版社,1979年,第39页。
⑤ 黄永年:《范阳节度与奚、契丹》,《六至九世纪中国政治史》,上海:上海书店出版社,2004年,第308—310页;张国刚:《唐代藩镇研究(增订版)》,北京:中国人民大学出版社,2010年,第81页。
⑥ 《资治通鉴》卷215,唐玄宗天宝三载三月己巳条,第6859页。
⑦ 或谓之"一元二府"体制。许辉:《唐后期幽州藩镇军乱探略》,《北京史学论丛(2015)》,北京:群言出版社,2016年,第40页。感谢张天虹老师示知此文。
⑧ 冯金忠:《唐代河北藩镇研究》,第16—17页。

353

的分地打乱了这一体制。而且檀、妫等州还是幽州囤积军粮之处。①因此朝廷取消薛平之任命,就是为了保留幽州的二元体制,维持乃至加强其御边功能。② 有墓志为证:"今年本军选能,荐于朝。朝以军临戎房,藉旧将,拜检校光禄卿还使。授天子命之日已遇疾,未及朝谢而终。"③志主康志达被遣还的原因就是备"戎房"。

再看遣返幽州将校失误。朝廷对刘总部下进行过奖擢:

表2 唐廷对部分幽州将校的升奖

受奖者	原职位	新官	备注	出处
刘悚	兵马使	左骁卫将军	刘悟之兄	
刘令琇	押衙、瀛州刺史	工部尚书致仕		
卢众等	判官	御史评事	留任幽州	
张伟等	押衙、兵马使、什将、随军	常侍、中丞、宾客、詹事等	共190人,留任幽州	
梁璨等	要籍	州判司县尉	共6人	

---

① 程存洁:《略论唐王朝东北边城防御体系的形成》,《唐代的历史与社会》,武汉:武汉大学出版社,1997年,第274页;王义康:《唐后期河北道北部地区的屯田》,《中国历史地理论丛》2002年第1期,第93—94页。
② 《资治通鉴》卷270,后梁均王贞明三年(917)八月辛丑"胡注"称:"卢龙诸州,自唐中世以来自为一域,外而捍御两蕃,内而连兵河朔。"(第8819页)五代中原王朝踵袭唐代,以分解的方式处理藩镇问题,藩镇领州数量多是两三个,超过四州的大藩亦都是用来防御契丹的,如幽州卢龙、青州平卢、兖州泰宁(畑地正宪:《宋代军政史研究》,北九州:北九州中国书店,2012年,第20—21页)。
③ 吴钢主编:《隋唐五代墓志汇编·陕西卷》第四册《唐故幽州卢龙军节度衙前兵马使朝散大夫检校光禄卿兼监察御史赠莫州刺史会稽康公墓志铭(并序)》,天津:天津古籍出版社,1991年,第85页。

权力交接与政治逻辑：重论长庆元年唐廷处置幽州归附事件

续 表

受奖者	原职位	新 官	备 注	出 处
李参	大将	刺史及诸卫将军	共18人①	《旧唐书·穆宗纪》
康志达	衙前兵马使	还本军	康日知之子	《康志达墓志》

注：未注出处者，皆自《白居易文集校注》。②

因为唐廷曾大规模超擢幽州大将宾僚，③表2所列应不都是刘总送入朝中者。不过可以看到，朝廷授官范围很广，上至大将，下至要籍，都知兵马使朱克融④应在其列，他的授官应与李参等相仿。⑤但唐后期"为使则重，为官则轻"，⑥入朝的朱克融等所得新职与幽州旧职，必定存在较大落差，故克融等"日诣中书乞官"，⑦所乞当为外官。如前所述，既然幽州已被视为御边重镇，权力交替完成后，朝廷将朱克融等如康志达一样遣归幽州，也就可以理解了。

---

① 《蜀中名胜记》引宋代王象之《舆地碑目》云："石照北岩，卢舍那佛题名云：敬造卢舍那佛一躯，菩萨二躯，唐长庆三年岁次癸卯三月十九日银青光禄大夫使持节合州诸军事行合州刺史兼御史中丞刘温。温自幽燕而来，从左羽林军使改授此，记之归正寺岩。"（曹学佺：《蜀中名胜记》卷18《上川东道·重庆府二》，重庆：重庆出版社，1984年，第253页）。从时间和历官看，刘温可能是此18人之一。
② 《白居易文集校注》卷15，第798—805页。
③ 《元稹集校注》卷40《处分幽州德音》，第1012—1014页。
④ 《资治通鉴》卷241，唐穆宗长庆元年（821）六月，第7792页。
⑤ 吕思勉先生以李参为例，认为朝廷对幽州将校待遇不错，并猜测得官者不在少数，不能以一人觖望，就说朝廷措置不善（《隋唐五代史》第八章《顺宪穆敬四朝事迹》，上海：上海古籍出版社，2005年，第311页）。
⑥ 《唐国史补》卷下，第53页。
⑦ 《旧唐书》卷119《崔植传》，第3443页。

结 语

总的来说,幽州的归附以及权力交接是复杂的,它是在穆宗君臣、刘总幕僚、邻镇藩帅、监军宦官等势力共同参与下实现的。穆宗朝廷注重加强幽州御边功能,却造成不少失误。除了未认识到问题复杂性之外,[1]还不能忽视当时正在推行的销兵政策。

销兵的主要内容是"天下军镇有兵处,每年百人之中,限八人逃死"。[2] 它是对宪宗用兵政策的继承,旨在减少藩镇兵额,减轻财政负担,进而消除割据基础,积极作用早为学者所论。[3] 若不预先考虑复失河朔的结果,穆宗君臣利用高涨政治权威推行早有先例的销兵,[4]具有合理性。幽州归附时,销兵政策尚在推行,这种情况下,未认识到幽州归附复杂性的穆宗君臣自然不以幽州军人为意,坚信幽州将再度成为朝廷治下捍卫帝国北门的重镇。张弘靖幕僚曾对幽州士卒说:"天下无事,而辈挽两石弓,不如识一丁字。"[5]便是销兵推行下的正常反应。[6]

---

[1] 大好形势让穆宗君臣产生了错觉。参见卢建荣:《飞燕惊龙记:大唐帝国文化工程师与没有历史的人(763—873)》,第32—33页。
[2] 《旧唐书》卷172《萧俛传》,第4477页。
[3] 杨西云:《唐长庆销兵政策平议》,《社会科学战线》1985年第3期;徐嫩棠:《试论唐朝元和长庆间的"销兵"》,《洛阳师专学报》1996年第6期;孟彦弘:《"姑息"与"用兵"——朝廷藩镇政策的确立及其实施》,《唐史论丛》第12辑,西安:三秦出版社,2010年,第135—138页。
[4] 杨西云:《唐长庆销兵政策平议》,第150—151页;孟彦弘:《"姑息"与"用兵"——朝廷藩镇政策的确立及其实施》,第137—138页。
[5] 《新唐书》卷127《张弘靖传》,第4448页。
[6] 前人多将此归为长安与幽州文化差异的表现。也有学者只将其视作张弘靖幕僚陵轹下属的表现,与文化差异无涉(陈磊:《唐长庆元年幽州的军变:从史料撰写的层面看》,第28页)。

但销兵存在很大问题,因此以失败告终,笔者将另文专论。[1] 概言之,在幽州归附的长庆初乃至整个藩镇时代,正处于中古田制转为租佃制,募兵制成为主要兵制的历史阶段,军队常备化、编制固定化乃是大势所趋。[2] 但穆宗君臣仍受律令制时代思想影响,并且中唐时期出现怀念"高祖太宗著法垂制"风气,[3]陆贽、李泌、白居易等重臣名士竞相主张复府兵制。[4] 他们描摹的府兵制面貌与事实相去甚远,带有鲜明的理想色彩。[5] 以如此又旧又谬的思想,应对愈新愈异的局面,销兵安得成功?处置幽州岂能无误?因此,幽州的得而复失不单是表面文化差异导致的,其实质是唐廷失于应对时代变革的结果。如此,唐廷处置幽州归附的意义,就不止停留在藩镇问题上,还映照出时代变革的面相。

作者单位:北京师范大学历史学院

(原刊于《首都师范大学学报[社会科学版]》2021年第1期)

---

[1] 前贤主要在土地问题以及销兵政策的制定、实施上寻找失败原因(杨西云:《唐长庆销兵政策平议》,第152—153页;温智:《论唐代中后期藩镇政策之"销兵"之失》,《求索》2011年第4期)。
[2] 从秦汉到宋代军队编制从不固定转向固定,完成于唐代(张国刚:《唐代兵制的演变与中古社会变迁》,《中国社会科学》2006年第4期)。
[3] 邓小南:《"祖宗故事"与宋代的〈宝训〉、〈圣政〉——从〈贞观政要〉谈起》,《唐研究》第11卷,北京:北京大学出版社,2005年,第98页;《祖宗之法——北宋前期政治述略》,北京:生活·读书·新知三联书店,2006年,第35—36页。
[4] 分见《陆贽集》卷11《论关中事宜状》,北京:中华书局,2006年,第337—339页;王应麟:《玉海》卷138《兵制三》引《邺侯家传》,扬州:广陵书社,2007年,第2571页;《白居易文集校注》卷27《策林三》,第1511页。
[5] 中晚唐士人对府兵制的讨论夹杂了他们对现实的不满。他们面对国势失坠的情况,希望可以重新控制军队,应付内外压力,因此将府兵制视为与募兵制迥然不同的制度,将"兵农合一"作为府兵制的核心(方震华:《理想兵制的形塑:唐宋时期的兵农合一论》,《基调与变奏:七至二十世纪的中国》第3册,台北:政治大学历史系等,2008年,第85、87页)。

"再失河朔"发微

秦中亮

摘 要：元和十五年(820)刘总和王承元的归朝，表面上是唐廷彻底降服了河朔之地，实际上是唐廷和河朔节度使家族的一场博弈。河朔节度使离镇带两千亲兵、徙镇地点在河朔或河朔周边、赏钱为一百万贯，这些统一标准彰显了博弈的痕迹。在这场博弈之中，唐廷收回了河朔节度使家族在本镇的管理权，结束了河朔故事，河朔节度使家族则执掌他镇，家族成员也多被授予刺史之职，可以说是一场共赢。然而，共赢背后则是河朔节度使家族在新藩镇拥有土地、人民、甲兵、财赋，仍然有可能在河朔或河朔周边实行新的割据。为了结束新割据的可能，唐廷运用了将河朔节度使家族徙往京兆附近藩镇、毁约赏钱、调离亲兵、煽动刺史图害节度使等措施，这些举措同时损害了节度使家族、藩镇将校与兵士的利益，从而导致了河朔复叛。

关键词：河朔三镇　长庆销兵　唐穆宗

长庆年间的唐廷"再失河朔"上承元和平藩之余烈，下启"放弃河北、控制其余"的藩镇政策,①对于藩镇时代乃至整个中古史都产生了深远影响。职是之故,至唐以降,"再失河朔"以及长庆销兵的相关问题就被前贤时彦所重,陈寅恪就说,"穆宗因此辈弑逆徒党之拥立而即帝位,于是'销兵'之议行,而朝局大变矣"。②

关于唐廷"再失河朔",历来归因于穆宗昏聩与宰相群体的失策,《旧唐书》载,"(萧)俛与段文昌屡献太平之策……帝既荒纵……由是复失河朔",③《新唐书》《资治通鉴》也是承袭这一观点。同时代宋人,王安石④、唐文若⑤更是对此论风而从之。宋代之后,王夫之等⑥也因循之。关于这一点,万斯同总结得最为直观——"唐家再失河朔,论者归咎于萧俛、崔植之寡谋"。⑦ 所谓穆宗与宰相的失策,概括起来是三件事:没有按照刘总意见将幽州一分为三,而是一分为二;刘总将难制的将校送至京师,宰相将他们放归;对河朔实施销兵之策,导致复叛。本文以长庆初年相关事迹为检视对象,来探讨穆宗君臣失策的问题,从而对"再失河朔"进行重新复盘。

---

① 孟彦弘:《"姑息"与"用兵"——朝廷藩镇政策的确立及其实施》,《唐史论丛》第 12 辑,西安:三秦出版社,2010 年,第 115 页。
② 陈寅恪:《唐代政治史述论稿》,北京:生活·读书·新知三联书店,2011 年,第 288 页。
③ 刘昫等撰:《旧唐书》卷 172《萧俛传》,北京:中华书局,1975 年,第 4477—4478 页。
④ 脱脱等撰:《宋史》卷 193《兵七》,北京:中华书局,1977 年,第 4811 页。
⑤ 《宋史》卷 388《唐文若传》,第 11912 页。
⑥ 王夫之著,舒士彦点校:《读通鉴论》卷 26《穆宗》,北京:中华书局,2013 年,第 794 页。
⑦ 万斯同撰:《明史稿》卷 332《论曰》,《续修四库全书》(330),上海:上海古籍出版社,1995 年,第 25 页。

一、政区再划分与幽州镇权力的重构

关于宰执群体对于幽州政策的失当,还要从刘总三分幽州说起:

> 刘总奏分所属为三道:以幽、涿、营为一道,请除张弘靖为节度使;平、蓟、妫、檀为一道,请除平卢节度使薛平为节度使;瀛、莫为一道,请除权知京兆尹卢士玫为观察使。①

如所周知,除了瀛、莫州连在一块外,幽、涿、营三州没有连成一片,幽、涿毗邻,营州孤悬在外;同样,平、蓟、妫、檀四州并非整齐合一,正如李碧妍所言,"刘总的分理方式其实暗含着制约三镇各自统治效力的意味"。② 由此可知,刘总三分幽州主要是以弱化幽州为考量,使得该地彻底丧失分邦的可能,宏观上有肢解幽州,微观上也有让新的三镇互相制约、镇内诸州相互牵制的谋划。

刘总与唐廷对于幽州政区划分差异的探讨,引发了两个问题:其一,为何唐廷只是二分幽州,大部分地保存了幽州的实力?其二,为何唐廷是将瀛、莫化为一镇?

在中晚唐,帝国东北部奚、契丹等胡族势力尤为强盛。唐廷之所以设置河朔诸镇,主要是因为河朔之地肩负着抗击胡族的责任。黄永年就说:"河北藩镇实为遏制奚、契丹而设置,至安史乱后仍有

---

① 司马光编著,胡三省音注:《资治通鉴》卷241,穆宗长庆元年六月条,北京:中华书局,1956年,第7792页。
② 李碧妍:《危机与重构:唐帝国及其地方诸侯》,北京:北京师范大学出版社,2015年,第349页。

此作用。"①在唐廷兴兵成德正炽之时,宪宗还不忘下诏刘总:"专护北疆,勿使朕复挂胡忧。"②如果我们将视线再下移,牛僧孺甚至有不计较幽州逆顺,专心让它抗击胡族的言论:"范阳自安、史以来,非国所有……因而抚之,使捍北狄,不必计其逆顺。"③

检视唐廷设瀛、莫为一道,首先要认识此二州地理之重要。放眼整个河朔,瀛、莫乃中心之地,南北的魏博、幽州要交通,瀛、莫乃必经之地,"李晟谋取涿、莫二州,以绝幽、魏往来之路";④东西的沧景与易定要联系,也要取径于瀛州,"自沧如定,必过瀛州,瀛隶朱滔,道路阻涩"。⑤和幽州其他支郡不同的是,"莫、瀛两州还深入到河北平原腹地",⑥它们是河北平原北拒幽州的屏障。这就意味着,幽州军队特别是骑兵要南下,占有瀛、莫则可长驱直入,未占有则要先图此二州。这就是所谓的"唐藩镇之患,卢龙一道称最强者,以瀛、莫南下,易定、镇冀不得不避其锋也"。⑦同理,河北平原之将要兴兵幽州也要先取瀛、莫,"欲吞幽州,先争瀛、莫"。⑧正是基于此,瀛、莫之地才被时人称为河朔的"咽喉"。⑨

瀛、莫两州皆在河北平原,莫州在北,瀛州居南。正常而言,幽州镇有莫州一州即可南下河北平原,广德元年(763)划分河北,幽州镇也就只据有莫州。然而,瀛州之内有博野、乐寿两大军事重镇,

---

① 黄永年:《唐史十二讲》,北京:中华书局,2007年,代前言第3页。
② 《资治通鉴》卷238,宪宗元和四年十一月条,第7670页。
③ 《资治通鉴》卷244,文宗大和五年正月条,第7874页。
④ 《资治通鉴》卷228,德宗建中四年五月条,第7344页。
⑤ 《资治通鉴》卷231,德宗兴元元年五月条,第7433页。
⑥ 虞云国:《黎东方讲史之续:细说宋朝》,上海:上海人民出版社,2019年,第24页。
⑦ 顾祖禹撰,贺次君、施和金点校:《读史方舆纪要》卷13《北直四》,北京:中华书局,2005年,第550页。
⑧ 《读史方舆纪要》卷13《北直四》,第550页。
⑨ 《旧唐书》卷142《王廷凑传》,第3886页。

"范阳、成德间为要害地,每相攻,以取两城"。① 因而瀛、莫两州中,占有莫州之后,再据瀛州就是必然,瀛、莫两州就成为整个北方防御体系中的整体。从秦汉以降,榆关—瀛、莫就是整个北方防御体系的重要一环,②魏晋时期也注重对这一区域的经略。③ 视线下移,石敬瑭割让幽云十六州,最南边的两个州就是瀛、莫。

有基于此,自大历十一年(776)幽州镇得到瀛州以后,历任节度使都特别注重对瀛、莫二州刺史的选任。在刘怦时代,其子刘济,"为莫州刺史",④而刘济袭位前后,瀛州刺史为其岳父张懿。⑤ 在张懿之后,刘济先后让其弟刘滩,其子刘总出任瀛州刺史。可以说,瀛、莫二州长期掌握在节度使家族的手中。刘氏三代节度使,两代皆仕宦于瀛、莫刺史。⑥

同样,唐廷也重视对瀛、莫的经略。新近出土的《魏纶夫妇墓志》中,魏纶妻祖父雍宁"累迁仓、驾二部郎中。出典莫州",⑦魏纶父亲魏再升,为"莫州刺史"。大概在大历年间,唐廷连续选派中央

---

① 李翱撰:《李文公集》卷13《唐故横海军节度齐棣沧景等州观察处置等使金紫光禄大夫检校兵部尚书使持节齐州诸军事兼齐州刺史御史大夫上柱国贝郡开国公食邑二千户赠左仆射傅公神道碑》,上海:上海古籍出版社,1993年,第67页。
② 秦中亮:《诗史互证何以可能:兼论〈出塞〉诗中的飞将形象》,《文学评论》2023年第6期。
③ 赵超著:《汉魏南北朝墓志汇编》,天津:天津古籍出版社,2008年,第444—445页。
④ 权德舆撰,郭广伟校点:《权德舆诗文集》卷21《唐故幽州卢龙节度副大使知节度事管内支度营田观察处置押奚契丹两番经略卢龙军等使开府仪同三司检校司徒兼中书令幽州大都督府长史上柱国彭城郡王赠太师刘公墓志铭(并序)》,上海:上海古籍出版社,2008年,第318页。
⑤ 白居易著,顾学颉校点:《白居易集》卷51《刘总外祖故瀛州刺史卢龙军兵马使张懿赠工部尚书制》,北京:中华书局,1999年,第1077页。
⑥ 参考李碧妍:《危机与重构:唐帝国及其地方诸侯》,第347页。
⑦ 李彦峰、马金磊:《唐魏纶夫妇合葬墓的发现与墓志考释》,《文博》2019年第6期。

文臣出典莫州。其后,魏、雍两家多未归朝,而是继续留任于莫州,魏纶的岳丈雍端为莫州司马,魏纶本人为莫州文安尉。在莫州之地形成了两家互为婚姻的刺史级家族。

诚如严耕望所言,唐廷对河北的策略,是通过设立义武等防御型藩镇"间开河北三镇,使不能联为一气也"。① 在广德元年(763)的政区之中,河朔三镇是毗邻的。大历十一年(776),成德镇据有沧州,魏博与幽州才开始隔断。之后连续设置横海、易定镇就是为了隔断幽州与成德,而将瀛、莫设置为一镇,就是彻底隔断幽州与成德的最后一步。从此,幽州与成德在地理上不再相邻。曾经河朔三镇互为毗邻,演变成了只有魏博的贝州与成德的冀州相邻,隔开河朔三镇的政策基本实现。

为何只将瀛、莫两州合为一镇,而不是只有瀛州,或者瀛、莫外再加其他州? 在唐廷设置瀛、莫二州节度使的同时,又"置德、棣二州观察处置使"。② 如此之后,除了旧有的泽潞镇以外,唐廷嵌入河朔的藩镇就又有了其他四镇,易定军节度使下辖易、定州;保信军节度使统领德州、棣州;横海军节度使拥有沧州、景州;瀛莫观察使统辖瀛州、莫州。如果将视野扩大到河朔周边,为控驭魏博、淄青而设置的郑滑节度,掌管郑州、滑州。显然,这几个节度使的共性是——都辖有两州。

唐廷要在河朔之地打入棋子,这些镇既要具有制衡河朔三镇的实力,同时又不能过强,走上和河朔三镇一样的老路。节度使只下辖二州,形成"节度州与单支郡二元结构",藩镇的实力就不会过强,两州之地要供养一支军队仅靠本地并不足够,需要仰仗唐廷

---

① 严耕望:《唐代交通图考》第 5 卷,台北:"中研院"历史语言研究所,1986 年,第 1503—1504 页。
② 《新唐书》卷 66《方镇三》,第 1850 页。

的支持。① 唐文宗就评价易定镇"易、定地狭人贫,军资半仰度支",②同样莫州也是"地褊,不足安众",③势必在军费上也要倚恃于唐廷。有甲兵而无足够的赋税,这就导致藩镇缺失了割据的经济基础。

"节度州与单支郡二元结构"使得节度使和支郡刺史皆领一州之地,支郡刺史足以制衡拥有一州的节度使,宪宗年间就出现了横海镇支郡刺史与节度使抗衡的情况,"沧州刺史李宗奭与横海节度使郑权不叶,不受其节制",④从而杜绝了藩镇走上河朔故事的条件。"节度州与单支郡二元结构"既可以保持藩镇的军力,同时又使得军力与军资不相匹配,易定、保信、横海、瀛莫四镇都是在"节度州与单支郡二元结构"的理念下制造出来,瀛莫只有二州也就不难理解。

从政治地理而言,瀛、莫二州是整个北方防御体系重要的一环,也是唐廷彻底隔开河朔三镇的最后一步。从处置目的上看,只是将瀛、莫分裂出幽州,有着中与外的制衡,也就是尽可能保存幽州镇阻止胡族南牧的实力;也有河朔藩镇州与州之间的制衡,就是加大幽州镇南下攻取易定镇、成德镇的难度;更有藩镇内部州与州之间的制衡,瀛莫镇只有两州之地,支郡刺史有能力制衡节度使。综上可知,此次对幽州政区的划分以及人事的措置,全然是蹈袭成规,并没有方法和制度上的失策。后世史家赞成刘总三分幽州是站在后见

---

① 相关论述参看秦中亮:《地域空间与政治博弈:中晚唐河朔政区变迁刍议》,《社会科学》2022年第5期。
② 《资治通鉴》卷246,文宗开成三年十月条,第7936页。
③ 裴抗《魏博节度使田公神道碑》,李昉等编:《文苑英华》卷915,北京:中华书局,1966年,第4816页。
④ 《资治通鉴》卷240,宪宗元和十四年正月条,第7760页。

之明的设想,并且只是考虑到了消解幽州父死子继的独立土壤,而唐廷更多的是考虑中与外、藩镇之间、藩镇内部的平衡。因而将再失河朔归结于政区划分与人事安排,并不符合当时的实际。

二、元和十五年唐廷与河朔藩帅的权力博弈

王夫之有言:"田弘正之输忱于王室,非忠贞之果挚也,畏众之不服,而倚朝廷以自固也。刘悟之杀李师道,师道欲杀悟,而悟先发制之也。王承元之斩李寂等而移镇义成,惩师道之死而惧也。刘总之弃官以去,见淄青、魏博之瓦解,党援既孤,而抱弑父与兄之巨慝不自保也。"①若刘总等人都是权衡利害之后的无奈之选,那么,他们的归附显然就是对唐廷的权宜之计,这次河朔诸帅之间的调整就应是一场节帅与中央之间的博弈:

> 宜令谏议大夫郑覃往镇州宣慰,赐钱一百万贯。②
> 幽州百姓给复一年,赐三军赏设钱一百万贯。③
> 刘悟之去郓州也,以郓兵二千自随为亲兵。④
> (田弘正)乃以魏兵二千从赴镇,因留以自卫。⑤
> 王承元以今月九日领兵二千人赴镇滑州。⑥

---

① 《读通鉴论》卷26《穆宗》,第794页。
② 《旧唐书》卷16《穆宗本纪》,第483页。
③ 《旧唐书》卷16《穆宗本纪》,第487页。
④ 《资治通鉴》卷243,敬宗宝历元年七月条,第7844页。
⑤ 《资治通鉴》卷242,穆宗长庆元年七月条,第7796页。
⑥ 《旧唐书》卷16《穆宗本纪》,第483页。

关于赐钱有两点值得注意,其一是数目之巨,一百万贯是非常庞大的数额。中晚唐时期,唐廷一年的税赋总收入一般在一千二百万贯左右。① 关于地方军镇的赏赐,数额达到十万贯就已较多,史乘中有关于给振武军与蔡州行营兵的赐钱,分别是十四万贯②与二十五万贯③,唐廷一年给义武军调拨的军费不过十二万而已,④纵观整个藩镇时代,给地方军镇赐钱能超过一百万的,只有田弘正归附之时,"赉其军钱百五十万缗";⑤其二对魏博、成德的赏赐,都为一百万贯。这里既可以看出唐廷对河朔藩帅政治妥协的耗费之大,同时也可知这场博弈有着一致的标准。

　　在领兵人数上皆为两千人,这个数字不仅田弘正、王承元是这样,之前的刘悟也是。由此可知,在经济、军事两个层面而言,唐廷对河朔归附的藩帅是一致的,这就意味着唐廷与河朔藩帅政治博弈背后的隐性规则也有趋同性。即便史乘在田弘正领兵动机上强调"有父兄之仇",实际上这些只是表面的理由,而在内里上河朔归附的藩帅皆领兵两千,是唐廷与河朔藩帅共同遵守的规则。

　　唐代军队在徙镇的过程中,一些将领的"家属也随军而来"。⑥这一现象,在"再失河朔"期间也多有例证,成德镇内院兵马使张遵就是全族南归。⑦ 幽州节度衙前兵马使王公作牧南阳之时,也是举

---

① 《旧唐书》卷123《刘晏传》,第3514页。
② 《旧唐书》卷17上《敬宗本纪》,第515页。
③ 《旧唐书》卷20上《昭宗本纪》,第737页。
④ 《旧唐书》卷141《张孝忠传》,第3857页。
⑤ 《新唐书》卷148《田弘正传》,第4782页。
⑥ 孟彦弘:《论唐代军队的地方化》,《中国社会科学院历史研究所学刊》第1集,北京:社会科学文献出版社,2001年,第266页。
⑦ 周绍良、赵超主编:《唐代墓志汇编续集》大和032《唐故张府君墓志故夫人豆卢氏墓志铭》,上海:上海古籍出版社,2001年,第905页。

家迁徙。① 关于这一点,《郑府君夫人墓志》更是展现了一幅"携老扶幼"的画面:"帅殒而子承元以顺逆自谕,举军来王,司马扶舆出乎虎口,持小辈附于骥尾,其余血属姊弟,数年之内,稍稍而至。"②再结合史料,"庭凑结牙兵噪于府署,杀弘正及僚佐、元从将吏并家属三百余人",③可知河朔诸帅所领的两千人中,稍高级别的将吏都是有家属相随,随军人员也不在少数。

"随为亲兵""留以自卫"则可以看出,刘悟、田弘正、王承元所领应多为牙兵。田弘正领兵徙镇成德之后,继任者李愬增补牙兵之举,也侧面说明田弘正所带走之兵为牙兵。④ 从田弘正徙镇所带的李归仙,以及王承元所带的杨孝直、刘逸等人来看,这些将校皆为"亲卫爪牙",⑤带有一定的"家臣"性质。从将校到兵士,河朔节度使徙镇所领之人,都是亲信,他们和节度使之间存在政治认同。

除了经济、军事层面以外,还要注意河朔藩帅徙镇的区域。田弘正从魏博前往成德,还在河朔之地。成德王承元迁往义成,义成刘悟则是徙镇昭义,而田弘正之子田布为河阳节度使。义成、昭义、河阳三镇,它们皆与魏博相邻,两两之间都有数州毗邻,基本是在一

---

① 周绍良主编:《唐代墓志汇编》大和048《唐幽州节度衙前兵马使王公夫人故陇西李氏墓志铭并序》,上海:上海古籍出版社,1992年,第2129页。
② 《唐代墓志汇编》大和049《唐故冀州阜城县令兼□□□史赐绯鱼袋荥阳郑府君夫人博陵崔氏合祔墓志铭并序》,第2130页。
③ 《资治通鉴》卷242,穆宗长庆元年七月条,第7797页。
④ "抡材于辕门,取大将家翘秀者为子弟军,列于诸校之上。"刘禹锡著,瞿蜕园笺证:《刘禹锡集笺证》卷3《唐故邠宁庆等州节度观察处置使朝散大夫检校户部尚书兼御史大夫赐紫金鱼袋赠右仆射史公神道碑》,上海:上海古籍出版社,1989年,第99页。
⑤ 《唐代墓志汇编》大和070《唐故平卢军讨击副使银青光禄大夫检校太子宾客□□□彭城郡开国男食邑三百户刘府君墓志铭并序》,第2147页。

个区域之内。义成镇从令狐彰以降,被唐人视为河朔性格的藩镇。[1]元和年间,唐廷意欲启用薛平控驾河朔藩镇,第一站就是义成镇。长庆元年(821),将王承元再次徙镇,就是因为义成和河朔土地毗邻、风俗相近,"恐封疆相接,复相劝诱。命充与承元更换所守"。[2]昭义镇本就和魏博、成德相邻,"欲变山东之俗,先在择昭义之帅",[3]以及以后刘悟据地自专就可以看出昭义的地域与风俗。河阳与义成、昭义相邻,地域与风俗也颇为相近。

再将视野扩大,幽州刘总归附"授天平军节度使",[4]天平军是在原来的淄青镇境内。由此可知,田弘正、王承元、刘悟、田布、刘总在徙镇的区域上皆为河朔或河朔相邻之地。就此,迈克尔·多尔就说,"很明显,这个意思是要承认东北诸节度使有权参与政治"。[5]对于此次博弈的河朔节度使而言,他们既可以保留节度使的权位,同时还能与亲信人马一起将这种权位保留在河朔或河朔周边。除此以外,节度使的亲属、子侄也受到大量封赏,"将校有劳者,亦皆擢用",[6]百姓也有"给复一年"的恩泽。[7]

"元和十四年秋,国家削平区宇",[8]无论是唐人还是时彦,都习将长庆初年认为是一个彻底解决河朔问题的时代。表面上看,藩镇内部从节度使家族、中层将校到底层士兵以及普通百姓皆在这场博

---

[1] 秦中亮:《胙土封邦:河朔故事形成史论》,《江西社会科学》2020年第1期。
[2] 《旧唐书》卷156《韩充传》,第4137页。
[3] 《权德舆诗文集》卷47《昭义军事宜状》,第751—752页。
[4] 《旧唐书》卷143《刘总传》,第3902页。
[5] 崔瑞德主编:《剑桥中国隋唐史》,北京:中国社会科学出版社,1990年,第642页。
[6] 《旧唐书》卷142《王承元传》,第3884页。
[7] 元稹撰,冀勤点校:《元稹集》卷40《处分幽州德音》,北京:中华书局,1982年,第447页。
[8] 《唐代墓志汇编》长庆004《唐故朝议郎行扬州大都督府法曹参军京兆韦府君墓志文》,第2060页。

弈中获益,唐廷也确实收服了河朔数镇,是一场诸方受益的结局。然而,这种表象之下仍然有巨大的隐患,田弘正、王承元、刘悟、田布皆在河朔或河朔毗邻之地,所领的数千亲兵及其家属为他们继续割据提供了甲兵保障,唐廷赐予他们的一百万贯钱给他们带来了财赋支持。"既有其土地,又有其人民,又有其甲兵,又有其财赋",①这一批河朔节度使依然拥有继续割据的条件。

由上可知,长庆元年(821)的博弈并不能全然视为一个崭新的时代,田弘正、王承元、刘悟、田布最终是彻底降服,还是在新地方开始再一轮的父死子继还未可知。当然,唐廷肯定不能接受田弘正等人开启新的河朔故事,接下来的一系列操作,就能够彰显出唐廷彻底解决河朔归附节度使"既有其土地,又有其人民,又有其甲兵,又有其财赋"的决心。

唐廷解决甲兵问题的方法,就是对徙镇之后河朔藩镇内刺史一级的重新安排。成德镇归附之后,除了镇州刺史由田弘正兼任外,冀州刺史由行右羽林军大将军王进岌所领,②深州刺史由薛常翙出任,从薛常翙"平蔡之役,常领偏师"的经历来看,他同王进岌一样,是唐廷选派而来;③魏博镇的支郡刺史也多为唐廷选派,澶州刺史田群为禁军系所出,④贝州刺史裴弘泰原为榷盐使。⑤卫州刺史邵同,本为中央的"太府少卿兼御史中丞",河朔复叛时被乱军所逐,而"擅赴阙庭"。⑥由幽州镇支离出来的瀛、莫镇,莫州吴晖不能被幽州兵

---

① 《新唐书》卷50《兵志》,第1328页。
② 《元稹集》卷48《王进岌冀州刺史制》,第515—516页。
③ 《白居易集》卷53《薛常翙可邢州刺史本州团练使制》,第1118页。
④ 《白居易集》卷52《田群可起复守左金吾卫将军员外置兼澶州刺史制》,第1094页。
⑤ 《白居易集》卷51《河北榷盐使检校刑部郎中裴弘泰可权知贝州刺史依前榷盐使制》,第1064页。
⑥ 《白居易集》卷52《邵同贬连州司马制》,第1094—1095页。

所接纳,他应该也是唐廷所选派;①昭义所领的支郡之中,邢州刺史为高承简,②他是神策军出身。磁州刺史张汶是唐廷从镇州选拔而来。③

王承元去义成、刘悟前往昭义的情况也基本相同。义成镇辖滑州、郑州,元和十五年(820)十月,王承元领滑州刺史,是年秋天,崔弘礼出任郑州刺史,④从时间上看崔弘礼搭配王承元是唐廷有意的安排。关于崔弘礼有两点值得注意,其一,他早年就仕宦于义成,"应召义成军作节度判官,后改职营田副使",宦海沉浮多年之后,元和十二年(817)再次回到义成,"充义武军节度副使";⑤其二,在元和十三年(818),他改守棣州。并于元和十四年(819)左右,在田弘正向朝廷求藩镇副使之际,崔弘礼相继出任卫州、相州刺史,并充任魏博节度副使。⑥ 从崔弘礼的仕宦来看,他深得宪宗所信,是唐廷安排在河朔的一枚重要棋子。既深谙于河朔事宜,又久宦义成,使得他成为唐廷制衡王承元的不二人选。

我们再来看徙镇之后,原河朔支郡刺史的命运。幽州所属的瀛州刺史刘令璆,在瀛、莫化为一道之后,直接致仕。⑦ 李归仙本为澶

---

① 《资治通鉴》卷242,穆宗长庆元年八月条,第7797页。
② 《旧唐书》卷151《高承简传》,第4053页。
③ 杜牧撰,陈允吉点校:《樊川文集》卷13《上宣州崔大夫书》,上海:上海古籍出版社,2009年,第189—190页。
④ 《唐代墓志汇编》大和039《唐故东都留守东都畿汝州都防御使银青光禄大夫检校尚书左仆射判东都尚书省事兼御史大夫上柱国赠司空崔公墓志铭并序》,第2123页。
⑤ 《唐代墓志汇编》大和039《唐故东都留守东都畿汝州都防御使银青光禄大夫检校尚书左仆射判东都尚书省事兼御史大夫上柱国赠司空崔公墓志铭并序》,第2123页。
⑥ 《旧唐书》卷163《崔弘礼传》,第4265页。
⑦ 《白居易集》卷52《前幽州押衙瀛州刺史刘令璆除工部尚书致仕制》,第1100—1101页。

州刺史,属于魏博节度使田弘正的属下。田弘正从魏博迁往成德,李归仙没有出任成德的支郡刺史,而是成为节度州所在的镇州右司马;①杨孝直本为成德王承元的心腹家臣,先后出任了深州、冀州刺史,王承元袭镇义成之后,杨孝直也没有成为义成支郡刺史,而是滑州长史。②

常理而度,河朔节度使徙镇以后都可以自辟属吏,自然有任免支郡刺史之权。然而,通过上文的钩沉不难发现,无论是田弘正、王承元还是刘悟都只能任命节度州的属吏,并不能掌控支郡刺史的任免。从李归仙、杨孝直的仕宦来看,原本刺史级的人物在随着归附节度使徙镇以后,只能出任节度州的长史或司马。这就意味着,唐廷有意将徙镇节度使的权力限制在节度州,同时利用选派的支郡刺史来制衡节度使,从而使得节度使没有再行河朔故事的机会。

父死子继之所以能络绎于河朔,一个重要原因是家镇式的管理模式——节度使的兄弟子侄主政支郡。③ 可是,即便是刘总族弟之中五人为刺史,王承元昆弟拜刺史者四人,但这些人都已经不在刘总、王承元帐下服职。刘总之弟刘约成为了齐州刺史,④齐州不属于刘总所领的天平军辖区;而王承元之兄王承迪则远离了河朔,成为了普州刺史。⑤ 田弘正之兄田融本为相州刺史,田弘正徙镇成德,田融并未随行,而是迁转至了东都。⑥ 这样一来,河朔支郡刺史被节度使家属把持的局面就不复存在。

---

① 《元稹集》卷48《李归仙兼镇州右司马制》,第521页。
② 《唐代墓志汇编》大和090《唐故山南东道节度押衙光禄大夫检校太子宾客前行邓州长史兼侍御史弘农县开国男杨公墓志铭并序》,第2160—2161页。
③ 秦中亮:《胙土封邦:河朔故事形成史论》,《江西社会科学》2020年第1期。
④ 《白居易集》卷50《刘约授棣州刺史制》,第1057—1058页。
⑤ 《文苑英华》卷405《授王承迪等刺史王府司马制》,第2056页。
⑥ 王钦若等编纂,周勋初等校订:《册府元龟》卷131《帝王部·延赏二》,南京:凤凰出版社,2006年,第1439页。

除了牢牢把控支郡刺史的任免权以外,唐廷对于节度州的人事任命也多干预。就像唐廷相继派胡证[①]、崔弘礼出任田弘正的节度副使一样,对于移师义成的王承元左右也多有安排,万年令李彤、侍御史王源中就分别出任了义成镇的节度副使、观察判官。[②] 与此同时,唐廷也将原来河朔之地的中层官员调离,成德镇程群[③]、瀛漠州都虞候万重皓[④]都调往了坊州,幽州兵马使刘悚则前往禁中成为了左骁卫将军[⑤]。一方面不断在归附节度使身边安插人员,另一方面将河朔旧将迁出河朔。这两方面的安排,直接削弱了河朔节度使的力量。

总的来看,在这次政治博弈过程中,唐廷既在最大程度上保证了河朔节度使家族的利益,同时也竭尽所能地削弱他们的力量,从而规避河朔节度使在新的藩镇再次实行父死子继。在这次徙镇过程中,唐廷处心积虑地限制河朔节度使在支郡的权力,并且在节度州安插自身势力。但这种安排还不足以全然预防河朔故事的重演,在"甲兵""财赋"上,河朔节度使还有亲兵数千、赏钱一百万贯,对于这些问题,唐廷还需要做进一步的谋划。

三、长庆年间权力博弈的升级与河朔复叛

为了彻底改变河朔节度使在新藩镇"既有其土地,又有其人民,

[①] 《旧唐书》卷163《胡证传》,第4259页。
[②] 《白居易集》卷49《李彤授检校工部郎中充郑滑节度副使王源中授检校刑部员外郎充观察判官各兼侍御史赐绯紫制》,第1034页。
[③] 《白居易集》卷48《程群授坊州司马制》,第1017页。
[④] 《白居易集》卷53《瀛漠州都虞候万重皓可坊州司马制》,第1121页。
[⑤] 《白居易集》卷52《幽州兵马使刘悚除左骁卫将军制》,第1100页。

又有其甲兵,又有其财赋"①的局面,长庆元年(821)至二年(822)的一系列人事变动也应在唐廷意欲结束河朔故事的延长线上加以索解。

> 长庆元年春,(田布)移镇泾原。②
>
> (长庆二年)徙(王)承元鄜坊丹延节度,俄徙凤翔……五年,徙节平卢、淄青。③

田布从河阳三城迁往泾原,与王承元从义成徙镇凤翔应该加以合观。这两次人事变动,有两处值得注意。其一,史书中将王承元调动的原因,称为"幽、镇、魏复乱。朝廷以王承元有冀卒数千在滑州,恐封疆相接,复相劝诱"。④ 河阳三城、义成皆与河朔毗邻,在地理上更容易形成"复相劝诱",进而据地自专。田布与王承元的徙节,将一举解决元和十五年(820)徙镇时所遗留的诸位节度使皆在河朔的问题,削弱他们互为犄角的结构;其二,无论是田布所徙的泾原,还是王承元所迁的鄜坊丹延、凤翔,它们同属京西北系藩镇,皆与京兆毗连,更容易为唐廷所控制。

更为重要的是,王承元在短短几年就数次徙镇。诚然,每次徙镇过程中,王承元都可以带走一批成德旧将,比如李潘"及王公(承元)移镇于岐,累授里行殿中侍御史职……王公换青州,以公为检校都官员外郎副平卢军使"。⑤ 刘逸"主上以太原公(承元)勋绩超拔,乃授义成军节度使,公即行焉。俄又有除凤翔节制,公

---

① 《新唐书》卷50《兵志》,第1328页。
② 《旧唐书》卷141《田布传》,第3852页。
③ 《新唐书》卷148《王承元传》,第4788页。
④ 《旧唐书》卷156《韩充传》,第4137页。
⑤ 《唐代墓志汇编》开成050《唐故朝议郎使持节光州诸军事守光州刺史赐绯鱼袋李公墓志铭兼序》,第2205页。

又亲从"。① 这两人都可称为"幕府十年,始终一贯"。

但是,几年数迁,王承元必然无法将自身的势力合盘带走。每迁徙一次都意味着王承元所领旧有成德军势力的洗牌。在王承元徙镇义成之时,大将张汶就扈从左右,而当王承元再次徙镇,张汶就没有随行,而是留在河朔,出任磁州刺史。② 相关的材料还有很多,下面所举一对父子的墓志更是显例。

> 公讳(杨)孝直……自令公至司空,服事三代……故以元和十二年权深州刺史……司空乃剖心归朝……又蒙奏滑台长史……牛尚书元翼解深州围归阙……即日奏公邓州长史……夫人男氏,成德军衙前左厢步射兵马使检校国子祭酒承嗣之女也……嗣子瞻,本道王司空授滑州节度,后除凤翔充押衙,肘腋驱使,不幸终于凤翔;次邀,镇州衙前兵马使。③

从杨孝直父亲杨达开始,杨家就在王武俊帐下"从事戎旃"。杨氏家族的骤贵,正是依托于王武俊家族在成德的势盛。王氏家族和杨氏家族,在成德活动的时间几乎是重合的。杨家是典型的将校家庭,婚姻的对象是男氏,从杨达的职位"成德军节度征马野牧使兼中军都兵马使",男承嗣的除授"衙前左厢步射兵马使检校国子祭酒"来看,杨家属于成德镇内的高级将校家庭,是王氏家族长期仰仗的心腹。

杨孝直更是被王家所信任,先后出任了深州刺史、冀州刺史这样的要职。"服事三代"也透露出了王、杨两家深厚的主仆关系。然

---

① 《唐代墓志汇编》大和070《唐故平卢军讨击副使银青光禄大夫检校太子宾客□□□彭城郡开国男食邑三百户刘府君墓志铭并序》,第2147页。
② 《樊川文集》卷13《上宣州崔大夫书》,第189—190页。
③ 《唐代墓志汇编》大和090《唐故山南东道节度押衙光禄大夫检校太子宾客前行邓州长史兼侍御史弘农县开国男杨公墓志铭并序》,第2160—2161页。

而,即便是这样一个与王氏有着极深渊源的高级官僚世家,在王承宗更换所守的时候,其家族成员也有着不同命运。杨孝直在义成之时,被牛元翼所延揽。长子杨瞻,在王承元调任凤翔之后,病死于该地。次子杨邈则是选择留在镇州,最终官至镇州衙前兵马使。父子三人的殊途,却也同归,那就是当王承元出任平卢节度使的时候,杨氏家族再也没有人服务于他。王、杨两族数十年的主仆关系,自此画上了句号。

杨氏家族的命途轨迹,无疑给我们提供了一个窥测王承元更换所守之时,内部军将变化的窗口。像杨孝直这样改投他者、杨瞻般病死任上的应不在少数。而这些被稀释掉的老臣,他们与王氏数十年主仆情谊以及长期以来的共生关系,自然是王承元在新的藩镇三五年时间所无法建构的。每改任一处,就意味着王氏家族的班底被逐渐弱化。王承元从成德所带出的核心力量,也随着时间的推移,逐渐削弱。

如果说徙镇是温和式削弱河朔归附节度使的话,那么对田弘正的一系列措施则是激进的策略:

>(田弘正)奏请度支供其粮赐。户部侍郎、判度支崔倰,性刚褊,无远虑,以为魏、镇各自有兵,恐开事例,不肯给。弘正四上表,不报;不得已,遣魏兵归……壬戌夜,庭凑结牙兵噪于府署,杀弘正及僚佐、元从将吏并家属三百余人。①

对于穆宗克扣成德赏赐,我们习惯理解为宪宗平藩导致财政问题,"比缘用兵岁久,初息干戈,百役所资,国用多阙"。② 然而,"(穆

---

① 《资治通鉴》卷242,穆宗长庆元年七月条,第7796—7797页。
② 《册府元龟》卷484《邦计部·经费》,第5491页。

宗)即位之初,倾府库颁赏之,长行所获,人至巨万"①的记载,而且他奢靡淫乱,赏赐嬖妾无度的形象,也全然不能给后人无法赏赐军用的观感。② 穆宗袭位仅四年就去世,"诏赏神策诸军士人绢十匹、钱十千、畿内诸军镇绢十匹、钱五千,其余军镇颁给有差。内出绫绢三百万段以助赏给",③从敬宗登基时的赏赐来看,穆宗留给他的内库家底还算丰厚,也侧面反映长庆年间还不至于无法支付成德赏钱。

"诏以钱百万缗赐将士,弘靖留其二十万缗充军府杂用",④弘靖能留二十万缗作为杂用,且这一点又成为幽州叛乱的理由,最起码这二十万缗应该是实赏,否则兵士肯定不可能为了一些虚钱而作乱。据此可知,穆宗一再稽延给成德犒赏的同时,却积极地予以幽州赏钱。同时,也可以侧面反映穆宗不给成德赏钱,其中原委断然不可能是经济上的考虑。在赏钱上,穆宗对唐廷委派节度使主政的幽州与河朔投附节度使所辖的成德实行双重标准,显然要从权力博弈升级来解释。

"以为魏、镇各自有兵,恐开事例,不肯给",《通鉴》中给出的解释也不够准确。领亲兵赴镇,不仅有魏、镇,还有刘悟。与其说"恐开事例",不如说是毁元和十五年(820)之约。元和十五年,唐廷与河朔投附节度使的协议中,允许节度使各带两千亲兵,答应给成德赏钱一百万贯,经此一事就彻底毁约,既要遣返亲兵,又一再稽延赏钱。关于亲军"(田)弘正四上表,不报",赏钱则是"成德军征赏钱颇急",⑤由

---

① 《旧唐书》卷16《穆宗本纪》,第495页。
② 关于穆宗欢淫的记叙,可参读吕思勉:《隋唐五代史》,上海:上海古籍出版社,2005年,第322—323页。
③ 《旧唐书》卷17上《敬宗本纪》,第507页。
④ 《资治通鉴》卷241,穆宗长庆元年六月条,第7793页。
⑤ 《旧唐书》卷16《穆宗本纪》,第483页。

此可知当时的成德军情并不稳定。唐廷于军情不顾,一意遣返田弘正亲兵,最终导致了成德军复叛,再失河朔。

在长庆初年,唐廷就开始徙镇田布,将他从河朔周边调往京畿附近。"以为魏、镇各自有兵,恐开事例",如果唐廷顺利遣返魏兵,接下来就要遣返王承元身边的成德兵。据此可知,再次徙镇河朔节度使、遣返亲兵,应该是唐廷对于河朔投附节度使统一的"国策"。如果这两种策略都成功实施,那么在长庆年间就会出现投附河朔节度使皆离开河朔,且亲兵不再随身的局面。外加,一再稽延成德的赏钱。这样一来,在元和十五年(820)权力博弈中,河朔节度使"既有其土地,又有其人民,又有其甲兵,又有其财赋"的遗留问题将彻底解决。

据上所陈,唐廷分别对王承元、田弘正、田布采取了不同的削弱措施,下面再检视对刘悟的策略:

> 监军刘承偕与悟不平,阴与慈州刺史张汶谋缚悟送阙下,以汶代节度。事泄,悟以兵围承偕,杀小使,直言遽入责曰:"司空纵兵胁天子使者,是欲效李司空邪?它日复为军中所指笑。"悟闻,感悔,匿承偕于第以免。①

刘承偕的身份比较特殊,他是太后养子。② 在宪、穆易代之际,以左监门卫将军的身份参与了拥立之事。③ 有着和穆宗非常关系的刘承偕,准备图谋作为封疆大吏的刘悟,穆宗不可能没有与闻。诸多史籍中不提穆宗参与此事,可能是为君者讳。此事之后,"(刘)悟

---

① 《新唐书》卷193《忠义下》,第5558页。
② 《册府元龟》卷405《将帅部·识略四》,第4597页。
③ 王溥撰:《唐会要》卷32《舆服下》,上海:上海古籍出版社,2006年,第687页。

自是颇专肆,上书言多不恭。天下负罪亡命者多归之,强列其冤",①也体现了他对唐廷意欲图己的态度。

综上可知,从元和十五年(820)到长庆二年(822),将田布、王承元的徙镇,田弘正的遣返亲兵、稽延赏钱,刘悟的试图"缚送阙下",这一系列零散事件加以合观,唐廷所针对的对象皆为河朔投附节度使,除了刘总已经弃世以外,其他几位全部涉及。其目的就是削弱河朔投附节度使,进而使得他们不能在新镇再次实行父死子继。分开来看,以长庆元年(821)初为界,唐廷对田布的徙镇、田弘正的遣返亲兵、稽延赏钱,使得元和十五年河朔藩镇内节度使家族、将校、兵士等诸方势力获益共赢的局面被彻底打破。在成德因稽延赏钱带来了暴乱之后,幽州镇也因赏钱问题导致内部局势不稳,整个河朔三镇又步入了复叛的道路。

结　　论

站在后见之明,我们很容易将元和十五年(820)至长庆元年(821)视为铁板一块,它是唐廷彻底解决河朔问题的标志。然而,细析之,元和末年和长庆元年分为了几个阶段,前期是唐廷与河朔节度使家族的妥协,这一阶段河朔节度使家族是彻底归朝,还是继续留在河朔,并未可知;后期是唐廷试图通过徙镇、克扣赏钱、将节度使与亲军分离等手段,彻底解决河朔问题。有这样的认知,就很容易理解唐廷为何没有三分幽州、为何要克扣成德镇的赏钱以及遣返田弘正的亲军。随着唐廷徙镇等事宜的顺利进行,确实呈现了即

---

① 《新唐书》卷214《藩镇泽潞》,第6014页。

将一举解决河朔问题的景象,正是在这种政治语境的催生下,才有宰相放回幽州难制的骁将之举。"缓而图之,则为大利;急而成之,则为大害",长庆年间的一切之失不是举措的问题,而是过于操切,妄图一次性解决河朔问题,导致成德的变乱。幽州短暂无事,则放归难制的骁将。河朔复叛之后,"惟督令速战"①一味地想要速胜,"(乌)重胤宿将,知贼未可破,按兵观衅。上怒",②随后谙熟河朔的乌重胤被禁军系杜叔良取代,杜叔良的大败已让平叛濒于失败。

在幽州、成德复叛过程中,选择的新节度使朱克融、王廷凑皆以"血缘"为标准。实际上,这一标准长期被河朔藩镇所崇奉。在此之前,幽州镇中,朱滔以朱泚之弟的身份,③接任节度使。朱滔将节度使之位,传给了"姑之子"④刘怦;成德镇中,节度使王武俊之子王士真娶前节度使李宝臣之女,⑤两家是姻亲关系;魏博镇则更为明显,田绪诛杀堂兄田悦而出逃,"邢曹俊、孟希祐等领徒数百追及之。遥呼之曰'节度使须郎君为之,他人固不可也'",⑥这里所谓节度使只能出自田氏说的就是"血缘"标准。这种"血缘"标准,直到史宪诚取代田布为魏博节度使而结束。此后,成德镇继续沿袭河朔藩镇固有的"血缘"标准,节度使皆为王氏所出,而魏博、幽州则是改为了"军功"标准。需要看到的是,"军功"标准使人人皆有成为节度使的可能,相形之下"血缘"标准只能从节度使或节度使姻亲所出,这就意味着它更有稳定性。这就很容易解释,长庆年间之前,河朔藩镇择帅皆以"血缘"为标准,河朔三镇整体呈现了特别稳定的局面,成德

---

① 《资治通鉴》卷242,穆宗长庆二年二月条,第7808页。
② 《资治通鉴》卷242,穆宗长庆元年十月条,第7802页。
③ 《新唐书》卷225《逆臣中》,第6441页。
④ 《旧唐书》卷143《刘怦传》,第3898页。
⑤ 《新唐书》卷211《藩镇镇冀》,第5951页。
⑥ 《旧唐书》卷141《田绪传》,第3846页。

的节度使只经历了李、王两家,幽州节度使主要在朱、刘两族中徘徊,而魏博节度使则长期被田氏一族把持。长庆年间以后,成德镇继续以"血缘"为常典,一直到五代,该镇皆掌握在王氏之手,而幽州、魏博以"军功"为标准,则藩镇经常处于内乱之中,开启了混乱的继承时代,河朔三镇的性格也由此走向分化。

作者单位:上海师范大学人文学院

(原刊于《中国史研究》2024年第1期)

文本书写与地方社会

唐后期五代孔庙与河北藩镇社会变迁

冯金忠

摘　要：唐初诏州、县学皆建孔子庙,开元二十七年(739)改称文宣王庙,庙、学由分置逐渐合一,孔庙由此兼具祭祀和教育功能。河北地区,在唐前期即有营建,如檀州孔庙、平山孔庙、赵州瘿陶(今河北宁晋)孔庙等,唐后期五代有新乐孔庙、镇州孔庙、定州孔庙、涿州范阳县孔庙等。其中,定州孔庙和涿州范阳县孔庙分别为河北地区庙学中州学和县学的代表。一般认为,定州孔庙乃大中末义武节度使卢简求所修,但事实上卢简求也不过是重修,其始建应在大中十三年(859)之前;天祐十三年(916)七月,义武节度使王处直又进行了大规模重修。同样,涿州范阳县孔庙亦非刘济建中初年所创修。从时间上看,河北地区孔庙的修建具有前后延续性;从地区分布来看,几乎遍布于河北各个藩镇,但仍呈零星点状分布。其建筑已呈前庙后学或左庙右学的格局,包括正殿、三礼堂、讲堂、斋堂等建筑,开元明清规制之滥觞。另外,对其考察,不能忽视全国州、县并非普置的大背景,不能忽视河北地区孔庙前后期的延续性,更不能将河北藩镇孔庙特殊化。从种种迹象来看,其修建虽然由朝廷推动，但也开始成为河北藩镇统治者的自觉行为。这不仅是河北藩镇奉行朝廷法令的象征，也标志着河北藩镇职业军人集团尊奉儒教，奉行礼仪教化，由崇武向尚文的转变。

关键词：唐五代　河北藩镇　孔庙

孔庙，又称孔子庙、夫子庙、先师庙、孔子祠、文宣王宫、文宣王庙、文庙等。①鲁哀公十七年（前478），始于曲阜阙里孔子旧宅"立庙"，②此为我国历史上最早的孔庙。随着汉武帝"罢黜百家，独尊儒术"，以后历代兴建不绝。对于唐代而言，唐武德二年（619）六月，始诏国子监立周公、孔子庙各一所，四时致祭。③七年，以周公为先圣，孔子配。贞观二年（628），罢周公，升孔子为先圣，以颜回配享。四年，诏州、县学皆作孔子庙，十一年，诏尊孔子为宣父，作庙于兖州，给户二十以奉之。④乾封元年（666）正月，追赠孔子为太师；天授元年（690），封隆道公。开元二十七年（739）八月，玄宗下制追谥孔子曰"文宣王"，规定"自今孔子南向坐，被王者之服，释奠用宫悬"。⑤始用王者之礼，故孔庙至此亦称文宣王庙。以下为了方便起见，除了引文，概称孔庙。

众所周知，唐代地方官学体系较为完备，包括州学、县学、乡学、里学等。武德七年（624），海内甫定，即诏天下诸州县及乡，并令置学。⑥

---

① 孔子庙，在各时代有不同习称，例如，唐开元二十七年（739）后，多称文宣王庙、先师庙，宋元时期多称孔庙，明清则称文庙。
② 孔传揩撰，王智勇校点：《孔氏祖庭广记》卷1《先圣》，北京：北京大学出版社，2005年，第69页。
③ 王溥：《唐会要》卷35《褒崇先圣》，北京：中华书局，1955年，第635页。
④ 欧阳修、宋祁：《新唐书》卷15《礼乐志五》，北京：中华书局，1975年，第373页。
⑤ 司马光：《资治通鉴》卷214，唐玄宗开元二十七年八月甲申条，北京：中华书局，1955年，第6838页。
⑥ 杜佑撰，王文锦等点校：《通典》卷53《礼十三》，北京：中华书局，1988年，第1467页。

开元二十六年(738)正月十九日,又敕天下州县,每乡之内,各里置一学,仍择师资,令其教授。① 有唐一代,孔庙不仅祭祀规格日益提高,而且其性质也发生变化,不仅是祭祀孔子释奠之地,还设有博士弟子,成为州县生徒习学之所,被赋予了新的职能,庙、学开始合一。② 换言之,从唐代开始,孔庙祭祀与州县儒学教育开始合一。例如,《文献通考》卷四三《学校考四》载:"自唐以来,州县莫不有学,则凡学莫不有先圣之庙矣。"③即点明了孔庙与学宫之间的共生关系。但"庙学"一词,出现较晚,韩愈《处州孔子庙碑》一文记载了处州刺史邺侯李繁兴建孔庙之事,其中云"惟此庙学,邺侯所作",④此是迄今关于庙学一词的最早记载。

一、唐五代河北孔庙概览

有唐一代,由于孔庙与州县学的结合,庙学分为州学(府学)、县学等不同规制。⑤ 故孔庙既是以孔子为代表的儒家思想在国家意识

---

① 王溥:《唐会要》卷35《学校》,第635页。
② 唐代庙、学合一,起于何时,由于史籍中无明确记载,只能通过零星记载加以推测。
③ 马端临:《文献通考》卷43《学校考四》,杭州:浙江古籍出版社,2000年,第411页。
④ 韩愈著,阎琦校注:《韩昌黎文集注释》卷7《处州孔子庙碑》,西安:三秦出版社,2004年,第213页。又见董诰编:《全唐文》卷561,北京:中华书局,1983年,第5678页。据阎琦考证,此文作于唐宪宗元和十五年(820)九月后,时韩愈为国子祭酒。
⑤ 例如,陈兼《陈留郡文宣王庙堂碑并序》(天宝十一载,《全唐文》卷373,第3788—3789页)、萧定《袁州文宣王庙记》(大历二年,《全唐文》卷434,第4425—4426页),陈留郡(汴州)、袁州的文宣王庙为郡(州)学。程浩《凤翔府扶风县文宣王新庙记》(大历二年,《全唐文》卷443,第4514页)中的扶风县文宣王庙为县学。

形态上占据主导地位的反映,也是衡量当时文教事业发展的一个重要指标。据学者调查统计,目前中国保存较完整的孔庙约有300多处,河北现存孔庙建筑约20余处,其中始建于唐代的有新乐孔庙、平山孔庙、顺德府孔庙、定州孔庙、涿州孔庙。① 其实,数量并不止此,据笔者所知至少还有檀州孔庙、赵州瘿陶(今河北宁晋)孔庙、馆陶孔庙、新乐孔庙、正定县孔庙等。

唐初,河北地区已有孔庙。例如,檀州孔庙,建于唐高宗显庆年间(656—661),具体位置不详。据《旧唐书》卷一八五《韦机传》载,显庆中,韦机为檀州刺史。"边州素无学校,机敦劝生徒,创立孔子庙,图七十二子及自古贤达,皆为之赞述。"关于韦机任檀州刺史的具体时间,史载不详,郁贤皓《唐刺史考全编》卷一一八《河北道·檀州》亦只是笼统言显庆中。檀州,治密云(今北京密云),辖区约相当于今密云、平谷、怀柔等县,属于唐河北边州,为山后之地,经济较为落后,文教亦不发达。孔庙的修建,端赖刺史韦机。从韦机敦劝生徒,创立孔子庙的表述来看,当时庙学即已合一。

平山孔庙,原位于今河北平山县城东,宋崇宁二年(1103)平山知县韩实移建于县西南隅。② 因此,唐代平山县孔庙的庙址与今孔庙并非一地。它于唐开元二十九年(741),由时任房山县令李立允始建,其事迹和修庙经过,详见唐左骁卫仓曹参军李良所撰《文宣王庙颂碑》,其碑民国时期尚存,但今已亡佚,③但其碑文幸赖方志得以

---

① 朱海珍、王玉亮、袁洪升:《河北文庙的保护现状与开发利用》,《河北旅游职业学院学报》2015年第1期。
② (咸丰)《平山县志》卷4《学校志》,《中国地方志集成》本,上海:上海书店,2006年,第70页。具体迁徙的事迹参见武渐:《徙建平山县学记》(宋崇宁二年),(咸丰)《平山县志》卷8《艺文志》,第181页。
③ 据(民国)《平山县志料集》卷11《名宦·人物》,台北:成文出版社,1976年,第115页,即云"今碑犹存"。此碑亡佚,蒙平山县博物馆(文庙)李馆长见告。

保存,其价值弥足珍贵。据清咸丰《平山县志》卷八《艺文志》记载,李立允,字嗣先,时为房山县令,其背景是开元二十七年八月,孔子被尊为文宣王。修建孔庙,从碑文来看,似乎是恒州的统一行动,其文称"于是,太守因农隙召诸宰而谓曰:'古者乡有校,而里有官,曰主上之意,本欲敦崇大猷,以成比□。绾子男之寄,为风俗之首,文宣之庙岂可替乎?'遂指挥高下之制,揆以坛庙之则"。① 按:房山,即平山,属恒州。平山县,本汉蒲吾县,属常山郡,隋改曰房山县。隋恭帝义宁元年(617),置房山郡。唐武德元年(618),置岳州,领房山一县。四年,废岳州,房山属恒州。至德元年(756),改为平山县,仍以恒州为平山郡。②

赵州瘿陶(今河北宁晋)孔庙。据《太平广记》卷三八四《朱同》载:"朱同者,年十五时,其父为瘿陶令。暇日出门,忽见素所识里正二人云,判官令追,仓卒随去。出瘿陶城……同还,独行入城,未得至宅,从孔子庙堂前过,因入廨歇。见堂前西树下,有人自缢,心并不惧。"③其中明确提到孔子庙,位于瘿陶城内。瘿陶,唐玄宗天宝元年(742)更名宁晋。④ 从文中仍称瘿陶来看,其故事当发生在天宝元年之前。瘿陶之孔庙,亦可以找到其他线索。例如,唐永徽元年(650),李怀仁以宗室子弟敕授朝议郎,行瘿陶县令。其德政碑赞

---

① 李良:《文宣王庙颂》,收入(咸丰)《平山县志》卷8《艺文志》,第180页。据郁贤皓《唐刺史考全编》卷106《河北道·恒州》(合肥:安徽大学出版社,2000年,第1480页),杜希望在约开元二十七年至二十九年为恒州刺史。文中所云"太守",盖系杜希望。

② 刘昫:《旧唐书》卷39《地理志》,北京:中华书局,1975年,第1503页。据乐史《太平寰宇记》卷61《河北道十》"镇州·平山县"条(北京:中华书局,2007年,第1253页),后汉(即东汉)于此立房山县,魏晋以来废。隋开皇十六年(596)置房山县,不过是恢复旧称而已。

③ 李昉:《太平广记》卷384《朱同》,北京:中华书局,1961年,第3063页。

④ 《新唐书》卷39《地理志》,第1017页。

誉他:"而以为政之本,学校居先,阜俗之原,耕桑是务。于是敦励乡党,黉塾俱开,课租农时,田畴尽辟。"①文中罗列李怀仁在瘿陶县令任上的德政,其中重要的一条就是"敦励乡党,黉塾俱开",虽然未明言孔庙,但联系到唐代庙学合一的特点,故亦不排除他修建了孔庙。如果此推断成立,赵州瘿陶孔庙的历史可追溯至唐永徽元年。

唐安史之乱后,河北陷入割据,在河北藩镇统治下一些州县也先后建立了孔庙,如新乐孔庙、正定县孔庙、定州孔庙、涿州范阳县孔庙等。

新乐孔庙,位于新乐市承安镇中校园内,据乾隆《新乐县志》卷五载,肇建于唐末,五代时毁,旋又重建。②今所存建筑乃明永乐年间所建。新乐,唐后期属义武镇的定州。

正定县孔庙,位于河北正定县城内育才街西侧,1996年被公布为第四批全国重点文物保护单位。今尚存照壁、泮桥(已埋地下)、前殿、东庑、西庑和大成殿。其中,大成殿内柱子有明显卷刹,柱头不施普柏枋,仅用阑额。柱头斗拱奇大,补间铺作无华拱,只有柱头枋,上面刻影拱,梁架由驼峰及斜柱构成。梁思成曾于1933年考察该庙,他根据大成殿结构之简洁,斗拱权衡之硕大,推测该孔庙当为将原有古寺改建,而将佛殿改为大成殿,"疑心它是唐末五代遗物"。③

---

① 张嘉贞:《赵州瘿陶令李怀仁德政碑》,《全唐文》卷299,第3038页。
② (乾隆)《新乐县志》卷5,《中国地方志集成》本,第27页。
③ 梁思成:《正定古建筑调查纪略》,《梁思成全集》第2卷,北京:中国建筑工业出版社,2001年,第38页。但梁思成《中国建筑史》(天津:百花文艺出版社,2005年,第181页)则云"可能为五代或宋初所建"。石家庄地区革委会文化局编《石家庄地区文物普查报告》(1977年内部印刷)则定为五代。按:正定县现存县文庙和府文庙,府文庙位于正定城内常山东路路南,据清光绪元年《正定县志》载,宋熙宁三年(1070)创建,之后金、元、明、清历代均有重修,今仅存戟门和东西庑。

定州孔庙和涿州范阳县孔庙,在唐后期五代河北孔庙中最为著名,有确切记载,资料也较翔实,分别为河北孔庙中州学和县学的代表。以下将重点介绍,此不赘述。

另外,一些孔庙只云建于唐代,而具体时期不详。例如,馆陶孔庙,据宋陈思《宝刻丛编》卷六引《访碑录》云:"唐文宣王庙碑,在馆陶。"①顺德府孔庙,其旧址位于河北邢台市桥东区顺德路,元改邢州为顺德府,该孔庙内今保存较为完好的大成殿建于元代。据(乾隆)《顺德府志》卷三《学校》载:"儒学在府治西北,建自唐,寻废,元至元间重建。"②

以上唐后期五代的河北孔庙从分布镇别来看,包括成德、幽州、义武等镇。魏博镇位于河北中南部,在河北藩镇中位置最偏南,经济文化也最为发达。从一些迹象来看,魏博镇境似乎也存在孔庙。例如,韩允忠为魏博节度使,其神道碑称他在任上,"赋有常期,官无横役。而又立乡校以劝学,敦儒术而奖善。完器甲以彰有备,训卒伍以示有严"。③韩允忠神道碑中只云立乡校,而未言立孔庙,但联系到唐代庙学合一的背景和特点,故立乡校即立孔庙,立孔庙即立乡校,难以遽然分割。

二、"天下郡县悉有文宣王庙"的再认识

唐人韦稔《涿州范阳县文宣王庙之碑》开篇即云:"天下郡县悉

---

① 陈思:《宝刻丛编》卷6,《丛书集成初编》本,北京:中华书局,1985年,第132页。
② (乾隆)《顺德府志》卷3《学校》,上海:上海书店出版社,2006年,第54页。
③ 纥干潪:《赠太尉韩允忠神道碑》,《全唐文》卷813,第8557页。

有文宣王庙,而范阳县无者何?"①以此作为范阳县建立文宣王庙的根据。时任范阳县令的刘济在讲述创设文宣王庙时,亦提到朝廷的诏令依据:"今朝廷颁宗祀之诏,郡县毕置清庙,溥崇明祠。""清庙",即指文宣王庙。《唐六典》卷四云:"凡州、县皆置孔宣父庙,以颜回配焉。"②元和末年,韩愈称"郡邑皆有孔子庙",③《文献通考》卷四三《学校考四》亦载"自唐以来,州县莫不有学,则凡学莫不有先圣之庙矣"。这给人一种错觉,似乎在唐代(包括唐后期)孔庙在各地州县设置已十分普遍,没有建孔庙者只是个例,但事实上却远非如此。

唐贞观四年(630),诏州县皆营孔子庙;咸亨元年(670),又诏州县皆营孔子庙。④ 建中年间,叛乱甫定,唐德宗又颁此诏。显然,孔庙的修建在各地推行并不顺利,故朝廷才屡次下诏。从史籍来看,全国各地的孔庙陆续修建,有早有晚,延续了一个较长过程,几乎贯穿唐之始终。例如,对河北道而言,檀州在显庆年间(656—661)才开始修建,这距贞观四年(630)已逾二十年。为学界广为征引的杜牧《唐故范阳卢秀才墓志》一文中,墓主卢霈,"生年二十,未知古有人曰周公、孔夫子者",⑤除了其人"击毬饮酒,策马射走兔,语言习尚,无非攻守战斗之事"的个人性格外,其之所以不知孔夫子者,很大一个原因可能就是当地并无孔庙。如果有此煌煌建筑,即使目不识丁者,也该知道孔夫子为何人。还比如,今北京之孔庙始建于元,乃是至元六年(1269)在金中都枢密院旧址上所建。《元史·哈剌哈

---

① 转引自孙继民:《复出〈涿州范阳县文宣王庙之碑〉跋》所作录文,收入氏著:《中古史研究汇纂》,天津:天津古籍出版社,2016年,第253页。
② 李林甫:《唐六典》卷4《尚书礼部·祠部郎中员外郎》,北京:中华书局,1992年,第123页。
③ 韩愈:《处州孔子庙碑》,《全唐文》卷561,第5678页。
④ 《新唐书》卷15《礼乐志五》,第373—374页。
⑤ 杜牧:《唐故范阳卢秀才墓志》,《全唐文》卷755,第7824页。

孙传》即云:"京师久阙孔子庙,而国学寓他署,乃奏建庙学。"① 显然,有唐一代今北京地区未建孔庙。以其他地区而言,史称岭南,"自广南祭海十数州,多不立文宣王庙"。② 元和末,在平定淄青李师道后,曹华被任命为沂州刺史、沂海兖观察使,这一带由于李正己家族的长期割据统治,"传袭四世,垂五十年,人俗顽骜,不知礼教"。曹华对将吏说:"邹、鲁儒者之乡,不宜忘于礼义。"于是他"躬礼儒士,习俎豆之容,春秋释奠于孔子庙,立学讲经,儒冠四集"。③ 再则,《全唐文》(包括《唐文拾遗》《唐文续拾》)中收录有关祀孔的文章59篇,若除去京师国子学祀孔者外,明确表明为州县孔庙的文章不过24篇,其中还有2篇重复。④ 当然《全唐文》所收录的有关地方州县孔庙的文章,难免会有遗漏,23所孔庙绝非唐代州县孔庙的实数;但尽管如此,也可以大致表明孔庙在全国并非普置。虽然唐廷三令五申,但直至唐末孔庙在全国仍呈点状零星分布状态,远远没有达到唐廷所期望的"州县皆立文宣王庙"的初衷。因此,州县不立孔庙者,并非唯独河北如此;不过由于安史之乱后河北陷入割据,战乱频仍,不立孔庙的情况较其他地区更为严重而已。孔庙在地方的普遍化,直至元明清时期才得以实现,而唐代不过是孔庙在地方推行的初创时期,距离普遍设置仍有相当长的路要走。

安史之乱后,唐王朝财政困蹙,左支右绌,捉襟见肘,但影响孔庙在地方普及的因素,并不全在此。由于唐代州县修建文宣王庙时,其经费主要由地方自筹,甚至有的地方官不得不自掏腰包。例

---

① 脱脱:《元史》卷136《哈剌哈孙传》,北京:中华书局,1976年,第3293页。
② 李昉:《太平广记》卷261《南海祭文宣王》引《岭南异物志》,第2038页。
③ 《旧唐书》卷162《曹华传》,第4243页。
④ 如韦稔《涿州新置文宣王庙碑》收于《全唐文》卷480,又收于《唐文续拾》卷9。

如，河中府修文宣王庙，节度使浑公（即浑瑊），"出退食之中财，任闲人之余力，属役如素，十旬而成"。① 许州修文宣王庙，许州牧尚书杜公，"舍己俸为子钱，榷其孳赢，而盐酪釭膏之用给"。② 元和年间，韩愈任潮州刺史，"刺史出己俸百千，以为举本，收其赢余，以给学生厨馔"。③ 河北地区亦是如此，前面提到的涿州范阳县文宣王庙，乃由时任范阳县令的刘济"直以官俸，给于瓦木、丹铁之费，匠人作徒之要，又以家财散之"。④ 他置食钱二百万。⑤ 关于食钱，有两个含义：（1）粮食与钱财；（2）饭钱。从范阳县文宣王庙官府提供食钱来看，这些生员也是由官府出资解决其廪食。宋代王安石变法中，规定太学实行三舍法（即分为外舍、内舍和上舍），生员也由此分为三等。宋熙宁五年（1072）八月，外舍生定为七百人，"日给食钱"。显然，宋代外舍生给食钱的制度，可以追源至唐代。联系其他各地的做法，例如处州孔庙，即是"置本钱廪米，令可继处以守"。⑥ 刘济出己俸二百万，可能也是作为放贷的本钱，以其赢余，作为生徒廪食之费。

"食钱二百万"，在唐代建中年间到底是一个什么概念呢？唐前期官员的俸禄包括职田、实物和钱货三项，到唐后期逐渐发展成为以钱货收入为主。⑦ 由于唐代币值前后变化剧烈，很难定出一个固

---

① 常仲孺：《河中府新修文宣王庙碑》，《全唐文》卷531，第5395页。
② 刘禹锡：《许州文宣王新庙碑》，《全唐文》卷608，第6146页。
③ 韩愈：《潮州请置乡校牒》，《全唐文》卷554，第5612页。
④ 转引自孙继民：《复出〈涿州范阳县文宣王庙之碑〉跋》所作录文，见氏著：《中古史研究汇纂》，第254页。
⑤ 孙继民：《复出〈涿州范阳县文宣王庙之碑〉跋》，见氏著：《中古史研究汇纂》，第254页。
⑥ 韩愈：《处州孔子庙碑》，《全唐文》卷561，第5678页。
⑦ 黄惠贤、陈锋：《中国俸禄制度史》，武汉：武汉大学出版社，1996年，第175—245页。

定标准。据《李文公集》卷九载,元和末年,一斗米合五十钱。唐代官员的俸禄由月俸、食料、杂项等部分组成,《唐会要》卷九一载,开元二十四年(736)定令:六品,五千三百,月俸二千三百,食料四百,庶仆二千二百,杂用四百文;七品,四千五百,月俸一千七百五十,食料三百五十,庶仆一千六百,杂用三百五十文。唐代的上县县令,从六品上;中县,正七品上;中下县,从七品上;下县,从七品下。①"先朝次列县之级,第为望",②范阳县令至多不过从六品上。至德二年(757)以后,内外官并不给料钱,郡府县官给半禄。乾元元年(758),外官给半料,与职田;京官不给料。③但这均属战争环境中的权宜之策。随着大乱甫定,俸禄也逐渐恢复正常。大历十二年(777)四月二十八日,度支奏加给京百司文武官及京兆府县官每月料钱等,④但未涉及地方官。张国刚据《唐会要》卷九一所列唐后期地方官俸表,其中县令俸料不过四十贯,即四万。刘济所拿出的以充食钱的二百万钱,相当于他五十个月,即四年多的官俸,其数额是相当可观的。当然,唐后期地方官员月俸虽然规定了定额,但实际上由于两税法采取地方财政包干的办法,有些方镇和州县官员俸钱收入大大超过额定数目,而一些边远地区则无俸钱可充。换言之,唐代地方官的法定俸入与实际收入的差别往往是很大的。⑤ 另外,孔庙的日常运转及维护,也是一笔不小的开支,故虽然朝廷诏令三令五申,但各地修建孔庙的积极性并不高,故修建孔庙往往作为地方官的德政和政绩,并书诸史,勒诸碑,以图流传后世。特别是唐后

① 《新唐书》卷49下《百官志四下》,第1318—1319页。
② 转引自孙继民:《复出〈涿州范阳县文宣王庙之碑〉跋》所作录文,见氏著:《中古史研究汇纂》,第253页。
③ 王溥:《唐会要》卷91《内外官料钱上》,第1655页。
④ 王溥:《唐会要》卷91《内外官料钱上》,第1655页。
⑤ 张国刚:《唐代官制》,西安:三秦出版社,1987年,第174页。

期五代,河北战乱频仍,时局动荡,"当俶扰之运,行邹鲁之道",[①]显得尤为难得。

综合以上,有唐一代,孔庙在全国各地推行颇为艰难,州县孔庙的建立并不普遍。只有在此背景下考察唐后期五代河北地区的孔庙,对于河北藩镇修建孔庙的现象及其所出现的问题,才会有较客观、全面的认识,也才能更深入体察到其价值和意义。长期以来,对河北藩镇社会的认识,学术界多是基于朝廷—地方的解释框架以及唐王朝自上而下的视角。在中央史观的支配下,河北藩镇是叛逆,河北社会是"戎区""污俗",几乎一团黑暗。虽然自1980年代以来,在以张国刚为代表的学人的努力下,廓清了对河北藩镇社会的一些错误认识,但与全面客观认识河北藩镇社会仍有相当大的距离,而且这些认识大多缺乏充足的材料支撑,缺乏具体的论证。近些年,在进行河北藩镇个案研究的基础上,张天虹、仇鹿鸣等学者从河北藩镇社会自身的角度,试图重新认识河北社会,大大推进了对河北藩镇的研究。以下试以定州孔庙和涿州范阳县孔庙为切入点,以期对加深河北藩镇社会的认识有所裨益。

三、定州孔庙的始置及重修

定州,乃唐代义武节度使会府所在地,其地位远非一般属州可比。据学界一般认识,定州孔庙始建于唐宣宗大中年间,是由义武节度使卢简求主持修建的。宋庆历年间,韩琦曾知定州,任定州安

[①] 高讽:《太师中书令北平王再修文宣王庙院记》,陆心源编:《唐文续拾》卷7,北京:中华书局,1983年,第11248页。

抚使,他在《定州儒学记》一文中,追溯定州孔庙的历史时云:"夫子之庙,阅旧记,始于大中末州帅卢公简永(当为"求"——引者注),以庙本会昌所废天祐佛祠,其制犹若浮屠氏所居,乃更而大之。"①易言之,定州孔庙乃是利用唐武宗会昌灭佛后的废寺(天祐寺)改建而成,故在建筑格局上仍保留了佛寺的一些特点。其中提到卢简求修建定州孔庙的时间是大中末。旧方志或言为大中二年,②其谬误赫然,自不待言。贾敏峰据《旧唐书》卷一六三《卢简求传》和《旧唐书》卷一八下《宣宗纪》,卢简求大中十一年八月,迁检校工部尚书、定州刺史、义武节度使;十三年,为凤翔陇西节度观察等使,由此推断定州孔庙当建于大中十一年或十二年。③其观点亦有可议之处。

首先,卢简求修建定州孔庙的史实,源于唐人卢肇所撰《唐定州文宣王记》,此碑已亡佚,碑文也未流传下来,但幸赖历代金石著作对此碑有所著录,使我们可以获知其吉光片羽。例如,宋赵明诚《金石录》卷一○"唐定州文宣王庙记"条云:"卢肇撰并正书。大中十三年八月。"④宋陈思《宝刻丛编》亦云:"卢肇撰并行书,大中十三年八月立。"⑤光绪《畿辅通志》卷一五二引《宝刻类编》云:"卢肇撰

---

① (道光)《定州志》卷21《艺文》,台北:成文出版社,1969年,第1811—1812页。(光绪)《畿辅通志》卷152《金石十五》,《续修四库全书》(635),上海:上海古籍出版社,1995年,第8671页,引韩文作《文宣王庙》。
② 乾隆三十年定州知州沈鸣皋《重修文庙记》和乾隆五十九年定州知州郭守璞《重修文庙碑记》。此二碑文均见于(道光)《定州志》卷22《艺文》,第1990—1993页。
③ 贾敏峰:《定州文庙考》,《文物春秋》2010年第2期。
④ 赵明诚著,金文明校证:《金石录校证》卷10,上海:上海书画出版社,1985年,第200页。
⑤ 陈思:《宝刻丛编》卷6,第155页。

并正书,大中十三年八月定。"①其中,均提到了大中十三年八月,此为碑的刻立时间,文宣王庙之告竣当然应在此之前,但不会相距太远。

其次,按照一般常理,卢肇此文当撰于卢简求义武节度使之任上。大中十三年(859)八月七日唐宣宗崩,十三日懿宗即位,次年十一月才改元咸通,在此之前仍使用大中年号。故大中末,可指大中十三年至十四年。郁贤皓《唐刺史考全编》卷一一二《河北道·定州》将卢简求为定州刺史的时间系于大中十一年至十三年。②易言之,卢简求在大中十三年时仍任义武节度使。

再者,天祐十三年(916)七月,义武节度使王处直对定州孔庙又进行了一次大规模重修,其经过见录于《太师中书令北平王再修文宣王庙院记》。③该碑撰者并书丹者为高讽,高讽生卒年不详,文中其题衔为"节度巡官、朝请郎、检校尚书工部员外郎、侍御史、柱国、赐绯鱼袋",④系王处直幕吏。他工书,《中国书法家大辞典》列有专门词条。该碑立于天祐十五年戊寅四月二十一日,⑤正书,原碑已

---

① (光绪)《畿辅通志》卷152《金石十五》,第8671页。
② 郁贤皓:《唐刺史考全编》卷112《河北道·定州》,第1561页。
③ 陆心源:《唐文续拾》卷7,第11248页。而(道光)《定州志》卷21《艺文》(第1784页)作《中书令北平王王处直文庙记》。(民国)《定县志》卷18《金石篇上》(台北:成文出版社,1969年,第1034页)也有收录,题为《再修文宣王庙院记》。孙星衍、邢澍《寰宇访碑录》卷4(《续修四库全书》[904],第458页)题曰《北平王再修文宣王庙院记》。
④ 陆心源:《唐文续拾》卷7,第11247—11248页。"工"字,原文缺,今据(道光)《定州志》卷21《艺文志》所录文末高讽题衔补。
⑤ 陆心源:《唐文续拾》卷7,第11249页。按:(道光)《定州志》卷21《艺文志》和(民国)《定县志》卷18碑文中均误作十九年。天祐十五年(918),实即后梁贞明四年。当时唐已灭亡,为后梁所代。朱温统治末年,已不能控制义武。梁开平四年(910),镇州王镕、定州王处直叛梁,转附于晋,朱温遣宁国军节度使王景仁为北面行营招讨使以讨之。在这种背景下,镇、定两镇遂弃用梁开平年号,复使用唐天祐年号。王处直墓志也题曰"大唐",显示其仍以唐臣自居。

佚,但碑文尚存,其中提到王处直以先师庙"摧朽攸深,今所余者,唯列序旧基、修廊遗堵矣",①命步军都虞候王超主持修葺工程。从天祐十三年七月十九日始修正殿,前后历时不足一年,即竣工。由于此碑文为迄今留存于世的关于定州孔庙的最早文字记录,弥足珍贵。(道光)《定州志》等方志所录多有节文,②陆心源《唐文续拾》卷七中所录乃照原碑(或拓片)迻录,虽然由于原碑磨泐残缺,一些地方存在缺文,乃至识读错误,但较好地保留了该碑的原始信息。碑中云:"以今之去范阳公又六十载,顾时虽未久,而摧朽攸深。"高讽在陈述重修文宣王庙原因时,提到了虽然距离卢简求(即范阳公)所建不过六十年时间,但孔庙已"摧朽攸深"。从天祐十五年(918)向上逆推六十年,正好是大中十三年。③

故综合可知,义武节度使卢简求修建定州孔庙的时间应在大中十三年。但从上揭高讽《太师中书令北平王再修文宣王庙院记》中透露出来的一些蛛丝马迹来看,似乎卢简求这次修建也是重修。其中云:"且以先师庙,昔日大中岁,范阳卢公仗钺东山,因命再葺。"④

---

① 陆心源:《唐文续拾》卷7,第11249页。按:先师庙,即孔子庙。据《唐会要》卷35《褒崇先圣》,贞观二年十二月,采纳尚书左仆射房玄龄、国子博士朱子奢建议,停祭周公,升夫子为先圣,以颜回配享。贞观二十一年,改以孔子为先圣,左丘明等二十二人与颜回为先师。但其后又有反复,据永徽令文,又改以周公为先圣,黜孔子为先师,颜回、左丘明并为从祀。称孔子为先师,盖即源于此。但显庆间,又以孔子为先圣,颜回为先师(第635—636页)。虽然此后孔子为先圣,颜回为先师未再变化,但唐代史籍,仍习惯称孔子为先师。例如,《唐会要》卷35《释奠》云,开元二十六年正月敕,诸州乡贡见讫,令引就国子监谒先师(第642页)。
② (道光)《定州志》卷21《中书令北平王王处直文庙记》文后编者所加按语云:"按篇中语多诡诨,本宜删刷,因州学唐碑惟此,姑录之,亦以见当时节度之尊大也。"虽曰不删刷,但实际上删削甚多。
③ 王处直的文庙重修工程,据碑文始于天祐十三年(916),但所谓六十年不能从此计起,而应从撰者高讽为文的时间计。
④ 陆心源:《唐文续拾》卷7,第11246页。

"范阳卢公",即卢简求。"因命再葺",显示卢简求对孔庙进行了第二次修葺,但这可有两种理解:一是两次都是在卢简求主持下进行的;一是卢简求是在前人基础上进行修葺。考虑到卢简求任义武节度使总共不过两年,在短短两年时间中,他创修后再进行重修的可能性不大,第二种可能性较大。因此,大中十三年他所谓的"始修",实际上也是重修。如果此推测属实,定州孔庙的始建应在大中十三年之前。

四、涿州范阳县文宣王庙的始建与重修

涿州是幽州镇之巡属,原属幽州,大历四年(769)析置。《涿州范阳县文宣王庙之碑》立于唐德宗贞元五年(789)二月二十日,原石现立于河北省涿州市清行宫碑廊内,据说出土于涿州孔庙(位于涿州市城内文昌祠街)。① 该碑通高203厘米,碑首高71厘米,宽98厘米,厚20厘米。碑阳旧拓收于《北京图书馆藏中国历代石刻拓本汇编》,该图版属于早期拓片,内容除了若干文字漫漶外比较完整。② 1998年此碑复出后,涿州文管所重新制作了碑阳的拓片。此新拓和录文已收录于《涿州贞石录》。③ 孙继民根据新拓,并辅以《全唐文》《唐文续拾》和民国《涿县志》的录文,对该碑的碑文进行释录和校勘,考订出作者为韦稔。其释文也是"目前最接近碑石原

---

① 孙继民:《复出〈涿州范阳县文宣王庙之碑〉跋》,氏著:《中古史研究汇纂》,第253页。
② 北京图书馆金石组编:《北京图书馆藏中国历代石刻拓本汇编》第28册,郑州:中州古籍出版社,1989年,第59页。
③ 杨卫东等主编:《涿州贞石录》,北京:北京燕山出版社,2005年,第26—27页。

貌、内容最全(包括题撰人和建碑人)、文字最多的涿州范阳县文宣王碑记"。① 以下所引该碑文,均据孙继民之录文,不再一一标注。

该碑记载了刘济在建中年间(780—783)出任涿州范阳县令时修建文宣王庙的事迹。关于刘济建立文宣王庙的情况,又见于权德舆所撰《刘济墓志》:"公(刘济)乃修先师祠堂,选幼壮孝悌之伦,春秋二仲,行释菜乡饮酒之礼,生徒俎豆,若在洙泗。"②

刘济为幽州节度使刘怦之子,贞元元年(785)九月继任节度使,元和五年(810)七月卒。《新唐书》本传言其:"游学京师,第进士,历莫州刺史。"③权德舆所撰墓志也云:"始以门子,横经游京师,有司擢上第。参幽州军事,转兵曹掾,历范阳令,考绩皆为府中最。"④建中初,其父刘怦为涿州刺史,刘济任范阳县令时,"年始弱冠",很可能是在进士及第后刚踏入仕途不久。在建中三年(782),唐廷的削藩战争取得进展、似乎即将收获全面胜利之际,唐德宗封孔子之后并广建学校。身为范阳县令的刘济响应"朝廷颁宗祀之诏",兴建了范阳县学。⑤

此碑历为学界所重视,特别是孙继民、张天虹曾撰有专文探讨。⑥ 孙继民指出,此文宣王庙是范阳县孔庙而非涿州孔庙,解决了

---

① 孙继民:《复出〈涿州范阳县文宣王庙之碑〉跋》,氏著:《中古史研究汇纂》,第255页。
② 权德舆:《故幽州卢龙军节度副大使知节度事管内支度营田观察处置押奚契丹两番经略卢龙等使开府仪同三司检校司徒兼中书令幽州大都督府长史上柱国彭城郡王赠太师刘公墓志铭并序》,《全唐文》卷505,第5139页。
③ 《新唐书》卷212《刘济传》,第5974页。
④ 权德舆:《故幽州卢龙军节度副大使知节度事管内支度营田观察处置押奚契丹两番经略卢龙等使开府仪同三司检校司徒兼中书令幽州大都督府长史上柱国彭城郡王赠太师刘公墓志铭并序》,《全唐文》卷505,第5139页。
⑤ 孙继民:《复出〈涿州范阳县文宣王庙之碑〉跋》,氏著:《中古史研究汇纂》,第254页。
⑥ 孙继民:《复出〈涿州范阳县文宣王庙之碑〉跋》,氏著:《中古史研究汇纂》,第254页;张天虹:《唐后期幽州镇的"忠义"观:从〈涿州范阳县文宣王庙之碑〉说起》,未刊稿。

该孔庙的性质是属于州学还是县学的问题。① 张天虹指出,贞元元年(785)前后,幽州所面临的动荡的政治秩序和残破的社会经济环境,使得节度使刘济需要休养生息,因此就要对中央恭顺,而《文宣王庙碑》之立,是对唐廷政策的一种呼应,是恭顺的表现之一。② 两位学者关于此碑性质、建立背景和原因的探讨大大推进了有关研究。但为学界所忽视的一点是,刘济并非范阳县孔宣王庙的肇建者,不过是重修而已。

首先,该碑在铺叙了范阳县的历史、人口、地理沿革等之后,开始切入主题:"然此为邑者率以多故,未遑建置,春秋释奠③,盖伺州之已事,假笾豆、寄升降于故阶。"在刘济为范阳县令之前,由于无文宣王庙,春秋释奠时,只好将笾豆等祭器牺牲摆放在"故阶"。再者,刘济于建中初为范阳县令,"操长是邑,睹兹遗阙,喟然叹息,顾其僚老曰……"。他感于孔子作为至圣先师,而时享无所,生徒亦无所讲习,故才发意建立文宣王庙。

"故阶"、"遗阙"等词,颇值得注意。显然,所谓"故阶"、"遗阙"应系指原来文宣王庙的"故阶"、"遗阙",因为只有这样,春秋释奠时才有可能摆放笾豆等祭器祭品,以及刘济的喟叹才能得以合理的理解。换言之,建中初年刘济修文宣王庙之前,范阳县原有之文宣王庙,因种种原因已圮废,但遗址(废墟)尚在。由于刘济所修建的文宣王庙,不是在原址重修,而是另辟新址:"乃视县前近里之爽垲,心规其制,目划其地,度广狭之量,平庐舍之区,发其居人。"这也是历

---

① 孙继民:《复出〈涿州范阳县文宣王庙之碑〉跋》,氏著:《中古史研究汇纂》,第258页。
② 张天虹:《也释唐幽州卢龙节度使刘济的"最务恭顺"》,《北京社会科学》2017年第6期。
③ "释莫"当为"释奠",此点张天虹已指出,见《唐后期幽州镇的"忠义"观:从〈涿州范阳县文宣王庙之碑〉说起》,未刊稿。

来将范阳县孔庙始建者归于刘济的重要原因,当然刘济的特殊地位也是原因之一。

幽州镇位于河北三镇最北端,经济文化相对其他两镇总体落后,"比屋之人,被缦胡而挥盂矛,不知书术"。① 刘济曾游学京师,并进士及第,善于作诗。他在任涿州范阳县令时,之所以能够修复文宣王庙,兴办学舍,并选择名儒教授,当与其经历不无关系。他置食钱二百万,生徒三十人。② 春秋二仲,行释菜乡饮之礼,向人们灌输孝悌仁义之道,"生徒俎豆,若在洙泗",世风为之丕变。张天虹根据该碑碑文第 2 行(唐碑的这一行一般都是撰者的姓名和结衔)书"幽州观察判官"指出,作者韦稔是以幽州节度使府僚佐,而不是以涿州刺史僚佐的身份来撰写此碑的,它虽然立于涿州,但是很有可能是刘济授意或者暗示、至少也是默许的。另外,他根据碑阴模糊的题名推测,刘济当有亲赴涿州现场参与"立碑仪式"的可能。③ 由此,此孔庙碑的意义已超出了范阳县的范围,而应被抬至整个幽州镇的高度进行考察。

刘济之后,唐德宗贞元年间,在时任范阳县令宋晙方主持下又对文宣王庙进行了一次修缮。宋晙方,广平人,以能名,自蓟县迁任范阳县令。在他任职期间,又对该县文宣王庙学舍、琴堂等建筑进行了修缮,"学舍异文翁之后,罔或缮修;琴堂挹子贱之风,恒余踽

---

① 权德舆:《故幽州卢龙军节度副大使知节度事管内支度营田观察处置押奚契丹两番经略卢龙军等使开府仪同三司检校司徒兼中书令幽州大都督府长史上柱国彭城郡王赠太师刘公墓志铭并序》,《全唐文》卷 505,第 5139 页。
② 韦稔《涿州新置文宣王庙碑》(《全唐文》卷 480,第 4905 页)云生徒三千人。《唐文续拾》卷 9(第 11270 页)录作三十人。对照《涿州贞石录》(第 26 页)所录此碑图版,以三十人为是。
③ 张天虹:《唐后期幽州镇的"忠义"观:从〈涿州范阳县文宣王庙之碑〉说起》,未刊稿。

踮",从建中初,至贞元五年(789),尚不足十年。时刘济为幽州节度使,范阳县文宣王庙作为他在任时的一项重要政绩,其继任者为了讨好刘济,故又对文宣王庙重新进行了修缮,正如碑文所述:"政率由旧,履公之躅,守而勿失,睹公之为,跂而不及。"故此次重修,原来的格局应该不会有什么变动。

五、唐后期五代河北孔庙的建筑格局

《礼记·文王世子》言:"凡始立学者,必释奠于先圣先师。"[1]贡举人入京之前也要先行乡饮酒礼,拜谒先师。高明士将唐代释奠礼的变迁,划分为武德贞观时期、永徽显庆时期、开元时期三个不同的发展阶段,并分析了释奠礼制与儒家道统成立之间的关系。[2] 唐代地方孔庙的发展与释奠礼基本同步,贞观初开始规定州县建孔庙,至开元二十七年地方孔庙制度基本完备,其标志是《大唐开元礼》卷六九专门设有《诸州释奠于孔宣父》,卷七二设有《诸县释奠于孔宣父》。随着安史之乱的爆发,地方孔庙的建设一度被打断。但安史之乱结束后又随之恢复。[3] 有唐一代,由于孔子地位的不断抬升,孔庙的选址和建筑布局也逐渐整饬化,开始具有统一的规制。

---

[1]《礼记·文王世子》,北京:北京古籍出版社,1996年,第776页。
[2] 高明士:《隋唐庙学制度的成立与道统的关系》,《台湾大学历史学系学报》第9期,1982年,第93—122页;《唐代的释奠礼制及其在教育上的意义》,《大陆杂志》第61卷第5期,1980年,第20—38页。
[3] 安史之乱结束后,大乱甫定,唐廷即诏地方建立文庙。例如,据《京兆金石录》,鄠县有《唐修文宣王庙碑》,唐乐坤撰,宝应二年(763)立。转见陈思《宝刻丛编》卷8,第255页。

首先,孔庙选址向衙署的集中。在中国古代,衙署为政治中心所在,也是全城重心,故在一定程度上,距离衙署位置的远近成为衡量其地位的重要指标。上揭赵州瘿陶孔庙材料中,朱同作为瘿陶县令之子,他从孔子庙堂经过,而进入官廨,显然此孔庙即在县衙附近。从现有资料观之,唐后期的孔庙亦多设在州县衙署附近。例如,唐建中初,范阳县令刘济所建文宣王庙,"乃视县前近里之爽塏"。①

其次,孔庙主体建筑南向的固定化。据神龙元年(705)正月一日敕文规定,诸州孔子庙堂,有不向南者,改向正南。② 中国建筑多为面南背北,这样便于接受日照。更重要的是,在讲究尊卑秩序的古代,南向为尊位。由于地势及建筑布局的原因,一些地区的孔子庙堂可能不是南向,至此为了突出孔庙的尊显,唐廷以敕令的形式要求一律改为南向。

再者,主殿内孔子及其弟子配置的固定化。唐高宗显庆中,释奠礼中的先圣先师,已退周公而进孔子为先圣,以颜渊为先师配享,周公则作为名臣,配享于周武王庙,以后遂为定制。开元八年(720)三月十八日,采纳国子司业李元瓘的奏言,下诏规定在国子监庙堂中,先师颜回以及十哲由立侍改为坐像,悉令从祀。曾参特为塑像,坐于十哲之次,孔门七十弟子及先儒二十二贤并图形于庙堂四壁。③

---

① 孙继民:《复出〈涿州范阳县文宣王庙之碑〉跋》录文,氏著:《中古史研究汇纂》,第 254 页。
② 王溥:《唐会要》卷 35《褒崇先圣》,第 638 页。
③ 王溥:《唐会要》卷 35《褒崇先圣》,第 639 页。《旧唐书》卷 185《韦机传》载,显庆中,韦机为檀州刺史。"边州素无学校,机敦劝生徒,创立孔子庙,图七十二子及自古贤达,皆为之赞述。"(第 4795 页)所谓"自古贤达",即所谓"先儒二十二子"。又《韦机传》言"七十二子",《唐会要》云"七十子",乃是因为颜回和曾参地位特殊,故不计在内。

开元二十七年(739)八月诏,两京国子监及天下诸州,夫子南面坐,十哲等东西行列侍。① 由于孔子被追谥为文宣王,按照王者之礼,自是始用宫悬之乐。② 又敕两京及兖州旧宅庙像,改服冕衮。至于诸州及县,由于庙宇既小,在执行中有所变通,在服饰上没有硬性要求,孔子像但移南面,不须改其衣服。③ 由此可知,开元二十七年之后,孔庙中孔子南向坐,十哲等东西两行坐侍,还有先贤、先儒等配置。包括河北在内各地州县孔庙中,孔子只是端坐于南面之位,但未服帝王之冕衮,在服饰上与两京及兖州孔子旧宅有所不同。

另外,庙、学格局的初步形成。自唐太宗贞观四年(630)诏州县皆立孔子庙始,孔庙与州(府)县学即融为一体,以学兼庙,或以庙兼学,称为"学宫"、"庙学"。明清方志中,孔庙多附记于学校(或学宫)中即渊源于此。其建筑规制,无论是州(府)学,还是县学,一般前庙后学,或左庙右学。例如,唐代昆山县,"县有文宣王庙,庙堂之后有学室"。④

唐代州县孔庙的建筑格局,传统典籍中未留下具体记载,只能通过当时孔庙碑铭的零星记载以窥其端绪。例如,高讽所撰《太师中书令北平王再修文宣王庙院记》提及定州孔庙在王处直未修前,"今所余者,唯列序旧基,修廊遗堵矣"。主体建筑大殿(正殿)已毁,仅有列序、修廊。相对而言,王处直所修孔庙的记载较为完整,对于我们了解当时孔庙的建筑格局提供了宝贵的资料。高讽不无自豪地宣称,此孔庙之修置:"然犹于范阳公前所制置之外,复添建堂室

---

① 王溥:《唐会要》卷35《褒崇先圣》,第637页。又见《追谥孔子十哲并升曾子四科诏》,《全唐文》卷31,第347—348页;《旧唐书》卷24《礼仪志四》,第920—921页;《旧唐书》卷9《玄宗纪》,第211页。
② 《旧唐书》卷24《礼仪志四》,第921页。
③ 王溥:《唐会要》卷35《褒崇先圣》,第638页。
④ 梁肃:《昆山县学记》,《全唐文》卷519,第5275页。

至多,则夫子之庙宇大备矣。"① 换言之,此次重修在卢简求时旧有格局之外,又添设了不少堂室。其建筑格局大致如下:

(1)正殿。此乃孔庙的主体建筑,供奉有孔子及其从祀弟子、先贤、先儒的画像(塑像),州县官员在此进献牺牲贡品,祭拜孔子。② 建中初年,范阳县孔庙正殿中,"圣贤之象备,馈奠之器具"。③ 王处直所修定州孔庙碑记更是极言其雄伟华丽:"取规大壮,绮栋交耸,绣栭横飞,藻梲沉沉,璇题灼灼,焕乎华构。肃然清庙,所以火藻龙章,备若鲁堂之貌;桓珪谷璧,襜如沂水之贤。栋宇轮奂,象设咸备,闺闱列侍,翼翼有容。""闺闱列侍",即指从侍两边颜回、子夏等所谓"十哲"。至于先贤、先儒等图形于壁,④ 这与《唐六典》《大唐开元礼》等的规定是一致的。

(2)三礼堂。三礼,系指古祭天、地、宗庙之礼。《尚书·舜典》云:"帝曰:'咨!四岳,有能典朕三礼?'"孔传:"三礼,天、地、人之礼。"此处"三礼",盖泛指儒家之礼。唐制规定,仲春上丁,州、县官行释奠之礼;仲秋上丁亦如之。⑤ 三礼堂,当系置放钟、磬等礼器乐

---

① 高讽:《太师中书令北平王再修文宣王庙院记》,《唐文续拾》卷7,第2249页。
② 《大唐开元礼》卷69《诸州释奠于孔宣父》记载:"前享三日,刺史散斋于别寝二日,致斋于厅事一日。"并注云:"上佐为亚献,博士为终献。刺史、上佐有故,并以次差摄。博士有故,次取参军事以上摄"。(北京:民族出版社,2000年,第355页)卷71《诸县释奠于孔宣父》:"前享三日,县立散斋于别寝二日,致斋于厅事一日。"后注曰:"丞为亚献,主簿及尉通为终献。若县令以下有故,并以次差摄。县官不足,以州官判佐以下及比县官充。"(第366页)
③ 孙继民:《复出〈涿州范阳县文宣王庙之碑〉跋》录文,氏著:《中古史研究汇纂》,第254页。
④ 例如,韩愈《处州孔子庙碑》(《全唐文》卷561,第5678页)亦载:"既新作孔子庙,又令工改为颜子至子夏十人像,其余六十二子,及后大儒公羊高、左邱明、孟轲、荀况、伏生、毛公、韩生、董生、高堂生、扬雄、郑玄等数十人,皆图之壁。"
⑤ 《唐六典》卷4《祠部郎中员外郎》,第122页。

器之地,"览之见历代礼备矣"。① 韦稔《涿州范阳县文宣王庙之碑》提到的"琴堂",盖即其中的一部分。

（3）斋院。此系供养置备祭祀用品的处所,"以为释菜三献修斋之所"。② 开元之后,孔宣父（孔子）、齐太公（姜尚）祭祀属中祀。③ 州县释奠于孔子与祭社稷规格相同,都以少牢。④ 开元十一年（723）九月七日敕,春秋二时释奠,诸州府并停牲牢,唯用酒脯。⑤ 但旋即恢复如旧。

以上系祭祀建筑,而以下庙学建筑部分为唐代新增加,设有博士、助教等教授诸生。

（1）学院。为孔庙中生徒受业之地,盖即韦稔《涿州范阳县文宣王庙之碑》所云之"学舍"。

（2）讲书堂。又名"讲堂"。韩愈《处州孔子庙碑》提到处州孔子庙中,"选博士弟子必皆其人,又为置讲堂,教之行礼,肄习其中"。其功能在于"以俟近思切问之士"。⑥

（3）长廊广室。系生徒居止之处,"以止青衿横经之子"。⑦ "长廊",当犹如高讽所撰定州孔庙碑中,王处直未修前之"修廊"。

庙学作为教育机构,应有一定的藏书之处。唐大历年间,昆山县孔庙中,"大启宇于庙垣之右,聚五经于其间"。⑧开成年间,许州刺

---

① 高讽:《太师中书令北平王再修文宣王庙院记》,《唐文续拾》卷7,第11249页。
② 高讽:《太师中书令北平王再修文宣王庙院记》,《唐文续拾》卷7,第11249页。
③ 《大唐开元礼》卷1《择日》,第12页;《唐六典》卷4《祠部郎中员外郎》,第120页。
④ 《唐六典》卷4《膳部郎中员外郎》:"若诸州祭岳镇海渎、先代帝王,以太牢;州县释奠于孔宣父及祭社稷,以少牢。"第128页。
⑤ 《唐会要》卷35《释奠》,第642页。
⑥ 高讽:《太师中书令北平王再修文宣王庙院记》,《唐文续拾》卷7,第11249页。
⑦ 高讽:《太师中书令北平王再修文宣王庙院记》,《唐文续拾》卷7,第11249页。
⑧ 梁肃:《昆山县学记》,《全唐文》卷519,第5275页。

史杜公所修文宣王庙亦云"藏经于重檐",①包括河北在内的其他各地亦当如此,不过其位置可能因地而异,规模也或大或小。

从以上格局来看,唐后期五代孔庙中包括庙堂和学室(学院)两大部分的格局已确定。正殿,犹如后世的大成殿(先师殿);学院,犹如后世的明伦堂;斋堂也为后世必备。学室在庙堂之后,②或者左右,其格局特点亦为后世所继承。至于其他附属建筑,如戟门、泮池、棂星门、乡贤祠、名宦祠等在唐后期五代似乎尚未建立,直至元明清时期才陆续出现。

余　　论

隋和唐前期,河北儒学方面名家辈出,在全国也处于执牛耳的地位,号称"诸夏之冠冕"。③ 天宝年间,常山太守颜杲卿曾言:"今河北殷实,百姓富饶,衣冠礼乐天下莫敌。"④河北儒学以其鲜明的地域特色,构成了隋唐盛世文化的重要组成部分。⑤ 但由于河北世家大族的"中央化",⑥陆续迁出向两京集中,河北地区在唐前期已出现

---

① 刘禹锡:《许州文宣王新庙碑》,《全唐文》卷608,第6146页。
② 梁肃:《昆山县学记》:"先是县有文宣王庙,庙堂之后有学室。"(《全唐文》卷519,第5275页)此学室在庙堂之后。
③ 王夫之:《读通鉴论》卷26《唐穆宗一》,北京:中华书局,1975年,第903页。
④ 司马光:《资治通鉴》卷217,唐玄宗天宝十四载十二月条《考异》引《河洛春秋》,第6946页。
⑤ 杜荣泉、冯金忠:《燕赵文化史稿(隋唐五代卷)》,石家庄:河北教育出版社,2013年,第92页。
⑥ 按照毛汉光的观点,迁徙过程从北朝开始几乎贯穿唐代的始终,但最大的迁徙风潮是在唐高宗、武后及唐玄宗时期,到安史之乱前基本完成。参见毛汉光:《从士族籍贯迁移看唐代士族之中央化》,氏著:《中国中古社会史论》,上海:上海书店出版社,2002年,第234—333页。

了所谓的"空心化"现象。特别是安史之乱后,河北陷入藩镇割据,由于战乱频仍、政局动荡和人才流失等因素,河北学术文化衰微不振,陷入低潮。唐后期孔庙的修建就是这个背景下的产物,它从一个具体层面牵扯到了河北藩镇与唐廷之间复杂的关系。

河北藩镇虽然是典型的割据型藩镇,节度使父死子继,自署文武将吏,租赋不入于中央,与顺地藩镇相比具有一定程度的独立性,但本质上仍是唐王朝一级地方行政单位,不宜将其割据绝对化,他们也遵守唐王朝之政治经济制度,例如河北三镇也实行了两税法,节度使由中央册命给予形式上的承认,河北士子也以科举为入仕之正途,唐王朝在各镇设监军院,各镇在长安也设进奏院,诸此等等。① 同样,河北地区孔庙的修建,也是河北藩镇奉事唐王朝的象征,体现了其对唐王朝的依附性。它们与河北藩镇节度使所建立的德政碑相似,也具有一定的政治景观功能。

同时,应看到河北藩镇社会的前后变化,那就是总体上趋于文质化。陈寅恪揭示河北与长安存在着不同社会与文化特质。② 但揆诸典籍,陈寅恪以及当今一些论者或许将这种差别扩大化了,特别是随着河北藩镇中以节度使为代表的职业军人集团的文质化,河北与长安之间的文化鸿沟已日趋消泯。河北藩镇中,其统治支柱和社会基础是以牙兵为核心的职业军人集团,当地世家大族的地方代表性不断丧失,而被边缘化,但是他们中的一些人也被吸纳进统治机构中,构成了藩镇体制的一部分,反映出河北藩镇统治者对这些在籍士族借助而不倚重的特点。③ 因此,对于河北藩镇,既要看到统治

---

① 张国刚:《唐代藩镇研究》,长沙:湖南教育出版社,1987年,第83—89页。
② 陈寅恪:《唐代政治史述论稿》,上海:上海古籍出版社,1998年,第34—47页。
③ 冯金忠:《唐代河北藩镇统治下的世家大族》,《唐代河北藩镇研究》,北京:科学出版社,2012年,第160页。

者"繁刑暴赋,惟恤军戎,衣冠士人,遇如奴虏"的一面,[①]也要看到河北藩镇统治下不少节度使和地方官员招徕士人,奖掖学术、敬教劝学的一面。杨志玖论述了儒学在制止藩镇割据中的一定作用,特别指出,在和唐中央对抗最烈的河北藩镇中,儒家学说曾经起到缓和甚至制止他们对抗中央的作用。[②] 陆扬将"崇重进士"及"文"的士大夫文化定义为清流文化。[③] 九世纪期间,经由唐宪宗到宣宗等几代君主的努力,除河北以外的绝大多数藩镇已逐渐为朝廷直接委派的文官节度使或观察使所支配。但河北藩镇的节度使也趋于文质化,陆扬也承认"清流文化的影响力不仅在为文官所主导的藩镇内产生效应,还在唐末渗透到了长期为武人所掌控的河北藩镇之中"。[④]

因此,河北藩镇地区的孔庙绝不能停留于个案式的孤立考察,更不能将其特殊化,认为是个别人的产物,而必须置于全国孔庙发展的大背景之下,应认识到河北地区的孔庙不是在封闭的环境中出现和发展的,它们受到唐廷政策的直接制约和影响。事实上,河北藩镇地区孔庙建立时间和镇别的分散性和连续性,显示出其孔庙的建立具有相当的共性。易言之,河北藩镇孔庙的建立是与全国尊崇孔子、建立孔庙的背景一致的,是河北藩镇对唐王朝依附性的一个具体表现。由于唐廷在全国州县普置孔庙的诏令推行并不顺利,河北孔庙呈零星点状分布,这与全国其他州县的情况也是一致的。另外,河北藩镇孔庙建立背后所蕴藏的文化背景同样不可忽视,也就

[①] 杜佑:《省官议》,《全唐文》卷477,第4875页。
[②] 杨志玖:《论唐代的藩镇割据与儒家学说》,《南开学报》1980年第3期。
[③] 陆扬:《唐代的清流文化——一个现象的概述》,《清流文化与唐帝国》,北京:北京大学出版社,2016年,第248—263页。
[④] 陆扬:《清流文化与唐帝国》,第252页。

是说,河北孔庙的建立并非都是被动的,也有主动的因素,在一些孔庙的修建过程中并不能发现朝廷诏令推动的痕迹。因此,河北藩镇社会的不断文质化是其中的一个深层次原因。

在唐代庙学合一的特点下,孔庙的修建与州县文化教育直接联系在一起。在河北藩镇统治下,经济一直在发展,文化教育事业也有一定的起色。[①] 唐末五代这种发展开始显露成效。后唐以后的后晋、后汉、后周各朝,统治阶层中河北籍文臣皆一倍于其他地区,有的学者称之为"河北优势"。[②] 此时期河北人士很是活跃,成为当时政治舞台上一支重要力量。似乎经过唐后期长期的蛰伏后,突然苏醒,重新焕发出生机。孔庙在其中的作用,虽然不能过高估计,但也绝不能忽视。

作者单位:河北省社会科学院河北学刊杂志社

(原刊于冯立君主编:《中国与域外》第4辑《交错的中华与周边世界》,北京:社会科学文献出版社,2021年)

[①] 杜荣泉、冯金忠:《燕赵文化史稿(隋唐五代卷)》,第70页。
[②] 毛汉光:《五代之政治延续与政权转移》,《中国中古政治史论》,上海:上海书店出版社,2002年,第471页。

剥落华饰
——从新出王宰墓志看墓志书写的虚美与隐恶

唐 雯

摘 要：王宰是武宗平定泽潞战役中的重要将领，然《旧唐书》未为其立传，《新唐书》虽有传，但失之过简，致其生平晦暗不明，而新近出版的《洛阳新获七朝墓志》所收王宰墓志则弥补了这一缺憾。然而比读墓志与传世文献，可以发现两者之间对同一事件记载的巨大差别。本文即通过对两者的比读，从个案研究的角度揭示了代表着私人立场的墓志文献中的虚美与隐恶，从而展示不同史料的多元层次。

关键词：王宰 墓志 史料 泽潞之役 李德裕

随着近年中古墓志的大量出土，学界对于墓志的关注与日俱增。这一史传之外最为大宗的第一手资料，在各个层面上丰满与完善着中古史的细节，[1]但同时，其与史传的出入之处，也形成了对既

---

[1] 学界在此方面关注甚多，2011年所出版的《唐研究》第17卷《中古碑志与社会文化研究专号》（北京：北京大学出版社，2011年），集中收录了最近的一系列体现这一旨趣的论文，可参看。

有的历史书写的质疑与挑战。作为当时当代的第一手材料,墓志未经后人有意的改写与无意的传误,其可靠性相对更高。然而深埋于地下,肇端于记录亡者身份,标记墓葬位置的砖刻枢铭的墓志,[1]虽然有其与公众舆论互动的一面,[2]但首先是作为一种私人化的文体而存在的。由亡者子孙、亲友主导撰写的墓志,承载着"使陵谷变迁,后人可以识其墓处,觇其行诣"的重大使命,[3]其对志主功业的叙述难免夸大,而亡者生平种种不便言说之处,则需极力讳饰。因此如何利用墓志,特别是那些叙事与传世史料有所出入的重要人物的墓志,则需进一步评估两造记载各自的真实性。质言之,墓志所叙述的内容可以被信任到何等程度,并非是一个无需讨论的问题。本文即拟通过对新出唐代后期重要将领王宰的墓志与现存史料的比读,来对这一问题进行观察与探讨。

王宰,王智兴第二子,武宗会昌征讨泽潞战役中最重要的将领之一,一生历忠武、河东、河阳诸大镇,官终太子少傅,分司东都。这样一位重要人物,原本应有较为详细的传记,然而由于唐代晚期国史修纂的废弛,《旧唐书》中仅在其父王智兴传后附了"晏宰,于昆仲间最称伟器。大中后,历上党、太原节度使,扞回鹘、党项,屡立边功"这样一句话。[4]《新唐书》为其另作新传,[5]但亦仅三百余字,虽然涵盖了王宰一生大部分重要历官,但于其生平诸多大事件中的细

---

[1] 参赵超:《古代墓志通论》,北京:紫禁城出版社,2003年,第32—47页。
[2] 陆扬认为,在唐代,墓志是介乎公与私之间的书写,很多个人感受得以表达的同时,也存在着与公众舆论的互动。见氏著:《中古碑志研究的新视野》,刊《唐研究》第17卷,第4页。
[3] 朱剑心:《金石学》,北京:文物出版社,1981年,第175页。
[4] 《旧唐书》卷156《王智兴传》,北京:中华书局,1975年,第4141页。
[5] 《新唐书》卷172《王智兴传附王宰传》,北京:中华书局,1975年,第5203—5204页。

节并未展开。新近出版的《洛阳新获七朝墓志》中所收录的王宰墓志,备述其生平行事,恰好弥补了史传漏略的缺憾。[1] 张应桥先生曾据此墓志勾勒了王宰一生的经历,[2]但对于传世文献与出土墓志之间的关系,则未加以辨证,故本文将对这一方面着重阐述。兹录墓志全文如下:

大唐故检校司空太子少傅赠司空太原王公府君墓志铭并序/

中散大夫使持节汝州诸军事守汝州刺史兼御史中丞充本州防御使柱国赐紫金鱼袋冯图撰/

朝请郎前行太原府参军李默书/

公讳宰,字钧之,太尉公第二子也。太尉公宗系勋烈,备于先志。公生而颖晤,奇表秀发,方颐燕颔,材武绝伦,弯弓六/钧,马槊无对,博涉经史,尤善篆隶。讲武之暇,多集儒士,谈议无倦,太尉公器爱焉。年未弱冠,为武宁军都将,士众悦服。初,/宪宗皇帝扫荡凶叛,两河震骇。太尉公握兵上游,忠顺许国。长庆中,燕齐魏镇相次逐帅建长,请命于朝。四境连兵,方劳/庙算。太尉公率先忠款,遣公入侍。/穆宗皇帝诏曰,诸侯侍子,前古则然,词约礼卑,益彰义训。始自都将,擢为太子右赞善大夫。未几,迁云麾将军、右龙武军将军知军事。宝历/元年,封太原郡开国子,食邑三百户。二年,加侍御史,复兼御史中丞。/文宗皇帝即位,以公勋臣子,有检操,试以理郡,观其业履。大和元年,以银青光禄大夫兼御史中丞,出为光州刺史,进封太原郡开/国公,加邑至千户。为政清慎,弋阳人安之。四

---

[1] 齐运通编:《洛阳新获七朝墓志》,北京:中华书局,2012年,第363页。
[2] 张应桥:《唐王宰墓志考释》,《四川文物》2013年第4期。

年,迁泽州刺史,加邑至二千户。高平之政,如弋阳之化。寻迁澧州刺史。公为澧州,慈惠/显著。陟课计最,理行第一,澧人至今歌咏之。自是,朝廷推其才实,凡重难之任,议者以公为举首。七年,征为右龙武军大将军、/知军事兼御史中丞。九年,守本官加御史大夫。开成元年,以检校左散骑常侍,出为盐州刺史,御史大夫,充本州防御使及诸军防秋押蕃/落等使。于是,天子下诏曰:闻其顷岁,缉绥澧阳,版图有加户之功,郡人有诣阙之请,载洽时论,可谓长才,天下愈推为贤侯。/善吏五原,抚接杂虏。前后为政者,率皆利其牛羊善马,因生雏扰,公清约自处,恬怡寡欲,为郡四年,封部清谧。开成四年,迁陇州刺/史,充本州防御使。五年,检校工部尚书,充邠宁庆等州节度观察等使。在邠州四年,抚戎训俗,法尚宽简,尺籍伦理,公储羡溢。会昌三年,/武宗皇帝潜运宸算,问罪壶关。以公勋贤嗣,韬钤妙密,忠厚可倚,用武之地,推诚付嘱。复检校工部尚书,充忠武军节度、陈许/蔡等州观察等使。其秋,诏以本官兼充河阳行营诸军攻讨使。先是潞帅刘从谏死,其子稹握父众,求代其位,扬兵四境。/武宗赫怒,天讨龚行。河阳节度使王茂元屯兵天井下,连战不捷,疾悖求解。天井下临覃怀,势逼河洛。衣冠士庶,莫不惶骇。奸谋讹言,亟生/恫动。诏以公为攻讨使,代茂元之任。公拜诏之日,引兵渡河,环洛居人,室家相贺。师之所历,秋毫不犯。屯于万善寨下,/贼垒皆哭。天井关在太行山顶上,寇堞星联,建瓴之势,万夫莫仰。贼恃险凭固,聚食持久,坐待师老,冀缓灵诛。公掩其不备,夜遣马/步都虞候董佐元、黄头先锋将赵峰、赫连权等引锐师直上太行山巅,夜走七十里,公引大旆继进,九战拔天井关。贼众宵溃,惊踩/自投山谷死者不可胜计,杀伤略尽,翌日告捷。/武宗大悦,诏加兵部尚书，依前攻讨使。天井下临高平郡，俯视如蚁，走尘炊烟，无所逃隐，贼众游骑，投砾可及。自是狡穴妖巢，不复自/守。明年，诸城尽降，贼穑传首关下，公函献之，上党平。诏加紫金光禄大夫、检校尚书左仆射。全师凯旋于许。平潞之役，/公实元勋，谦默自持，未尝言战。初，公以陈许等军屯天井，石雄以河中等军屯冀氏，朝廷责功于二帅。公连战拔天井/关，威名大振。贼党传刘穑首，先诣公营。诏公引天井军合冀氏军入其巢穴。公按军徐进，以示不竟。功名之际，/羡同羊祜，策勋未称，天下贤之。寻以本官兼太原尹，北都留守，御史大夫，充河东节度观察等使。未几，加司空，申上公之命。/今上即位，念功图旧，以公北门镇守，政令修举，加检校司徒，镇守仍旧。公以勋臣旧德，恋深臣子，拜表乞觐。大中三/年元正，朝贺在廷，上目而壮之，加光禄大夫，复归镇守。初，公屯兵天井，贼尚稽诛。自春涉夏，军士饮山泉，寝蒿艾，及秋大疫。/太行峻险，馈军多阻。公大散家财数千万，躬抚战士，补卒振旅，辛勤尽瘁，竟清残孽。朝廷爱其忠力，复倚图功。/今上初收河陇，西羌别种，屯聚隘险，劫夺行人，抄略馈路。上临轩叹息，思得统将。台臣等惶恐，以公名闻，即日，诏以/公守本官领河东。先差兵士，并沙陀及诸蕃部落子弟等，充招讨党项使，兼指挥振武、天德、灵盐、邠宁、夏绥、鄜延等州，同讨党项兵马事。其/所诏昭义、易定、河阳、宣武、沧景、陈许、郑滑、天平、平卢、兖海、浙西、宣歙等道，赴夏州塞门行营，士马并令权取公指挥。其属左右神策、/京西、京北诸镇，有控临党项处，缓急要兵，掎角相应。便行文牒，指使推毂，委重之任，古今无伦。公受命奋发，蓬首即路，引兵进战，直/入塞门。属馈路阻艰，军食不继，数以饥卒，邀战不整。朝廷以老师费财，诏省戍卒。复以公检校司徒，充河阳三城节度、怀/孟泽等州观察等使。未几免镇,以太子少保分司东都。九年秋,检校司空兼太子少傅,依前分司东都。公襟量弘裕,不以荣悴婴怀。/拜衮登坛,保傅分洛,一推忠顺,默无尤违,士类以此多之。十年十月廿三日,寝疾于洛绥福里之私第,薨,享年六十三。/天子震悼,罢朝一日,赠司空,赙以布帛。明年二月五日,卜葬于河南府河南县梓泽乡张封原,先太尉公之兆次。有子男二十/三人,女一十五人。长子弘宗,夔王府司马。次子懿宗,汝州长史。次子赟,检校国子祭酒兼侍御史。次子次宗,袁王府参军。次子吟,检校太子/宾客兼侍御史。次子演宗,江州浔阳县尉。次子颜,右龙武仓曹参军。次子虔宗,亳州文学。次子建宗,怀州参军。次子彦宗,左司御仓曹参军。/次子澧宗,左司御胄曹参军。次子嗣宗,左金吾卫骑曹参军。其次曰儒宗、曰颙、曰颁、曰颉、曰颐、曰频、曰愿、曰顾、曰项、曰颃、曰顷。咸以贵胄,将/登显仕。用礼检之操,以孝谨持其祖父业。女适良士,公出自绮纨,弱冠登崇显,自幼及贵,不知艰难,而气不矜豪,虑必深迥,历官中/外,焯有名烈。及为将帅,隆树勋绩。德善一贯,终始可铭。铭曰:/

王实大姓,自新以垂。兆起卜淮,浚派延枝。江左风流,互盛迭衰;皇朝多士,叠庆重熙。太尉材雄,早宣力用。司徒懋德,弈/叶增重。公忠激发,雷风震动。天实降神,精诚入梦。条颁澧浦,惠政洽闻。律静五原,时号能军。/天子求理,公为能吏。天子治戎,公拜彤弓。文武兼任,报政奏功。岂独才克,公诚有融。蠢尔壶关,逆竖狂/獝。所恃者何,天险重闭。盈凶贯毒,蟠氛作沴。蜗结蛛罬,恬为得计。公振长策,屯师蓄锐。一夕遽飞,爝不容睨。禽惊兽瘗,迎弓尽瘗。建/旆□频,收其胜势。妖巢夜覆,逆首宵传。畅縠才逞,一方晏

416

然。帝曰元臣，武振功宣。申命左揆，锡乃勋贤。公拜稽首，非臣/□□。天讨有罪，臣当奉职。循墙疾走，逃遁莫克。拜诏惟恭。式昭懿德。帝念北门，王业之基。授以征钺，总乃如貔。上/□之命，载申载驰。天泽就加，公功之宜。羌戎未宁，中军卜帅。坛成礼渥，星高将贵。联营尽护，群藩毕寄。将振庸祗，中辍朝/□。□安河内，辞□东□。孤卿峻袟，以优以游。国倚元老，朝倾壮猷。百身徒赎，大运遽流。/□□□悴，爰申□□。□□□瘁，天不憖遗。存殁之盛，惟公盈之。庆祉有余，子孙是贻。/

这无疑是一篇正式而堂皇的文字，墓志中的王宰，忠勇仁义，谦逊退让，十足的高大全形象。但如若比读传世文献中有关王宰的记录，却可以发现与墓志记载的诸多出入，二者之间的矛盾，折射出的是王宰其人多重的面向。

1. 名讳之疑

墓志云："公讳宰，字钧之，太尉公第二子也。"然而两《唐书》却有不同的记载。《旧唐书·王智兴传》："智兴九子，晏平、晏宰、晏皋、晏实、晏恭、晏逸、晏深、晏斌、晏韬，而晏平、晏宰最知名。"《新唐书·王宰传》："晏宰后去'晏'，独名宰。"

据上引《旧唐书》，王智兴诸子皆以"晏"字为排行，其他诸子如晏平等皆以本名行世，何以王宰独去标志排行的"晏"字？可能的原因当是王宰的儿子晏实，幼为王智兴所爱而"自养之，故名与诸父齿"。[①] 王宰名去"晏"字，至少在名字上避免了与亲生儿子处于同一行辈的尴尬。墓志录其去"晏"字之后的名讳，虽然合乎情理，但其中亦隐去了志主人生的一个细节。

---

① 《新唐书》卷172《王智兴传附王晏实传》，第5204页。

2. 志主父王智兴事迹之表述

墓志云:"初,宪宗皇帝扫荡凶叛,两河震骇。太尉公握兵上游,忠顺许国。长庆中,燕齐魏镇相次逐帅建长,请命于朝。四境连兵,方劳/庙算。太尉公率先忠款,遣公入侍。"这段含糊的记述试图表现出王智兴对朝廷的一贯的忠顺,但事实是否果然如此呢?

王智兴,少为徐州牙兵。德宗初年,李正己及其子李纳增兵徐州,企图控制江南赋税运输之渠道,①由此欲害刺史李洧。王智兴疾行赍表京师求援,德宗因发朔方军五千人随智兴解徐州之围,由是发迹,并逐渐成为当日徐州最重要的将领。② 元和年间,吴元济、李师道叛乱,宪宗发徐州兵平叛,王智兴带兵出征,东征西讨,屡立战功,"贼平,授沂州刺史",③同时也全面掌握了徐州的军事力量。墓志"握兵上游,忠顺许国"的记述基本属实,虽然其措辞可能会使读者误以为王智兴此时已成为徐州节度使。

王智兴真正成为徐州节度使得益于穆宗初年的河北再次叛乱。《旧唐书》王智兴本传完整地记述了此事的始末:

> 长庆初,河朔复乱,征兵进讨。穆宗素知智兴善将,迁检校左散骑常侍、兼御史大夫、充武宁军节度副使、河北行营都知兵马使。初,召智兴以徐军三千渡河,徐之劲卒皆在部下。节度使崔群虑其旋军难制,密表请追赴阙,授以他官。事未行,会赦王廷凑,诸道班师。智兴先期入境……率归师斩关而入,杀军中异己者十余人,然后诣衙谢群曰:"此军情也。"群治装赴阙,智兴遣兵士援送群家属。至埇桥,遂掠盐铁院缗币及汴路进奉

---

① 《旧唐书》卷124《李正己传》,第 3535 页。
② 《旧唐书》卷156《王智兴传》,第 4138—4139 页。
③ 《旧唐书》卷156《王智兴传》,第 4139 页。

物,商旅赍货,率十取七八。逐濠州刺史侯弘度,弘度弃城走。朝廷以罢兵,力不能加讨,遂授智兴检校工部尚书、徐州刺史、御史大夫,充武宁军节度、徐泗濠观察使。①

显然,王智兴是通过兵变掌握了徐州的核心权力,而朝廷此时已力不能制,只好承认既成事实。此事原委,墓志自然绝不可能写入,但也因此无法堂堂正正地记述王智兴成为徐州节度使的人生高潮,而这正是其整个家族发迹的起点。有趣的是,墓志所谓"率先忠款",似乎将王智兴与河朔叛乱者置于同一阵营,这一不太妥当的措辞,却无意中透露了长庆平叛之际,王智兴并非如墓志所希望表现的那样忠于朝廷。

3. 清约自处的盐州刺史?

墓志云:"开成元年,以检校左散骑常侍,出为盐州刺史,御史大夫,充本州防御使及诸军防秋押蕃落等使。于是,天子下诏曰:'闻其顷岁,缉绥澧阳,版图有加户之功,郡人有诣阙之请,载洽时论,可谓长才,天下愈推为贤侯。善吏五原,抚接杂虏。'前后为政者,率皆利其牛羊善马,因生雠扰,公清约自处,恬怡寡欲,为郡四年,封部清谧。"

墓志中所谓"清约自处""封部清谧",也往往见于其他墓志中对州刺史政绩的描述。那么这种表述是套话陈词,还是符合实际的评价,一般我们无从判断。不过幸运的是,王宰出刺盐州的表现,史籍中恰好有相应的记载。《新唐书·王宰传》称其"除盐州刺史,持法严,人不甚便"。② 而《册府元龟》卷六七一记述更为详细:"田牟,开成中为陇州刺史,会盐州刺史王宰好以法临党项,羌人不安,以牟宽

---

① 《旧唐书》卷156《王智兴传》,第4139—4140页。
② 《新唐书》卷172《王宰传》,第5203页。

厚,故命易之。"①而《新唐书》卷一四八《田牟传》则概括为"开成初,盐州刺史王宰失羌人之和,诏牟代之"。②

在唐代三百年纷繁的历史长河中,一个刺史在其任上的表现如何实在过于微不足道,记录本身应该都是在无意中留存下来的,这里显然不存在讳饰与遮蔽。而上述三种分别属于王宰和田牟两方面的记载都同时指向与墓志相反的方向,那么事实究竟如何,应当是显而易见的。

4. 泽潞平叛中的王宰

王宰一生最重要的功绩便是作为主将之一,攻打要求自行择帅的泽潞镇,并最终降获叛军首领刘稹的人头。平泽潞是武宗和李德裕的重要武功,故而当时留下的史料相当丰富,我们先来看看有关这场战役的前因后果。

会昌三年四月初七,泽潞节度使刘从谏卒,其侄刘稹自称留后,上表求节钺,希望得到朝廷的正式任命。唐廷诏刘稹护丧归东都,拒绝了刘稹的要求。刘稹拒命。③ 双方关系骤然紧张。

泽潞五州地处冲要,泽、潞二州雄踞太行之险,捍蔽关中,邢、洺、磁三州深入河北腹地,居高临下,控驭河朔,所谓"国之宝地,系在安危"。④安史之乱后,唐廷于此设节度使,本意正在监控河北三镇,防其合纵,⑤甚

---

① 《宋本册府元龟》卷671《牧守部·选任》,北京:中华书局,1989年,第2272页。
② 《新唐书》卷148《田牟传》,第4796页。
③ 《旧唐书》卷18上《武宗纪》,第595页;《资治通鉴》卷247,武宗会昌三年四月条,北京:中华书局,1956年,第7979、7981页。
④ 《李相国论事集》卷3《论泽潞事宜》曰:"泽潞五州据山东要害,河北连结,唯此制之,磁、邢、洺三州入其腹内,国纪所在,实系安危。"《丛书集成初编》本,北京:商务印书馆,1936年,第21页。
⑤ 《新唐书》卷152《李绛传》:"泽潞据山东要害,磁、邢、洺跨两河间,可制其合从。"第4838页。

至认为"欲变山东,先择昭义之帅"。① 而在河北方面,泽潞位于太行山东侧的三州亦被其视作眼中钉,一旦与朝廷发生冲突,必将竭力拔除。② 所以,当泽潞一旦要求行河北故事自行择帅,即显示出自立的倾向,不但唐廷借其控制河北的战略意图被打破,同样起到控扼河北作用的河阳节度防区,③甚至是东都将直接受其威胁,④这是唐廷绝对不能容忍的。会昌三年五月,在讨论如何处置刘稹的问题的会议上,武宗与李德裕不顾群臣反对,决意对其进行征讨。⑤ 五月十三日,武宗下诏讨刘稹,⑥战争正式拉开了序幕。同日,武宗命成德

---

① 《新唐书》卷165《权德舆传》,第5078页。有关唐廷设置昭义镇的原因及过程,可参森部丰:《关于藩镇昭义军的成立过程》,《中国历史上的宗教与国家》,京都:雄山阁,1994年;郎洁:《唐中晚期昭义镇研究》,《隋唐对河北地区的经营与双方的互动》,北京:中央民族大学出版社,2008年,第367—377页。
② 在建中二年田悦对抗唐廷之时,唐军控制了邢、磁二州及临洺后,田悦称"邢磁如两眼,在吾腹中,不可不取",遂采取了一系列争夺被占州县的行动。《资治通鉴》卷226,第7299页。
③ 《旧唐书》卷110《李光弼传》载李光弼论防御史思明军的战略云:"若移军河阳,北阻泽潞、三城以抗,胜则擒之,败则自守,表里相应,使贼不敢西侵,此则猿臂之势也。"第3307页。则河阳与泽潞在对河北势力的防御和控制上互为表里。河北三镇对此亦极为清楚,在元和九年魏博节度使田弘正归顺朝廷后,李吉甫为表示朝廷的诚意,将防遏魏博的河阳军移走,田弘正对此极为欣喜,称朝廷赐予官位与钱物,皆"未若移河阳军之为喜"。《资治通鉴》卷239,第7705—7706页。
④ 昭义与东都洛阳间仅有河阳节度使防区为缓冲。平泽潞之初,镇守河阳的王茂元兵力单薄,李德裕忧虑其兵败,呈状于武宗云:"茂元兵力寡少,颇似危急,若贼势更甚,便要退守怀州,非惟损坏威声,必恐惊动东洛。"(傅璇琮、周建国:《李德裕文集校笺》卷15《论河阳事宜状》,石家庄:河北教育出版社,2000年,第286页)又河阳节度使处泽潞天井关下,无地势之利,故李德裕惩于此,建议在平泽潞之后将泽州改隶河阳节度使,使"太行之险不在昭义,而河阳遂为重镇,东都无复忧矣"。《资治通鉴》卷247,第7991页。
⑤ 《旧唐书》卷18上《武宗纪》,第595页。
⑥ 《通鉴》卷247系此事于会昌三年五月辛丑,第7984页。本月己丑朔,辛丑为十三日。按《唐大诏令集》卷120《讨潞州刘稹制》系于会昌三年七月,北京:商务印书馆,1959年,第638页。《旧唐书》卷18上《武宗纪》系于九月,第594页。(转下页)

节度使王元逵为泽潞北面招讨使,何弘敬为南面招讨使,在东北与东南与此前已屯军昭义军正南、西北与正西的河阳节度使王茂元、河东节度使刘沔、河中节度使陈夷行形成五面夹击之势。

但是战争一开始并不顺利。河阳节度使王茂元与泽潞精兵甫一接战,即露颓势。河阳是战役攻守的重要据点,河阳告急,则东都震恐,形势对唐廷而言,至为不利。同时成德、魏博虽受朝廷之命攻打昭义在河北的三州,但迟迟未有行动,故不得不遣李回宣慰。① 八月,唐廷以魏博节度使何弘敬仍怀两端,按兵不动,遣时任忠武节度使的王宰长趋魏博,直抵磁州,声言支援何弘敬。② 至此战役进入了新的阶段,而王宰也由此登上了这一幕历史剧的前台,并在其中扮演了极其重要的角色。墓志对此事的记载毫不吝啬笔墨,差不多四分之一的篇幅都刻意渲染了王宰在此役中的功绩。

墓志云:"河阳节度使王茂元屯兵天井下,连战不捷,疾悸求解。天井下临覃怀,势逼河洛。衣冠士庶,莫不惶骇。奸谋讹言,亟生恟动。诏以公为攻讨使,代茂元之任。公拜诏之日,引兵渡河,环洛居人,室家相贺。师之所历,秋毫不犯。屯于万善寨下,贼垒皆哭。"此节所记便是王宰兵指魏博,成功逼迫何弘敬出兵磁州之后,转而驰援力已不支的王茂元之事。

河阳军自六月与泽潞兵交战始即始终处于下风,至八月终于败

(接上页)傅璇琮《李德裕年谱》据《通鉴》系于五月,石家庄:河北教育出版社,2001年,第371页。按据《通鉴》卷247,本年六月,王茂元已主动与泽州军士于科斗店交战,故此制不应晚于六月。参王国尧:《李德裕与泽潞之役》,刊《唐研究》第12卷,北京:北京大学出版社,2006年,第494页。本文论列泽潞之役多参考王国尧文及傅璇琮《李德裕年谱》相关内容,下文不一一注出。

① 《旧唐书》卷173《李回传》,第4502页。
② 《通鉴》卷247,武宗会昌三年八月条,第7989页,《李德裕文集校笺》卷15《论陈许兵马状》,第285页。

于科斗寨,大将马继被擒。泽潞大将薛茂卿随即又率兵对河阳军驻地万善寨发起持续的猛攻,"执四将,火十七栅"。① 而节度使王茂元又在军中发病,河阳岌岌可危。此时制置全局的李德裕立即令开赴磁州的王宰军团转头驰援河阳。墓志所谓"连战不捷",确系实情,而增兵河阳,洛阳可免危情,所谓"环洛居人,室家相贺",虽系夸饰,亦在情理之中。然而所谓"师之所历,秋毫不犯",却很可能并非事实。

王宰军至唐军屯驻的万善城寨后不久,王茂元即去世,河阳节度使空缺,此时已被任命为河阳行营攻讨使的王宰本应是节度使的当然人选。然而王宰并未就此兼领河阳,李德裕进上武宗的奏折中道出了他对王宰的顾虑:"王宰止可令以忠武节度使将万善营兵,不可使兼领河阳,恐其不爱河阳州县,恣为侵扰。"②李德裕何以有此顾虑?《通鉴》的另一段记载或许可以在一定程度上解答这一问题。会昌四年正月,河东节度使都将杨弁趁河东军主力皆开赴榆社前线之际,于太原城中作乱。唐廷决心征讨,"河东兵戍榆社者闻朝廷令客军取太原,恐妻孥为所屠灭,乃拥监军吕义忠自取太原"。③ 从此节记载来看,客军至他镇作战,显然对当地无所爱惜,抢掠屠杀似乎是题中应有之义。墓志虽然刻意强调王宰"师之所历,秋毫不犯",然而对照着李德裕的奏文和《通鉴》的记载,颇有些此地无银的反讽意味。

王宰既为河阳行营攻讨使,其任务是拿下泽潞的南面门户天井关,继而攻克泽州,直捣刘稹巢穴。王宰最终的确胜利完成了任务。墓志对王宰攻克天井关一事浓墨重彩,大加铺陈:"天井关在太行山

---

① 《新唐书》卷214《刘稹传》,第6016页。
② 《通鉴》卷247,武宗会昌三年九月条,第7991页。
③ 《通鉴》卷247,武宗会昌四年正月条,第7998页。

顶上,寇堞星联,建瓴之势,万夫莫仰。贼恃险凭固,聚食持久,坐待师老,冀缓灵诛。公掩其不备,夜遣马步都虞候董佐元、黄头先锋将赵峰、赫连权等引锐师直上太行山巅。夜走七十里,公引大旆继进,九战拔天井关。贼众宵溃,惊躁自投山谷死者不可胜计,杀伤略尽,翊日告捷。"从墓志来看,泽潞军队坚壁固守,欲"坐待师老",而王宰趁其不备,偷袭成功,经历艰苦的战斗之后终于夺取了天井关。但墓志所言是否尽是事实,或事实的全部?史籍的记载提供了此一事件的另一个面向。

　　自会昌三年九月王茂元去世,王宰代为河阳行营攻讨使,至十二月王宰进攻天井关,①时间已经过去了三个月。果然是泽潞方面在"坐待师老"吗?如果看一下《通鉴》的记载,一切都可明了:"(九月)庚戌,以石雄代李彦佐为晋绛行营节度使,令自冀氏取潞州,仍分兵屯翼城,以备侵轶……石雄代李彦佐之明日,即引兵踰乌岭,破五寨,杀获千计。时王宰军万善、刘沔军石会,皆顾望未进,上得雄捷书,喜甚。"②事实上,天井关战役的打响,还是因为泽潞方面驻守的大将薛茂卿企图投降唐廷,是与王宰通谋攻寨的结果。薛茂卿即是本年八月与王茂元交战时攻破科斗寨的泽潞大将。他一心以为自己攻破科斗寨,立下战功,理当受赏,不料刘稹的目的只是希望朝廷承认他节度使的地位,因此认为薛茂卿"多杀官军,激怒朝廷",反而不利于他得到朝廷的承认,"由是无赏"。失望的薛茂卿心怀怨恨,遂"密与王宰通谋"。③ 于是王宰引兵攻天井关,结束了其长达三

---

① 此处系年皆据《通鉴》,分别见《通鉴》卷247,武宗会昌三年九月、十二月条,第7991、7993页。
② 《通鉴》卷247,武宗会昌三年九月条,第7991—7992页。《旧唐书》卷161《石雄传》所载与此略同,第4236页,应即《通鉴》史源,以《通鉴》叙事明晰,故取之。
③ 《通鉴》卷247,武宗会昌三年十一月条,第7993页。

个月的顾望。

由于攻守双方已有秘密协议,故薛茂卿"小战,遽引兵走,宰遂克天井关守之,关东西寨闻茂卿不守,皆退走,宰遂焚大小箕村"。①天井关战役至此结束,薛茂卿退入泽州,遣人密召王宰进攻泽州,王宰犹疑未进。事情很快泄露,刘稹遂诱使薛茂卿至潞州,诛杀之,以兵马使刘公直代薛茂卿。王宰此时方进攻泽州,与刘公直遭遇,战不利,天井关失守。七天后,王宰再次对刘公直军发动进攻,大破之,重新夺取了天井关。②

墓志在叙写王宰夺取天井关后即写到了战事的结果:"明年,诸城尽降,贼稹传首关下,公函献之,上党平。"从各种史籍的记载来看,泽潞之战的确是以刘稹部下刺杀刘稹,降于王宰而告终的,王宰受降,传刘稹首于长安,墓志称"平潞之役,公实元勋",或有夸饰,但并不失当。但奇怪的是作为河阳行营攻讨使的王宰在战争结束后却并未顺理成章地成为河阳节度使,而是移镇至河东。河阳控扼河北、屏蔽东都,战略地位极其重要;而泽潞平定后,更将泽州割隶河阳,由此"太行之险不在昭义",③其地位进一步加强,而河东的重要性则远不若河阳。平定泽潞后出镇河阳的是李德裕的爱将石雄,表明了朝廷不愿意将这一战略要地交付王宰,换言之,朝廷并不信任王宰。④ 何以有这样的结果?原因或许有很多,但王宰在攻克天井关后的表现无疑加重了朝廷对王宰的不信任。

正如墓志所言,"天井关在太行山顶上,寇堞星联,建瓴之势,万

---

① 《通鉴》卷 247,武宗会昌三年十二月条,第 7993 页。
② 上节所述皆据《通鉴》卷 247,武宗会昌三年十二月条,第 7994 页。王宰收天井关事见《旧唐书》卷 18 上《武宗纪》及《旧唐书》卷 161《石雄传》,第 599、4236 页。
③ 《通鉴》卷 247,武宗会昌三年九月条,第 7991 页。
④ 参王国尧《李德裕与泽潞之役》,第 502 页。

夫莫仰",天井关既克,唐军遂"下临高平郡,俯视如蚁,走尘炊烟,无所逃隐,贼众游骑,投砾可及。自是狡穴妖巢,不复自守"。在占尽地理优势的情况下,王宰并没有贯彻李德裕制定的作战计划,①接替病逝的王茂元继续进攻泽州,而是在原地屯驻下来。直到战争结束,泽州都一直在泽潞大将刘公直控制下。②

会昌四年的正月,王宰又上奏接到刘稹乞降的表章,希望朝廷能够加以考虑。此时太原杨弁方乱,朝议汹汹,认为两处用兵,朝廷力不能支。③ 而这一切反而刺激了武宗与李德裕将战斗进行到底的决心。李德裕在给武宗的上表中对王宰受刘稹降表之事大加斥责:"臣适见度支报状,王宰已似纳其情款。发使之时,不以先闻,便受表章,欲自擅招抚之功。昔韩信破田荣,李靖擒颉利,皆是纳降之后潜兵掩袭。只可令王宰失信,岂得损朝廷武威?建立奇功,实在今日。"同时遣使"密谕石雄,若王宰已纳刘稹,即石雄无功可纪",④令石雄抓住立功机会,无使王宰占先。

二月,王宰仍旧按兵不动。李德裕又言于上曰:"王宰久应取泽州,今已迁延两月。盖宰与石雄素不相叶,今得泽州,距上党犹二百里,而石雄所屯距上党才百五十里,宰恐攻泽州缀昭义大军,而雄得乘虚入上党独有其功耳。又宰生子晏实,其父智兴爱而子之,晏实今为磁州刺史,为刘稹所质。宰之顾望不敢进,或为此也。"⑤武宗遂命李德裕草诏促王宰进兵。但王宰似乎并未有所行动。

---

① 《通鉴》卷247,武宗会昌三年七月条:"李德裕言于上曰:'……今请赐诸军诏指,令王元逵取邢州,何弘敬取洺州,王茂元取泽州,李彦佐、刘沔取潞州。'"第7987页。
② 《通鉴》卷248,武宗会昌四年八月条:"(郭谊)乃函稹首,遣使奉表及书,降于王宰。(刘稹)首过泽州,刘公直举营恸哭,亦降于宰。"第8008页。
③ 《通鉴》卷247,武宗会昌四年正月条,第7995页。
④ 《李德裕文集校笺》卷17《论刘稹状》,第324页。
⑤ 《通鉴》卷247,武宗会昌四年二月条,第7998页。

426

不久李德裕又请求任命刘沔为河阳节度使,他在上奏中强烈表达了对王宰的不信任:"事固有激发而成功者:陛下命王宰趣磁州,而何弘敬出师;遣客军讨太原,而戍兵先取杨弁。今王宰久不进军,请徙刘沔镇河阳,仍令以义成精兵二千直抵万善,处宰肘腋之下。若宰识朝廷此意,必不敢淹留。若宰进军,沔以重兵在南,声势亦壮。"武宗立刻同意了李德裕的上奏,数日之后,刘沔即迁任河阳节度使。① 紧接着武宗又下诏王宰,言辞中充满了谴责,甚至对其发出了就地免职的警告:"卿初取天井,大振威声,皆谓计日而取泽州,指期而擒刘稹。顿兵危坂,已涉二时,日费殆过于千金,途隘有逾于九折。士不宿饱,人已告劳。在朝公卿,继陈谠论,皆云卿之血属,质在贼中。……若虑危害晏实,未忍急攻,但卿披诚,朕必深恕,即当与卿移镇,必使两全。"②

三月初一,李德裕奏请让李回至王宰、石雄军中宣慰,敦促二将进军。③ 武宗再次下诏,责备王宰迁延不进:"今贼在网罗,只守巢穴,广立虚栅,多设疑兵,盖谓自防,岂暇侵轶? 且欲偷安岁月,以老王师。卿分兵相守,果中奸计。况卿已得天井,寻扼咽喉,游刃其间,更何顾虑。"④

在这样屡次三番的敦促下,四月,王宰方才开始进攻泽州,⑤但直到八月刘稹被杀,泽潞平定之时,泽州仍未被攻下。

从武宗诏中所谓"在朝公卿,继陈谠论,皆云卿之血属,质在贼中"之语来看,王宰屯兵天井,迁延不进,朝野上下应该多有议论,而

---

① 《通鉴》卷247,武宗会昌四年二月条,第7998—7999页。
② 《李德裕文集校笺》卷7《赐王宰诏意》,第117页。
③ 《李德裕文集校笺》卷16《请遣制使至天井冀氏宣慰状》,文末注云"会昌四年三月一日",第298页。
④ 《李德裕文集校笺》卷7《赐王宰诏意》,第119页。
⑤ 《通鉴》卷247,武宗会昌四年四月条,第8000页。

武宗与李德裕对他的不满与谴责,当时也并非什么秘密。墓志虽然本质上属于私人化的文体,但考虑到其在完成后流传于世的可能,对于有些影响重大的负面事件亦不能完全置之不论,然而如何表述,既可点到,又不扫丧家颜面,维护志主形象,其中大有学问。王宰墓志则在叙述完其在平泽潞战役中的功绩之后,以"平潞之役,公实元勋,谦默自持,未尝言战"这样一句模糊、甚至略带褒扬的话对这一问题作了含糊的表述。

墓志又云:"初,公以陈许等军屯天井,石雄以河中等军屯冀氏。朝廷责功于二帅。公连战拔天井关,威名大振。贼党传刘稹首,先诣公营。诏公引天井军合冀氏军入其巢穴。公按军徐进,以示不竞。功名之际,美同羊祜,策勋未称,天下贤之。"王宰素与石雄不合,当两人同时受诏直捣敌人巢穴之时,王宰是否果然如墓志所言,为显示不汲汲于功名而特地"按军徐进"呢?至少传世文献的记载并非如此。郭谊斩刘稹首降于王宰后,武宗以此前潞州有"石雄七千人至矣"的谣言,故特命石雄率七千人入潞州以应谣言,①同时亦命王宰进军,旨在捉拿郭谊及其党羽。② 然而诏下两天后,③王宰却"传稹首,与大将郭谊等一百五十人露布献于京师"。④ 而据墓志,王宰"按军徐进"的结果很可能并未抵达潞州,石雄则应遵照武宗旨意"径驰潞州,降谊,尽擒其党与"。⑤ 但是最终将刘稹首级与郭谊等人

---

① 《旧唐书》卷161《石雄传》,第4236页。
② 《李德裕文集校笺》卷6《赐潞州军人敕书意》,第94页。
③ 按《通鉴》卷247系诏石雄以七千人入潞州在八月丙申,《旧唐书》卷18上《武宗纪》系王宰押送刘稹首级及其部下赴京于八月戊戌。本年八月辛巳朔,丙申为十六日,戊戌为十八日,而《赐潞州军人敕书意》末所注日期亦是八月十六日。则武宗诏王宰与石雄共同进军之后两天,王宰已出发赴京。
④ 《旧唐书》卷18上《武宗纪》,第601页。
⑤ 《宋本册府元龟》卷359《将帅部·立功第十二》,第832页。

送至京师的却是王宰。献俘京师，无疑是展示战功最好的方式，也是出生入死的将领最辉煌的时刻之一。郭谊最初选择了王宰作为投降对象，由王宰押送俘虏入京，亦合情理。但显然此时，王宰并未对石雄表现出墓志所谓的"不竟"，而是紧紧抓住了进京露脸的机会。在讨平泽潞之后，王宰对于石雄在战役中的"始卒之功"心有所忌，"及李德裕罢相，宰党排摈雄罢镇"，而全然不顾石雄曾"以辕门子弟善礼之"。① 可见墓志所谓"功名之际，美同羊祜"，并非事实。

5. 拜表乞觐的背后

墓志云："公以勋臣旧德，恋深臣子，拜表乞觐。大中三年元正，朝贺在廷，上目而壮之，加光禄大夫，复归镇守。"

自会昌四年九月，泽潞战役结束之后，王宰被任命为河东节度使，至大中三年正月，王宰已在这一位置上呆了将近五年，为何此时忽然想起"拜表乞觐"？传世史籍告诉我们，这一次王宰入朝的目的实际上是为求官。《新唐书》卷一八二《周墀传》云："河东节度使王宰重赂权幸，求同平章事，领宣武。墀言：天下大镇如并、汴者才几，宰之求何可厌。宣宗纳之。"②墓志的书写中完全隐去了其赴京朝觐的真实意图，也隐去了以周墀为代表的朝议对他的评价和他最终失望而归的结果，而代之以"拜表乞觐"、"上目而壮之"这样正面的表达，更特别点出此次朝觐所获得的加官，将王宰人生中的一次失败经历包装美化得天衣无缝，若非史籍偶然的记载，真相将永远湮没无闻。

从以上王宰墓志与传世文献的比读来看，同一事件，墓志与传世文献的记载多有不同，相比之下，墓志私人化的立场决定了传世

---

① 《旧唐书》卷161《石雄传》，第4236页。
② 《新唐书》卷182《周墀传》，第5370页。《通鉴》卷248略同，第8038页。

文献的记载应更接近于历史的真相。而从墓志的撰写人冯图来看，此人撰写墓志时为汝州刺史，后数年入为中书舍人，[1]这提示我们此人应有不错的文才。而据王宰墓志，其次子懿宗为汝州长史，为冯图下属，可能正是因为这层关系，冯图才有机缘为王宰撰写墓志。如这一推测成立，那么王宰墓志的私人色彩将更为浓重。这提示我们，作为私人化文体的墓志，其记述中虽然可能保存有传世文献，特别是具有官方立场的史书中被刻意删落、隐去的材料，但是其立场决定了对于志主的叙述与评价中必然充满了另一层面的讳饰。这虽然是一个常识，但由于墓志与传世文献很少能作一一对应的比勘，更不易有两造互相矛盾的记述与评判，因此我们很难衡量墓志在多大程度上对志主的生平行事进行了艺术加工，也很难判断墓志在多大程度上可以被信任与利用。而在王宰墓志中，墓志的记述与史籍记载之间的出入恰恰形成了罗生门的效果，我们可以看到不同立场的双方对历史事件各自的表述，也为我们理解不同层次、不同立场的史料提供了一个生动的实例。

作者单位：复旦大学中文系汉唐文献工作室
（原刊于《中国中古史集刊》第 1 辑，北京：商务印书馆，2015 年）

---

[1] 裴庭裕：《东观奏记》，北京：中华书局，1994 年，第 134 页。

战争、死亡与信仰：唐末五代的泽潞地方社会

仇鹿鸣

摘　要：作为唐末五代梁、晋双方争夺最激烈的地区，潞州墓志中保留了有关战争、流散和死亡的经历与记忆。泽潞地区有家族合葬传统，中唐以后又兴起了预修坟墓的风气，反映了中下层社会普遍的葬俗及演变。潞州的寺院僧徒也遭到战乱的冲击，宗教网络维持韧性，画师田仁训参与五台巡礼的活动。当地素有重商的风气，窑业或许是昭义军重要的财源。利用唐末五代潞州出土的墓志，能够观察一个普通的区域在战争外力冲击之下的变迁与恒定。

关键词：泽潞　地域社会　墓志

泽、潞两州在唐代均隶河东道，汉时同属上党郡，直至西燕慕容永分上党置建兴郡，晋城—高平盆地始成为独立的政区，北魏罢郡置建州，隋改为长平郡，唐时称泽州，为上州。[①]　承续上党旧称的潞

[①]《魏书》卷106上《地形志上》，北京：中华书局，1984年，第2481页；《隋书》卷30《地理志中》，北京：中华书局，1973年，第849页。《旧唐书》卷39《地理志二》，北京：中华书局，1975年，第1478页。

州,唐初置都督府,开元十七年(729),因玄宗潜邸时曾任潞州别驾,升为大都督府。安史之乱后,成为昭义军的治所,辖泽、潞、邢、洺、磁五州。① 从地理空间而言,潞州据上党盆地的腹心,形势险要,居太行之巅,据天下之脊,自古以来就是东向控遏山东、南下威胁洛阳的战略要地。学者归纳这一区域始终受困于自然地理封闭与政治地理开放的矛盾中,②昭义军创立与演变的历史,充分体现了这一困局。作为唐王朝防遏河朔的藩镇,昭义军违背山川形便这一政区设置的通例,所辖五州横跨太行山两侧,位于山东的邢、洺、磁三州成为唐廷嵌入河北的楔子。随着昭义军本身的日益跋扈,会昌四年(844)平定刘稹之乱后,唐廷又将与潞州有密切联系的泽州割隶河阳,以免他日昭义反侧,威逼洛阳。③ 从经济条件而言,潞州在唐代属中等水平,在河东道的三个中心城市中,以较为可信天宝户口数为据,潞州人口数仅太原的一半,亦不及蒲州河中府。④脱漏甚多的《元和郡县图志》所载潞州户数虽远超辖下的其他四州,⑤实际上位于河北的邢洺磁较泽潞富庶,"昭义军粮,尽在山东,泽、潞两州,

---

① 《旧唐书》卷39《地理志二》,第1477—1478页;《元和郡县图志》卷15,北京:中华书局,1983年,第417页。
② 刘影:《皇权旁的山西:集权政治与地域文化》,北京:新星出版社,2007年,第51页。
③ 《唐会要》卷70引会昌四年九月中书门下奏:"泽州全有太行之险固,实为东洛之藩垣,将务远图。所宜从便,望割属河阳。"上海:上海古籍出版社,2006年,第1490页。
④ 学者一般认为《旧唐书·地理志》所载天宝户口数本自天宝十二载的户部计帐,参读翁俊雄《唐朝鼎盛时期政区与人口》,北京:首都师范大学出版社,1995年,第4—29页。其中潞州户六万八千三百九十一,口三十八万八千六百六十;太原户十二万四千九百五,口七十七万八千二百七十八;蒲州户七万八百,口四十六万九千二百一十三,《旧唐书》卷39《地理志二》,第1478、1481、1470页。
⑤ 《元和郡县图志》卷15,第417、422、425、430、433页。

全居山内,土瘠地狭,积谷全无"。① 潞州大都督府地位的确立,主要缘于政治、地缘因素的加持。

既往潞州被遮掩在藩镇昭义军研究的脉络中,囿于材料,几无论及潞州地域本身者。近十余年来,山西长治地区流散出土了大量墓志,若以人口、经济等因素加权计算,这一地区发现的墓志数量之多,堪称有唐之冠。综合目前所见各渠道刊出的材料,学者估算总量在500方以上,②实际恐远超此数。③ 这批墓志所涉人群多属中下阶层,志文虽常用套语,④仍为深入唐代一州级社会的内部,提供了可能。⑤ 本文选择以唐末五代的潞州作为研究对象,除史料之外,还有两个重要的因素。唐末随着昭义军的分裂,潞州与邢洺分治,⑥使

---

① 杜牧:《上李司徒相公论用兵书》,吴在庆校注:《杜牧集系年校注》,北京:中华书局,2008年,第820页。张正田:《"中原"边缘——唐代昭义军研究》,新北:稻乡出版社,2007年,第32—36页。
② 张葳:《由隋唐潞州申屠氏所见中古的移民与聚落变迁》,《魏晋南北朝隋唐史资料》第43辑,上海:上海古籍出版社,2021年,第174页。
③ 刘文涛在当地做了更广泛的调查,并提示高平随弘堂藏潞州唐志290方这一线索,认为总数在1 000方以上,《长治出土唐代潞州墓志初探》,山西大学硕士论文,2017年,第6—7页。
④ 既往研究的反思及对志文套语的辨析,笔者另撰有《唐代潞州地区墓志的书写格套及演变》,在此不赘。
⑤ 目前而言,除敦煌和高昌外,在唐代其他地区,我们尚未有足够的史料深入州级社会内部。由于墓志文体格套化的特点,潞州墓志所呈现地方社会的丰富性自不及敦煌吐鲁番文书,考虑到沙州、西州具有边州的特征,位于内地的潞州或能在更大程度上反映唐代一普通地域的面貌,这一史料群尽管有种种不足,仍值得做进一步的发掘。另需说明的是目前主体材料集中于潞州,泽州地区尽管也有不少墓志刊布,在数量上远不及潞州,两地在人口流动、社会经济、文化风习诸方面有紧密联系,材料上也往往能相互勾连,因此本文仍以泽潞为空间,惟在具体论述上,受材料限制,偏重于潞州。
⑥ 由于会昌四年已将泽州割隶河阳,因此在昭义分裂之初,盖潞州与山东三州分立。光启三年,李克用一度控制了泽州,"以安金俊为泽州刺史",名义上仍以泽州属河阳,文德元年"以罕之为泽州刺史,遥领河阳节度使",《旧五代史》卷25《唐武皇纪上》,北京:中华书局,2016年,第392页。自光化元年开始,梁、晋围绕泽、潞两州展开激烈争夺,约至乾化元年柏乡之战后,泽州方被晋人控制,泽潞复为一镇。

之具备了摆脱传统藩镇史研究框架、作为一个独立区域社会被讨论的可能。更重要的是自昭义分治之后的近三十年,泽潞成为梁、晋双方反复争夺拉锯的地区,旷日持久的战争造成了巨大的破坏与伤亡。如上所述,潞州在唐代实属一相对"普通"的地区,在宋以前的中国历史研究中,史料多集中于长安、洛阳这样的都会区,普通区域的面貌反较难勾画,因此,笔者尝试借助墓志材料,观察一个普通的区域在战争外力冲击之下的"变"与"不变"。

一、战争与记忆:唐末五代的潞州社会

战争是唐末五代历史的基调,作为梁、晋双方争夺最激烈的地区,潞州遭受的兵燹之祸尤酷,身逢末世的普通人,承受了战争带来的创痛。即使墓志较为格式化的叙事,仍部分保存了当时人有关战乱、流离和死亡的经历与记忆,甚至能感受到背后的苦痛及恐惧。① 昭义军的动乱起自中和元年(881)孟方立杀成麟自称留后,三年,孟方立将昭义军治所自潞州迁往邢州,引发内部不满,监军祁审诲求援于李克用,李克用派遣大将李克修攻取潞州,于是昭义分裂为潞州与邢洺两镇。② 王则墓志记其子王质"去中和年中四月廿八日横

---

① 陈昊曾借助墓志材料讨论了咸通九年至十二年在洛阳与豫西发生的饥馑与疾疫,特别关注不同身份的人对于这一事件的叙述、体验与记忆,《石之低语——墓志所见晚唐洛阳豫西的饥馑、疾疫与创伤叙述》,《疾之成殇:秦宋之间的疾病名义与历史叙事中的存在》,上海:上海古籍出版社,2020年,第315—342页。
② 《资治通鉴》卷254,僖宗中和元年八月条,北京:中华书局,1956年,第8259页;卷255,僖宗中和三年十月条,第8299页;《新唐书》卷187《孟方立传》,北京:中华书局,1975年,第5448页。

遭锋刃而终",①大约死于战乱初起时。起先晋人占据了上风,战火主要燃烧在山东三州,"方立倚朱全忠为助,故克用击邢、洺、磁无虚岁,地为斗场,人不能稼"。②孟方立在持续压迫下,引酖自杀,大顺元年(890)正月,李克用攻克邢、洺、磁三州,将孟方立从弟孟迁徙至太原。③同年五月,潞州发生内乱,李克修卒后,继为昭义节度使的李克恭被杀,唐廷与朱温乘机联手讨伐李克用,以朱温部将河阳节度使朱崇节为潞州留后,至是年十一月,讨伐诸军皆被李克用击破。④李勋曾被康君立任命为潞城县主簿,"大顺二年正月十二日将游怀益〔孟〕,负笈求知。遇盗中途,遽兹苍卒",⑤是时大战虽甫平息,潞州南下河阳的道路分属对立两方控制,恐不安宁,李勋因此罹难。⑥

随着梁、晋间的实力消长,天复元年(901)三月,朱温大举攻晋,其中一路遣氏叔琮率军入天井关,壬子,克泽州,晋泽州刺史李存璋弃城走,复攻潞州,昭义节度使孟迁投降。⑦梁军这次规模空前的攻势也在潞州墓志中留下了痕迹。王弘裕墓志记其妻常氏"何期忽遭罹乱,弃荡城隍,命逐霜锋,魄随云散。去天复元年八月十三

---

① 殷宪:《大同新出唐辽金元志石新解》,太原:三晋出版社,2012年,第267页。
② 《新唐书》卷187《孟方立传》,第5449页。
③ 《旧唐书》卷20上《昭宗纪》,第740页。
④ 《资治通鉴》卷258,昭宗大顺元年五月至十月条,第8397—8409页。
⑤ 赵力光主编:《西安碑林博物馆新藏墓志汇编》355号,北京:线装书局,2007年,第924页。
⑥ 如上所述,泽潞与怀孟的联系盖由上党的地理空间所决定,这条通路之后被反复用于战争。大顺二年八月,李克用即"略地怀孟,河阳赵克裕望风送款",《旧五代史》卷25《唐武皇纪上》,第396页。文德元年后,李罕之保泽州,更是"数出钞怀、孟、晋、绛,无休岁,人匿保山谷,出为樵汲者,罕之俘斩略尽,数百里无舍烟",造成了巨大的破坏,《新唐书》卷187《李罕之传》,第5444页。
⑦ 光化三年,李克用复表孟迁为昭义节度使,《旧唐书》卷20上《昭宗纪》,第767页。

日终于私室"。① 此役是梁、晋争夺中,李克用面对最危险的局面,汴军一度围攻晋阳,"李克用登城备御,不遑饮食。时大雨积旬,城多颓坏,随加完补",至四、五月间,汴军方才引退,②晋人伺机掩袭,"氏叔琮军出石会,周德威、李嗣昭以精骑五千蹑之,杀戮万计",氏叔琮退军至潞州时,将孟迁一族挟持南归,改以梁将丁会为潞州节度使。③ 至常氏去世的八月,战事已大致平息,常氏或因在之前的动乱中受伤而去世。

此后数年,双方的绞杀尤其惨烈。裴简墓志记其原配晋氏"以丙寅岁十二月内因兵火房隔,莫知存亡",丙寅岁即天祐三年(906),是年十二月,李克用攻打潞州,梁守将丁会开城迎降。④ 晋氏在兵荒马乱中失踪,年仅三十七岁,裴简后娶卫氏,夫妻皆幸得高年,分别卒于天福八年与五年。⑤ 同样死于此役的还有郝章,"时遇天祐三年丙寅岁十二月十九日郡府变更,弃梁归晋,黎旦祸发,奄弃斯晨,享年六十二",郝章本效力军府,任衙前副将,"因离乱之后,厌在军门",退职隐居,然终不能免祸。⑥ 晋人收复潞州后,天祐四年(907)正月,屯兵长子,欲窥泽州,朱温命康怀英发京兆、同华之兵屯晋州

---

① 仇鹿鸣、夏婧辑校:《五代十国墓志汇编》天祐025,上海:上海古籍出版社,2022年,第90页。
② 《资治通鉴》卷262,昭宗天复元年五月条。关于汴军退走的时间,后梁系统的史书作四月,后唐方面作五月,参《考异》引《编遗录》《后唐太祖纪》,第8552页。
③ 《旧五代史》卷26《武皇纪下》,第410页。
④ 《资治通鉴》卷265,昭宣帝天祐三年十二月条,第8664—8665页。《考异》云:"《唐太祖纪年录》'丁酉,丁会开门迎降,闰十二月,太祖以李嗣昭为潞帅。'薛居正《五代史·梁纪》在闰月,《后唐纪》在十二月。今从新旧《唐纪》、《薛史·梁纪》及《编遗录》。"按丁会出降的时间,梁、晋两方记载不一,《通鉴考异》取闰十二月,据郝章墓志,当在十二月。
⑤ 《五代十国墓志汇编》显德026,第419页。
⑥ 《五代十国墓志汇编》天祐003,第65页。

以备之。① 赵睿宗妻毕氏是月卒于泽州,"去丁卯年正月五日因遭兵火熏胁,遂致寿终",②或与双方的对峙有关。

自天祐四年六月起,梁军大举进攻潞州,围城近一年,导致"城中士民饥死大半,鄽里萧条"。

> 汴将李思安将兵十万攻潞州,乃筑夹城,深沟高垒,内外重复,飞走路绝。(李)嗣昭抚循士众,登城拒守。梁祖驰书说诱百端,嗣昭焚其伪诏,斩其使者,城中固守经年,军民乏绝,感盐炭自生,以济贫民。③

张居翰时任昭义监军,其墓志对孤城内的艰难时局有生动描摹:"外围日急,彼军相谓曰:饿虎在槛,将冀烹屠。公与潞帅多方枝梧,百计抵御,下防地道,傍备云梯。众无五千,粮唯半菽,士虽憔悴,不替壮心,皆戎帅推诚,公之尽力。仅之周岁,方遂解围。"④尽管李克用于天祐五年(908)正月去世,李存勖继位后与宿将周德威等精诚团结,五月一举击破围困潞州的夹城,梁军惨败,招讨使康怀英仅收得百余骑,奔出天井关。周德威乘胜攻打泽州,赖梁将牛存节、刘知俊援救,方勉强守住泽州。⑤ 其中以牛存节居功至伟,志文云其:"救高平郡之危也,禀命驰往,马不暇秣,比及郡郊,叛卒举火应寇,将陷孤垒。公诘旦而入,敌势渐炽,彼急攻,我则强弩以败之;彼穴地,我则开隧以拒之,是以并人焚廪而窜。"⑥

---

① 《资治通鉴》卷266,昭宣帝天祐四年正月条,第8669页。
② 《五代十国墓志汇编》同光008,第106页。
③ 《旧五代史》卷52《李嗣昭传》,第812—813页。
④ 《五代十国墓志汇编》天成011,第141页。
⑤ 《资治通鉴》卷266,太祖开平二年五月条,第8693—8696页。
⑥ 《五代十国墓志汇编》附录026,第696页。按牛存节墓志虽是宋开宝三年重葬时所撰,叙事与《旧五代史》卷22《牛存节传》相类,推测墓志本自卢文度所(转下页)

这场残酷的围城战,也在普通人的墓志中留下了印痕。王弘实妻许氏"享年未几,倏值重围,俄遭疾以终,身逐逝波而东去",王弘实次娶甄氏卒于天祐十三年(916),①许氏去世无疑在此之前,所陷"重围"即指天祐四、五年间的围城,大愚禅师塔铭也提及他曾陷入"上党重围"。②居于高平县北邢村的邢璠,"天祐六年四月廿二日终于避难山窑",③大约受解围后,梁、晋争夺泽州战斗的波及。

　　由于墓志行用年号具有纪实的性质,亦可借此窥见梁、晋双方实际控制区域的变化。④天祐三年十二月丁会降晋后,泽、潞两州由梁、晋分据,居于泽州高平县王佐妻牛氏卒于天祐四年正月,随着四月朱温代唐,年末安葬时已改行开平年号。⑤天祐五年五月潞州之围被打破后,攻守再次易势,虽赖牛存节之苦战,后梁勉强守住了泽州,是役之后,泽州辖下的高平县已为晋人所据,"德威退保高平"。⑥这一变化在墓志中亦有反映,贯居泽州高平县丰溢乡魏庄村明城里的毕罳夫妇,墓志中书其葬日为"大唐天祐七年岁次庚午正月壬辰朔三日甲午"。⑦

(接上页)撰神道碑。另《牛存节传》与《刘鄩传》一样,都是《旧五代史》中少见的长篇传记,牛存节卒于乾化五年,后唐未给梁末帝修实录,两人传记当本自龙德中修成《梁功臣传》,参读仇鹿鸣:《傅斯年图书馆藏刘鄩碑拓本跋》,《域外汉籍研究集刊》第23辑,北京:中华书局,2022年,第429—430页。

① 《五代十国墓志汇编》显德033,第431页。
② 《五代十国墓志汇编》同光014,第118页。
③ 《五代十国墓志汇编》同光006,第103—104页。
④ 仇鹿鸣曾据葬于安史乱中的墓志对唐、燕年号的使用,考察双方控制区域的变化。《长安与河北之间:中晚唐的政治与文化》,北京:北京师范大学出版社,2018年,第103—108页。
⑤ 《五代十国墓志汇编》开平002,第2页。
⑥ 《旧五代史》卷27《唐庄宗纪一》,第424页。
⑦ 《五代十国墓志汇编》天祐002,第64页。按泽州易手的时间,史籍中未有明确记载,天祐七年十月,梁祖遣大将李思安、杨师厚率师营于泽州,以攻上党,是时泽州仍在后梁控制中,《旧五代史》卷27《唐庄宗纪一》,第425页。

不少记录或因缺乏准确的系时、或不能与传世文献中的战争记载相对应,尚难勾勒其背景。如同样在天祐六年,居于洺州永年县万顷乡高许村的刘思敬"顷者岁当荒落,时值多艰,遭群盗以侵凌,俄百年之奄逝",①或许是被横行乡间的盗匪袭扰而亡。潞州上党县崇义乡苗村的裴德"时疾非侵,偶逢兵革,非所丧身"。②孙思畅妻郄氏虽幸得善终,坟茔却在动乱中遭到破坏,"顷因兵革被覆丘坟,灵榇从兹不知处所",③厄运也降临至李敏妻□氏身上,"顷因罹乱,骸骨散殇"。④乱世中人们经常将亡故的亲人仓促浅瘗于田边,前引裴德墓志云"荒乱之际,权殡田垌",郝章墓志记其天祐九年(912)方得"改昔年之浅土,合祔祖茔",⑤这些浅埋于地表的权厝墓、棺更容易在兵荒马乱中被破坏。⑥

除了死亡,战争还造成骨肉的分离。郝章墓志云其长子郝谦"任意东西,杳无肖〔消〕息",⑦郭贞妻李氏墓志记其长子郭元谨"顷自干戈,隔于乡外"。⑧牛延祚谓其祖母陈氏"伏为仕马离乱,于今不睹尊仪"。⑨或是因为上党"其土塉,其人劲",⑩当地有从军的传统,自不免有殒命战场者,如王琮墓志记其次子王虔章,"佐辅柳营,年

---

① 《五代十国墓志汇编》同光 007,第 105 页。
② 《五代十国墓志汇编》开运 010,第 299 页。
③ 《五代十国墓志汇编》天福 025,第 246 页。
④ 《五代十国墓志汇编》天祐 005,第 67 页。
⑤ 《五代十国墓志汇编》天祐 003,第 65 页。
⑥ 《南齐书》卷 55《朱谦之传》记载的孝义事迹,恰好反映了权厝墓易遭破坏的特点,"谦之年数岁,所生母亡,昭之假葬田侧,为族人朱幼方燎火所焚"。北京:中华书局,1972 年,第 962 页。
⑦ 《五代十国墓志汇编》天祐 003,第 65 页。
⑧ 《五代十国墓志汇编》天祐 013,第 76 页。
⑨ 《五代十国墓志汇编》广顺 005,第 359 页。
⑩ 元稹:《授刘悟昭义军节度使制》,周相录校注:《元稹集校注》,上海:上海古籍出版社,2011 年,第 1070 页。

卅五,遭于白刃,先归地府"。① 不少潞州人从戎河北,尤以魏博为多。王谌墓志记长子王元贵"身充魏府马军都头,去天祐五年□□□州镇终室",王谌本人则"去天祐四年为大男发往魏府,去十二月魏府身亡",②父子皆客死异乡。以上诸种记录都昭示着一个显而易见的冷酷事实,在任何时代被记录下来的战争与死亡,都不过当时人所遭受的痛苦中极小一部分。

除了死亡之外,动乱同样导致葬事迁延,王弘裕卒于中和二年(882),妻常氏死于天复元年的战乱中,因"频经兵火,孝道难申",直到二十余年后,梁晋之争形势明朗,方在天祐十九年(922)四月廿日葬于府西南五里之原。③ 李行恭仕至五院都头,奉命出征慈隰,天祐十四年(917)终于彼地,妻陈氏同光元年(923)在潞州去世,或因夫妻分卒两地,延至开运三年(946)方改葬。④ 潞州当地从军河北的传统,不但导致家庭离散,也影响了葬事的正常举行。如郭贞幼子郭元敬"见充天雄军节度押衙、充骁勇马军指挥使",利用戎马倥偬之余,"时逢唐祚兴废,南北争张,甲马云屯,戈鋋未弭。闻身壮健,何得不谋孝事。遂归故园,七百余里",与妻子田氏商议,于天祐十四年完成葬事。其母李氏去世十年后大事得毕,恐怕还要感谢天祐十二年(915)后梁魏博节度使贺德伦降晋,魏博被纳入晋的控制之下,否则郭元敬即使有意"暂解兵权",恐怕也不过与其长兄郭元祯一样"辕门授职,位至大夫,解职居闲,未归故国",⑤无法从魏州返回处于敌对状态的潞州,完成母亲的安厝。尽管更多墓志未具体叙及

---

① 《五代十国墓志汇编》天祐010,第73页。
② 《五代十国墓志汇编》天祐007,第69页。
③ 《五代十国墓志汇编》天祐025,第90页。
④ 《五代十国墓志汇编》开运014,第306页。
⑤ 《五代十国墓志汇编》天祐013,第76页。

完成葬事的背景,但从卒葬间隔的时长、合祔时间的选择,亦不难窥见战争的影响。赵睿宗夫妇分别去世于光化三年(900)、天祐四年,因"兼为累值欃枪,频经戈戟",直至同光二年(924),"才遇金鸡,放其大赦。乃卜宅兆以吉祥,选就良辰,迁启举□",完成了合祔。① 同死于天祐六年的邢播与刘思敬,家人也选择在同光二年举行葬事。此时庄宗已完成灭梁的中兴之业,统一北方,天下粗安,经历唐末以来二十余年的战乱,确实是完成迁延已久葬事的合适年份。不但泽潞的地方家族如此筹措,甚至洛阳的名门显宦亦不例外,时任礼部尚书的崔协在同光三年(925)"今遇本姓岁月良便,天下已平",完成了耽搁长达四十年之久的母、妻归葬。②

二、家族合葬与预修坟茔

无论贵贱高低,死亡是所有人最终的归宿,因此生发出各种慎终追远的礼俗。借助文献记载与考古发现的高等级墓葬,我们大致已能勾勒出唐代皇室官宦的丧礼仪制和墓葬等级,但对影响更广泛人群的中下层社会的丧葬实践,反而所知较少。战争会在短期内造成死亡人数的激增,葬俗的演变则需在更长的时间尺度上加以观察。

潞州地区科学发掘的隋唐墓有一引人注目的现象,多在同一墓中发现两具以上的人骨,如浩喆夫妇墓前室葬有 13 具人骨,包括了男性、女性与儿童,其中东侧棺床有 5 具成人尸骨,西侧棺床

---

① 《五代十国墓志汇编》同光 008,第 106—107 页。
② 仇鹿鸣:《新见五代崔协夫妇墓志小考》,《唐史论丛》第 14 辑,西安:陕西师范大学出版社,2012 年,第 241—242 页。

有4具尸骨,成人、儿童各2具,北侧棺床有4具成人尸骨,后室有2具人骨,当为浩喆夫妇。①乐道仁墓葬有5具人骨,皆为二次葬。乐方墓记录的情况是"人骨架分放在三处,已被扰乱,靠近东壁发现棺灰、人头骨及凌乱骨节,墓室东北隅处有垫棺砖,上有棺板朽末和一部分乱骨架。接近西壁有人头骨一个和一些碎骨节",②推测也葬有多人。王深夫妇墓发现3付骨架和一堆人头骨,分别放在三个地方。③崔拏夫妇墓共计在墓室及东西耳室发现9个头骨及散骨。④此外考古报告没有记录多人祔葬,也可能是因为墓葬遭到扰动或破坏,不代表没有类似的现象。如浩宽墓记录的情况是"墓葬内仅见零散人骨及朽骨,埋葬人数、性别及年龄均不明,葬具不存",浩顷墓报道"从残存骨骼判断,约为4个个体",⑤考虑到这两座墓与前述浩喆墓属于同一家族墓地,浩宽墓多人合葬的可能性较大。

学者一般认为这类考古现象反映的是家庭两代甚至多代人合葬。尽管家庭合葬在汉代以来的墓葬中陆续有发现,一般仍以未成年子女祔入父母之茔较为常见,成年子女与父母合葬乃至多代人祔于同穴仍属异数。⑥以中古时期而论,敦煌祁家湾西晋十六国墓葬、

---

① 襄垣县文物博物馆、山西省考古研究所:《山西襄垣隋代浩喆墓》,《文物》2004年第10期。
② 山西省文物管理委员会晋东南文物工作组:《山西长治北石槽唐墓》,《考古》1965年第9期。
③ 山西省文物管理委员会:《山西长治唐墓清理简报》,《考古通讯》1957年第5期。
④ 王进先:《山西长治市北郊唐崔拏墓》,《文物》1987年第8期。
⑤ 山西大学文博学院、襄垣县文物博物馆:《山西襄垣唐代浩氏家族墓》,《文物》2004年第10期。
⑥ 齐东方《祔葬墓与古代家庭》一文将两代人合葬称为小家庭墓葬,几代人合葬归入大家庭墓葬,并枚举各种类型的案例,《故宫博物院院刊》2006年第5期。本文多用家族合葬统摄两类情况。

宁夏盐池唐墓中曾发现多人合葬的现象,①似乎不如长治地区普遍。② 遗憾的是,经科学发掘墓葬的数量相对有限,不过流散出土潞州墓志中经常记录家族合祔的情况,两者或可相互发明。任进家族的两方墓志提供了一个典型案例。任氏家族本西河人,"远祖卜居上党,故今为潞州襄垣县人",如意元年(692)被旌表为义门,开元九年(721)任进墓志记"堂从兄弟五人与惠故夫人李氏、寿夫人侯氏合葬于祖父墓茔内",③天宝七载(748)题为"大唐故义门任府君七代祖孙墓志铭并序"的墓志交代了第二次家族合祔的情况:

> 君弟惠夫人李氏、弟寿夫人侯氏、弟亮、弟敬等,开元九载以前随化于里第,其载四月已合葬于县城西七十五里南程村西二里之平原。方八十步之坟茔,铭志斯著,礼也。此礼之后,又弟恧夫人潘氏,又君夫人郝氏,息思庆室苗氏,景氏,弟言夫人张氏,亮夫人傅氏,亮息白鹤观道士太素、敬夫人王氏,弟质夫人杨氏、仓氏,弟赡夫人郭氏,弟静夫人司马氏,弟巍夫人李氏,惠息思礼室崔氏,息思忠室韩氏,忠息韩晖等廿六人,差〔老〕卒于家。嗣子思皎、思恽、思经等,号天叩地,吊筵悽白鹤之宾;追

---

① 甘肃省考古研究所:《敦煌祁家湾:西晋十六国墓葬发掘报告》,北京:文物出版社,1994年,第16页。宁夏回族自治区博物馆:《宁夏盐池唐墓发掘简报》,《文物》1988年第9期。齐东方:《祔葬墓与古代家庭》,《故宫博物院院刊》2006年第5期。
② 目前科学考古发掘潞州地区隋唐纪年墓共20座,通过墓中发现的人骨数量,可以判断为三人以上家庭合葬墓有6座,因墓葬遭扰动或损毁,情况不明者5座(王义、王休泰、范澄、宋嘉进、李石),其余为单人或夫妻合葬墓。按张福虽发现三具人骨,根据墓志推断系一夫两妻合葬,仍算作夫妻合葬墓,秦秋红、张慧:《潞城羌城唐墓》,《文物世界》2005年第5期。相关统计参考付江凤:《唐代河东道地区隋唐墓葬研究》,郑州大学硕士论文,2016年,第7—8页。本文所取以唐代潞州为范围,包括了现在的长治与襄垣。
③ 拓本刊齐运通编:《洛阳新获七朝墓志》,北京:中华书局,2012年,第176页。

443

远慎终，卜宅启青鸟之兆。粤以天宝七载岁次戊子十一月戊戌朔七日癸酉谨奉伯慈等廿六灵同祔于八十步坟茔内，礼也。①

第二次祔葬的规模更为惊人，竟达二十六人之多。任进家族的两方墓志，皆标举义门的身份，暗示家族几代合祔，也是同居共财的表现之一。②墓志记载任氏家族茔域方八十步，约合 26.7 亩，③无疑是一个经过规划的家族墓地，因此志文所谓"合葬于祖父墓茔内"不应轻率地理解为同穴，更大的可能是分穴葬于家族墓地。这类家族墓地往往用砾石或围沟画出茔圈，以敦煌祁家湾墓地为例，茔域一般 40 米见方，神道宽约 10 米，长 5—20 米不等。茔圈系就近翻砂砾堆培而成，截面呈梯形，高 0.2—0.4、底宽 0.4—0.7、顶宽 0.2—0.3 米。④吐鲁番地区家族墓葬中也发现了类似的设施，⑤这在潞州墓志中被称作"围"。如王素墓志记"曾祖讳清，夫人张氏，灵在围内"，⑥郭斌墓志云"筑堠修围，安固而千秋不坏"。⑦ 汾州李立墓志记"于张边买地贰亩，内封围一所"，改葬时又补刻"天会十一年十二月十二日重举坟围"。⑧那么在家族墓地范围内如何安排各家庭的坟茔？

---

① 拓本刊《洛阳新获七朝墓志》，第 254 页。
② 关于唐廷旌表义门的源流与影响，参读楼劲：《证圣元年敕与南北朝至唐的"旌表孝义"之制》，《中古政治与思想文化史论》，上海：上海人民出版社，2023 年，第 259—309 页。对于百姓而言，尤为重要的是义门终复旌表时同籍人身，能获得蠲免课役的权利。
③ 游自勇：《墓志所见唐代的茔域及其意义》，《唐研究》第 23 卷，北京：北京大学出版社，2017 年，第 456 页。
④ 甘肃省考古研究所：《敦煌祁家湾：西晋十六国墓葬发掘报告》，第 8 页。
⑤ 高伟：《公元 5~8 世纪吐鲁番地区家族茔院初探》，《北方民族考古》第 1 辑，北京：科学出版社，第 235—257 页。吐鲁番地区墓葬除砾石堆砌的围墙外，也发现了围沟。
⑥《五代十国墓志汇编》长兴 011，第 171 页。
⑦《五代十国墓志汇编》天福 011，第 224 页。
⑧《五代十国墓志汇编》长兴 007，第 165—166 页。

是否会将两代甚至几代人置于同穴?

需要指出目前所见考古资料,存在相当的局限性,被认为等级更高的砖室墓更容易被整理发表,如目前公布的潞州纪年唐墓皆是砖室墓,并不足以全面反映丧葬习惯。或可假设前述砖室墓中几代人祔葬同穴的现象,是能负担砖室墓、又无力为每一小家庭营建砖室墓地方豪强的墓葬形式之一。① 造价较低、分布更为广泛的土洞墓情况如何,②2022年发掘的长治屈家庄唐代墓地,提供了一些线索。该墓地发现五座唐土洞墓,其中三座有墓志出土,M1出土庞惟信墓志云"次曰寺奴先亡便取于府君坟内",或是将未成年子女与父母合葬。③ 从潞州流散墓志来看,栗祿墓志云栗祿及妻常氏与孙栗伯陇及妻张氏合葬于嵩灵村西南两里之原。④ 又宋庆知墓志补刻有"夫人张氏,六十有七,以开元十年五十月三日终于私寝。男昭服、昭元亡,今娶范氏弟三女为妻,并克此月葬。丁酉日合葬大墓",宋庆知卒于开元二年(714),八年后张氏及其诸子祔入同穴,并于旧志铭文前补刻为记。⑤ 至少可以推断,潞州当地家族祔葬过程中,即使分穴而葬,也不严格以夫妻合葬为单位。

---

① 齐东方推测浩喆墓前室所葬是浩喆三子及家庭成员,这些人皆先浩喆而亡,故迁来祔葬,《祔葬墓与古代家庭》,《故宫博物院院刊》2006年第5期。这一推测大约是基于浩喆墓双室的设计,但多数时候,重开墓室或将稍晚去世的子孙厝于此,可能是预备积累足够财产后,再另建新茔。
② 齐东方指出唐代后期不论人物身份贵贱都广泛使用竖井墓道式的长方形土洞墓,《唐代的丧葬观念习俗与礼仪制度》,《考古学报》2006年第1期。
③ 屈家庄唐墓的介绍见《发现唐代纪年墓!大同智家堡,十二生肖设置赫然成孤例;长治屈家庄,成套茶具恍见古人正品茶》,文博山西公众号2023年2月18日。
④ 赵君平、赵文成:《秦晋豫新出墓志搜佚》,北京:国家图书馆出版社,2011年,第229页。
⑤ 刘文涛:《长治出土唐代潞州墓志初探》,第34页。按此方墓志拓本未刊,录文据刘文涛先生提供的照片校订。按志文中"五十月"当系误刻。

家族合祔现象在泽潞地区相当普遍,崔日进墓志曰"于大和九年乙卯岁九月廿五日丁卯迁厝王母陈氏及叔父灵骨,归寝于王父玄堂合祔"。① 这类现象在唐末五代似有增加,上文提及的多方墓志,若细究文意,多属家族合葬。如王弘裕墓志云"故于天祐十九年四月廿日葬于府西南五里之原,并合祔亡兄嫂于茔内"。② 邢播墓志记"葬父与叔玗同茔",③结合志文,不难判定邢播及妻赵氏、李氏与弟邢玗四人葬于同穴。显德二年(955)裴简墓志记录的逝者除裴简及其后妻卫氏外,还有广顺三年(953)去世的其兄裴晖,开运三年(946)去世的孙裴福儿,④这四人或是同茔安葬。赵睿宗墓志详细枚举家族已故成员的情况,"亡叔讳师实,婚王氏。亡兄讳行章,先充县司佐史,婚王氏。亡兄讳璠,婚李氏。亡弟敬良,婚李氏。亡弟敬福,婚王氏。亡弟敬儒,婚邢氏。亡弟僧宝,幼年未婚。亡侄青儿、万郎、邢九、显郎",⑤在安葬赵睿宗夫妇的同时,或也完成了家族其他成员的迁祔。显德四年(957)连思本墓志,除连氏夫妇外,又云"祖讳存,祖母郭氏,早年身殁,茌苒未通迁奉,今同时合祔也",⑥同时完成了两代人的安厝。

这种情况下,即使分穴而葬,囿于经济条件,很可能仅刻一方墓志,记录祔葬情况。前揭庞惟信墓志云"嗣子六人孟曰建楚先亡同日移灵取殡于坟后三步",考古人员据此在 M1 北 4.5 米发现另一座唐墓,即其子庞建楚墓,但未见墓志。王行实墓志记本人与前后两

---

① 《西安碑林博物馆新藏墓志汇编》271 号,第 698 页。
② 《五代十国墓志汇编》天祐 025,第 90 页。
③ 《五代十国墓志汇编》同光 006,第 104 页。
④ 《五代十国墓志汇编》显德 026,第 419—420 页。类似的例子还有张君墓志,《五代十国墓志汇编》天成 014,第 148 页。
⑤ 《五代十国墓志汇编》同光 008,第 106 页。
⑥ 《五代十国墓志汇编》显德 035,第 433—434 页。

妻路氏、韩氏、弟王文谊及妻卫氏,同崇葬礼,并云将父母"今同迁癸穴而厝之",①李景蒙及妻郭氏墓志记夫妻两人合祔墓地甲穴,同日将次子李思鄩"殡于大茔之庚地",②这种情况下自不会为家庭其他成员另刻墓志。③ 天祐十年(913)李敏墓志详细记录了战乱平息后,家族迁祔的过程:

　　失其尻则招而置之,得丹干迁而厝之。有其词者存其后,无其□者祔其先。昆季商议,和会举于葬礼,一茔三穴,同裕祔　人。扶护而来,人(入)于新□西南四□玉藏。坟高五尺,圹深丈五,柏木为椁,礼置有宜。④

根据志文,此次合祔大致牵涉李敏及前后两妻、六子共七个家庭,或因其中几位早亡,尸骸无觅,直至倩人撰写墓志时,似仍未确认具体合祔人数,故阙空未填,"一茔三穴"说明并不以家庭为单位落葬。另这类在志主夫妇之外,连带记录家族其他成员卒葬情况的墓志格套在潞州颇常见,将此视为家族合葬志或更准确。

　　家族合祔并非泽潞独有的现象,在周边地区亦不鲜见。晋州出土开元十八年(730)大唐义门赵公昆季四人墓志,⑤所述与任进家族两方墓志相近。汾州发现任济墓志云"王父讳秀琛……寿年八十一,长庆元年三月一日殁于私弟。夫人张氏,寿年七十七,大和五年八月十七日而殁。公淳直守信,报义怀仁,慎行择言,不二过矣……

---

① 《五代十国墓志汇编》广顺016,第376页。
② 《五代十国墓志汇编》显德009,第391—392页。
③ 类似的案例如汾州出土元子建墓志记同时将其弟元朏"就此吉辰陪葬于先茔内甲穴矣",尽管分穴而葬,肯定不会再为元朏单独撰作墓志,王仲璋主编:《汾阳市博物馆藏墓志选编》,太原:山西古籍出版社,2010年,第72页。
④ 《五代十国墓志汇编》天祐005,第67页。
⑤ 高建录主编:《三晋石刻大全·临汾市襄汾县卷》,太原:三晋出版社,2016年,第26页。

行年卌有二,大和二年十二月廿九日殁于迁安墅私弟。夫人宋氏……甲子七十有九,咸通七年八月十一日终。次房讳翱……寿年六十三,大中七年十一月十四日殡于甲弟。夫人郭氏,寿年卌有一,兰蕙霜彫,先君而逝",①先后记载家族两代六口的卒年,大约也是同时合祔。前揭刘思敬夫妇因战乱耽误葬事,"夫久因多难,戎马生郊。三十余年,不住红旗白刃;九州四海,连绵虎斗鲸吞。每念先人,早奄浅土。今逢圣运,每思追远之怀;既遇明时,大举慎终之礼",其子刘瑭殷亦选择在同光二年为父母筹措葬事,同时"迁祔尊卑廿五丧于洺州永年县万顷乡高许村,附庄之西南一百二十步,创茔安厝"。② 同出洺州秦君墓志记秦思温"绾军一十度""守职三十余秋",长期从军在外,"时遇清平,暂归私假",主持完成家族迁延已久的葬事,"于大周显德元年十一月二十日安厝先亡于中路镇东四里之平原上祖茔(茔)中重修圹域",志文虽未明言先亡者为谁,但枚举其祖秦言以下同族数十人之名讳,当也属于家族合葬志。③ 这种情况在中下层墓葬中具有相当的普遍性,敦煌祁家湾墓地发掘报告指出"以 2 人合葬最为常见,3 人、4 人也很普遍"。④ 2022 年发现的大同智家堡唐代墓地以中小型土洞墓为主,亦有多人合葬、二次葬。⑤ 尽管家族几代合祔是长期存在的现象,唐末五代长期战乱导致的死亡增加与葬事迁延,或在某种程度上刺激了家族多人祔葬的增加。

---

① 武登云主编:《三晋石刻大全·吕梁市汾阳市卷》,太原:三晋出版社,2017 年,第 107 页。类似叙述也见于任二郎墓志,《汾阳市博物馆藏墓志选编》,第 88 页。
② 《五代十国墓志汇编》同光 007,第 105 页。
③ 《五代十国墓志汇编》显德 008,第 390 页。另参孙继民、马小青:《〈大周秦君墓志〉初释》,《唐研究》第 8 卷,北京:北京大学出版社,2002 年,第 367 页。
④ 甘肃省考古研究所:《敦煌祁家湾:西晋十六国墓葬发掘报告》,第 16 页。
⑤ 智家堡唐墓的介绍见于《发现唐代纪年墓! 大同智家堡,十二生肖设置赫然成孤例;长治屈家庄,成套茶具恍见古人正品茶》,文博山西公众号 2023 年 2 月 18 日。

由于既往研究多集中于精英阶层的墓志,学者往往默认志文记录反映了墓葬的实际情况,并习惯将墓志与墓葬建立起一一对应的关系。在中下层葬事中,不少时候墓志记录与丧葬实践之间存在错位。① 将新亡者祔入同穴,当另撰墓志,至少如前引宋庆知墓志一样,于旧志后补记。如东魏高雅墓祔入妻司马氏与两位成年子女,故于高雅墓志志侧补刻"夫人河内琅琊王司马金龙之孙,豫州刺史悦之长女,字显明,年卌九。大女孝明皇帝嫔,字元仪,年卅二。第二息镇东府骑兵参军,讳德云,字仲武,年廿一"。② 但上文讨论浩喆、崔挐等六座多人合葬纪年墓,墓志皆未补记后来祔葬的情况。若仅据志文,这些墓葬似是单人或夫妻合葬,结合考古发掘提示的现象,墓室事实上曾被打开乃至被多次打开祔葬,由此可知大量的祔葬实践并不会被墓志所记录。另一方面,潞州墓志中记载的祔葬、迁葬往往与创置坟茔有关,故撰作墓志以志之,如赵美墓志云"茔域别开,吉辰迁厝",③李寔墓志记"为当世翁婆及考妣,重开上祖共三世,葬于帝土□□里新安营一所"等。④ 在财力允许的情况下,无疑会尽可能以家庭为单位分穴而葬,但在这种情况下,如前引庞惟信、李敏等墓志,志文记录的是一次家族迁葬或祔葬行为,落实在丧葬实践中并非每个墓穴都会埋入墓志。⑤

---

① 即使在精英士人的墓葬中,志文所记与墓室中实际埋葬的人数也时有差异,参读金蕙涵:《游走礼法的边缘——唐代两京地区的继室墓》,《成大历史学报》第44期,2013年,第7—10页。
② 河北省文管处:《河北景县北魏高氏墓发掘简报》,《文物》1979年第3期。
③ 《五代十国墓志汇编》长兴014,第174页。
④ 《五代十国墓志汇编》天福022,第241页。
⑤ 如大同智家堡唐代墓地共发现57座墓葬,保存情况良好,其中仅有2座墓发现墓志,恐不能推定其余墓葬中的墓志皆被盗掘,恐怕多数墓中本未埋入墓志。《发现唐代纪年墓!大同智家堡,十二生肖设置赫然成孤例;长治屈家庄,成套茶具恍见古人正品茶》,文博山西公众号2023年2月18日。

如果说家族合葬是泽潞地区乃至中下层社会长期存在的现象，唐末五代出现的新风尚则是预修坟茔。天祐十四年郭贞妻李氏墓志载"父在堂，名贞。为其子曰：吾年九十，闻子之健，须与吾预修葬仪"，①乾祐三年(950)李唐墓志云"今已生前安厝茔域，并上代茔并在州南约五里已来田家庄七十步是大茔……唐喻于生前□砖藏石"，②显德二年王虔真墓志题作"大周琅琊王公预修坟墓志铭并序"，于前后因缘所述最详：

> 年已五十五。然或夫妇道话之外，论及无儿，虽修善之福隆，且终始而难测，况其乏嗣，孰主丧仪。乃预买坟茔，先修棺冢。狄太守之典郡，尚起生祠；李义阳之绾师，亦通预祭。而况乏嗣，岂不宜焉。今于显德二年岁次乙卯二月二十一日起砖藏于泽州晋城西北三里五十步，置坟域也。③

这与唐代民间佛教流行的逆修斋供有关，这一信仰在潞州民间亦有反映，万重庆墓志云妻侯氏"年寿从心，预修前路"，④当即指此。在此影响下出现了逆（预）修墓，中唐以降，已发现多方题作"逆修"的墓志：⑤

> 遂得□□语妻孥曰：人生必有灭，有来必有往。吾欲逆修墓茔斋七，身后无扰，尔意何如。妻孥变色相顾，叶顺无违。以开成四年七月廿四日卜宅吉兆，选地得宝泉乡孝敬里新成村，预造坟墓，合祔并全，先备夫妻同穴之义。运数将尽，以 年 月

---

① 《五代十国墓志汇编》天祐013，第76页。
② 《五代十国墓志汇编》乾祐020，第346页。
③ 《五代十国墓志汇编》显德018，第404—405页。
④ 《五代十国墓志汇编》天成004，第132页。
⑤ 李兮：《唐代逆修斋供初探——以房山石经题记史料为切入点》，《文史》2019年第3期。李兮文讨论逆修墓时已分析了王公逆修墓志与叶公逆修墓志，本文在此基础上补充了更多的材料。

日归葬此原。①

长庆三年九月廿八日,设逆修斋……已择吉辰,安厝于军南原五里,得其岗势也。其年十一月十七日志成,可矣。②

这一观念初起自民间,所依据《佛说灌顶随愿往生十方净土经》是中土撰述的伪经,③流行社会中下层与僧徒中,如僧敬章砖志亦记"焉知生死常逆,预修丘阜,函木具矣",④多伴有布施、放免奴婢等善行。王君逆修墓志即详述染疾后,立契放免汉婢二、契丹婢一的经过,既往学者据敦煌文献、房山石经已有较多讨论。⑤前揭预置坟茔的王、叶二人,一系武夫、一为处士,不预士流。至晚唐,此风逐渐流播至官僚阶层,咸通八年(867)陆逵墓志是目前所见唐代逆修墓中身份最高者:

公尝谓其子曰:昔圣人五十而知天命,吾今八十有一矣。若非蝉蜕虚幻,鹤驭逍遥,安能逃斯祸哉?吾虽齿发未寒,筋力犹壮,其如天年何?其如大限何?亡夫人河南元氏,封河南郡君,以咸通二年七月十一日丧,葬于京兆府长安县义阳乡平原里,公期祔焉……以咸通七年五月廿日逆修其铭,用志身后。⑥

---

① 南阳叶公逆修墓志铭,《唐文拾遗》卷27,附录于《全唐文》,北京:中华书局,1983年,第10679页。
② 唐太原郡王公逆修墓志铭,吴钢主编:《全唐文补遗》第7辑,西安:三秦出版社,2000年,第97—98页。
③ 伍小劼:《何谓"逆修"?——从其在佛经中的最早出处看》,《华东师范大学学报》2016年第1期。
④ 陈尚君:《全唐文补编》,北京:中华书局,2005年,第2141页。
⑤ 太史文:《〈十王经〉与中国中世纪佛教冥界的形成》,上海:上海古籍出版社,2016年;侯冲:《中国佛教仪式研究:以斋供仪式为中心》,上海:上海古籍出版社,2018年,第380—396、425—433页;李兮:《唐代逆修斋供初探——以房山石经题记史料为切入点》,《文史》2019年第3期。
⑥ 李明、刘呆运、李举纲主编:《长安高阳原新出土隋唐墓志》,北京:文物出版社,2016年,第274页。

陆邆仕至德州刺史,以吏干见长,颇立事功,恐尚不能跻身清流士大夫之列。以精英士人的观念而言,逆修之说不符合正统佛教的义理,并不被认可,如出身一流门第的韦端符妻郑霞士墓志对此即有批评,"初,夫人未疾,凡释氏预修,追往乏说。追衣衾之制无遗,事在后人,斯可谓达识矣"。①

士大夫批判"释氏预修,追往乏说",盖因父母去世后,当由子孙出资设斋会,为已故祖先祈求冥福,生人不能为己预作死后的功德。不过对于无子嗣者,如何保障身后的葬事与冥福,难免会成为生前长期的焦虑。尽管王虔真才五十五岁,较之其他几位预修坟茔者,尚属年轻,因"况其乏嗣,孰主丧仪",选择"预买坟茔,先修棺冢"。王梵志诗描绘了"急首卖资产,与设逆修斋"的现象,但这一做法的前提是"家口总死尽,吾死无亲表",②部分中下层士人因"伯道无儿",忧心身后乏人为其祭祀祈福,大约是逆修斋供兴起的最初动力。目前,墓志所见预修坟茔者,多为年事已高或妻子去世后、预作合祔准备者,如郭贞年九十、陆邆年八十一,因此所谓逆(预)修墓志与预先置办的坟茔、棺椁一样,当是逝者生前已撰成。如陆邆逆修墓志是咸通七年(866)五月廿日撰成,但他本人"其年九月十三抱疾,信宿而薨于延康私第",至于咸通八年正月安葬。③

士大夫"不语怪力乱神"的理性精神并不能阻碍这类活动在民间的风行,泽潞周边亦有预修墓者。灵石发现的宋君墓志,云"以天祐九年壬申岁正月遂造生椁一口,即在目前,后或天命不达,迁葬于灵石县介休乡西宋村住宅西南一百步以来",宋君在准备好棺椁、坟

---

① 《全唐文补遗》第 7 辑,第 152 页。
② 项楚校注:《王梵志诗校注(增订本)》,上海:上海古籍出版社,2010 年,第 15—18 页。
③ 《长安高阳原新出土隋唐墓志》,第 274 页。

茔后，以八十一岁高龄去世，天祐十六年（919）十月迁葬。① 王建立墓志记其"昔当台铉，预创坟茔于榆社之西，冬十月十七日至孝卫牧扶护归于所造石室"，②1995年在榆社县马兰村佛爷庙出土王建立石椁，底部有题记曰"王建立造石生灰骨椁子一座，随任所到命终之处，仰眷属七日内置柏，界出焚烧，便入此椁子内，保骨肉后兴"，③知其坟茔选择及葬事安排皆受佛教信仰影响。④ 随着预修坟茔风气的扩大，逐步为官僚阶层所接受，显德五年（758）十一月安厝洛阳的姜知述，生前仕至河南少尹、卫尉少卿，葬于"尹村公逆修之域"。⑤ 作为初起民间的礼俗，这一系列丧葬实践虽无经典依据，因契合多数人群的心理，日益流行，最终渗透至士大夫阶层，提供了"小传统"影响"大传统"的一个例证。

三、寺院与巡礼

潞州一带素有浓厚的佛教传统，⑥周边至今仍留存不少小型石

---

① 《五代十国墓志汇编》天祐017，第80页。
② 《五代十国墓志汇编》天福024，第244—245页。
③ 王太明：《榆社县发现一批石棺》，《山西省考古学会论文集》第3辑，太原：山西古籍出版社，2000年，第122—123页。
④ 王建立家族有浓厚的佛教信仰传统，其女与长孙女皆出家为尼，《五代十国墓志汇编》天福024，第244页。
⑤ 《五代十国墓志汇编》附录018，第682页。
⑥ 潞州佛教信众上至王建立这样的节帅，下至一般平民，包括了社会各阶层。再举两个不同出身者为例，仕至沁州刺史李福德，家族出自代北，本以酋豪，闲于骑射，两女出家为尼；平民董君墓志记"府君去庚辰岁五月十三遘疾，付家私长子，舍财产于空门"，其次子亦出家，法名惠真。《五代十国墓志汇编》乾祐016、乾祐018，第339—340、342页。

窟及相关遗迹。① 上节所论预修坟茔的风气,便是在民间佛教影响下产生的。唐末五代的动乱,除波及一般民众外,亦对寺院僧徒产生冲击。延庆院住持明惠大师之死,因石刻资料的保存,所知稍详:

> 时有潞州节度使李蠙,向重琼音,遥钦善价,三曾具请,愿俱府城,自舍俸资,创修延庆院一所,命师住持,传通法眼。师于乾符四年,有人报师云保广贼寇欲害于师,宜速回避。吾久于生死,心不怖焉,若被所诛,偿宿债矣。其年正月十三日,果如所报。命随寇忍,气逐风灯,怡色如存,复无污。天有祥瑞,焕曜明帝,主乃知伤道人矣,遂敕谥明惠大师。②

李蠙新旧《唐书》无传,行迹可据各种材料略作勾辑,咸通五年(864)正月出任昭义节度使,③九年(868)入为兵部侍郎判度支。④ 其人崇信佛教,咸通八年(867)曾上奏自出俸钱收赎会昌法难中被侵占的宜兴善权寺,学者新近对此有详密考察,文中新发现《榜善权寺》提

---

① 北村一仁:《中古时期长治、高平地区的道路交通——从摩崖和石窟的位置来看》,《中国中古史集刊》第6辑,北京: 商务印书馆,2020年,第129—146页;李裕群:《从邺城到晋阳——古壶关道上一座被盗北齐石窟的复原》,《故宫博物院院刊》2023年第5期;李裕群、张庆捷:《山西高平高庙山石窟的调查与研究》,《考古》1999年第1期;崔利民等:《山西襄垣县化岩角山隋唐时期佛教岩画》,《考古》2011年第5期。
② 《五代十国墓志汇编》长兴016,第176—177页。
③ 《资治通鉴》卷250,咸通五年正月条,第8107页。
④ 李启墓志记"戊子岁,范阳卢公匡自天官昭义",则卢匡于咸通九年接掌昭义,拓本刊齐运通主编:《洛阳新获墓志百品》,北京: 国家图书馆出版社,2020年,第232页。又李又玄墓志:"今兵部侍郎蠙,即柱史四从季父,常爱之才华,倾之清干。领邦计三日,摄知鄜延院,奏侍御史内供奉",按李又玄卒于咸通十年二月,时"司其职一周星",知李蠙确于咸通九年转为兵部侍郎判度支,拓本刊毛远明编著:《西南大学新藏墓志集释》,南京: 凤凰出版社,2018年,第669页。

示一重要线索,"凡是共同一切取诸祖山及潞州延庆院、怀州积善院事例",①李蟾重建善权寺乃以潞州延庆院为模板。明惠驻锡的延庆院,同样由李蟾出俸资创建。明惠大师,俗名颜举,早岁拜燕台鹤林寺鉴律师为师,授具足戒,"后涉江浙,徧仿名能,广乎知见,乃遇监官,得传心印",云游江南,改习禅法,后渡淮北上,先后至潞州黎城县松池院、渌水山等处弘扬禅宗法门,"栖心禅观,为众开堂""广彰法眼,为众启禅",广收门徒,声名日彰,因此被李蟾延请。

明惠乾符四年(877)正月遭"保广贼寇"杀害,保广贼身份不明,是年闰二月发生昭义军将刘广驱逐节度使高湜的变乱,②自不能断两者有关,不过晚唐昭义军因内部矛盾的累积,频频爆发军士骚乱,导致潞州社会失序,将之视为明惠之死的背景,或无大误。唐末各地的动乱中,不少高僧大德被牵连,死于非命,如鄂州全豁、福州鸿休等,③其中全豁遭际与明惠相近:

> (全)豁值光启已来,中原多事,诸侯角立,狂贼来剽略,众皆回避,豁惟晏如。贼责弗供馈,恣怒俾挥刃之,曾无惧色。当光启丁未岁夏四月八日。门人权葬,葬后收焚之,获舍利七七粒。僖宗赐谥曰清严,塔号出尘。葬事,檀越田咏兄弟率财营构,南岳释玄泰撰碑颂德,提唱斗峻,时号岩头法道,难其领会焉。④

明惠、全豁死后皆获赐谥,僧人获谥盛唐之后方成风气,基本程序仍

---

① 游自勇、冯璇:《会昌法难后之寺院重建与规制——以宜兴善权寺为例》,《文史》2022年第1辑,第63—82页。
② 关于刘广之乱的经过,参读仇鹿鸣:《长安与河北之间》,第234—253页。
③ 鸿休事迹见《宋高僧传》卷23《唐福州黄檗山建福寺鸿休传》,北京:中华书局,1987年,第587页。
④ 《宋高僧传》卷23《唐鄂州岩头山全豁传》,第588页。

仰赖僧徒或地方官员的奏报,如金刚智盖由"传教弟子不空奏举,敕谥国师之号",①虔州智藏"即迁于塔,谏议大夫韦绶追问藏言行,编入图经。太守李澂请旌表,至长庆元年谥大觉禅师云"。② 僧人请谥过程中,生前之事功、碑志塔铭的传扬、地方僧俗与官员的态度,都会起到一定作用,到了唐末,迁化前后的圣迹,多受僧俗传颂,明惠、全豁圆寂后皆获舍利,或许是他们获谥的原因之一。

　　从咸通中至乾符四年,明惠驻锡延庆院长达十余年,成为唐宋之际潞州佛教史上颇具影响的人物。明惠去世后,即于原驻锡延庆禅院立碑,述其弘法业绩,"所有师之功德基业,寻刊于所请之院,迄今存焉",③立于延庆寺的明惠碑颂,并未传世。目前所见明惠大师塔立于紫峰山海会院,"茶毗讫,小师崇昭等,捧舍利奉命持建斯塔",并获赐张井里等村田土系税一十四亩。该塔现位于山西省平顺市虹梯关乡虹霓村,紧邻太行陉道山西一侧,证明塔铭所记"东至相州林虑县大礤砒石为界,西至七里嵷大崖下,南至大崖,北至大崖下为界"的方位无误,四至内属海会院地土,准敕依例蠲放名额土田。④ 虹霓村小学现存玄密墓幢,是海会院的另一件遗物。墓幢记"院名渌水山,号紫峰",⑤由此可知紫峰山即明惠早年驻锡的渌水山,故死后建塔于此。《上党县潜龙山宝云寺碑》所谓"洎师迁化之后,有弟子玄镜,将灵骨妆舍利,起塔于本山后"中的"本山"即指紫峰山,⑥

---

① 《宋高僧传》卷1《唐洛阳广福寺金刚智传》,第 6 页。
② 《宋高僧传》卷10《唐洪州开元寺道一传附智藏传》,第 223 页。
③ 《山右石刻丛编》卷12《上党县潜龙山宝云寺碑》,《石刻史料新编》第 1 辑第 20 册,台北:新文丰出版社,1977 年,第 15202—15203 页。
④ 《五代十国墓志汇编》长兴 016,第 177 页。
⑤ 录文见申树森主编:《三晋石刻大全·长治市平顺县卷(续)》,太原:三晋出版社,2016 年,第 3—4 页。
⑥ 《山右石刻丛编》卷12《上党县潜龙山宝云寺碑》,《石刻史料新编》第 1 辑第 20 册,第 15202—15203 页。

只是塔铭记主持建塔的弟子以崇昭为首,宝云寺碑则凸显玄镜,考虑到塔铭与宝云寺碑分别撰刻于明惠去世后半个多世纪乃至近一个半世纪之后,记载的差异或与当时两寺法脉所承有关。①

玄密墓幢又记"当府主为国降圣之辰,创修延庆寺",揭示了李蠅建寺的背景,盖为庆祝懿宗诞日延庆节,②也是寺院得名的缘由,敦煌文书P.4648《往五台山行记》载有延庆禅院,并记寺内有二塔。③据墓幢可知玄密本姓郑,早年活动于洺州,明惠在渌水山传法时,因明惠弟子崇诠引介,④师从明惠,后又随其移驻延庆院,师徒两人同在乾符四年初的动乱中罹难,死后由同门玄祎安葬于渌水山,并立幢纪念。⑤

潞州另一处与明惠有关的寺院是潜龙山宝云寺,北宋天禧三年(1019)《上党县潜龙山宝云寺碑》叙本寺沿革:

> 其寺本名华严□□,自隋唐至我皇宋,其间仅五七百年,或以兵革交驰,封疆割据,缁黄避难,因而废焉……有门人如恽,于天祐十四祀,蒙上党县令坚请,住此山也,度得小师藏休等七

---

① 按玄密墓幢建于乾符五年六月,明惠舍利塔当在去世之后不久即建立,或在同时,但塔铭至长兴三年六月方刻石,并伴有"王晖舍手刊之"这样激烈的举动,其间或有师门法脉之争。
② 《唐会要》卷2记懿宗"大和七年癸丑十一月十四日生于藩邸",小注曰"以其日为延庆节",第15页。
③ 郑炳林:《敦煌地理文书汇辑校注》,兰州:甘肃教育出版社,1989年,第309页。按延庆院建于咸通五年后,也确定了P.4648《往五台山行记》写作时间的上限。
④ 明惠塔铭提到其度僧十七人,除崇昭外,另十六人皆以玄某为法号,因文字漫漶,仅五人可辨识,玄镜、玄密、玄祎或许在未能辨识弟子名单中,《五代十国墓志汇编》长兴016,第177页。
⑤ 《三晋石刻大全·长治市平顺县卷(续)》,第3—4页。按师徒两人一立塔一立幢,大约是玄密作为子弟,尚不足以有立塔的德行道化,参读刘淑芬:《灭罪与度亡——佛顶尊胜陀罗尼经幢之研究》,上海:上海古籍出版社,2008年,第135—136页。

人,亦祖师之法孙也。①

天祐十四年如恽出掌华严寺,此时距明惠去世已有四十年,再次证明他的门徒在潞州僧界的长期影响。此后寺院渐得复兴,影响日趋扩大,在地方官员王鋋的支持下,"复旧有寺基",至北宋太平兴国三年(978),敕赐"宝云寺"之额。值得注意的是,王鋋扩建寺院时,"乃就延庆禅院特请之,令拨土住持。俄而两县之民,千人习,万人和,不日而成其法宇",两寺间仍有紧密的联系。② 宝云寺碑今似不存,原位于清代长治县南五十里内王村。③ 从位置上而言,海会院、宝云寺都属于远离潞州中心的山林佛寺。大约可以推测明惠去世后,门徒广泛活动于潞州各山林,以延庆寺为中心,串联起一地域性的宗教网络。

延庆院个案揭示的节帅、地方官员对高僧大德的供养支持,即使在战乱频仍时依然持续,大愚禅师塔铭提供了另一个例子。禅师俗姓刘,潞县人,志文云其"始讲律于东洛,复化道于西周",曾入两京传习律学。后因父母亡没,重返故里,为父母服丧,"身披麻纸之衣",隐居于峡石山洞中,著名的青莲寺即位于此。④ 大愚在峡石山

---

① 《山右石刻丛编》卷12《上党县潜龙山宝云寺碑》,《石刻史料新编》第1辑第20册,第15202—15203页。
② 宝云寺向延庆院请住持一事显示两寺似采取甲乙徒弟制,长期由明惠所度弟子及再传弟子控制,关于宋代寺院管理的十方制与甲乙制,参读黄敏枝:《宋代佛教社会经济史论集》,台北:学生书局,1989年,第305—312页。刘长东认为宋代禅寺多推行十方制,律宗为甲乙制,此说在延庆院这一个案中恐不能成立,明惠虽早年受业于鉴律师,但后改习禅,《论宋代的甲乙与十方寺制》,《四川大学学报》2005年第1期。
③ 《山右石刻丛编》卷12《上党县潜龙山宝云寺碑》,《石刻史料新编》第1辑第20册,第15202—15203页。
④ 据北宋景德四年《泽州硖石山青莲寺新修弥勒佛殿记》,青莲寺于"咸通八年敕赐名额,标硖石寺号青莲",王丽主编:《三晋石刻大全·晋城市泽州县卷》,太原:三晋出版社,2012年,第25页。

"发愿转大藏经,□□诸经陁罗尼五十余部,各十万八千遍。又刺血写诸经,共三十卷。并造陁罗尼幢",为亡父母积累功德。① 避世修行期间,大愚本人也由律改禅,"其后则不拘小节,了悟大乘,道契佛□,德符禅性"。② 天祐四、五年,梁军围困潞州之役,大愚亦陷城中:

> 而又因上党重围之后,于高平游历之间,厌处城隍,思居林麓。众仰道德,咸切邀迎。时有僧及俗士王希朋与县镇官僚住下檀僧共请于舍利山院。果蒙俞允,栖泊禅庐,才不二年,俄构堂宇。问道□客,雾集云臻;参学缁徒,磨肩接踵。其那名扬□夏,声振王侯,须见皈依,遽闻迎命。于天祐十八年四月八日蒙府主令公李郡君夫人杨氏专差星使,请至府庭,留在普通院中。贵得一城瞻敬,莫不冬夏来往。③

潞州解围后,泽州仍被后梁占据,大约至乾化元年(911)柏乡之战后,晋人才稳固控制了这一区域,大愚南下高平当在此时。大愚受王希朋等高平僧俗邀请驻锡的舍利山院即后来的开化寺,至今寺内仍保存多方宋元石刻,大愚禅师塔则位于寺东南约 500 米的山腰,建筑史研究者已对开化寺保存的宋元遗构、壁画做了详细的测绘与调查,④但对

---

① 由于唐代地狱信仰的流行,具有破地狱功能《佛顶尊胜陀罗尼经》获得大量抄写与传播,特别是尊胜陀罗尼经幢,因为"尘沾影覆"的效用,被广泛树立于墓侧,以消除亲人生前罪业,不堕入恶道,刘淑芬:《灭罪与度亡——佛顶尊胜陀罗尼经幢之研究》,第 44—48、163—180 页。
② 《五代十国墓志汇编》同光 014,第 118 页。按大愚塔铭题作"大唐舍利山禅师塔铭记并序",明确标识其禅师的身份。
③ 《五代十国墓志汇编》同光 014,第 118 页。
④ 贾珺:《山西高平开化寺营建历史考略》,《中国建筑史论汇刊》第 18 辑,北京:中国建筑工业出版社,2019 年,第 22—56 页。

寺内所存碑刻层累构造的创寺历史，未及做更细致地辨析。除大愚禅师塔铭外，目前所存最早的是北宋大观四年（1110）泽州舍利山开化寺修功德记，云："夫舍利山开化寺者，旧曰清凉。若表□□大愚显化始基之故事。在昔之遗迹革鼎，名号废兴之岁月，则清源隐士少监王景纯及子潞帅曙，刻石叙之备矣，愚复□言哉！"①可知开化寺旧有王景纯、王曙父子所撰碑铭，叙大愚创寺的经过，可惜原碑不存。王曙，宋仁宗时名臣，位至枢密使，《宋史》有传，自云隋东皋子王绩之后，"喜浮图法，斋居蔬食"，②其父王景纯五代末至宋初隐居潞州，"止上党，帅延致幕府。府罢，不复作吏，购四方书，或手抄之"，在当地颇有声望，事迹见尹洙所撰王曙神道碑。③宋初潞州长子县慈林山广德寺碑即由王景纯撰并书，自署"慈林山樵竖"，此碑今犹存，④知其隐居期间，常游走于当地的山林佛寺之间。

由于史料缺环，我们无法得知距离立寺时间较近的宋初人如何叙述大愚"显化始基"的事迹，今寺内所存金元碑刻，已将此渲染上传奇色彩。金皇统元年（1141）刻高平县舍利山大愚禅师作心王状奏六贼表并韵母三十字，并云"唐昭宗特赐土百顷，祠部三十八道，紫衣十道，恐后代徒弟不习经业，回□九十顷"。⑤大愚塔铭明确记其上党解围后方南下高平建寺，昭宗赐田万亩云云无疑是后人附会，所谓《心王状奏六贼表》大约也出于伪托。尽管大愚禅师塔铭与

---

① 常书铭主编：《三晋石刻大全·晋城市高平市卷》，太原：三晋出版社，2011年，第27页。
② 《宋史》卷286《王曙传》，北京：中华书局，1985年，第9632—9633页。
③ 《河南先生文集》卷12《故推忠协谋同德佐理功臣枢密使金紫光禄大夫行尚书吏部侍郎检校太傅同中书门下平章事上柱国太原郡开国公食邑四千一百户食实封一千四百户赠太保中书令文康王公神道碑铭并序》，《四部丛刊初编》本。
④ 申修福主编：《三晋石刻大全·长治市长子县卷》，太原：三晋出版社，2013年，第27—29页。
⑤ 《三晋石刻大全·晋城市高平市卷》，第29—30页。

这几通碑刻千百年来处于相邻空间,①历代造访寺院的官员士人、修行于此的僧徒,自不乏能识读碑文、擅于文词者,然而具有传奇色彩、更易被一般信众所接受的唐昭宗赐田说在历史记忆的争夺中战胜了大愚禅师塔铭这类"第一手史料",最终成为寺院僧徒认可的权威说法。元至顺元年(1330)皇元重修特赐舍利山开化禅院碑云:

> 始大愚禅师之创,即唐时嘉僧作心王表,昭宗以方外之宾尤敬,特赐腴田万亩。师虑将来恐尚产业,唯受千百,余亩退焉。②

回到历史的现场,天祐十八年(921)大愚应昭义节度使李嗣昭妻杨氏邀请,重返潞州,从山林再次进入城市中心,驻锡的普通院亦见于 P.4648《往五台山行记》。杨氏并非寻常妇人,在当时昭义军中扮演重要角色,"杨氏治家善积聚,设法贩鬻,致家财百万"。③ 天祐十三年(916)杨氏曾陟泽州硖石山,"偶上先师掷笔台,眺观景象,为诗上碣",④虽无法确知杨氏是否在登山途中获闻获睹大愚隐居时的遗迹,不过在地域社会中,同一空间中的不断交错,轶闻、行迹、声名的传扬,交织而成的场域,大约是明惠、大愚等能被李嗣、杨氏这类有力者闻知,并获得资助的关键。

唐代山西境内最重要的佛教圣地是五台山,作为文殊道场,僧徒信众以朝拜五台为目标的巡礼活动,不但是唐王朝境内最具影响的圣地崇拜,也吸引了新罗、渤海、日本等东亚世界僧人的参与,甚

---

① 大愚禅师塔作为寺院的祖师塔,虽然在寺外,周围有多座元明僧人的墓塔,形成一小型塔林,绝非罕有人至,贾珺:《山西高平开化寺营建历史考略》,第 27、37—39 页。
② 《三晋石刻大全・晋城市高平市卷》,第 72 页。
③ 《旧五代史》卷 52《李嗣昭传》,第 814 页。
④ 孙望:《全唐诗补逸》,《全唐诗补编》,北京:中华书局,1992 年,第 254 页。这类精明强干、参与本镇事务的女性在五代并不罕见,赵雨乐对此曾有梳理,《藩妇与后妃:唐宋之际宫廷权力的解说》,《从宫廷到战场:中国中古与近世诸考察》,香港:香港中华书局,2007 年,第 236—241 页。

至在五代乱世,南北分裂,道路不畅,马楚、吴越等国不惜间道赴五台山朝觐,对此学者已有丰富研究。① 既往讨论多利用《入唐求法巡礼行记》及僧史僧传等教内史料,田仁训墓志提供了一个难能可贵的本土视角:

> 性乐丹青,好游泉石,中年别土,上党成勋。少蕴灵机,迥得仙家之妙;长精神笔,苗开圣胤之风。写像图真,在处则恩承侯伯;端山邈水,居高则颂美缁黄。泛烟霞于洛孟之间,功名显著;疏云水于并汾之上,才行推明。迄历雁行,遐瞻石窟,两访五台胜境,罢游诸夏灵踪。一入壶关,终扬名姓,作首则功匀寺院,为标则力徧宫城。②

田仁训本卫州恭县人,曾祖、祖父皆仕为天雄军节度押衙,他中年时离开魏博,移居上党,长年壮游并汾,寄情山水,踏访石窟。中古时期,信众集资修造石窟时多有意选择道路交汇等行旅必经之处,便于观瞻礼拜,③因此并邺道上及泽潞间的交通沿线分布着大量中小型石窟与造像,④田仁训遐瞻的石窟,大约即此类。志文又提及他曾

---

① 中文世界较具代表性的是林韵柔一系列论文,《唐代的五台山巡礼活动——兼论入谒五台山的域外僧人》,《中国中古史研究》第 1 卷,北京:中华书局,2011 年,第 311—341 页;《中古佛教圣山信仰的成立——北朝至初唐的五台山信仰》,《一山而五顶:多学科、跨方域、多文化视野中的五台信仰研究》,台北:新文丰出版社,2017 年,第 39—73 页;《边地圣境——北宋时期五台山佛教的发展》,《兴大历史学报》第 25 期,2012 年,第 31—68 页;《移动的圣山:中日五台山信仰的跨域交流》,《台湾东亚文明研究学刊》第 11 卷,2014 年,第 107—181 页。
② 《五代十国墓志汇编》显德 029,第 423 页。
③ 侯旭东:《北朝村民的生活世界》,北京:商务印书馆,2005 年,第 259—262 页。
④ 北村一仁:《中古时期长治、高平地区的道路交通——从摩崖和石窟的位置来看》,《中国中古史集刊》第 6 辑,第 129—146 页;李裕群:《从邺城到晋阳——古壶关道上一座被盗北齐石窟的复原》,《故宫博物院院刊》2023 年第 5 期;李裕群:《从邺城到晋阳——八赋岭道上的北齐石窟》,《文物》2023 年第 11 期。

两次巡礼五台,从潞州至五台山巡礼的路线,可先从正北、西北两道至太原,再由太原至五台山,属于入五台山的西路之一。[1] 潞州与五台山在安史乱后虽分属昭义、河东两镇,但一直保持了密切的宗教联系,佛光寺所存大中十一年(857)佛顶尊胜陀罗尼经幢即由昭义军胜愿寺比丘尼宝严发愿建立。[2] 胜愿尼寺同样见于P.4648《往五台山行记》,甚至我们还能获知该寺在潞州城内的大致位置,广明元年(880)郭元贵墓志云其卒于"子城内胜愿寺前依善坊之私第",[3] 显德二年李行思墓志记其女"剃落于胜愿寺内",法号鉴琛。[4] 胜愿寺似乎未受到唐末五代战乱太大的影响,这种教团与信众的韧性在前述明惠、大愚的案例中也能看到。

有类似壮游经历的本地士人,在晚唐五代潞州并非孤例,任黄中墓志也谈及他早年"惟扬践迹,徐方踯□,□□尝行,五湖遍睹,会稽馆谷,丹阳驻舟,泳之游之,可□则止,如此者,公之行历也"。[5] 值得注意的是田仁训有绘画之长,本人兼擅山水人物,四子中,除长子延瓘曾为平卢军司马外,余三子延敏、延美、延宝,皆"画得僧瑶之妙,图成雇〔顾〕恺之神"。[6] 因此,田氏一方面世仕藩镇,另一方面也是一个画师家族。田仁训善绘肖像,写真是唐代士人的喜好之

---

[1] 严耕望:《唐代交通图考》第1卷,北京:北京联合出版公司,2021年,第146—162页;林韵柔:《唐代五台山巡礼道考述》,《白沙历史地理学报》第17期,第60—61页。按P.4648《往五台山行记》从怀州经泽潞至于太原,取的是西北道,参读孙继民:《敦煌所出伯希和文书4648号的写作年代及其研究历史交通地理的资料价值》,《历史地理》第14辑,上海:上海人民出版社,1998年,第97—99页。
[2]《五台山碑刻》,太原:三晋出版社,2017年,第882页。
[3]《西安碑林博物馆新藏墓志汇编》346号,第901页。
[4]《五代十国墓志汇编》显德028,第422页。
[5] 赵文成、赵君平:《秦晋豫新出墓志搜佚续编》,北京:国家图书馆出版社,2015年,第1227页。
[6]《五代十国墓志汇编》显德029,第423页。

一,白居易有《自题写真》诗,藩镇亦常延请画师为节帅、僚佐画像,符载因此撰《淮南节度使灞陵公杜佑写真赞》《剑南西川幕府诸公写真赞》。归义军中设有画行、画院,S.3929《节度押衙董保德建造兰若功德颂》中有"节度押衙知画行都料董保德",榆林窟35窟供养人题名有"勾当画院使归义军节度押衙银青光禄大夫检校太子宾客(竺)保",[①]唐后期节度押衙已阶官化,常与藩镇中具体的使职相结合。[②]志文以"上党成勋""在处则恩承侯伯""长光郡府"等语形容田仁训,不排除他本人也是以节度押衙之类头衔效力藩镇的画师。

如果进一步联想到莫高窟第61窟中的五台山图,此图绘制的具体时间虽稍存争议,公认是在后晋天福年间,[③]与田仁训游历并汾的时间基本重合。荣新江以新样文殊图案传入敦煌的时间为线索,指出同光二年后,随着后唐统一北方,归义军恢复了与中原的联系,大量五台山文献因之传入。[④] 曹元忠及妻翟氏开凿的61窟是莫高窟

[①] 姜伯勤:《敦煌的"画行"与"画院"》,《敦煌艺术宗教与礼乐文明》,北京:中国社会科学出版社,1996年,第13—29页。

[②] 冯培红:《晚唐五代藩镇幕职的兼官现象与阶官化述论——以敦煌文献、石刻碑志为中心》,王希隆主编:《历史文化探研:兰州大学历史文化学院专门史论文集》,兰州:甘肃民族出版社,2009年,第267—281页;李文才、祁强:《〈唐韦君靖碑〉研究——兼论晚唐藩镇幕职的阶官化》,《中华历史与传统文化研究论丛》第3辑,北京:中国社会科学出版社,2017年,第3—38页。

[③] 其中最重要的线索是孙修身发现"湖南送供使"与"永昌之县"两条榜题,之后的争论基本上围绕如何理解这两条材料展开,孙修身:《莫高窟佛教史迹画内容考释(八)》,《敦煌研究》1988年第1期;赵声良:《莫高窟第61窟五台山图研究》,《敦煌研究》1993年第4期;公维章:《敦煌莫高窟第61窟〈五台山图〉的创作年代》,《敦煌学辑刊》2010年第1期。相关研究评述参读赵晓星:《敦煌五台山文献与图像研究综述》,《2018敦煌学国际联络委员会通讯》,上海:上海古籍出版社,2018年,第126—128页。清晰的图像资料见赵声良主编:《敦煌壁画五台山图》,南京:江苏凤凰美术出版社,2018年。

[④] 荣新江:《从敦煌的五台山绘画和文献看五代宋初中原与河西于阗间的文化交往》,《唐宋于阗史探研》,兰州:甘肃教育出版社,2023年,第207—218页。

唯一以骑狮文殊为主尊的洞窟,佛坛上文殊菩萨及侍从塑像虽已全失,然不能排除所塑者为新样文殊,①而西壁画面分为三层兼有丰富榜题的通壁巨制五台山图的粉本,很有可能也是传自中原。这样的粉本由谁绘成？据圆仁所记,当时能在太原购得五台山图,"头陀僧义圆见雇博士,自出帔祆子一领,画五台山化现图。拟付传日本国",②此类化现图恐怕还是以五台为中心,不可能包括道路、寺院与详细的榜题。志文云田仁训"端山邈水,居高则颂美缁黄",他在巡礼五台、瞻仰石窟的同时,无疑也会摹写山水寺院。如田仁训这类具有一定的知识水平,曾长期往来于河北、山西,谙于山川形胜与交通孔道,兼有佛教信仰与绘画之长的人物,或是61窟西壁复杂而具有写实性的五台山图粉本最有可能的作者。

四、重商与窑业

在中古社会供养僧寺与营墓治丧都是耗费大量金钱的活动,唐末五代潞州墓志中也经常提及"罄竭家资""修椁则罄家资,办葬事则尽其力"之语,③尽管这类表述不乏套语的嫌疑,在晚唐五代萧条而动荡的岁月中,当地如何获得维系这类活动的财富,仍是一个值得思考的问题。总体而言,昭义军所据泽潞邢洺磁五州,并不是特

---

① 相关讨论回顾参读邹清泉：《文殊堂：曹元忠时代佛教文化与视觉形象个案研究》,兰州：甘肃教育出版社,2016年,第37—39页。
② 圆仁著,白化文等校注：《入唐求法巡礼行记校注》,北京：中华书局,2019年,第313页。P.4648《往五台山行记》也提及在太原画台山图,参读杜斗诚：《敦煌五台山文献校录研究》,太原：山西人民出版社,1991年,第112—113页。
③ 王素墓志、张真及妻郭氏墓志,《五代十国墓志汇编》长兴011、显德004,第171、384页。

别富庶的地区。大中五年(851)十月中书门下奏提及"其河东、潞府、邠宁、泾原、灵武、振武、鄜坊、沧德、易定、夏州、三川等道,或道路悬远,或俸料单微,每年选人,多不肯受",①其中邢洺磁经济相对发达,粮食产量更高,②唐末昭义的分裂,无疑会加剧潞州财政上的困窘。

学者之前曾注意昭义的商业传统,③多引及刘稹之乱时的一则记载:

> 府中财货尚山积,而(王)协请税商人,使刘溪等分出检实,而溪并齐民阅其赀,十取二,百姓始怨。(刘)从谏妻弟裴问守邢州,有募兵五百,号"夜飞将",多豪姓子,其家以输赀不时,为溪所囚。④

联想到前引李嗣昭妻杨氏"治家善积聚,设法贩鬻,致家财百万",⑤暗示昭义军及周边地区存在着一个发达的贸易网络。中唐后,藩镇多设官营商贸机构回图务或回易务,以贩鬻收益供军。⑥ 昭义亦不例外,"大商皆假以牙职,使通好诸道,因为贩易",⑦青陂霞墓志云"君侯奖和,诠僚委任。淮南两浙,剑路三川,籍之干能,用之回弈〔易〕。周岁以铜山欻起,年中积亿地之余"。⑧ 安士和墓志记"大和

---

① 《唐会要》卷79,第1717页。
② 张正田:《"中原"边缘——唐代昭义军研究》,第26—39页。
③ 张剑光:《唐代藩镇割据与商业》,《文史哲》1997年第4期;张正田:《"中原"边缘——唐代昭义军研究》,第226页。
④ 《新唐书》卷214《刘稹传》,第6017页。
⑤ 《旧五代史》卷52《李嗣昭传》,第814页。
⑥ 贾志刚称之为"以商补军",《唐代军费问题研究》,北京:中国社会科学出版社,2006年,第122—137页;关于回图务的讨论参读周鼎:《晚唐五代的商人、军将与藩镇回图务》,《中国社会经济史研究》2020年第3期。
⑦ 《资治通鉴》卷247,会昌三年四月条,第7979页。
⑧ 《西安碑林博物馆新藏墓志汇编》332号,第864页。

首岁,军踞邢台。激励治生,创营别业。身当捍勇,御寇无时。赡有金帛,家唯巨实",安士和后仕至车营十将,"馈运军储,辇毂相次",①涉足的大约也是此类官营贸易。

另一方面,在潞州墓志中,或因志主多系中下层人士,有不少述及财富积聚与商业活动的内容。如冀崇晖墓志云"不屈节而达于时,不趋时而博于利。通其货而不粥其弊,然后赒赈匮乏,施及缁徒,岂独郑子罕、宋乐氏之惠耶",冀氏崇信佛教,"精持金刚般若经四十五年,而不茹熏血",②因此把经商所获财富施及僧徒。郎清墓志记其"孤养女子一人,在室不事,遂招得入门女夫郭友谊继承后嗣,以存外舅庄园,供输不绝",志文尽管将他描述成"披襟□杖,雅咏古今,酌醴弹琴,自怡幽性"的隐士,③恐怕反倒是套语,本人实颇治生业。申屠践忠墓志云其"蓄管辖之能,耻耕凿之陋。诗书受训,恭谨师资。案牍济时,楷模州县,动居形胜,远迩奔波。行恤乡间,资储盈溢",④似属州县吏员,但未记职衔,本人大约也是豪富之家,方能周济乡里。任黄中墓志记其因避刘稹之乱,转而经商致富,"公乃适远数百里,移家抵大郡,重陶公之秘法,而隐迹于阛阓,仅余一纪,乃广于施舍,用益遐龄"。⑤ 除此之外,墓志中不时浮现出"重末轻本"之说,如张真墓志谓"不事公卿,惟便商贾"。⑥ 这种重商的观念,不独见于潞州,在其他地区的中下层墓志亦有体现,其中最显豁而系统的表述见于代州出土李君妻聂慕闾墓志:

---

① 《西安碑林博物馆新藏墓志汇编》321号,第832页。
② 胡戟、荣新江主编:《大唐西市博物馆藏墓志》,北京:北京大学出版社,2012年,第774页。
③ 《西安碑林博物馆新藏墓志汇编》280号,第717页。
④ 《西南大学新藏墓志集释》,第368页。
⑤ 《秦晋豫新出墓志搜佚续编》,第1227页。
⑥ 《五代十国墓志汇编》显德004,第384页。

> 祖讳亮……值世乱荡，囗丰岁不能自给，因农隙聚室相谋曰：囗贫而求富，莫若归农。则又农有水旱，所谓农不如工，则又工有成败，所谓工不如商。乃经营四方，货殖九土，不日不月，家财万金。惠及宗亲，利兼乡党，寔谓富而可求也。父讳和，谦谦居采，继先父之业。不废千家之货，使精百氏之书，事佛宗儒，济贫扶苦。尝语里人曰：古人有言曰，为富则不仁，为仁则不富。何哉是言也？若以富而下人，何人不重；以富而敬人，何人不亲。何哉是言也！乡中之人曰：子负大才，何不登仕。公曰：嘻！子何见事之囗，今满天氛祲，匝地兵戈，当世乱而谷者，君子所耻也。吾无仕矣，以全长幼之节。①

聂亮、聂和父子宣称既已身处乱世，货殖四方、累积财富要胜过勤力本业或出仕为官，这种离经叛道言论产生的背景或许与贞元中重整黄河水运、设置代北转运使，代州成为河东地区运输与贸易的枢纽有关。② 葬于马邑的张宗谏墓志记其"勤劬生务，基业丰余。往复关河，溃〔馈〕运资货"，或因往来途中"时冲炎涝，疾瘵萦缠"，于天祐十年去世，③便是这一商业网络的参与者之一。④ 聂慕闾夫李君，先后任职于邢州、镇州，⑤这些观念在相邻地域中或有共通性。⑥

---

① 《五代十国墓志汇编》长兴006，第164页。
② 李佳：《唐中后期河曲地区的黄河水运》，《文史》2022年第2期。
③ 《五代十国墓志汇编》天祐011，第74页。
④ 《宣室志》卷1记"有石宪者，其籍编太原，以商为业，常行货于代北"，亦是一例。北京：中华书局，1983年，第1页。
⑤ 赵洋：《〈唐代郡李使君故聂氏夫人墓志铭并序〉考释——论后唐的一个晋商家族》，《隋唐辽宋金元史论丛》第12辑，上海：上海古籍出版社，2022年，第68—74页。
⑥ 许曼曾谈到北宋潞州墓志对商业活动常有正面描写，类似表述在唐代已出现，而且不局限于潞州的墓志，Man Xu: China's Local Elites in Transition: Seventh — to. Twelfth-Century Epitaphs Excavated in Luzhou, *Asia Major: Third Series* Vol. 30, No. 1, pp.97 – 100.

以上所述包括了官营贸易与民间兴贩两个不同的层面,这两个层面并非相互隔绝,学者已注意到中唐之后,商人或渗入诸军、诸司、诸使为吏,或假摄藩镇牙职等现象,①借此不难观察到一个庞大而活跃商人群体的存在,社会流动的加速与不耻言利的风尚则是这一群体生成壮大的基础。即使在唐末五代的战乱中,潞州官、民的商业经营依然活跃,如牛庆墓志云:"府君三代当州,世谓本贯,多于缠〔廛〕肆为业也。以受市官数载,回移〔易〕新市及诸行铺等,于今不绝。"②韩君墓志云其"清泰元年■飯□泉室,因商在外未取到",③似因经商卒于外埠,长期未能归葬。

　　因受墓志文体的局限,我们无法得知以上各色人等发家致富的凭依,在昭义军本身不算富庶的条件下,盖以何种商品贩鬻四方,谋取厚利?《新唐书·刘从谏传》云其"无远略,善贸易之算。徙长子道入潞,岁榷马征商人,又熬盐,货铜铁,收缗十万"。提到的几项生利之道,榷马本自退浑李万江部的归附,"世所谓津梁种者,岁入马价数百万",李万江后遭刘从谏猜忌,被夷三族。④ 许太清墓志记其父许晃为固镇冶务、节度衙前十将,固镇有铁矿,后世长期有开采,⑤许晃或仕于刘氏昭义时期。中晚唐朝廷榷税收入,盐占绝大部分,邢州大陆泽畔有咸泉,可煮而成盐,⑥此盖与中央争利,会昌伐叛削

---

① 李锦绣:《唐代财政史稿》下卷,北京:北京大学出版社,2001年,第1312—1314页。
② 《五代十国墓志汇编》广顺005,第359页。
③ 《五代十国墓志汇编》天福046,第283页。
④ 《新唐书》卷214《刘从谏传》,第6015页。
⑤ 杜立晖、郝良真:《唐许太清及夫人墓志铭考释》,《河北新发现石刻题记与隋唐史研究》,石家庄:河北人民出版社,2006年,第111—116页。
⑥ 《元和郡县图志》卷15,第428页。

平刘氏昭义后,恐难维系。① 泽潞最有名的土产是人参,《通典》记天下诸郡每年常贡,泽州岁贡"人参三十两",②唐宋时期享有盛名,至明代因开采过度而几近绝迹。③ 不过作为贡物和名贵药材,上党参恐不足以支撑庞大的贸易网络。

综合目前所见史料,瓷器或许是其中的大宗。是时邢窑行销天下,从考古发现来看,邢窑窑址位于今河北临城与内丘两地。按唐代行政区划,临城归赵州,属成德军,内丘隶邢州,属昭义军。其中临城所烧为仿邢窑器,④唐代邢窑的核心区在内丘,⑤即《唐国史补》所谓"内丘白瓷瓯,端溪紫石砚,天下无贵贱通用之"。⑥ 阎焰近年对昭义军治下的窑业有系统地思考,认为横跨太行山两侧、兼领五州的特殊政区地理设置,导致泽州、潞州周近窑业同邢州、磁州、相州附近的窑业,在晚唐无形中融为一体,形成独特的窑业往来与交流

---

① 唐廷对盐利管控甚严,泽潞食两池盐,中唐以后主要矛盾是海盐侵界,"贞元十六年十二月,史牟奏:'泽、潞、郑等州,多食末盐,请切禁断'"。《唐会要》卷88,第1902页。至于矿冶之利归中央还是地方,中晚唐曾有多次反复,参读李锦绣:《唐代财政史稿》下卷,第835—838页。由于矿冶所得远逊于盐利,控制相对较松,即使重要的矿藏隶盐铁使,这类规模不大的矿产,或任由藩镇经营。
② 《通典》卷6,北京:中华书局,1988年,第114页。《元和郡县图志》卷15潞州、泽州条下皆记开元贡人参,第418、422页。
③ 蒋竹山:《人参帝国:清代人参的生产、消费与医疗》,杭州:浙江大学出版社,2015年,第26—33页。
④ 李振奇、史云征、李兰珂:《河北临城七座唐墓》云"临城祁村窑白瓷的制瓷工艺和施釉方法同内丘邢窑相同,器物规整程度及釉色比内丘产品略为逊色",《文物》1990年第5期。
⑤ 内丘县文物保管所:《河北省内丘县邢窑调查简报》,《文物》1987年第9期。按内丘邢窑遗址2003、2012年做过两次较大规模的发掘,出土了包括了"盈""官"字款在内的重要遗物,再次确认内丘是邢窑的核心产区,但未公布正式考古简报。王会民、樊书海:《邢窑遗址考古发掘有重要发现》,《中国文物报》2003年10月29日。
⑥ 聂清风校注:《唐国史补校注》卷下,北京:中华书局,2021年,第286页。

范例,并认为开天以后邢窑瓷器研究,应视为旧河东东南区域(今晋东南)窑器的一部分,而非河北窑器的序列。除了邢窑之外,以生产白地绿彩瓷器的泽州窑,也在近年考古调查中为学者注意,[1]阎焰推定黑石号所出带"盈""进奉"刻款的白釉绿彩瓷及西安大明宫、洛阳皇城宫城等地出土的类似器物皆出自泽州窑。[2]

张正田早年推测邢窑是昭义军财赋的重要来源,[3]惜无直接证据,不过新出墓志证实了昭义军对邢窑的管理与控制。近年临城县文管所征集了赵希玩及妻刘氏与其子赵公素及妻裴氏墓志,墓志提及赵希玩三子,皆仕藩镇,"长子公谊,云麾将军、试殿中监、奇胜军副将。仲子公佐,定远将军、试太常卿、衙前散将盐务勾当。季子公素,食粮进奉瓷窑院",赵公素墓志记其终官为进奉茶院十将,子赵元霸为进奉茶院驱使官,[4]赵氏家族身份不高,获得的官衔皆属散试官,实际职任是藩镇中的低级军将及吏员,但家庭成员涉及中晚唐最重要的三项利源盐、瓷、茶,[5]当因之致富。中唐以后潞州地区科

---

[1] 孟耀虎:《山西晋城唐代低温釉陶窑址的调查》,《华夏考古》2017年第1期。
[2] 阎焰:《"黑石号"沉船所出白地绿彩瓷器的产地及其他》,《唐宋时期的海上丝绸之路国际学术研讨会论文集》,2020年,第22—25页。按阎焰主张将其命名为泽潞窑。
[3] 张正田:《"中原"边缘——唐代昭义军研究》,第30—31页。
[4] 张志忠、王信忠:《"进奉瓷窑院"与唐朝邢窑的瓷器进奉制度》,《越窑青瓷与邢窑白瓷研究》,北京:故宫出版社,2013年,第189—197页。按文中仅发表赵希玩及妻刘氏墓志,节引赵公素及妻裴氏墓志的部分内容。目前这两方墓志的拓本与录文,籍合网唐代墓志库已收录。
[5] 按赵氏参与藩镇茶、盐两业经营的具体情况,尚存疑问。由于墓志未记赵氏诸人出仕的具体藩镇,家住内丘的赵家也有可能仕于成德等河北藩镇,但昭义与河北诸镇皆不产茶。赵公素、赵元霸父子任职的进奉茶院不知指何。按恒岳故禅师影堂纪德题名记定窑有"都知瓷窑勾当供使伲茶器""同勾当茶器"等职,两方墓志中提到的茶院不知是否与此类有关。(孙继民、王丽敏:《唐后期手工业管理重要史料的发现及其意义——〈唐恒岳故禅师影堂纪德之碑〉碑阴题记试析》,《中国经济史研究》2011年第3期)。另郭亮:《从茶产地的分布看唐代区域经济的(转下页)

学发掘的墓葬数量很少,在公布的有限资料中,不难发现窑业与昭义军的联系。1983年发现的郭密墓出土瓷注壶四件,白釉、黄釉各二,简报指出是长治地区纪年唐墓中首次发现如此好的瓷器,郭密不过是节度随身。① 屈家庄唐代墓地中M20出土了白瓷执壶、白瓷碗、白瓷茶瓯、铁勺、铁制茶碾、绿瓷渣斗等成套茶具,墓志题作"唐故昭义节度衙前兵马使兼武安军银青光禄大夫太子宾客南阳张府君墓志铭并序",②衙前兵马使是藩镇中较重要的武职僚佐。这两个例子说明昭义军将无论地位高低,皆不难获致精美的瓷器,这种便利无疑与藩镇对邢窑、泽州窑的经营有关。

　　对窑业的管控与榨取,在藩镇中具有普遍性。定窑因石刻资料的保存,大致能复原其管理机构的演变与层级。永贞元年(805)唐恒岳故禅师影堂纪德之碑碑阴题名,自"都知瓷窑等三冶节度总管骠骑大将军试殿中监李庭珪"以下,分列石城冶、瓷窑冶、白土冶、白堡冶、恒山冶,其中白堡冶或辖于白土冶下,学者怀疑石城冶、白土冶是铜冶,恒山冶是铁冶,若此则涵括瓷、铜、铁三种手工业,题名中所列职衔有虞候、副将、散副将、驱使官、百将、押官、仓曹、骑曹、兵

―――――――――――
(接上页)开发——读〈全唐诗〉〈茶经〉〈新唐书·地理志〉札记》(《乐山师范学院学报》2006年第1期)引武元衡《津梁寺采新茶与幕中诸公遍赏芳香尤异因题四韵兼呈陆郎中》,并将津梁寺比定为《新唐书》卷214《刘从谏传》中"牧津梁寺,地美水草",认为潞州亦产茶,误。潞州津梁寺因水草丰美,被用于安置退浑李万江部,绝不可能产茶(第6015页)。赵公佐仕至定远将军试太常卿衙前散将盐务勾当。会昌伐叛后,昭义食两池盐,不当涉足盐利。河北的情况稍复杂,《旧唐书》卷48《食货志上》:"天宝末兵兴以来,河北盐法,羁縻而已。暨元和中,皇甫镈奏置税盐院。"但至长庆元年"其河北榷盐法且权停。仍令度支与镇冀、魏博等道节度审察商量,如能约计课利钱数,分付榷盐院,亦任稳便"(第2108页)。则河北藩镇似有自主经营盐利的权力。

① 王进先、朱晓芳:《山西长治县郝家庄唐郭密墓》,《考古》1989年第3期。
② 《发现唐代纪年墓! 大同智家堡,十二生肖设置赫然成孤例;长治屈家庄,成套茶具恍见古人正品茶》,文博山西公众号2023年2月18日。

472

曹、都司等，呈现出多层级的复杂管理结构。[1] 乾符四年(877)张少荣墓志则提供一个参与定窑管理家族个案，其父张希谈补充瓷窑冶百人将，张少荣本人正虞侯兼知冶将，子张全亮补充将虞侯兼务冶课，[2]家族三代皆参与定窑的生产与管理，所记职衔大致能与恒岳故禅师影堂纪德碑碑阴题名对应，另一子张全应"部署庄田，上下衣食长新"，家族也因窑业致富，置有田产。在曲阳定窑遗址附近发现的显德四年大周王子山禅院长老和尚舍利塔之记，碑后题名者有"□使衙银青光禄大夫检校太子宾客兼殿中侍御史充龙泉镇使铃辖瓷窑商税务使冯翱"，[3]最晚到五代定窑改由镇管理。[4] 以镇的形式加强对窑业的控制，大约是晚唐五代出现的新趋势，井陉护国寺发现尊胜陀罗尼经幢题名有"天长镇遏使兼知冶驿务事张惠能"。[5] 周承遂妻李氏墓志记夫任盘龙冶务炉前押官，盘龙冶属于井陉窑，李氏墓随葬有17件瓷器，[6]结

---

[1] 孙继民、王丽敏：《唐后期手工业管理重要史料的发现及其意义——〈唐恒岳故禅师影堂纪德之碑〉碑阴题记试析》，《中国经济史研究》2011年第3期；孟繁峰、黄信：《唐后期的定窑是藩镇义武军官窑——也谈〈唐恒岳故禅师影堂纪德之碑〉有关题刻》，《故宫博物院院刊》2014年第2期。

[2] 王丽敏、张建锁、杨敬好：《唐中后期定窑管理的探讨》，《中国文物报》2015年3月13日。

[3] 刘世枢、马会昌：《曲阳定窑遗址与王子山院碑刻查考记略》，《故宫博物院八十七华诞定窑学术研讨会论文集》，北京：故宫出版社，2014年，第47—64页。

[4] 《新五代史》卷39《王处直传》同光二年有"龙泉镇将杜弘寿"，北京：中华书局，2016年，第474页。另王子山禅院长老和尚舍利塔之记题名中有"银青光禄大夫检校太子宾客监察御史前龙泉镇使索君进"，不知题名所列官衔有所减省，还是至冯翱方带瓷窑商税务使。

[5] 刘成文、吴喆、孟繁峰：《井陉窑"官"字款、窑冶官及相关问题》，《故宫博物院八十七华诞定窑学术研讨会论文集》，第69—84页。按咸通三年崔方拣及妻刘氏墓志记次子崔迴宽任"天长镇判官兼专知仓务"，至少在咸通以前即置镇，拓本刊《新中国出土墓志·河北壹》，北京：文物出版社，2004年，第127页。

[6] 刘成文、孟繁峰：《一组五代井陉窑陶瓷器的释读——盘龙冶押官妻李氏墓的瓷器、三彩器及墓志》，《中国考古学会第十五次年会论文集》，北京：文物出版社，2013年，第539—559页。

合前述赵希玩、张少荣家族的例子,足见参与窑业管理吏员之富裕。

晚唐五代的镇往往兼有征税等多种职能,除了前述龙泉镇使钤辖瓷窑商税务使外,泽州陵川县乐氏二仙圣德之碑碑阴题名中有"随使厅头充陵川镇判官兼知税焦斌""税务押司张登"。① 税场有时设置在矿冶、窑址附近,如井陉护国寺尊胜陀罗尼经幢题名另有"节度押衙充故关商税驿务王丰",②王丰、张惠能两人出现在同一经幢上,征收商税的故关大约距离井陉窑不远。长治市平顺县石城镇源头村龙门寺内存长兴元年造像碑,题名中有"前河东天雄成得〔德〕衙前兵马使冶务军使起置石城税官勾当",③石城或因矿冶而置税官。上述诸镇所收税的种类尚不清楚,④考虑到镇多设置于交通要隘,雁过拔毛的过税大概是主要门类,在矿冶、窑址附近的关、镇可能兼收交易税,皆反映出藩镇对手工业控制与汲取能力的强化。

中唐以后藩镇置税场名义上仍需唐廷批准,属于杂税,只能借助邸店等形式暗中兴利,至五代,商税之名才正式确立。⑤ 上文所举在镇、关等处征收商税,大约是唐末天下大乱,中央失驭的结果,同

---

① 王立新主编:《三晋石刻大全·晋城市陵川县卷》,太原:三晋出版社,2013年,第7页。
② 刘成文、吴喆、孟繁峰:《井陉窑"官"字款、窑冶官及相关问题》,《故宫博物院八十七华诞定窑学术研讨会论文集》,第75页。
③ 申树森主编:《三晋石刻大全·长治市平顺县卷》,太原:三晋出版社,2013年,第13页。
④ 如前引王子山禅院长老和尚舍利塔之记题名中"龙泉镇使钤辖瓷窑商税务使冯翱",若将其理解为"钤辖瓷窑·商税务使",冯翱盖以龙泉镇遏使的身份,管理窑务并征收往来龙泉镇的过税,理解为"瓷窑商税务使",或课取定窑的交易税。
⑤ 日野开三郎:《唐代商税考》,《日本学者研究中国史论著选译》第4卷,北京:中华书局,1992年,第423—440页。

时也满足了各藩镇在战争中汲取资源、充作军费的需求。后唐统一北方后,中央对商税控制能力得到强化,[1]碑志材料所见州一级商税使的普遍设置或与此有关。以泽潞及周边为例,王琼及妻索氏墓志记长子王继策为前泽州商税使,次女适前泽州商税使赵氏,[2]李福德墓志记其子李训为前沁州商税使。[3] 州商税使或与关、镇等处设置的商税使有统属关系,如天福九年(944)高里山总持经咒幢题名有"天平军节度使押衙前齐州都商税使银青光禄大夫检校太子宾客云骑尉韩知训",[4]后唐长兴三年(932)诏已指出齐州村店要津多具有征收商税的职能。[5]

中晚唐藩镇的商业经营与商人、税收的关系,学者已有不少讨论。[6] 大致可以分成两个互有张力的层面,藩镇既存在对商人的征敛,在战争时搜刮尤剧,如会昌伐叛时,刘稹谋主王协请税商人,十取二。[7] 但不少商人也被吸纳入藩镇幕府中,如夏侯昇墓志云"募市人善贾者,署以显职,俾之贸迁贿货,交易有无",[8]中唐以后,担任回图(易)使、经营藩镇贸易者,多系此辈,这些人多带节度押衙等职衔,

---

[1] 关棨匀:《丰财之理:唐末至五代十国时期商税探析》,《中国社会经济史研究》2021年第1期。
[2] 《五代十国墓志汇编》乾祐017,第341页。
[3] 《五代十国墓志汇编》乾祐018,第343页。
[4] 《山左金石志》卷14,《石刻史料新编》第1辑第19册,第14568页。
[5] 《册府元龟》卷66,北京:中华书局,1961年,第737页。
[6] 综合性的讨论参读李锦绣:《唐代财政史稿》下卷第八章第三节"异军突起:商贾在唐后期财政中的作用",第1294—1310页。
[7] 《新唐书》卷214《刘稹传》,第6017页。
[8] 赵君平、赵文成:《河洛墓刻拾零》,北京:北京图书馆出版社,2007年,第520页。另参贾志刚:《唐代藩镇供军案例解析——以出土〈夏侯昇墓志〉为中心》,《中国社会经济史研究》2011年第4期。

稍次者亦能获得散试官,成为中晚唐商人向上流动的重要渠道。①如前引青陟霞墓志带"昭义军故衙前十将、云麾将军、试殿中监"。② 淮南李彦崇墓志云其"或权变于货殖,则无损于人;掌帑藏于惟扬,即众皆钦仰",先后历五郡押衙。③ 成德孟弘敏墓志记父孟文德为节度都回图钱谷都知官,妹夫李思业之父为"亲从左厢都押衙、都回图商税使、检校尚书右仆射、侍御史、上柱国"。④ 除此之外,这些参与藩镇官营手工业、贸易、税收管理的吏员或世代相袭,或互为婚姻,织就了盘根错节的关系网络,往往也成为地方社会中的新富阶层。

综合各种材料,我们大致能够拼接出中晚唐藩镇逐步建立了一套从商品生产到流通各环节严密控制与盘剥的经济体系,成为昭义军及周边藩镇重要的财赋来源,商人在这一体系中,既是被盘剥者,也是共谋者。巧合的是终结五代乱世的周世宗柴荣很有可能出自邢州的商贾世家,⑤早年曾与邺中大商颉跌氏往江陵贩茶,⑥为昭义军的商业传统留下一个意味深长的注脚。

唐末五代长期的战乱,给我们提供了考察地方社会在外力冲击下的变迁与恒定的机会,芸芸众生的遭际也借此露出了冰山一角。囿于材料,本文展示绝非是一个全景式的画面,只能从葬俗、宗教、

---

① 周鼎:《晚唐五代的商人、军将与藩镇回图务》,《中国社会经济史研究》2020年第3期。
② 《西安碑林博物馆新藏墓志汇编》332号,第864页。
③ 周绍良主编:《唐代墓志汇编》开成003,上海:上海古籍出版社,1992年,第2170页。
④ 《五代十国墓志汇编》天祐019,第84页。
⑤ 孙继民:《后周世宗柴荣出身商人考》,《中古史研究汇纂》,天津:天津古籍出版社,2016年,第386—394页。
⑥ 《五代史补》卷5,《五代史书汇编》,杭州:杭州出版社,2004年,第2525页。

商业等几个不同面向拼贴出泽潞地域的特质,所探讨的几个个案,选取材料的时间限断也稍有错落,有些是潞州独有的现象,有些则在其他地区亦出现,反映出中唐以后普遍发生的变化,但这种不整齐感,大约更接近地域社会的"真实"。

作者单位:复旦大学历史学系
(原刊于《中华文史论丛》2024年第1期)

唐代后期江南户数新探[①]

刘 丽　张剑光

摘　要：李吉甫的《元和郡县图志》，比较真实地反映了安史之乱以后唐王朝对全国的控制状况。该书所反映的户数，作者认为仅仅是指两税法的税户，并不是当时全部的户数。倘以此税户数与天宝课户数相比较，可知江南各州的户口并未全面下降，相反有一部分州有不少增加。在江南十五州中，户口下降较严重的是浙东山区，主要原因是频繁的民变导致了政府控制力的削弱。受战争的影响，江南地区的税户分布极不平衡，浙西苏州税户的剧增是比较特殊的，这与苏州地区特殊的地理位置及其内部结构的稳定性密不可分。元和税户从不同侧面反映了江南政治经济文化发展的不平衡性。

关键词：江南　元和税户　升降差异　政府控制力　农业开发

[①] 本文所论述区域主要是唐代的浙西、浙东、宣歙三道所辖诸州。

一、唐代元和户数的新解读

李吉甫《元和郡县图志》所记载的户数，比较完整地记录了中唐以后唐政府控制下的大部分州纳税户的数目，真实地再现了安史之乱以后的政局动荡对全国所带来的冲击。

长期以来，学界将李氏所记各州户数与唐天宝户数进行对照，从而发现自天宝至元和，大江南北绝大多数州的户数均出现了大幅度下降的趋势。基于北方的长期战乱及大量史料的印证，学界对《图志》所记北方户口，尚无异议，但对江南户口，则质疑声一片。一般以为，长江下游的江南地区远离战场，与北方相比，社会环境相对安定，中原移民源源不断地涌入，人口即使不增加，也应保持原有的数量，不可能出现如此剧烈下降的情况。[①] 所以不少学者认为李氏所记的元和户数未能反映当时社会的实际人口，存在着大量的隐漏，并分别从不同角度给予了解释；指出：沉重的赋税负担，使大量农民逃亡，南方经济的发展，使大量人口转移到了商业、手工业之中等等，[②]甚至还有人提出了疫病等原因。[③] 无可否认，上述解释对说明中唐以来南方人口数量的变化有一定意义，但毕竟仍是无法有效地使疑惑的人们完全释怀。

问题在于《元和郡县图志》所载的江南户能与天宝户直接进行比对吗？如果不能，则学界关于江南户数剧烈下降的认识有可能就

---

① 陈勇：《唐代长江下游经济发展研究》，上海：上海人民出版社，2006年，第347页。
② 郑学檬：《关于唐五代太湖地区社会经济发展问题的再认识》，《中国古代经济重心南移和唐宋江南经济研究》，长沙：岳麓书社，2003年，第214页。
③ 闵祥鹏：《疫病对唐江南地区天宝末年到元和初年户籍的影响》，《信阳农业高等专科学校学报》2005年第2期。此论不足恃，已有文章驳斥，参张剑光：《唐代江南的疫病与户口》，《上海师范大学学报》2007年第5期。

是一个伪命题,学者想尽办法试图解释这种下降的原因当然不能具有说服力了。

探讨这个问题,还是让我们从基础方面着手。先仔细解读一下史书的相关记载:

> 史官李吉甫撰《元和国计簿》,总计天下方镇凡四十八,管州府二百九十五,县一千四百五十三,户二百四十四万二百五十四,其凤翔、鄜坊、邠宁、振武、泾原、银夏、灵盐、河东、易定、魏博、镇冀、范阳、沧景、淮西、淄青十五道,凡七十一州,不申户口。每岁赋入倚办,止于浙江东西、宣歙、淮南、江西、鄂岳、福建、湖南等八道,合四十九州,一百四十四万户。比量天宝供税之户,则四分有一。①

这里最应该抓住的是"天宝供税之户"这几个关键字。所谓的天宝供税户,其实就是天宝户中的课户,据《通典》卷七记载天宝十三载的课户为 5 301 044 户。这里引文记载中元和南方八道四十九州的 1 440 000 户,恰是天宝十三载课户的四分之一。《通典》卷七和《旧唐书》卷九《玄宗本纪》等记载,这年全国的总户数为 9 619 254,所以可以确定无疑的是李吉甫是将元和户与天宝课户在做比较,而不是在与全国总户数进行比较。因此我们可以推论李吉甫所统计的元和户实际亦仅是政府掌握的"供税之户",并非全部的户口,否则他的对比就毫无意义可言。② 这可以清晰地表明,唐后期的税户

---

① 刘昫:《旧唐书》卷 14《宪宗纪》,北京:中华书局,1975 年,第 424 页。
② 学术界已经注意到这个情况了,如翁俊雄:《唐后期的政区与人口》(北京:首都师范大学出版社,1999 年,第 47 页)认为唐后期户籍上的民户实际只限于有土地的"主户",大量"无田业者"并不在户籍上。不过,笔者以为,享受免税特权的阶层因为不用纳税,故也不会登记于户籍上。陈勇:《唐代长江下游经济发展研究》(上海:上海人民出版社,2006 年,第 352 页)也有此意,但均未及展开。

其实就相当于唐前期的课户。

户数的记录中只注重税户部分,是中唐实行两税法后出现的情况,并非李吉甫创造的。《通鉴》卷二二六司马光谈到建中元年时说"天下税户三百八万五千七十六",①就是说他记录的是当时的税户数,也就是户籍上记载的数字,而并不是全国实际的总户数。《唐会要》卷八四谈到这个数字时也说:"定天下两税户……"司马光和《唐会要》记载的这个数字,一般来说是根据《德宗实录》,说明政府的有关部门在记录时有只注重税户数的习惯,所以之后李吉甫编《元和郡县图志》自然沿袭了这种写法。

当然,关于唐后期两税户的问题,学界尚存在诸多分歧,但笔者以为至少从课税的主体来说,唐前期的课户和两税法中的税户,二者基本是一致的。众所周知,在唐前期的均田制下,户籍统计包括课户与不课户,"户内有课口者为课户,无课口者为不课户"。② 课户主要是指均田制下承担租庸调(正税)者,③而不课户则指特权阶层如贵族、官僚以及特定的弱势群体如鳏、寡、孤、独和一些特殊阶层如僧、道等。从理论上说,除了摆脱国家户籍正式编制的逃户或寓居异乡的客户外,均田制下的户籍统计就是全国户数。而在唐中期以后,租庸调制废,过去的统计标准遭到破坏,户口统计针对性更强,就是为了征收赋税,"所以登记和统计的重点只是人口中与征税对象有关的那一部分",④两税法即针对有资产和土地的那部分人进行登记的,而完全没有资产和土地的那些客户,如一些佃农和雇农,

---

① 司马光:《资治通鉴》卷226,建中元年十二月条,北京:中华书局,1976年,第7291页。
② 杜佑:《通典》卷7《丁中》,北京:中华书局,1992年,第155页。
③ 汪篯:《汉唐史论稿》"课户、不课户以是否缴纳租庸调区分"条,北京:北京大学出版社,1992年,第179页。
④ 葛剑雄:《中国人口发展史》,福州:福建人民出版社,1991年,第11页。

因为不是两税户,一般不再列入正式户籍。①

或许有人会觉得:两税法既然是以资产为纳税的标准,即"户无主、客,以见居为簿;人无丁、中,以贫富为差",这样会使有资产者和原不纳赋税的中男全部成了税户,等于扩大了纳税面。那么,登记入户籍的税户整体上是呈扩大之势。不过,事实并非如此。特权阶层仍然有免税的待遇,如唐代诏令中屡屡提到的"衣冠户"(实质就是官僚层),这就是一个免税阶层,故有许多人诈伪衣冠而逃避赋税。② 此外,两税法的实施等于放弃了抑制土地兼并的政策,这样,土地兼并的肆意,加剧了小农的破产,使不少人沦为佃户,自然就从国家的名册中消失掉了。所以,尽管中唐前后征税的原则发生了改变,但征收税额的主体大致是一样的。

据此,我们可以认识到,天宝户分成课户和不课户,课户是纳税户;元和户仅仅是政府的供税户,并不是全部户数的统计,故不能直接与天宝总户数进行对比来统计户数的升降。以往学界将元和江南供税户数与天宝江南总户数相比,从而得出江南除苏州外各州户口大大下降的结论,实际上比较两者的概念外延大小不一,因而明显是不妥当的,得出的结论不可能准确。

二、江南元和税户和天宝课户的数量比较

那么如何能够精确地了解天宝至元和时江南的户口变动呢?

---

① 张泽咸:《唐代的客户》,《一得集》,兰州:兰州大学出版社,2003年,第246—247页。
② 张泽咸:《唐代的衣冠户与形势户》,《一得集》,第286页。

从现有资料来看,我们是无法准确无误地描绘出这种变化的。我们所能做的,就是将天宝年间江南十五州的课户和元和年间的两税户进行比较,得出税户的增减情况,从而大体推断出总户数的变动趋势。问题是,已如前述,租庸调制下的课户和两税法下的税户,由于征税原则发生了变化,概念并不完全相同,因而我们进行的这种比较只能说是寻找出一种大致的变化,无法做到十分精确。

据杜佑《通典·食货七》记载:天宝十三载,全国户数9 619 254,其中课户为5 301 044,不课户为3 886 540,课户约占总户数的55%左右。倘若我们将天宝十三载课户与不课户的比例作为全国一般的情况进行推断,从而计算出天宝年间各州课户数目,虽不能说十分精确,但大致可以得出全国各州的课户数。如果我们将推算出的江南各州的天宝课户数与李吉甫《元和郡县图志》上记载的元和税户数进行比较,大体可以勾划出江南诸州人口变化的趋势。

表1 天宝课户与元和税户之比较表

道名	州 名	天宝户	天宝课户	元和税户	升降%
浙西道	润州	102 033	56 118	55 400	1.3↓
	常州	102 631	56 448	54 767	3↑
	苏州	76 421	42 032	100 808	140↑
	湖州	73 306	40 318	43 467	7.8↑
	杭州	86 258	47 442	51 276	8.1↑
	睦州	54 961	30 229	9 054	70↓
	合计	**495 610**	**272 587**	**314 772**	**15.4↑**

续 表

道名	州名	天宝户	天宝课户	元和税户	升降%
浙东道	越州	90 279	49 653	20 685	58.3↓
	明州	42 027	23 115	4 083	82.3↓
	台州	83 868	46 127	—	
	温州	42 814	23 548	8 484	64.0↓
	婺州	144 086	79 247	48 036	39.4↓
	衢州	68 472	37 660	17 426	53.7↓
	处州	42 936	23 615	19 726	16.5↓
	合计	**514 482**	**282 965**	**118 437**	**58.1↓**
宣歙道	宣州	121 204	66 662	57 350	12.4↑
	池州			17 581	
	歙州	38 330	21 081	16 754	20.5↓
	合计	**159 534**	**87 743**	**91 684**	**4.5↓**

通过上表，我们可以发现，若以道划分，唐宪宗元和年间浙西道的户口是不降反升，元和税户上升了百分之十五左右；宣歙道的税户数略有下降，但变化不大；浙东道的税户与天宝相比呈大幅度下降的趋势。尽管由于《元和郡县图志》中没有台州税户的记载，使我们表中的统计不能十分准确，但假如台州税户数是明州和温州的平均值，整个浙东道的税户下降仍是十分严重的。

就各道内的具体情况而言，当时户数的变化各州并不完全相同。

在浙西道内部,平原和山地丘陵之间的差别是比较大的。处于苏南平原的苏州,税户出现了大幅度的上涨;润、常、湖、杭等以平原、丘陵为主,包括部分山地的州,与天宝年间的变化不大;地处山区的睦州,税户数量则出现了急剧下降的现象。

宣歙道类似浙西道。其池州之置,即为破方清、陈庄之乱,以宣州之秋浦、南陵、饶州之至德置。可见,宣州税户上升,应该是饶州至德县划入之故。若扣除这一县的户数,可以说宣州的变化应当和与之相邻的润、常二州基本一致,呈现踯躅不前的状况。歙州处于山区,其税户出现了较严重的下降。

浙东道的户数下降呈现出沿海州超过内地州的特点。下降最厉害的是沿海的明州和温州,越州、婺州、衢州等处在丘陵地带的州下降也比较严重。

为了行文上的方便,我们姑且将地处山区的睦州、歙州归并入浙东道一起进行考察;将地处平原与丘陵交接处的宣州归并入浙西道进行讨论;由于苏州独异于江南各州完全处于平原地带,则单独进行研究。

三、两浙税户升降差异与唐政府的关系

已如上述,江南三道元和税户和天宝课户相比较,户口数量升降不完全一致,浙西道户数略有上升,宣歙道基本持平,浙东下降严重。出现这种情况,我们认为其中肯定存在着一定的原因。那么,到底是什么原因导致了中唐以后江南三道税户数量的升降差异?

细细阅读史料,我们发现一个奇怪的现象,中唐安史之乱以后,

江南也出现了动荡不定的情况。

唐代的东南地区"重山复江,自古中原扰则盗先起",[1]复杂的地理环境容易引发动乱,中原乱象刚显现,江南就开始动荡不定,盗贼出没。安史之乱起,"江淮多盗"的现象出现。[2] 中唐以后,江南地区仍然动荡不定。

表2 安史之乱至元和初期两浙地区叛乱表[3]

地区		主要动乱		动乱特点
		各州动乱	跨州动乱	
浙西道	润州	永王、刘展、许杲、李琦	苏常草贼、浙西萧廷兰、张三霸、江淮民、江东民、海上潘狞虎、许钦	军乱为主,民乱规模小,时间集中于代宗前期;地点以太湖北部为主
	常州	张度		
	苏州			
	湖州	朱沚、沈皓		
	杭州	朱潭		
	睦州	陈千载、群盗		
浙东道	越州	妖贼	袁晁、浙东民	民乱为主,涉及区域广,时间长,直至德宗末;各州均有叛乱
	明州	龚厉、栗锽		
	台州			
	温州			

[1] 欧阳修:《新唐书》卷202《萧颖士》,北京:中华书局,1975年,第5769页。
[2] 刘昫:《旧唐书》卷192《隐逸·吴筠》,第5129页。
[3] 本表参考张泽咸:《唐五代农民战争史料汇编》(上)(北京:中华书局,1979年)及陈建廷:《唐代浙东叛乱研究》(台湾淡江大学硕士论文,2007年,第104—118页)编成。

续 表

地 区		主 要 动 乱		动乱特点
		各州动乱	跨州动乱	
浙东道	衢州		袁晁、浙东民	民乱为主,涉及区域广,时间长,直至德宗末;各州均有叛乱
	婺州	东阳民、僧惟晓		
	处州	处州民		
宣歙道	宣州	群盗、王方	方清、陈庄	民乱为主,时间长;盘踞山区,破坏力大
	池州			
	歙州	群盗		

肃代之际江南各地的叛乱风起云涌,出现这种状况的原因,主要与战时政府过重的经济掠夺有关。安史乱起,为筹集军饷,朝廷加大了对东南各州的搜刮。如宝应元年,租庸使元载到江淮征租,要求江淮地区百姓一次交清八年以来所欠的租调:

> 择豪吏为县令而督之,不问负之有无,赀之高下,察民有粟帛者发徒围之,籍其所有而中分之,甚者什取八九,谓之白著。有不服者,严刑以威之。①

这种税外横取,遭到了当地民众的激烈反抗。社会上到处流传着"上元官吏务剥削,江淮之人多白著"的歌谣,反映了当时残酷掠夺的事实,也表明了官民关系的紧张程度。其时天灾频仍,上元二年九月"江淮大饥,人相食"。为了活命,江南农民"相聚山泽为群盗,州县不能制"。为了保证南方财赋顺利运抵北方,唐政府频繁征发

---

① 司马光:《资治通鉴》卷222,肃宗宝应元年建寅月(三月),第7119页。

藩镇时代的政治与社会

江南各地的富人"督漕輓,谓之'船头';主邮递,谓之'捉驿'",其结果是许多富户倾家荡产,甚至性命不保,造成"人不堪命,皆去为盗贼"。① 大规模的民间变乱以浙东的袁晁之乱为最,此外宣歙山区为中心的方清、陈庄之乱,江淮间的许钦之乱等,相继持续十余年,严重影响了江东局势的稳定。

不过,浙东、浙西和宣歙三道尽管都出现了众多叛乱,但各有自身的特点。其中浙东和宣歙是以大规模的民乱为主,而浙西则以兵乱为主。浙东和宣歙的民乱由于地处山区,有较为优越的地理掩护,因而叛乱时间长而且规模大,对地方经济的破坏较大;浙西的兵乱主要在平原地区,虽有较大的破坏力,但毕竟时间较短,对经济为害不重。

1. 浙东地方土豪势力为主的叛乱,直接导致了政府控制力的削弱

浙东沿海有"海寇",山区有所谓的"山寇""洞贼"。其中"海寇"的活动古来频繁,已为论家所注意。② 海寇的猖獗,主要在于地理环境所提供的优势。浙东的明、台、温三州海岸线长,且东海之内有舟山群岛,大海的屏障,星罗棋布的岛屿,使这些海贼便于逃避政府的追捕。在唐朝强盛时期,这种海贼的活动就比较活跃。天宝二年浙东海贼吴令光"扇聚凶党于四明间,据海以叛"。③ 中唐以来,随着天灾人祸的加剧,"海寇"的活动更加活跃。如广德初余姚"龚厉父子乘间起兵,劫明州之人,略余姚之地,负隘海口,凭陵江干。蚁聚偷安,蚕食取给",复杂的地形,给围剿带来了难度,"山潜海匿,不足用桓桓之师。难以力制,易以计灭",故其长期侵扰浙江沿海,"迨

---

① 欧阳修:《新唐书》卷149《刘晏传》,第4797—4798页。
② 陈建廷:《唐代浙东叛乱研究》,第94—95页。
③ 王钦若:《宋本册府元龟》卷358《立功》,北京:中华书局,1988年,第821页。

兹二年,侵掠益甚"。①除了这些小规模的"海寇""山贼"活动外,浙东地方土豪势力领导的农民暴动对中唐江浙地区影响极大。唐代宗初期袁晁起兵就是危害最大的一次。

宝应元年八月,"台州贼帅袁晁攻陷浙东诸州,改元宝胜"。这次叛乱不仅建立了政权,其规模也是空前的,"连结郡县,积众二十万,尽有浙江之地",②一时间积聚民众几十万,从"民疲于赋敛者多归之"的景象,可见当时老百姓与政府关系的紧张程度。袁晁起兵得到了周边地区各种地方土豪势力的呼应,如睦州沈千载"连结椎剽,州县不能禽",③宣州更是"群盗蜂轶,连陷县邑,人士罹难者比肩"。④

饥民暴乱没有什么目标,往往是"杀人烧城",破坏力极强。明州"井邑焚爇,道骸积而不掩,生民仅有存者",连州学亦被毁。⑤ 而"越州初罢战……空城垂故柳,旧业废春苗。闾里相逢少,莺花共寂寥"。⑥ 越州是浙东的首府,经袁晁之乱,户口锐减,"盗据州,寺半为墟"。⑦ 叛乱覆盖整个浙东地区,延及浙西数州。当然,作为叛乱的核心区域,危害以越、温、台、明最深,故袁晁乱平,"免越州今岁田租之半,给复温、台、明三州一年"。⑧ 而此时安史之乱刚刚结束,唐政

---

① 李昉:《文苑英华》卷566独孤及《为江东节度使奏破余姚草贼龚厉捷书表》,北京:中华书局,1982年,第2906页。
② 刘昫:《旧唐书》卷152《王栖曜传》,第4069页。
③ 欧阳修:《新唐书》卷139《张镐传》,第4631页。
④ 董诰:《全唐文》卷438陈简甫《宣州开元以来良吏记》,北京:中华书局,1983年,第4463页。
⑤ 胡榘:《宝庆四明志》卷1《郡守·裴儆》、卷2《学校》,《宋元方志丛刊》,北京:中华书局,1990年,第4999、5011页。
⑥ 彭定求:《全唐诗》卷147刘长卿《送朱山人放越州贼退后归山阴别业》,北京:中华书局,1999年,第1490页。
⑦ 董诰:《全唐文》卷319李华《衢州龙兴寺故律师体公碑》,第3235页。
⑧ 欧阳修:《新唐书》卷6《代宗纪》,第171页。

府财政极其拮据,这种蠲免,如果不是破坏特别严重,估计政府是不会做出让步的。

中唐以后浙东出现的这些叛乱,不仅规模大,而且覆盖面广,几乎各州都有叛乱发生,如越州永泰末年"妖贼杀郡将以叛",①而大历末东阳也发生过僧人惟晓率人叛乱等。各地的叛乱断断续续,持续了很久,直至德宗时期仍不断有叛乱发生,如建中时的婺州"山寇"危害甚剧;②贞元时处州仍是"山越寇攘,荡覆城寺"。③ 此外,贞元十四年"明州将栗锽杀其刺史卢云","诱山越为乱,陷浙东郡县",④是浙东较大规模的一次兵乱。

我们认为,浙东地区的地方土豪势力强大是引发众多叛乱的关键。像袁晁,按时人韩滉说法"此辈皆乡县豪黠",⑤也就是当地的土豪,有强大的宗族乡党作为基础,故能振臂一呼,应者云集。浙东山区,包括浙西的睦州和宣歙的歙州等地,传统上是当地土著——山越最集中的区域,其后代风俗剽悍,民风尚武,最易被煽动叛乱。如唐前期的睦州陈硕真以妖言举兵,曾破睦州,残歙州,围婺州,声势浩大;中唐的沈千载"结椎剽之党","二千石不能禁"。⑥ 山区土豪多武力强宗,他们都有一个共同的特征,就是立足地方,具有强大的宗族势力,"据守山险,州郡不能制",⑦利用熟悉的地理环境形成与政府对抗的力量。韩滉镇两浙时,多诛杀地方豪强,也就是基于这种考虑。

---

① 董诰:《全唐文》卷521 梁肃《越州长史李公墓志铭》,第5294页。
② 董诰:《全唐文》卷510 陆长源《东阳令戴公去思颂》,第5185页。
③ 李昉:《文苑英华》卷887 权德舆《齐成公神道碑》,第4671页。
④ 刘昫:《旧唐书》卷177《裴休传》,第4593页。
⑤ 欧阳修:《新唐书》卷126《韩滉传》,第4435页。
⑥ 李昉:《文苑英华》卷775《唐故洪州刺史张公遗爱碑颂》,第4085页。
⑦ 王钦若:《宋本册府元龟》卷671《选任》,第2272页。

从上述分析可见,复杂的地理环境为浙东地区各种地方势力发动叛乱活动提供了便利,因此浙东地区的叛乱往往带有割据的性质。此外,该区域的驻军少、距离中原地区远等因素,造成叛乱势力坐大,不容易镇压,从而导致唐政府对浙东地区控制能力的削弱。政府对山区控制力的削弱,往往造成逃户众多,山区百姓数量没法很清楚地统计出来,从而使掌握在手的税户数量严重不实。

2. 浙西虽然动乱不断,但政府控制力未见减弱

浙西地区距离中原较近,中原及淮南地区的军事力量往往能迅速南下参与打击大江南北的民间叛乱,故浙西地区的叛乱一般规模不大,时间不长,影响也有限。但也正是这种紧靠中原的地域关系,浙西各州尤其是润、常及宣州,却多次遭到来自军人叛乱的骚扰。如安史之乱中,永王璘企图自立,"据金陵,保有江表,如东晋故事",南下江东,击败了淮南和江东派来的军队,斩杀了丹阳的太守,导致"江、淮大震"。① 但这场混乱时间短,影响仅限于长江以南的丹阳、晋陵(常州)周围。肃宗时期的刘展之乱,虽说是祸及整个浙西五州,但不久平卢兵南下平叛,在润、常地区就将刘展击败。再如李琦之乱,未及起事而自平,其主要影响仅限于浙西润、常两州。

浙西也有来自下层的叛乱,但相比较浙东而言,规模较小,次数也少。除睦州外,浙西各州山区面积较小,"山贼"可以活动的区域有限。如响应袁晁之乱的吴兴人朱潭只在余杭地区寇掠;② 聚众阳羡山的张度,利用"地接宣城,逼之则鸟散坡谷,缓之则公行寇掠",

---

① 司马光:《资治通鉴》卷219,至德元年十二月条,第7007—7010页。
② 李昉:《太平广记》卷105"陈哲"条,北京:中华书局,1986年,第712页。

对太湖西部的常、宣等州有一定危害,后为常州刺史李栖筠设计所破。①浙西北依长江,故出没于长江上的"江贼",对附近州县乡村有一定影响。如肃宗至德初"吴郡晋陵之江东海陵诸界,已有草窃屯聚,保于洲岛,剽掠村浦,为害日滋"。②这些滋扰沿江村浦的草寇,往往政府以招抚即可解除。如宝应中,"苏、常等州草贼寇掠郡邑,代宗遣中使马日新与光弼将兵马同征讨之。(张)建封乃见日新,自请说喻贼徒。日新从之,遂入虎窟、蒸里等贼营,以利害祸福喻之。一夕,贼党数千人并诣日新请降,遂悉放归田里"。③可以说,这些小打小闹的草寇,如果与浙东志在建立政权的动辄数十万人的大规模武装比起来,根本就算不上什么。当然,对于太湖南部的湖、杭而言,他们会受到来自浙东变乱的外围影响。如湖州,"袁晁作乱,浙右县人朱沘、沈皓举亡命之徒以应之,分守两洞,攻陷城垒,县郭室庐,变为灰烬"。④杭州紧邻浙东,是进入太湖平原的东南门户,袁晁叛乱导致了该地户口的急剧下降,"江上初收战马尘……万井如今有几人",⑤基本反映了这些地区战乱后的惨状。

由于浙西地区对唐王朝在财政上具有特殊意义,政府为防其坐大,在此地布置的军队不多,同时挑选精明干吏进行有效管理,将各种隐患消灭于萌芽之中,力保该地稳定。如大历三年平卢行军司马许杲将卒三千人,曾移军上元,企图劫掠吴地,唐王朝命李栖筠为浙西观察使进行防范,使许杲阴谋未遂,⑥维持了润州的稳定和经济发

---

① 王钦若:《宋本册府元龟》卷673《褒宠》,第2282页。
② 李昉:《文苑英华》卷668 萧颖士《与崔中书圆书》,第3432页。
③ 刘昫:《旧唐书》卷140《张建封传》,第3828—3829页。
④ 谈钥纂:《嘉泰吴兴志》卷2《城池・武康县》,《宋元方志丛刊》,第4688页。
⑤ 彭定求:《全唐诗》卷150《奉送贺若郎中贼退后之杭州》,第1559页。
⑥ 欧阳修:《新唐书》卷146《李栖筠传》,第4736页。

展。有学者发现唐代两浙地方官仕途流动存在着差异,浙西官员多出自中央,与中央关系密切,这样就有利于中央对浙西地区的控制;而浙东官员多在江南内部流动,政绩佳者才迁于浙西。① 可以这么说,政府派往浙西的官吏都是精心挑选的。

宣州虽距中原较近,但其境内"阻以重山,缘以大江,封方数百里,而铜陵铁冶,繁阜乎其中,故其俗佻而佟,其人劲而悍,属鞭揭毂者,习以为恒,易于寇攘,昔号难治"。② 由于境内山地较多,民间叛乱有发展的有利条件。永泰初,盘踞宣歙间的方清"因岁凶,诱流殍为盗,积数万",③"贼帅陈庄连陷江西州县",④危害甚大。乱平,"七州之地,人罢物弊,百姓业业,全活无所"。⑤尽管民乱不少,但毕竟宣州是宣歙道的所在地,历来政府控制较为严密的地区,而且北部平原是重要的粮仓,因此总体上政府控制不力的地方有限。

通过上面我们对浙东和浙西两区域具体情势的分析,可以很清楚地看到,中唐时期,江南社会动荡不定,其中在山区的一些州发生了不少较大规模的民乱,浙东和睦、歙等州由于地方势力的介入,民乱影响较大,直接导致了政府对这些地方控制能力的削弱。而浙西虽有不少动乱,但一般规模不大,时间不长,再加上常有北方军队前来平叛,中央也挑选了许多优秀能干的官员到浙西任职,因而政府的控制仍然十分有效。

政府对江南各地税户数量的掌握,其实反映了中央王朝对该区域的政治控制能力。控制能力有限,掌握的税户数就少;控制措施

---

① 黄玫茵:《唐宋间长江中下游新兴官僚研究(755~960A.D.)》第二章,国立台湾大学博士论文,2006年。
② 董诰:《全唐文》卷438陈简甫《宣州开元以来良吏记》,第4462—4463页。
③ 欧阳修:《新唐书》卷146《李栖筠传》,第4736页。
④ 刘昫:《旧唐书》卷131《李勉传》,第3634页。
⑤ 李昉:《文苑英华》卷566独孤及《贺袁傪破贼表》,第2907页。

强有力,税户登记就比较完整。元和年间江南税户的升降,虽然与人口自然变化有一定的关系,但更重要的恐怕是在政府对民户的控制力上。

四、苏州税户激增的原因

同样处于太湖地区,何以润、常、湖、杭、宣等州税户数量踯躅不前,而苏州地区税户却出现了剧烈的增长势头呢? 发生在苏州的税户增长现象在相邻的浙西其他州并没有出现,其原因值得我们作进一步思索。

1. 特殊的地理位置有利于形成稳定的社会环境

唐代苏州地区社会的相对稳定,得益于地理位置的特殊性。苏州位于太湖东北端,三吴的核心,其境内多水少山。这种地貌决定了苏州水上交通发达,然不利于人的行迹掩藏,若盗贼在此集结就无甚退路,故难以酝酿大规模的叛乱。即使有人想造反,也是成不了大气候,故只能另觅地方。如苏州豪士方清等人,挑选在宣歙一带的山区,"聚众据山洞,西绝江路,劫商旅以为乱"。[1] 苏州少山,叛乱没地理可以依仗,反而促成了其区域内部局面的安稳。

从战略地位上言,苏州在和平时期,往往是太湖地区的经济中心,然战乱一起,它却不是一个理想的军事战略要地。自六朝以来,太湖地区就是南方经济最发达的区域之一。安史乱起,这里成为唐王朝最重要的财赋来源地,也成为各种势力觊觎的焦点。为此,唐政府于"诸州当贼冲者,始置防御使"。[2] 润州是防守太湖地区的北

---

[1] 刘昫:《旧唐书》卷132《李芃传》,第3654页。
[2] 王溥:《唐会要》卷78《诸使杂录上》,北京:中华书局,1955年,第1439页。

门,杭州是进入太湖地区的南大门,因而至德元年正月,玄宗以永王傅刘汇为丹阳太守兼防御使;八月,肃宗以崔涣为余杭太守,江东采访防御使。① 永王之乱,刘晏据余杭之险备永王,及王败,欲掠州县而不能,遂假道晋陵而逃。② 刘展之乱,李藏用退保余杭御敌,③以此可见杭州战略地位之重。也恰恰因为有润、常两州的阻隔,太湖以北的军人变乱往往不及苏州。如田神功南下劫掠,也仅限于长江南北的扬州和润、常等地。来自浙东山区的叛乱,因为有杭、湖州的阻隔,能够威胁到苏州的并不多,即使到达苏州,也已成为强弩之末,危害比较有限。即使是袁晁之乱,作为中唐时期对苏州危害最大的一次战争,但叛军在苏州停留的时间很短,不久即为李光弼派出的军队镇压,没有酿成大的动荡。总之,以沼泽湖泊为主要环境的苏州平原地区,位于太湖中心地带,处于润、杭等州的环卫之下,所受周边叛乱的影响不大。

2. 稳定的社会环境有利于吸引大量移民

安史之乱初期,战火尚未波及江淮,社会环境相对稳定,"避地衣冠尽向南"。④ 其中以逃往太湖流域的居多,"天宝末,安禄山反,天子去蜀,多士奔吴为人海"。⑤ 元和以前,北人南迁多集中在安史之乱与德宗贞元初年动乱两个时期,而这段时期内浙西的军人叛乱和浙东的民间变乱也在如火如荼地展开,环境比较安定的苏州地区自然成为移民理想的庇护地。梁肃写《吴县令厅壁记》时描述了大量北人到达苏州的情景:"国家当上元之际,中夏多难,衣冠南避,寓

---

① 刘昫:《旧唐书》卷10《肃宗纪》,第245—246页。
② 欧阳修:《新唐书》卷149《刘晏传》,第4793—4794页。
③ 司马光:《资治通鉴》卷221,上元元年十二月条,第7101页。
④ 彭定求:《全唐诗》卷294崔峒《送王侍御佐婺州》,第3342页。
⑤ 董诰:《全唐文》卷529顾况《送宣歙李衙推八郎使东都序》,第5370页。

于兹土,参编户之一。"①他认为北方人迁入苏州吴县的占当地总人口的三分之一,或许有些夸张,但数量之多是可以肯定的。吴松弟先生曾编过《唐后期五代南迁的北方移民实例》,②表中这一时期迁入苏州的有 9 例,迁入常州的有 5 例,迁入杭州、越州的只各有 3 例,说明北方移民是以苏州作为首选迁入地。

这样,大量北方移民的涌入,致使苏州人口急剧膨胀,大历十三年,苏州升为雄州。在天宝以前,苏州税户数不及润、常、杭等州,与湖州基本持平,但到了大历年间,情况发生了较大的变化。各州等级的变化表明,苏州已经是江南税户数量最多的州,从安史之乱到大历这二十余年间,苏州税户急剧增长,在人口数量上已经雄踞江南各州之首。如果包括大量不登记入户籍的佃农、无业者及为数众多的"衣冠",苏州总户数是惊人的,这种人口剧增的情况单单依靠人口的自然增长显然是不可能达到的。

附带一提,直至近七十年后的唐武宗会昌五年,润、常两州才升为望州,但比七十年前的苏州雄州地位还相差一个等级,也就是说,浙西其他各州税户的增加仍旧是比较缓慢的,在人口数量上与苏州存在着较大的差距,这在一定程度上反映了中唐以来江南各州经济发展不平衡的事实。

3. 农业大开发促使了移民向国家税户转化

大量移民涌入苏州,如果不妥善安置,势必会造成极大的不稳定因素。如何将他们由流民变为政府控制下的税户,成为当时地方官的一项重要工作。

我们发现,唐代江南尤其是太湖地区已经成为全国人口最为稠

---

① 董诰:《全唐文》卷 519 梁肃《吴县令厅壁记》,第 5273 页。
② 吴松弟:《中国移民史》第三卷,福州:福建人民出版社,1997 年,第 279—280 页。

密的地区之一,但其内部的分布并不平衡。这里,我们先列出唐代前期苏州周围数州的人口密度,来看一下当时的具体情况。

表3 唐代前期苏州周围地区人口密度表①

州名	贞观户数	口/平方公里	天宝户数	口/平方公里
润州	25 361	16.05	102 033	83.67
常州	21 182	13.17	102 631	81.52
苏州	11 859	3.94	76 421	45.80
湖州	14 135	11.86	73 306	74.11
杭州	30 571	18.97	86 258	72.31
睦州	12 064	7.13	96 154	46.15

根据上表可见,与周边其他各州相比,苏州的人口密度在浙西道是最低的。那么是否可以说苏州是浙西道开发程度最低的州呢?翻阅史料,我们是无法直接轻易断言的,因为苏州吴县是太湖流域经济最发达的一个县,这是人所周知的。即使如常熟县,其从南朝以来就是南方农业经济发展最好的地区。前辈学者柴德赓指出,唐代的常熟并非是一个普通紧县,而是一个特别有美名的紧县。欧阳詹《送常熟许少府之任序》云:"始入仕,一有县尉,或中、或上、或紧,铨衡评才若地而命之,至于紧,无得幸而处。而紧中之美者,尤难其人。今年孝廉郎高阳许君授常熟尉者,实紧中之美。"外出任官者以得紧缺为幸事,而常熟被称为"紧中之美",这是中唐人对常熟发达

---

① 本表据翁俊雄:《唐鼎盛时期政区与人口》制成,北京:首都师范大学出版社,1995年,第204页。

经济的看法。① 我们认为,苏州人口密度低,只是表明了苏州地区内部经济发展的不平衡,尚有大面积的土地未被开垦出来。苏州未开发的土地,主要位于太湖的东部。太湖东部为太湖水的出口,地势较低,有大量的湖泊沼泽,水上泽国一片紧连一片。要发展农业,首先必须建立系统的水利工程,故苏州东部地区开发难度大,必须依靠政府集中大量的人力物力才能进行。中唐以前,由于中央政府对南方经济依赖很小,所以对苏州太湖东部地区的开发并没有十分重视。

随着北方平叛的结束,大力发展南方社会经济成为战后最急迫的任务。唐代宗广德二年苏州地区开始了屯垦:"如地非要害,无所防虞,其团练人等,并放营农休息。"②不过大规模的开发是在大历年间。其中处于苏州东南部的嘉禾屯田,规模最大:"嘉禾土田二十七屯,广轮曲折千有余里。"③自湖边至东南沿海,环绕广大的半个太湖地区都在嘉兴屯垦区的开发范围之内。

这次屯垦的面积有多大呢?唐开元令曾规定:"隶州镇诸军者,每五十顷为一屯。"并规定:"新置者,并取荒闲无籍广占之地。其屯虽料五十顷,易田之处各依乡原量事加数。"④就是说,这些在地方新辟的屯田,每屯最少五十顷,亦可根据各地具体情况上浮加倍。根据江南实际"稻田八十亩配牛一头"的情况,若按每屯 80 顷计算,嘉禾 27 屯,则辟田可达 2 160 顷。据学者估算,唐代江南地区户均耕地为 18 亩,⑤因此此次垦田约可吸纳移民万余户;若每户以五口计,

---

① 柴德赓:《从白居易诗文中论证唐代苏州的繁荣》,《苏州大学学报》1979 年第 1 期。
② 董诰:《全唐文》卷 49 代宗《南郊赦文》,第 541 页。
③ 董诰等:《全唐文》卷 430 李翰《苏州嘉兴屯田纪绩颂》,第 4375—4576 页。
④ 杜佑:《通典》卷 2《食货二》,第 44 页。
⑤ 李伯重:《唐代江南农业的发展》,北京:农业出版社,1990 年,第 156 页。

则可稳定移民五万余众。

中唐苏州地区的土地开垦,嘉兴屯田是其中最大的一处。大历三年李栖筠被任命为浙西道观察使,官职中有"本道营田使"一职,说明地方政府中有专门管理营田的机构和人员。至德宗贞元十二年,崔翰为浙西观察巡官,在苏州屯田,"凿浍沟,斩荄茅",一次垦田1 700顷,[①]规模也是很大,估计也是在太湖东部地区,开垦后需要的劳动力估计也有数千户。

这些情况表明,苏州农业拓展式的开发,不仅能够吸引更多的移民迁居其间,更重要的是能够将他们固定下来,使之成为稳定的税源。与苏州相比,浙西其他区域,土地开发利用的情况在中唐以前已经比较高了,此期间的发展更多地表现为寇乱以后的恢复性发展。像代宗时期的湖州,其乌程县令李清居官清简仁惠,"弦歌二岁,而流庸复者六百余室,废田垦者二百顷,浮客臻凑,殆乎二千"。[②]一县二年返回六百余室,起废田三百顷,能够恢复至接近天宝年间的水平已经很不容易了。

结　　论

通过以上分析,我们认为李吉甫《元和郡县图志》中的户数仅仅是指政府的供税户,并不是当时全部人户的统计,故不能直接与天宝人户进行对比。如果真要说明中唐以后户口的变动轨迹,我们还是能够与天宝年间的课户作比较。通过两者对比,我们可以清晰地看到中唐以后税户的变化情况,同时也能够反映出唐政府对各地的

[①] 董诰:《全唐文》卷566 韩愈《崔评事墓志铭》,第5730页。
[②] 董诰:《全唐文》卷338 颜真卿《梁吴兴太守柳恽西亭记》,第3429页。

控制力度的强弱。

江南地区元和户数与天宝相比较,有升有降,十分明显。其中浙西的苏州税户不降反升,润、常、湖、杭等州基本与天宝时相同,升降都不是很明显。浙东各州和浙西的睦州及宣歙道的歙州,由于地处山区,户数下降十分严重。宣州略有下降,但幅度不大,情况与浙西诸州相仿。

江南各地户数出现上述这些变动的原因,估计与江南各地经济政治发展的不平衡有关。浙西地区中唐动荡不定,不过大致而言政府并没有失去控制,动乱对社会经济破坏有限,因而税户没有出现较多流失的现象;浙东地区由于受民间叛乱的影响,政府的控制能力下降,其税户流失严重,故元和户数与天宝课户相比,下降十分明显。

苏州是太湖流域唯一一个税户出现剧增的地区。其税户的增加是因为社会的持久稳定吸引外来人口迁入,是大力开发农业后将外来移民转化为当地税户的结果。

作者单位:上海师范大学人文学院

(原刊于《上海师范大学学报[哲学社会科学版]》2011年第2期)

唐后期江淮土豪与地方社会秩序关系探微
——以宣歙康全泰之乱为考察中心

蔡 帆

摘 要：唐宣宗大中十二年(858)的宣歙康全泰之乱，是一起主要由土豪层策划参与的对抗宣歙军府的乱事。通过对此事件及记录此事件的《祭梓华府君神文》的分析考察，可以较为明晰地反映出唐后期江淮土豪与地方社会秩序间的关系，包括土豪与藩镇军府的结托关系、利益冲突及土豪层在与国家博弈过程中的策略和发展方向等问题。

关键词：唐后期　土豪　地方秩序　宣州

唐宣宗大中十二年(858)七月，宣州发生动乱，都将康全泰驱逐宣歙观察使郑薰。关于此次动乱，日本学者松井秀一通过对相关史料的分析，认为此事并非是一次简单的军乱，康全泰之乱背后土豪势力的存在，反映出土豪层在唐后期藩镇政治中扮演的重要角色。[①]

---

① 松井秀一：《唐代後半期の江淮について——江賊及び康全泰・裘甫の叛亂を中心として》，《史學雜誌》1957年，第66编第2号，第23—24页。

在其基础上,《剑桥中国隋唐史》认为该事件"揭示了唐代后期地方一级权力结构发展的重要方面"。[①] 关于此次军乱记载最为详细的是当事者郑薰所写的《祭梓华府君神文》,松井秀一、《剑桥中国隋唐史》正是据此文中涉及的土豪李惟真等人在军乱中的行为去判断土豪层在唐后期藩镇权力结构中的地位。除二文的分析外,该文和该事仍有更多细节和未尽之义可以挖掘,颇可借此揭示唐后期江淮土豪与地方社会秩序关系的相关面相。因此以下先引用《祭梓华府君神文》相关内容,再以此进行阐发:

> 维大中十二年岁次戊寅十月己丑朔二十一日己酉,中散大夫守棣王府长史分司东都上柱国郑薰,谨斋沐驰心,请前潮郡军事押衙兼孔目院知勾汪玕,以清酌庶羞之奠,致祭于敬亭山梓华府君之灵。
>
> 薰以丙子岁自河南尹蒙恩擢受宣歙观察使。至止之后,修祀府君。愚以为圣朝爱人,上有尧、舜,藩方重任,体合捐躯。直诚径行,仰托神理。遂不顾奸豪之党,惟以贫病为心。疲人受屈,必与伸雪。有押衙李惟真者,家道巨富,久为横害。置店收利,组织平人。薰召看店行人,痛加科责。其子自长,奸秽狼籍。都押衙崔敬能频来相见,恳请科惩。以惟真年齿甚高,特为容庇。乃自疑惧,潜蓄奸谋。讨击使余雄,置石斗门,绝却一百三十户水利,自取此水,独浇己田。推鞫分明,止于退罚。其子余悦,公然杀人,方系狱中,尚未断割,遂为同恶,以出其儿。小将康全泰,凶贼无赖,被妻告言,屠狗盗驴,罪戾频发,两度决杖,止于笞臀。过皆不轻,断悉非重。而乃不顾恩义,侮易朝章,同谋翻成,白刃胁逐。

[①] 崔瑞德编:《剑桥中国隋唐史》,北京:中国社会科学出版社,1990年,第697页。

薰此时深念,谓无神理,虽乏良术,且是苦心。猖狂若斯,灵祈不救。其后一家百口,同时出郭之后,首有百姓前潮郡押衙汪玗走来相接,扇盖畜乘,便济危途。秀才薛复,寻亦同到。汪生又招舟船,初则未有来者,汪生乃大呼曰:"李惟真、康全泰等交扇凶党,迫逐大夫,口云怨大夫护惜百姓,今者无船可发,岂得不救。"舟船遂来,得以即路。至山庄后,有百姓姚元贞馈馔,兼钱二缗。续有前宣郡衙前虞候胡政,借船两只,及食物之辈,兼与汪生同在船中,慰安引接。及夜分到水阳南数里,有长乐氏子,其名曰康,借一大船,供给食物,兼赠粥药,与钱五千,殷重慰安,分逾骨肉。当此之际,凶徒充炽,白刃如雨,冤声震地。此五人者,乃致其性命,继来相救,虽义心所激,亦神理潜施。自此北去,一路顺风,若有牵持,更无阻滞。将取芜湖去路,已过丹阳湖口,闻一人语声云:"不如丹阳湖过。"即便回船数里,却取丹阳湖路。丹阳湖水浅草深,过者多须两日,此时紧风吹渡,食顷百里,及到当涂,乃知芜湖路寻被贼党把断,不许船过。方悟言者,得非神欤!入江路后,四面雷电,惟有此船,更无风浪,两日两夜,遂达扬郡。然后知如此之事,皆非人力,固是神灵暗助。念其朴愚,直守章程,以理讹弊,昭昭之报,事实不诬。[1]

在《新唐书》的记载中,叛乱原因被描述为"前人不治,薰颇以清力自将。牙将素骄,共谋逐出之,薰奔扬州"。[2] 似乎是一起军人集团与节帅矛盾引发的兵变事件。然而通过此文的记载可以发现事件的主谋并不只是身为宣歙都将的康全泰,还有既为宣歙押衙又是当地巨富的李惟真和广占田地的讨击使余雄,由此便把土

---

[1] 董诰编:《全唐文》卷790,北京:中华书局,1983年,第8274—8275页。
[2] 《新唐书》卷177《郑薰传》,北京:中华书局,1975年,第5288页。

豪层和此次宣歙兵变联系起来。

一、宣歙事件所反映的土豪层与藩镇的结托关系

安史之乱后,随着藩镇体制在全国范围内的确立,藩镇军府成为影响地方社会的重要力量。由于藩镇军府有着不少的政治特权,对虽在地方形成势力但却无政治特权的土豪层来说,藩镇军府就成了一个可以结托的权力寻租对象。土豪层结托藩镇军府好处颇多,最直接是可以免除差科徭役,所谓"占军籍而蔽其家",①"多一武官便庇一户"。② 再者,列名军籍使土豪可借助军府之权以行其势,同时获得军府的保护。韩愈曾为一件军人不法之事进言东都留守郑馀庆,在文中他指出:"坐坊市卖饼又称军人,则谁非军人也?愚以为此必奸人以钱财赂将吏,盗相公文牒,窃注名姓于军籍中,以陵驾府县。"③一个坊市卖饼之徒,尚且因列名军籍而凌驾府县之上并且在行为不法后受到庇护,对在地方颇具势力的土豪而言,列名军籍后可获得的威势和保护是毋庸置疑的。此外,土豪多从事商业活动或本身就是商人,藩镇军府给予的特权和保护是其经商的有力保障。因此唐后期以来土豪结托藩镇军府的现象非常普遍,他们或挂名军籍,或勾连武官,或冒称官健,借此获取了多种特权。④ 在土豪

---

① 《全唐文》卷763郑吉《楚州修城南门记》,第7933页。
② 《全唐文》卷89唐僖宗《南郊赦文》,第931页。
③ 韩愈撰,马其昶校注:《韩昌黎文集校注》卷2《为河南令上留守郑相公启》,上海:上海古籍出版社,1986年,第151页。
④ 松井秀一:《唐代後半期の江淮について——江賊及び康全泰・裴甫の叛亂を中心として》,第1—29页。

富人众多的江淮地区,这一现象更为普遍,所谓:"就中江南富人,多一武官便庇一户,致使贫者转更流亡。"①

对提供荫庇的藩镇军府和将吏而言,与土豪层的结合也是有利可图之事。首先是直接的经济收入,土豪层为结托军府,往往以钱财贿赂军府将吏,也有纳助军钱以求列名军籍的,如《桂苑笔耕集》中便记载有商人朱郎因纳助军钱而被高骈署为讨击使之事。② 韩滉惩处浙西豪吏时,曾"置浙东营吏,俾掌军籍,衣以紫服,皆乐为之"。③ 豪吏们皆乐掌军籍,实在于军籍有极大的运作获利空间,其获利对象则是希望列名军籍的土豪们。再者,土豪既多从事商业活动或本身就是商人,军府往往利用其进行商业活动或在其商业经营中获取一定利润,更有甚者,自大历以来,多有禁军将领向富室借贷行贿宦官以获取节帅之位。④

就实质而言,土豪层与藩镇的结托,是土豪层利用掌握的地方财富和势力与政治权力进行结合的表现。为谋取各自利益,土豪层与藩镇的结合表现得颇为主动、直接和赤裸,土豪纳富献利,藩镇还以政治特权,二者间基本上是一种权力寻租关系。

在宣歙事件中,李惟真和余雄虽带有押衙、讨击使的军府职衔,但就其表现和特征而言,李惟真"家道巨富""置店收利",余雄"绝却一百三十户水利"而独浇己田,更像是韩愈所言的"坐坊市卖饼"的假军人。因此可以断定李惟真、余雄本是地方土豪出身,两人通过结托藩镇军府获得了列名军籍的机会,并借此成为当地"横害"。

---

① 《全唐文》卷89唐僖宗《南郊赦文》,第931页。
② 崔致远撰,党银平校注:《桂苑笔耕集校注》卷14《朱郎补讨击使》,北京:中华书局,2007年,第459页。
③ 王谠撰,周勋初校证:《唐语林校证》卷1《政事上》,北京:中华书局,1987年,第62页。
④ 张剑光:《唐代藩镇割据与商业》,《文史哲》1997年第4期。

从《新唐书》所言"前人不治,薰颇以清力自将"的情况看,李惟真等人成为"横害"的一个重要原因是之前的节帅采取了放任政策,虽不能确认李惟真等人是直接与节帅还是和军府的将吏达成了结托关系,但至少可以认为前任节帅们对李惟真等人的行为是采取默许态度的,也就是说宣歙军府对这一结托关系是予以承认的。

尽管唐后期以来土豪层与藩镇建立了普遍的结托关系,但这种结托关系却缺乏稳定性。这种结托关系本质上是一种权力寻租关系,这一寻租关系得以成立的前提是寻租对象(军府、节帅、将吏)对这一关系的认可,并相应地遵守在此基础上建立的利益交换机制。当寻租对象发生变化或者寻租对象不愿再遵守原本建立的利益交换机制时,寻租关系便会变得不稳定。在宣歙事件中,可以看到在之前节帅的治下,李惟真等人和宣歙军府间形成了稳定的结托关系,双方间对此保持着一定的默契。但在郑薰到任后,这种关系发生了变化,他作为土豪层与宣歙军府结托的关键节点(节帅),已不认可原来的结托关系,并且也不打算再遵守双方间的默契。另一方面,李惟真等人似乎也没意识到随着结托对象关键节点(节帅)的变化,新的规则已经登场,而是继续遵循以往规则下的行事机制,甚至更有过之。在此情况下,双方的冲突就不可避免了。

二、宣歙事件所反映的军人集团、土豪层与江淮藩镇的冲突关系

在宣歙事件中,与李惟真等人"同谋翻成"的小将康全泰是另一个重要人物。关于康全泰的谋叛,郑薰自述是因为康全泰"凶贼无赖,被妻告言,屠狗盗驴,罪戾频发",而他进行了惩罚所致。郑薰撰

写此文很大程度上带有为自己激发兵变辩护的意图,因此对他描述的谋叛原因并不能尽信。事实上正如不少学者所注意到的,康全泰的谋叛与此时江淮藩镇节帅与地方军人关系的变化有关。在宣歙事件发生的同月,右补阙内供奉张潜便上疏宣宗认为:

> 藩府代移之际,皆奏仓库蓄积之数,以羡余多为课绩,朝廷亦因而甄奖。窃惟藩府财赋,所出有常,苟非赋敛过差,及停废将士,减削衣粮,则羡余何从而致。比来南方诸镇数有不宁,皆此故也。①

唐后期以来,效命唐朝廷的江淮节帅们往往通过克扣军饷、停废兵额等手段向中央进奉更多财赋,以此希冀得到中央认可,获取仕途的荣达。这一行为与地方军人集团的经济要求形成了矛盾,而使江淮节帅与地方军人集团冲突频生。②

事实上,上供与供军的矛盾在唐代藩镇中普遍存在,"上供多,供军必少;上供少,供军必多"。③ 只是在上供和供军之间,不同类型的藩镇会有不同的倾向性,总的来看河朔割据型、中原防遏型、边疆御边型藩镇往往会优先满足供军而少上供或不上供,而东南财源型藩镇则更倾向于上供。为保证东南藩镇的上供,唐朝廷多以出身中央的文臣出任节帅,以加强东南藩镇的向心力。④ 宣歙作为财源型藩镇,其倾向自然是上供多于供军的。至宣宗时,为加强对藩镇的

---

① 《资治通鉴》卷249,唐宣宗大中二年七月条,北京:中华书局,1956年,第8071页。
② 李碧妍:《危机与重构——唐帝国及其地方诸侯》,北京:北京师范大学出版社,2015年,第513—514页;黄楼:《唐宣宗大中政局研究》,天津:天津古籍出版社,2012年,第161—166页。
③ 张国刚:《唐代藩镇研究(增订版)》,北京:中国人民大学出版社,2009年,第153—158页。
④ 王寿南:《唐代藩镇与中央关系之研究》,台北:嘉新水泥公司文化基金会,1969年,第277—279页。

控制,大量任用翰林学士出拜藩镇。① 郑薰便出身翰林学士,形同宣宗私臣,相当于强化了原来东南藩镇以中央文臣出任的传统,他对唐朝廷或宣宗的向心力相比于他的前任们是更加强烈的。因此,可以想象郑薰到任后必然会在原来的基础上增加上供的赋值,而增加赋值最直接的一个方法便是张潜上疏中所说的克扣军饷、停废兵额以减少供军支出。对于康全泰的谋叛,有理由怀疑是郑薰在处理上供与供军关系时,做出了类似克扣军饷、停废兵额等有损军人集团利益之事而引发,并非郑薰所言颇为无稽的"屠狗盗驴"之罪。

上供和供军的矛盾不但影响着藩镇节帅与地方军人集团的矛盾,同样也影响着藩镇节帅与土豪层间的关系。既然上供与供军是一个必然矛盾,"上供多,供军必少;上供少,供军必多",对藩镇来说缓解这一矛盾的主要手段便是扩大财源以尽量同时满足上供和供军的需求,占有大量地方财富的土豪层成为他们压榨掠夺的重要对象。藩镇掠夺土豪层财富的手段颇为多样,其较为平和者以权力设租,接受土豪的结托或利用土豪、商人进行商业活动,激烈者则运用政治手段搜刮土豪财富甚或直接进行暴力掠夺,如田悦"悉出府库所有及敛富民之财,得百余万以赏士卒",②陈敬暄则"括富民财以供军",③都是通过直接掠夺土豪财富解决供军问题。因此尽管唐后期以来土豪层与藩镇军府普遍建立了结托关系,但藩镇出于获取更多财富的需要(不论是上供、供军还是满足自身财富积累),仍有可能随时打破双方间的默契,以粗暴的方式进行掠夺。这种粗暴的掠夺方式是土豪不能忍受的,藩镇节帅一旦处理不当,便会引发土豪层

---

① 黄楼:《唐宣宗大中政局研究》,第132—135页。
② 《资治通鉴》卷227,唐德宗建中三年正月条,第7315页。
③ 《资治通鉴》卷258,唐昭宗大顺元年八月条,第8403页。

的武装对抗。德宗年间,湖南的王国良叛乱事件便由此引起,史载:

> (湖南观察使)辛京杲贪残,有将王国良镇邵州武冈县,豪富,京杲以死罪加之。国良危惧,因人所苦,遂散财聚众,据县以叛,诸道同讨,联岁不能下。①

王国良和李惟真一样,既有军府的身份同时又是"豪富"的地方土豪,从王国良聚众的方式"散财聚众"和乱事平定后负责平乱的李皋令王国良手下"复农桑"的情况看,王国良反叛所依赖的武装并非是与其镇将身份关联的军人集团,而是以财富招纳的农民层,这种散财聚众的方法正是土豪层组织武装力量的典型特征。② 从辛京杲试图以死罪加之王国良而掠夺其财富及王国良"因人所苦"煽动叛乱的过程看,双方的主要矛盾在于对地方财富的争夺。值得指出的是,辛京杲出身中央禁军,是典型的中央派出节帅,他的"贪残"除自身财富积累的需要外,恐怕也与希望借此增加上供财赋以获取中央奖擢有关。因此有理由断定这是一场由节帅试图粗暴掠夺土豪财富所引起的,土豪结合同样被盘剥的农民武装对抗藩镇的乱事。

再来看宣歙事件,郑薰和作为地方土豪的李惟真、余雄等人冲突的产生,乃在于郑薰试图改变李惟真等地方土豪原来与宣歙军府通过结托关系建立的默契。郑薰改变这一默契的动机,按其自述是因他"惟以贫病为心",但通过以上藩镇与土豪在地方财富争夺上的分析后,对郑薰的动机宜重新加以考量。郑薰指责李惟真所为"横害"的一个重要罪名是"置店收利",事实上自唐后期以来,置店收利是藩镇增加财赋的常见手段。宪宗元和十三年(818),时任盐铁使

---

① 《旧唐书》卷131《李皋传》,北京:中华书局,1976年,第3638页。
② 堀敏一:《藩镇亲卫军的权力结构》,《日本学者研究中国史论著选译》第4卷,北京:中华书局,1992年,第629—630页。

的程异上疏奏停诸道置店:"其诸道先所置店及收诸色钱物等,虽非擅加,且异常制,伏请准赦文勒停。"[1]由此可见,藩镇置店收利虽异常制,但在特定条件下是得到唐朝廷允许的(非擅加)。李惟真能置店收利,当与他通过和宣歙军府的结托获取了押衙的身份有关,他置店所收之利很可能和宣歙军府间有一定的分割,所以双方皆对此保持默契,即所谓的"前人不治"。然而在郑薰上任后,如前文分析他作为效命于宣宗的私臣,相比于前任节帅们有着更高的财赋上供追求。那么郑薰必然要在这一利益分割中追求更大分值,甚至是取消这一结托关系,遏制李惟真等人对地方财赋的分割,双方间便出现了利益冲突。另一方面正如前文所揭示的,李惟真等人作为权力寻租方,并没有意识到寻租规则已经发生变化,仍行旧规甚至所为更超出设租方(宣歙军府)所能承受的限度,从而加剧了他们的冲突,这一点在余雄事件中展现颇为明显。余雄被郑薰指责的罪行是"置石斗门,绝却一百三十户水利,自取此水,独浇己田",余雄利用权势侵占了公共水利设施,是对地方生产秩序的极大破坏,并有可能引发当地民众的不满和二者间的冲突,颇怀疑其子余悦的杀人事件便与此有关。无论是霸占公共水利设施还是杀人事件,都是对宣歙军府控制下的地方秩序的公然挑战和破坏,这就逾越了双方间结托关系的底线。基于以上,可以看出郑薰和李惟真、余雄等人的矛盾,实质是藩镇节帅与土豪层在对地方财富、地方秩序控制权的争夺中产生的利益纠纷所致,双方出于对自身利益的强调,打破了原本默契的结托关系,转而"白刃胁逐"。

最后谈一下土豪层与唐后期藩镇权力结构的问题。在宣歙事件中,土豪李惟真等人成了此次叛乱的主要谋划者和参与者,此次

---

[1] 《旧唐书》卷48《食货志》,第2108页。

叛乱爆发的原因也并非仅仅是以往藩镇常见的军人集团与节帅的冲突,更包含着土豪层与宣歙军府间的冲突,更为重要的是李惟真等土豪层已经能够在地方秩序的控制上与宣歙军府展开争夺,这些都标志着土豪层在地方权力结构中扮演起越来越重要的角色,也是松井秀一和《剑桥中国隋唐史》将此事作为"唐代后期地方一级权力结构发展的重要方面"的原因。但需注意的是,以土地和财富占有为特征的土豪层并没有类似部曲的武装组织,他们在组织武装力量时,其初始兵力一般是庄户或者乡人,兵力来源相对狭窄,[①]往往需要通过招募徒众或者与其他武装力量(农民军、军人集团)结合来壮大自己的力量。在宣歙事件中,李惟真等人为对抗宣歙军府和康全泰等地方军人集团结成了同盟,这固然是因为两者在反对郑薰上具有一致立场,但更重要的原因在于土豪李惟真等人并没有自己的武装力量或者即便是有也是相对弱小的,他们必须依赖康全泰等地方军人集团的力量。因此土豪层要想在政治上真正崛起并在地方权力结构中占据主要地位,必须要在财富和土地占有的基础上建立强大的武装力量,这一目标的实现是要到了唐末大乱之际江淮地方土豪武装大规模建立之时,此时诸如董昌等地方土豪武装的领导者,凭借自身控制的武装力量已俨然成了镇将的自然人选,江淮的地方权力结构也随之发生变化。

三、土豪层在宣歙事件中
　　展现的另一面相

相比研究者对李惟真、康全泰和郑薰等人的关注,《祭梓华府君

[①] 堀敏一:《藩镇亲卫军的权力结构》,《日本学者研究中国史论著选译》第 4 卷,第 629—630 页。

神文》所叙宣歙事件中的另一群重要人物,即参与营救郑薰的五人却很少受到关注。如果对这一人群的身份和事迹加以细细分析的话,可以发现他们实际上展现出了土豪层在此事件中的另一面相。

据郑薰所述,在其遭到驱逐后参与营救的五人分别是前潮郡押衙汪玕、秀才薛复、百姓姚元贞、前宣郡衙前虞候胡政、长乐氏子康。郑薰言其出逃时"一家百口",《新唐书》也有郑薰"纠族百口,禀不充"①的记载,则郑薰出逃时携带家眷甚众,汪玕等人能够为众人准备"扇盖畜乘"及舟船,供给食物、粥药,馈以大量钱财,则这五人皆是宣歙当地土豪无疑。值得注意的是,汪玕为前潮郡押衙,胡政为前宣郡衙前虞候,也印证了当时土豪层与藩镇结托的普遍性。这次营救郑薰的过程,是对宣歙土豪所掌握的在地社会资源的集中展现。首先,兵乱在藩镇政治中本是一件极为敏感之事,同时兵乱过程中的混乱性和信息传播的滞后性,往往使得兵乱信息的呈现出现偏差。汪玕等人作为并未身在军府核心层的百姓却能够迅速准确地得到兵乱讯息,甚至能够快于叛军一步找到郑薰所在,有理由怀疑汪玕等土豪在当地建立了强大的信息网络,甚至渗透到宣歙军府之中,因此能够第一时间获得兵乱的消息。同时,汪玕等土豪间也当有一个互通声讯的网络,如此方有诸人的前后相继。另外,如果抛却神异因素的构建,郑薰在逃亡过程中能够避开"被贼党把断"的芜湖而改走丹阳湖,当亦与参与营救的土豪强大的信息网络有关。其次,郑薰所携家属众多,同时还面临着"凶徒充炽,白刃如雨"的恶劣环境,对郑薰的营救是一件极为考验汪玕等土豪在地资源保障能力之事。但在郑薰的叙述中,可以看到汪玕等人无论是在舟船的调遣,食物粥药的供给,钱物的馈赠,还是慰安引接上,皆做得游刃有

---

① 《新唐书》卷177《郑薰传》,第5288页。

余,这些无疑都和汪玕等土豪强大的在地资源掌控能力密切相关。

在宣歙事件中,与李惟真等强横土豪不同,汪玕等土豪展现出截然不同的面相,他们运用所掌握的在地资源,积极参与到营救郑薰的行动中去。汪玕等人何以做出此种抉择?其背后的动机是什么?或许可从郑薰此文所论的宣州梓华神信仰中得到解读。

梓华神信仰是宣州当地一个历史悠久的地方神信仰,据会昌年间担任宣歙观察使的崔龟从记载,梓华神信仰起于宋元嘉年间,本是钱塘江神,后因县令盛凝之纵火焚烧而逃至宣州敬亭山。① 由盛凝之的行为可以推断,梓华神在信仰形成之初未得到官方认可,被作为淫祠加以禁毁。在南朝后期及隋唐前期,梓华神信仰在当地得到平稳发展,但在诸如狄仁杰毁江南淫祠、李德裕在浙西大规模禁毁淫祠的活动中可能也遭受了一定的冲击。② 梓华神信仰在唐代首次得到官方的关注,要到了会昌时期崔龟从担任宣歙观察使时,为答谢梓华神对其身体健康的护佑,崔龟从相继写下《书敬亭碑阴》《宣州昭亭山梓华君神祠记》《敬亭庙祭文》三文详述梓华神信仰,然从《宣州昭亭山梓华君神祠记》一文最后的叙述来看,崔龟从对这一信仰仍有所保留,其文曰:

> 吴越之俗尚鬼,民有病者,不谒医而祷神。余惧郡人闻余感梦之事,而为巫觋之所张大,遂悉纪其事,与祝神之文,刊之于石。因欲以权道化黎甿,使其知神虽福人,终假医然后能愈其疾耳。③

不难看出,崔龟从推崇梓华神是带有一定目的性的,即在尊重当地

---

① 《全唐文》卷 729 崔龟从《书敬亭碑阴》,第 7515 页。
② 张卫东:《一个个案——唐代宣州梓华神信仰的演变》,氏著:《唐代刺史若干问题论稿》,郑州:大象出版社,2013 年,第 234—267 页。
③ 《全唐文》卷 729,第 7515 页。

民众梓华神信仰的情况下,强调"神虽福人,终假医然后能愈其疾",改变当地民众"不谒医而祷神"的局面。因此崔龟从推崇梓华神,实际上是借助梓华神在当地的影响力以行教化的一种策略,很难说是对梓华神信仰的完全认可。

崔龟从之后,再度推崇梓华神信仰的官员便是郑薰。在《祭梓华府君神文》中,梓华神的主要事迹是为郑薰提供了逃亡的水路路线,并助力水路环境的安全,这是与梓华神原本作为江神的特性相符合的,增加了叙事的可信性,将梓华神信仰与此次营救事件结合起来。同时与崔龟从的暧昧态度不同,郑薰毫无保留地表现出对梓华神的推崇,"然后知如此之事,皆非人力,固是神灵暗助"。此次营救事件最主要的助力者是前后相继的汪玕等地方土豪,甚至郑薰在逃亡路线上的选择,很可能也并非源于梓华神的庇佑,而是源于土豪们强大的信息网络,郑薰也在文中详细描述了他们的营救事迹,但其中最为关键的功劳却被归功于梓华神,并强调汪玕们的行为"虽义心所激,亦神理潜施",转而把土豪们的营救功劳亦推诸梓华神。

郑薰何以着力去构建此次营救事件与梓华神的关系并毫无保留地对梓华神信仰加以推崇呢?当与汪玕等地方土豪在背后的推动有关。一般而言,土豪层控制下的乡里社会文化的主流是鬼神信仰、巫觋文化和果报观念,土豪层往往热衷于鬼神的祭祀活动。[①] 崔龟从言及梓华神信仰时便提及"吴越之俗尚鬼,民有病者,不谒医而祷神"的现象,说明梓华神信仰的建立与当地的乡里社会文化密切相关。这种庸俗化的乡里社会文化显然不是希望推行儒家教化的王朝国家所认可的文化秩序,因此有了地方官员多次的禁毁淫祠、

---

① 吴铮强:《科举理学化》,上海:上海辞书出版社,2008年,第63—72页。

行教化活动。这种地方信仰的建立和禁毁,实质而言便是主导乡里社会文化秩序的土豪层与渴望在乡里社会建立儒家文化秩序的王朝国家间就地方文化秩序展开的博弈。此次对郑薰的营救,给了作为地方文化秩序主导者的汪玕们一次绝佳的机会,通过构建梓华神在这次政治事件中的参与,使梓华神成为了作为王朝国家代表的郑薰的庇护者,增加了梓华神信仰获得官方认同的可能性。从郑薰所言"虽义心所激,亦神理潜施"的情况看,可以大胆猜测汪玕等人在营救过程中应该有意无意中向郑薰提起自己之所以前来营救是得到了梓华神的暗示。他们的营救和构建也确实得到了回报,郑薰在乱事平定后写下《祭梓华府君神文》,并在文中构建起了梓华神与此次营救事件的联系。郑薰委托主持祭祀梓华神者,正是参与营救的汪玕。由此,可以断定汪玕等人在推动郑薰构建梓华神与此次营救事件间的联系中起了关键作用。这一关系的构建,为梓华神信仰得到官方认可增加了砝码。咸通年间,时任宣歙观察使的杜宣猷对郑薰的祭碑进行了修缮,并再次强调了梓华神在郑薰营救事件中的功劳,①表明这一关系的构建已成了梓华神信仰得到官方认可的重要因素。

综上,通过这次营救事件,体现出了汪玕等土豪在当地强大的在地掌控力,他们献纳出了自己在地方的信息和资源网络对郑薰加以护救。对土豪层的献纳,王朝国家则以对由土豪层主导的地方信仰的承认作为回报,是王朝国家对土豪层地方影响力的一种认可。在这个层面上可以说,汪玕等土豪通过主动抓住参与政治事件的机会,成功地使其构建的地方文化秩序受到了王朝国家的认可,在一定程度上实现了与王朝国家在文化秩序层面上的结合。

---

① 《全唐文》卷 765 杜宣猷《郑左丞祭梓华府君碑阴记》,第 7953 页。

四、从宣歙事件看土豪层发展的两个方向

通过对宣歙事件的考察,可以看到在唐后期的江淮地区,土豪层已在地方社会颇具势力,甚至通过和藩镇结托,成为了地方秩序的有力主导者。但这种权力寻租关系并非一种稳定的模式,作为权力设租对象的藩镇军府及节帅们随时会因为利益的需求和土豪层破坏地方秩序的行为,而取消两者间的寻租关系,甚至对土豪层加以打击。因此对土豪层来说,其于地方上崛起后最大的问题是,虽然他们在地方上占有了大量的财富和土地,但是他们对地方社会的掌控并没有稳定的政治权力保障。土豪层对地方财富和秩序的控制,必然会和试图争取更多地方财富和控制地方秩序的王朝国家形成矛盾,特别是在土豪众多而王朝国家又对财赋需求极大的江淮地区,这种矛盾更加突出,使他们不时遭到王朝国家的打击。在此局面下,李惟真等人选择与地方军人集团合作进行武装反抗,将作为王朝国家代表的郑薰驱逐。汪玕等人则在此事件中为我们呈现了土豪层的另一种策略,他们站到了王朝国家一边,积极参与营救郑薰的工作,并在此过程中贡献出在地方的信息和资源网络,在事件结束后王朝国家则以对其主导的梓华神的信仰的认可作为回报。通过此事件,汪玕等土豪顺利地将自己主导构建的地方文化秩序融入了王朝国家之中。

通过李惟真等人和汪玕等人两种不同的策略选择,可以发现土豪层要想在和王朝国家的博弈中获得发展,有两个可以选择的方向,对抗或者合作。对抗者,便是通过组织武装力量,以暴力手段将王朝国家的势力驱逐出地方社会或者迫使王朝国家承认其对地方

社会的控制权,其发展的最终呈现应当是唐末江淮土豪武装集团崛起,江淮藩镇走向崩溃,唐王朝势力退出江淮地区,土豪武装实现在地割据。合作者,则是找到某种途径使王朝国家认可其对地方社会秩序的构建,进而将他们在地方上的势力纳入王朝国家的体系之内,实现地方社会的国家化,其发展的最终呈现应当是自宋以来开始形成,而兴盛于明清的地方士绅阶层。

作者单位:浙江大学历史系

(原刊于《史林》2020年第2期)